思考，快与慢

THINKING, FAST AND SLOW

[美] 丹尼尔·卡尼曼
著

胡晓姣
李爱民
何梦莹
译

中信出版集团 | 北京

目录

序言

我想每位作者都会在脑海中勾勒读者因为读自己的书而受益的情形。我的这本书就像办公室饮水机旁的闲谈，读者对它不会感到陌生。人们在饮水机旁或交流，或闲谈，很随意。我希望这本书能丰富人们的词汇，这样大家在谈论别人的判断与决策、公司的新政策或是同事的投资时，这些新词语就能派上用场了。书中为何还会涉及闲谈的内容呢？因为利用闲谈来发现和分析别人犯的错误比分析自己的错误更容易，也更有意思。在人生最辉煌的时候，我们很难对自己的信念和需求产生怀疑，越是在最需要质疑自己的时候越难做到这一点，但我们可以从他人的真知灼见中受到启迪。很多人都会不由自主地推想朋友和同事会对自己的选择做何评价，而这些预先推断的中肯程度和内容都是十分重要的。对别有见地的闲谈有所期待是进行严厉的自我批评的强大动力，其作用比新年计划更大，更能提升我们在工作和生活中的决策能力。

一名内科医生要想成为优秀的诊断专家，就必须掌握多种疾病的大量特征，每种疾病都有其病理和症状，有其自身可能出现的发病前兆及病因、病情发展、结果和治疗或干预手段等。学医，当然也包括对医学用语的学习。要想对他人的判断和决策有更深入的了解，就要有更丰富的词汇，日常生活用语中的词汇还远远满足不了这一要求。我们很可能在闲谈中发现人们出错的方式各不相同，而一再出错就会令人印象深刻，而且我们可以预料到这种情况在特定环境中会再次发生。例如，一个潇洒自信的演讲者刚踏上舞台，观众往往会对其大加赞赏，他可能并没有那么优秀，但这好评如潮的结果在他踏上舞台的一刹那便可预见。这种先入为主的情形是有据可依的，即光环效应，这一效应使我们更容易预测结果，更容易赏识和理解这位演讲者。

当别人问你正在想什么时，你一般都能回答上来。你觉得自己知道脑子里在想什么，通常就是一种意识自然而然导出另一种来，但这不是大脑工作的唯一方式，也不是其典型的工作方式。大多数印象和想法都是从意识经验中得来的，而人们是感知不到这一过程的。你无从知道自己是如何晓得面前的书桌上有盏灯，无从知道自己如何能通过电话听出爱人有些不耐烦，也无从知道自己如何毫无意识地成功规避了一场车祸。印象、直觉、决策，所有这些脑力活动都在无声地进行着。

本书讨论的很多内容都与直觉的成见相关。然而，对过失的关注并不意味着我们在诋毁人类智慧，这就如同关注疾病并非否定健康一样。大多数人在通常情况下都是身体健康的，他们做出的决策、采取的行动往往也是恰当的。在生活中，我们往往跟着印象和感觉走，凭直觉引导行事，而且我们觉得这种直觉和偏好很可靠，这种自信通常也是正当合理的。不过，也不尽然。我们经常在自己出现失误的时候还信心满满，此时，旁观者往往比我们自己更容易发现这些失误。

因此，我和大家一起在“饮水机旁交谈”，其目的就是：给读者提供更丰富精确的语言来讨论他人乃至自己在判断和决策上的失误，提升发现和理解这些失误的能力。至少有些例子表明，正确的判断能有效地干预错误，以降低错误的判断和决策经常造成的损失。

起源

本书展现了我对判断和决策的理解，这种理解受到近几十年来心理学领域新发现的影响。然而，本书中心思想的形成还要追溯到 1969 年那个幸运的日子。当时我在耶路撒冷希伯来大学的心理学系教书，那天有个研讨会，我请我的同事阿莫斯·特沃斯基在会上发言。他当时被视为决策研究领域的一颗新星，不过我觉得在其涉足的任何领域中，他都是耀眼的新星，因此我知道我们那天一定会相谈甚欢。很多认识阿莫斯的人都认为，在自己所见过的人中他是最聪明的。他才华横溢，十分健谈，魅力非凡。他有着超强的记忆力，记得很多有趣的笑话。他还拥有一种超常的能力，那就是利用记住的那些笑话阐明自己的观点。有阿莫斯在，你永远不会感到沉闷。那时，他 32 岁，我 35 岁。

那天，阿莫斯给同学们讲了密歇根大学正在研究的一个项目，这个项目试图回答这样一个问题，即人是否是优秀的直觉型统计者。我们都知道人是优秀的直觉型文法家：4 岁的孩子虽然对世界上存在语法这件事完全没有概念，但她在说话时会努力遵循语法规则。人们对统计的基本原则是否也有这种直觉感受呢？阿莫斯指出，研究得出的结论是附条件的肯定（肯定，但是附有一定条件）。我们在研讨会上进行了激烈的讨论，最终认为较为稳妥的结论应当是附条件的否定（否定，但是附有一定条件）。

阿莫斯和我很喜欢这种交流活动，我们认为直觉型统计者是个很有意思的话题，要是一起探索的话会很有意思。那个周五，我们在里蒙餐馆吃午餐，那里是波希米亚人和耶路撒冷的教授们最中意的去处。我们俩打算对一些经验丰富的研究人员的统计直觉进行一番研究。在此前那场研讨会上我们曾得出结论：人的直觉是有缺陷的。虽然这些年来一直在教书，在运用统计学原理，但我们也没能培养出一种直觉，无法利用这种直觉感知从小样本中观察到的统计结果的可靠性。我们的主观判断是存在成见的：我们特别容易相信在没有足够证据的基础上得出的研究结果，而且研究中对观察样本的搜集也不足。我们俩此番研究的目的，就是要看看其他研究人员是否也和我们一样有着同样的苦恼。

我们准备了一项调查，其中包括一些研究中出现的实际统计问题。阿莫斯搜集了数学心理学协会与会专家小组的回复，包括曾出版两本统计学教科书的几位作者的问卷。不出所料，我们发现那些专家同行跟我们一样，总是夸大其词，他们认为一个实验的原创性结果可以被成功复制的概率很大，即使用一个小样本也可以做到这一点。关于实验要搜集多少观察数据的问题，他们给一个假定的毕业生的建议也很糟糕。如此看来，即使是统计学家，也算不上出色的直觉型统计者。

在撰写这些发现时，阿莫斯和我都觉得我们在一起工作是件很享受的事。阿莫斯总是很风趣，有他在的时候，我也变得幽默了，所以我们总会在轻松愉快的气氛中度过几个小时连续不间断的工作时光。工作中的乐趣使我们变得格外有耐心，人在放松惬意的状态下，更容易取得完美的结果。也许最重要的是，我们把批评的态度都抛在门外了吧。我和阿莫斯都是爱挑剔、好辩论的人，他甚至比我更甚，但在我们合作的这些年里，我们从没有不假思索地否定对方。事实上，我发现我们在合作时，阿莫斯总能更清楚地看出我模糊的观点中要表达的意思。我们两人中，阿莫斯的逻辑思考能力更强，他的意见总是有据可依，言之凿凿，令人信服。我则凭直觉走，深受心理学的影响，我的很多观点也都是从心理学中得来的。我们俩有很多相似之处，因此很容易理解对方；我们也有很多不同的地方，这些差异常常令对方吃惊。我们重新安排各自的日程，这样就有很多工作日可以在一起工作，工作之余，我们常会一起散步。此后的 14 年里，共同合作就成了我们生活的重心，对我们两人而言，那些年里所做的研究是我们一生中最精彩的篇章。

我们很快便形成了固定的工作模式，并且多年来一直保持着这一模式。我们的研究采用的是对话形式，对话中的问题是我们自拟的，那些凭直觉做出的答案也是我们两人共同检验过的。研究中的每个问题都是一个小实验，仅一天就可以做很多实验。我们并没有刻意寻求自己提出的那些统计问题的正确答案，只是想确认和分析直觉的回答——大脑中最先出现的、即使知道是错的我们也愿意拿来分析的回答。当时，我们认为其他人也会有我们两个人都有的直觉，事实也的确如此。这样说来，直觉对判断的影响便显而易见了。

我们曾经很高兴地发现，我们俩对几个认识的孩子的未来职业的预想竟如出一辙。我们确信那个 3 岁大却善辩的孩子将来会做律师，那个有点儿呆板的孩子可能成为教授，那个体谅他人、循循善诱的孩子可以做个心理咨询师。当然，这些预测都是荒谬的，不过却很有意思。我们都清楚一点，那就是我们对这些孩子的直觉，来自他们自身的特点与特定职业特点的相似度。这种有趣的做法使我们当时就在脑海中创立了一种理论，即预测角色的相似度。此后我们做了许多实验来验证和详细阐述这个理论，下面便是一例。

在你思考下文中的问题时，请记住史蒂夫是从一个有代表性的样本库中被随机挑选出来的：

> 邻居如此描述这个孩子："史蒂夫非常腼腆，少言寡语，很乐于助人，却对他人或者这个现实世界没有兴趣。他谦恭有礼，做事井井有条，中规中矩，关注细节。"请问史蒂夫更可能从事哪种职业，图书管理员还是农民？

很显然，史蒂夫的个性和典型的图书管理员惊人地相似，但这些与职业密切相关的统计学因素却很少有人关注。你们是否注意到，在美国，农民与图书管理员的比例超过 20∶1。由于农民数量要多得多，所以那些"谦恭有礼，做事井井有条"的人也常常只能成为坐在拖拉机上的农民，而不可能是坐在图书馆咨询台后的管理员。但是，我们发现实验对象往往忽略这些相关的统计数据，而仅仅依赖于相似度做出判断。于是，我们提出如下观点：人们把相似度当成一种简单的启发手段（简单地说就是经验法则）来做艰难的判断。对这种启发性手段的依赖必然会造成其预测带有成见（系统性失误）。

还有一次，阿莫斯和我想知道我们这所大学的教授离婚率是多少。我们注意到的这个问题立即勾起了我们脑海中的记忆，我们俩不由得想起自己知道或听说的那些离了婚的教授。于是我们就凭着脑海中这些事例对这个离婚率问题做出判断。我们把这种依靠记忆做出判断的方法称为可得性法则。在一项研究中，我们让调查对象回答一个简单的问题，这个问题与指定的一篇英语课文中的单词相关：

请思考字母 K。

请问字母 K 是更多地出现在单词的首字母位置上还是第三个字母的位置上？

玩拼字游戏的人都知道，想起以某个字母开头的单词要比想起它在第三个字母位置上的单词容易得多。字母表中任何一个字母都适用于此法则。因此我们料到，尽管有些字母（比如 K、L、N、R、V）出现在第三个字母位置上的频率更高，但是被调查对象的回答肯定会夸大所有字母出现在单词首字母位置上的频率。这种情形再一次表明，对经验法则的依赖必然会导致人们判断时的成见。例如，我一度认为通奸在政客中较普遍，在医生或律师中则没那么多见，但我最近对此产生了怀疑。我甚至为原来的那个"事实"做出若干解释，包括权力的催情效果、出门在外受到的诱惑等。而我最终意识到，政客的过错只不过更容易被曝光，而医生和律师的过错却少有人报道。我的直觉印象完全可以归咎于记者对主题的选择和我对可得性法则的依赖。

阿莫斯和我用几年的时间来研究并记录在不同任务中体现的直觉思考所存在的成见，这些任务包括对事件的概率赋值、对未来进行预测、对假设进行评估，以及对频率进行预估等。在合作的第五年，我们撰文将这项研究的主要发现发表在《科学》杂志上，这份杂志的读者包括很多领域的学者。那篇文章（本书的最后附有全文）描述了直觉思考的简单快捷，列出了在启发法中表现出的大约 20 种成见，还包括启发法在判定中的作用。

科学史学家常指出，某一特定领域的学者在任何时候都愿意和他人分享关于本学科的观点。社会科学家也是如此。他们把一切问题都归结为人性，认为大多数关于人类特有行为的讨论都应以此为背景，这一观点几乎从未受到质疑。关于人性，20 世纪 70 年代的社会科学家广泛接纳了两种观点。第一，人大体而言都是理性的，其想法通常也是合理的。第二，恐惧、喜爱和憎恨这样的情感能够为人们失去理智的大部分情形做出解释。我们这篇文章虽然没有直接讨论上述观点，却是对这两种观点的挑战。我们记录下正常人思考时出现的系统性失误，认为这些失误是由认知机制的构造造成的，并不是由情感引起的思想腐化导致的。

这篇文章受到的关注远远超出我们的预期，而且它至今仍是社会科学著作中被引用次数最多的文章之一（2010 年有 300 多篇学术文章参考了这篇文章）。其他学科的学者也觉得这篇文章很有用处，启发法和成见等概念被广泛应用于众多领域，包括医学诊断、法律判决、情报分析、哲学、金融、统计学和军事战略等。

例如，学习政论的学生就曾注意到，可得性法则能解释为什么有些事人们记得很清楚，而有的却被遗忘了。人们是根据从记忆中提取信息的容易程度来估测事情的重要程度的，而这往往也与媒体报道的广泛程度有关。常被提到的话题会在脑中变得鲜活，而其他的则被慢慢遗忘。也就是说，媒体选择报道的内容和人们脑中存在的信息不谋而合，所以专制政体对独立媒体施压的现象也不是偶然的。因为重大事件和名人很容易引起公众的兴趣，媒体能借此煽动狂潮也就见怪不怪了。例如，在迈克尔·杰克逊死后的几周里，电视台几乎未报道别的事。相反，媒体对那些带有批评性的、不能引起公众兴趣、掀不起大波澜的事往往很少报道，比如去年日趋下滑的教育标准，还有医疗资源的投资过剩等。（我在写这篇文章的时候，发现自己选择的“很少报道”的例子都是受可得性限制的。我选为例子的话题经常被提到，那些同等重要却不常被提到的事我往往想不到。）

有一点我们当时并没有充分意识到，即“启发法和成见”这样的心理学概念在其他领域中也具有广泛的启发作用，这便是我们这项研究的一个附带成果：我们总是把为自己和被调查者设计的全部问题都写进文章里，这些问题可以为读者提供范例，使其认识到自己的想法是如何受认知性成见牵绊的。我希望你在读到“史蒂夫是个图书管理员”这样的句子时能有切身的体验，这样能帮助你更好地体会到相似度在引导可能性上的力量，并且能体验到我们多么容易忽略相关事实的统计。

这些实证材料的使用可为不同领域的学者（主要是哲学家和经济学家）提供一次不寻常的机会，使他们关注自己在思考时可能出现的纰漏。看到自己的纰漏，这些学者才更有可能质疑当时普遍存在的那种武断想法，即人类很理性、很有逻辑性。方法的选择很重要：如果我们只报道传统实验的结果，这篇文章就不会那么令人关注，也不会令人如此难忘了。而且，那些持怀疑态度的读者会将自己的判断失误归咎于参与这些心理学研究的大学生，认为是这些学生一贯不负责任的做法使他们不愿相信实验结果。当然，我们摒弃传统的实验方法，采用事例展示的方式，并非只为影响那些哲学家和经济学家。我们采用这种方法，是因为将事例展示出来更有意思。我们很幸运，因为我们选择了正确的方法，其他各方面的选择也做对了。本书重复出现的一个主题就是，幸运在每个成功的事例中都扮演着重要角色。我们总能很容易地发现，这个事例中一个小小的改变就会将伟大的成就变得平淡无奇。我们展示的这些事例也不例外。

对我们研究的反馈也不全是正面的。我们对成见予以关注的做法受到非常多的批评，反对者认为我们过分否定了人类的思维能力。与对常规科学的反应一样，有些研究者对我们的观点加以改进，有些人则另外提出一些貌似合理的见解，但有一个观点如今是得到普遍认可的，即我们的大脑容易受系统性误差的影响。我们关于判断（能力）的研究对社会科学产生的影响远远超出我们当时的预料。

研究完判断这一论题后，我们马上将目光转向面对不确定因素时的决策过程。我们的目标是创立一种心理学理论，研究人们在简单的赌博中如何做决定。例如，投硬币时如果是正面朝上你就能得到 130 美元，背面朝上就输掉 100 美元，你愿意打这个赌吗？这些简单的选择很久以来一直被用来检验各种与决策相关的问题，例如人们如何在确定的事物和不确定的结果之间进行权衡。我们的研究方法没有变：还是花很多天设计一些选择题，而后分析我们根据直觉进行的选择是否与通过逻辑判断做出的选择一致。在做判断时，我们会观察自己做出决策时出现的系统性成见，还会对一贯违背理性选择规律的直觉性选择进行观察。在《科学》杂志刊出那篇文章 5 年之后，我们又发表了《前景理论：风险下的决策分析》一文，据统计，该文提出的决策理论比我们此前对判断的研究更具影响力，该理论也为行为经济学奠定了一定的基础。

在合作过程中，阿莫斯和我经常交流思想，两个人的智慧总要胜过一个人的想法，良好的关系也使我们的工作有趣且高效，这段时光是我人生中宝贵的财富。后来，我和阿莫斯离得远了，很难继续共同研究这一课题。我们在判断和决策制定方面的研究使我在 2002 年获得了诺贝尔经济学奖。如果阿莫斯没有于 1996 年去世（时年 59 岁）的话，他应该和我一起去领这个奖。

我们现在在哪儿？

本书并非为展示我和阿莫斯共同合作的早期研究，过去几年，很多作者已经出色地完成了这项工作。我的主要目标是，在认知心理学和社会心理学最新发展的基础上展示大脑的工作机制，在这些发展中有一些内容比较重要，其中一项就是我们认为瑕瑜互见的直觉思维。

阿莫斯和我没有对直觉下准确的定义，只简单说明了判断启发法“很有用，但有时也会导致严重的系统性误差”。我们的重点放在成见上，因为在人们的大脑高速运转时研究成见非常有意思，而且成见为启发性判断提供了研究依据。我们没有自问在面对不确定因素时所有的直觉性判断是否都是通过我们研究的启发法而产生的。不过现在我们知道事实并非如此。专家们的直觉往往很准确，这种准确性与其说是启发法在发生作用，不如说是长期实践的结果。我们现在可以描绘一幅更加美好、更加和谐的画面，在这幅画面里，熟练和启发法皆可成为直觉性判断和决策的选择依据。心理学家加里·克莱因讲过一个故事：一支消防队进入一座房屋，屋子里的厨房着火了。他们刚开始用水管浇厨房，指挥官就喊道："全部撤离！"其实他自己也不知道为什么要这样做。在消防员全部撤离的一刹那，厨房的地板轰然塌陷。事后指挥官才回想起自己曾意识到这场火并不大，但他的耳朵特别烤得慌。这些他所谓的"对危险的第六感"闪进他的脑海，虽然不知道哪里不对劲儿，但他知道情况不妙。最后大家才知道这场火灾的火源根本不是厨房，而是消防员脚下的地下室。

我们都听过一些关于专家的直觉的故事。比如，某位象棋大师路过街边棋局，无须驻足观看就知道"白方三步之内将杀"；又如某位医生只需一瞥便能做出全面的诊断。专家式直觉像谜一样吸引着我们，但它们不是谜。我们每个人每天都会多次表现出很强的直觉能力。大多数人在接电话时听到第一个词就能感知对方是否生气了；刚进门就能发现自己是大家谈论的对象；对细微的信号能迅速做出反应，断定旁边车道上的汽车司机正处于危险中。我们日常的直觉能力并不逊于一位经验丰富的消防员或者医生，只是无处施展罢了。

魔法不属于准确的直觉心理的范畴。也许对此有最精辟论述的人要数伟大的赫伯特·西蒙了，他对多位象棋大师进行过研究，发现在练习数千个小时之后，这些大师看到的棋盘上的棋子和我们眼里的棋子是不一样的。西蒙写道："这个棋局已经给了我们提示，根据这个提示我们可以搜寻到大脑存储的信息，而这些信息就能给出答案。直觉只不过是人们的认知而已。"看到这种说法，你也许就能感受到西蒙对神化专家直觉的做法不以为然了。

一个两岁的小孩看到一只狗会说"小狗狗"，这没什么好大惊小怪的，因为我们已经对孩子认识事物并叫出很多事物名字这种"奇迹"习以为常了。西蒙认为灵性的直觉所创造的"奇迹"

也是如此，不值得大惊小怪。如果专家在新情境中能察觉熟悉的因素，并且采取十分得体的做法来顺应这种情境，这便是正确的直觉。在喊出“小狗狗”的同时，孩子的大脑中就会出现正确的直觉性判断。

不幸的是，专业的直觉并非全部从真实的经验中得来。很多年前，我采访了一家大型金融公司的首席投资官，他告诉我他刚刚买了福特汽车公司上千万美元的股票。我问他是如何做出这样的决策的，他回答说他刚参加了一个车展，感觉很好。他的解释是：“这还用问，他们生产的汽车太霸道了！”他非常明确地说，他相信自己的感觉，他对自己和自己的决定都很满意。我很吃惊地发现，他忽视了一个任何经济学家都会注意到的相关问题，福特公司的股票最近不是走低吗？而他反而在跟着自己的直觉行事：他喜欢汽车，喜欢福特公司，也喜欢持有其股票的感觉。按照我们的理解，买入股票要谨慎，这位仁兄恐怕根本不知道自己在做什么。

关于这位投资官投资福特公司股票的问题，阿莫斯和我所研究的特定启发法恐怕是解释不了了，但现在关于启发法还有一种更宽泛的概念，这种概念能对上述行为做出更好的解释。这一宽泛的概念是一个重大进步，即情感因素在我们对直觉判断和决策的理解上发挥了比以往更大的作用。这位投资官的决策在今天可能会被视为受启发法的影响，而判断和决策是直接受好恶这样的情感左右的，没有什么思忖和推理可言。

当碰到像走哪步棋或决定是否投资股票这样的问题时，直觉思维机制就会充分发挥其作用。如果某个人有相关的专业知识，她就能更好地认清情况，头脑中形成的直觉性解决方案也很可能是正确的。象棋大师看到复杂的棋局时大脑会迅速反应：刹那间想到的那几步棋一定是好棋。要是问题很难，一时也想不到巧妙的主意，直觉就可能发挥作用：脑海里可能马上会有个答案，但这个答案不一定是原题的答案。这位投资官所面对的问题（我是否要投资福特公司股票）就很难，但更简单且相关的问题（我喜欢福特汽车吗？）却很快在他的脑海中形成答案，并且让他就是否投资这个问题做出了相应的选择。这就是直觉启发法的核心观点：当面对难题时，我们往往会对相对简单的问题进行回答，却忽略了自己已经置换了原始问题这个事实。

有时，我们无法自然地凭直觉找出问题的解决方案——不论是专业的解决方法还是启发式的答案。在这种情况下，我们往往想要找到一种更慢、更严谨、需要投入更多脑力的思考形式，这就是本书提到的慢思考。快思考既包括直觉思维的不同形式，比如专家式的和启发式的，也包括感觉和记忆等所有无意识的大脑活动，这些活动会让你知道桌上有盏台灯或者想起俄罗斯首都的名字来。

在过去的 25 年里，已经有很多心理学家对快思考和慢思考的区别进行了研究。我用两个因素来描述人的思维活动，即系统 1 和系统 2，在后文中我将对分类原因进行更详细的阐述。系统 1 和系统 2 分别产生快思考和慢思考。我认为直觉和严谨思考的特点就像大脑中两种性格的特征和性情。在近期的研究中，系统 1 的直觉性作用比我感觉到的还要大，它是做出决策和判断的幕后主使。本书大部分内容都是关于系统 1 的运作，以及系统 1 和系统 2 的相互影响。

接下来的内容

本书共分为五部分，第一部分讲述的是通过双系统进行判断与做出决策的基本原理。这部分内容详细说明了系统 1 的无意识运作和系统 2 受控制运作的区别，并且说明了系统 1 的核心，即联想记忆是如何不断对世界上发生的事做出连贯的解释的。关于直觉性思考的自主且无意识过程的复杂性和丰富程度，以及这些自主过程如何能解释判断的启发法等问题，我试图说出自己的见解，目的是要引入一套用于思考和表达思想的语言。

第二部分对判断启发法的研究做了更新，还探索了一个难题，即我们为什么很难具备统计型思维。我们在思考时总是会把多种事情联系起来，会将一件事情比喻成另一件，会突然想起一件事来，但统计学要求同一时间把多件事情串联起来，而这一点系统 1 是做不到的。

本书第三部分描述了我们大脑有说不清楚的局限：我们对自己认为熟知的事物确信不疑，我们显然无法了解自己的无知程度，无法确切了解自己所生活的这个世界的不确定性。我们总是高估自己对世界的了解，却低估了事件中存在的偶然性。当我们回顾以往时，由于后见之明，对有些事会产生虚幻的确定感，因此我们变得过于自信。我对这个问题的看法受《黑天鹅》的作者纳西姆·塔勒布的影响。我希望我这“饮水机旁的闲谈”能明智地借鉴以往的经验，同时抵制后见之明和虚幻的确定之感的诱惑。

第四部分的重点是在决策制定的性质和经济因素为理性的前提下讨论经济的原则。1979 年，阿莫斯和我发表了关于前景理论的决策模式，此部分在双系统下对前景理论的重要概念提出了新的看法。余下的几章讲的是人们从理性角度出发做出决策的几种方式。可悲的是，人们总是孤立地看待问题，表现出框架效应，即决策的制定往往因为对所回答问题不合逻辑的选择而受到影响。系统 1 的特征完全能解释这些观察结果，这对标准经济学所倾向的理性假设发起了很大的挑战。

第五部分是近期研究中关于两个自我的区别性描述，即经验自我和记忆自我，两者没有共性。例如，我们可以让人们体验两种痛苦。其中一种比另一种要更痛苦，因为体验的时间更长。系统 1 有一大特点，即记忆的自主形成是有其原则的，如此一来，较为痛苦的那段体验会留下更深刻的记忆。所以，此后当人们选择要回想哪段经历时，他们自然会受记忆自我的引导，将其自身（即经验自我）处于不必要的痛苦中。两种自我的区别被用来测试人的幸福感，而我们发现使经验自我快乐的事不一定会让记忆自我满足。两种自我同时存在的个体要如何去追求幸福，这一问题引起了把居民的幸福视为政策目标的个人和社会的众多思考。

最后的章节按倒叙来探索本书所述的三个区别：经验自我和记忆自我的区别，古典经济学和行为经济学（从心理学借鉴而来）的区别，以及自主的系统 1 和需费脑力的系统 2 的区别。书中还谈及了有价值的闲谈的好处，以及哪些内容有助于提升判断和自行决策的效能。

最后，我附上了我和阿莫斯一起写的两篇文章，第一篇是我早期写的关于在面对不确定性因素时做出判断的评论。第二篇发表于 1984 年，总结了前景理论和我们关于框架效应的研究成果。文章中有被诺贝尔委员会引用的投稿，你可能会惊讶地发现这些投稿是多么简单。读这些能让你明白我们早期的知识有多少，也能让你知道我们这几十年来的进步有多大。

第一部分

两个系统

第1章

故事人物

想要观察你在自动模式下的大脑活动，请看图1。

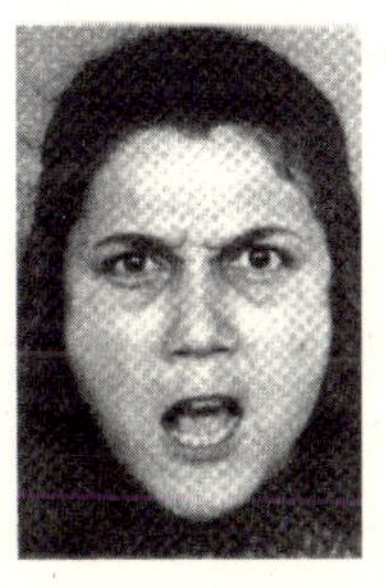

图1

当审视这位女性的脸时，你正在很自然地将我们平时所说的观察和直觉思考结合在一起。你可以确定且迅速地判断这位年轻女性的头发是黑色的，你还知道她正在生气。此外，你还可以根据自己的观察对其行为进行推测。你感觉到这位女性正要说一些刻薄话，也许声音又大又刺耳。推测被观察对象即将做出的举动并不难，这种活动是无意识的，而且毫不费力。你并非有意评论她的情绪或是推测她可能要做的事，你对这张照片的反应跟你做过的事情没有丝毫关系，一切都是自然而然发生的。这就是快思考的一个例子。

现在，请看下面的问题：

$$17\times24$$

你能立刻知道这是一道乘法题，也许你还会想到若有纸笔，就能算出答案。你还会对答案的大体范围有个模糊的直观认识，能很快知道 12 609 和 123 不可能是答案。但如果不花点儿时间来计算的话，你就无法确定 568 不是正确答案。由于想不出一个准确的答案，你认为自己得想想是不是要做这道题。你如果还没有做这道题，就该试着做一做，哪怕完成其中的一部分也好。

按部就班的运算过程便是慢思考。首先，你会从记忆中重新提取读书时所学的乘法相关知识，然后加以运用。这个过程不容易，你得记住很多内容，你要知道自己算到哪一步了，知道下一步该怎样做，同时还要记住已得到的结果。这个计算过程是脑力工作，需要刻意、努力并且有序地进行——这也是慢思考的一个特征。这种计算不仅是大脑活动，身体也会参与其中，在计算时你的肌肉会紧张，血压会上升，心跳会加速。若在你解决这个问题时，有人在近处看你的眼睛，他将发现你的瞳孔会扩大。结束计算时——得出正确答案（顺便提一下，答案是 408）或是放弃计算都被视为结束计算——你的瞳孔便会恢复到正常大小。

2 个系统

近几十年来，许多心理学家对人的两种思维模式一直保持着浓厚的兴趣，这两种思维模式是由一张愤怒女性的照片和一道乘法题引发的，他们还指出两种模式的许多特征。这里我且采用由心理学家基思·斯坦诺维奇和理查德·韦斯特率先提出的术语，用以说明大脑中的两套系统，即系统 1 和系统 2。

- 系统 1 的运行是无意识且快速的，不怎么费脑力，没有感觉，完全处于自主控制状态。
- 系统 2 将注意力转移到需要费脑力的大脑活动上来，例如复杂的运算。系统 2 的运行通常与行为、选择和专注等主观体验相关联。

系统 1 和系统 2 的定义被广泛应用于心理学领域，但我在本书中所做的阐释更加深入，读者可将此书视为有两个人物的心理剧。

我们在审视自己时，往往更容易采用系统 2，认为自己头脑清醒，富有逻辑，抱有信仰，善做抉择，能够决定自己想要什么和该做些什么。尽管系统 2 的运行体现在行动中，但自主运行的系统 1 才是本书的重点。我将系统 1 描述成自主而初始的印象和感觉，这种印象和感觉是系统 2 中明确信念的主要来源，也是经过深思熟虑后做出抉择的主要依据。系统 1 的自主运作诱发了极其复杂的理念模式，但只有相对缓慢的系统 2 才能按部就班地构建想法。我还描述了继而发生的系统 2 的环境条件，在此条件下，系统 1 中随性的冲动及其诱发的联想都会受到抑制。读过此书，你会觉得这两种系统各有千秋，各司其职。

依据复杂性进行粗略预估，试举以下系统 1 引发的自主行为的例子：

· 确定两件物品孰远孰近。
· 确定突然出现的声源。
· 将短语“面包和……”补充完整。
· 看到恐怖画面后做出厌恶的表情。
· 察觉语气中的不友善。
· 回答 2+2=？
· 读大型广告牌上的字。
· 在空旷的道路上驾车行驶。
· 在下象棋时看出一步好棋（前提是你是位象棋大师）。
· 理解简单的句子。
· 听到“畏首畏尾，追求完美”的说法时，知道其意指古板的员工。

上述所有思维活动都和那位愤怒的女性相关——这些活动都是自主发生且毫不费力的。系统 1 的诸多能力当中包括一些与生俱来的能力，这些能力与其他动物的本能一样。我们生来就能感知周围的世界，能够认识事物，可以集中注意力，会规避风险，会害怕蜘蛛，思维时快时慢。大脑的其他思维活动也因长期的训练而变得快速自主。系统 1 除了能将我们已有的知识（比如法国的首都是哪里）联系起来，还能使我们掌握一些技能，比如看出并理解一些社交场合的细微差别。有些技能只有专家才能掌握，比如象棋中出奇制胜的那几招；而其他的技能，普通人都能掌握。例如，要想看出刻板员工的个性有哪些相似之处，还需要我们掌握大量的语言及文化知识，而大多数人都具备这些知识，这些知识就储存在我们的记忆中，不必刻意也无须努力便可随意存取。

以上列出的大脑活动是完全无意识的。你不必刻意学习便可领会一些母语中的简单句子；听到突然的一声响会自发地确定声源；看到“2+2”就知道等于 4；提到法国的首都时会不由自主地想到巴黎。其他一些行为可能会受到大脑的控制，比如咀嚼的动作，但大体上还是无意识的。系统 1 和系统 2 这两个系统都对注意力有控制作用。确定声源位置通常是在系统 1 控制下的无意识活动，随后系统 2 会立即被激发，产生有意识的注意力。在拥挤的派对上，你也许会对声音很大且无礼的谈话置之不理，不过，即使你的头没转过去，你的注意力也已经转移过去了，哪怕只有一会儿。但是，要想将注意力从不想关注的对象身上转移开来也容易，去关注另一个目标即可。

系统 2 的运作是高度多样化的，但所有这些运作方式都有一个共同特征：所有运作都需要集中注意力，如若注意力分散，运作也会随之中断。以下是一些例子：

·赛跑时随时做好起跑准备。

·关注马戏团里的小丑。

·在一间嘈杂、拥挤的屋子里关注某个人的声音。

·寻找某位白头发的妇女。

·搜寻大脑记忆，判定声音是否表达惊喜。

·保持比平常快的步行速度。

·观察自己在社交场合的做法是否得体。

·数出文章中某页字母 a 的出现次数。

·告诉某人你的电话号码。

·在狭小的空间里停车（除车库管理员外，大多数人停车的车位都很狭窄）。

·比较两款洗衣机的总体功效。

·填纳税申报表。

·检验一个复杂的逻辑论证的有效性。

在上述各种场景中，你都必须集中注意力。若是没有准备好或者没有将注意力集中到正在做的事情上，你的表现就会差强人意，甚至是一塌糊涂。系统 2 具有某些改变系统 1 运作方式的能力，通过控制注意力和记忆力的一般自主运行功能的方法可以实现这些改变。例如，在繁忙的火车站等亲戚时，你若是刻意去找某位头发花白的妇女或是长着胡子的人，即使隔着一段距离你也很可能发现自己的亲戚；你也可以在记忆中搜寻哪些国家的首都是以字母 N 开头的，或者法国有哪些存在主义小说；而当你在伦敦希思罗机场租车时，地勤人员很有可能会提醒你“在我们国家是右驾左行”。

在上述所有事例中，没有哪件事情是水到渠成的，你会发现始终如一地保持某种状态需要付出持之以恒的努力，至少要一直耗费精力。

“注意力要集中”，这句耳熟能详的话是很有道理的，如果你将原本应分配给某些活动的注意力分散开来，如果分散掉的注意力有限，还可以接受；但是如果你想透支你的注意力，将其过度分散到其他事情上，结果就会失败。这证明了有些费脑力的活动会相互影响，也说明了为什么同时进行几项活动很难，甚至是不可能的。就如同你不能一边向左转入路线复杂的道路，一边计算“17×24”这道乘法题的结果一样，两者无法兼做。当然了，你最好还是不要尝试。你可以同时做几件事情，但前提是这些事简单易懂，你可以在空旷的高速公路上一边开车一边和别人交谈而不出事故。有些家长可能会感到有些愧疚，因为他们在给孩子读故事时，脑子里还在想别的事。

每个人都能多多少少地意识到注意力是有限的，在社会生活中我们也会为此做出妥协。例如，当司机正在一条匝道上赶超一辆卡车时，车上的成年乘客会明智地停止与司机攀谈，因为他们清楚地知道，在这个时候让司机分心并不是什么好事，而且他们会认为司机此时会屏蔽掉别人的话语，仿佛暂时性失聪一般。

人们如果太过专注于某件事，就会屏蔽掉其他事情，即使是平时很感兴趣的事也不例外。在《看不见的大猩猩》一书中，克里斯托弗·查布里斯和丹尼尔·西蒙斯两位作者为我们提供了一个最具戏剧性的证明。他们设计了一部两队传篮球的短片，其中一队穿的是白色球衣，另一队穿的是黑色球衣。观看短片的人需要数出白衣球队的传球次数，忽略掉另一队传的球。这个任务比较困难，需要完全投入才行。短片播到一半时，一个套着大猩猩服装的女人出现了，她穿过球场，捶着胸，然后继续走动。这只“猩猩”出现了9秒钟。上万人看了这部短片，其中约有一半人并未注意到有什么异常。之所以这样，是因为这个计数任务——尤其是那个忽略黑衣球队的要求——造成了这种屏蔽。若没有那项任务，所有观看短片的人都会注意到那只“猩猩”。观看和定位是系统 1 的自动功能，但在执行时需要将一些注意力分配给相关的刺激物。该书的两位作者提到，在这项研究中，最值得注意的是人们在知道结果后的吃惊反应。那些没有看到“猩猩”的观众刚开始就确信场上没有“猩猩”——他们很难想象自己会错过这件吸引人眼球的事。这个关于“猩猩”的研究阐述了与我们大脑相关的两个重要事实：我们会忽视显而易见的事，也会忽视自己屏蔽了这些事的事实。

内容简介

本书紧扣两个系统相互作用这一主题，其内容与结构简洁明了。在书中我将指出，当我们醒着时，系统 1 和系统 2 都处于活跃状态。系统 1 是自主运行的，而系统 2 通常处于不费力的放松状态，运行时只有部分能力参与。系统 1 不断为系统 2 提供印象、直觉、意向和感觉等信息。系统 2 如果接收了这些信息，就会将印象、直觉等转变为信念，将冲动转化为自主行为。通常情况下，一切都会顺利进行，系统 2 会稍微调整或是毫无保留地接受系统 1 的建议。因此，你一般会相信自己的最初印象，并依自己的想法行动。在通常情况下，这样也挺好的。

当系统 1 的运行遇到阻碍时，它会向系统 2 寻求支持，请求系统 2 给出更为详细和明确的处理方式来解决当前问题。系统 2 在系统 1 无法提供问题答案时，就会被激活，这好比你碰到了“17 × 24”这样的乘法题，系统 1 无法给出答案，系统 2 便被激活来解决问题。当你遇到令人吃惊的事情时，你同样会感到自己有意识的那部分注意力会瞬间激增。另外，在系统 1 所设定的世界里，电灯不会跳，猫不会像狗一样汪汪叫，“猩猩”也不会穿过篮球场。如若事物违反了系统 1 所设定的关于世界的模式，系统 2 同样会被激活。

“猩猩”的实验表明，想要察觉到令人惊讶的刺激物，就要对其予以关注。然后，那种惊讶会激发并引导你的注意力：你会将目光集中在令你瞠目的对象身上，并在记忆中搜寻此事令人惊讶的原因。系统 2 还会起到持续监督你自身行为的作用——有了它，你在生气时也能保持应有的礼节；有了它，你在夜晚开车时也能保持警惕。当你就要犯错时，系统 2 会受到刺激，加速运作。回想一下，在冒犯别人的话即将脱口而出时，想把话咽回去是多么困难。总的来说，你（或你的系统 2）所想所做的大多数事情都是由系统 1 引起的，但当事情变得困难时，系统 2 便会接手难题，系统 2 出马，所有事情都会迎刃而解。

系统 1 和系统 2 的分工是非常高效的：代价最小，效果最好。在通常情况下，这种分工很有效，因为系统 1 很善于完成自己的本职工作：它在熟悉的情境中采取的模式是精确的，所做出的短期预测是准确的，在遇到挑战时它做出的第一反应也是迅速且基本恰当的。然而，系统 1 存在成见，在很多特定的情况下，这一系统易犯系统性错误。你会发现这个系统有时候会将原本较难的问题做简单化处理，对于逻辑学和统计学问题，它几乎一无所知。系统 1 还有一个更大的局限，即我们无法关闭它。如果看到屏幕上显示一个你认识的单词，你就能读出这个词——除非你的心思完全不在这上面。

冲突

图 2 是由一个经典的实验演变而来的，说明了两个系统之间的冲突。你可以先试着做做下面这个练习，然后接着往下读。

你的第一个任务是先浏览一下下面这些文字，说出哪些字较小，哪些字较大。完成第一个任务后，再看一遍这些字，说出每一个字的位置。如若字的位置偏左，则说（默默自语）“左”；如若字的位置偏右，则说“右”。

左	高
左	低
右	低
右	高
右	高
左	低
左	低
右	高

图 2

在这两个任务中，你几乎可以正确无误地读出所有字，并且还会发现，两项任务各有一部分要求比其他要求简单些。当你确认字的大小时，会发现左边一栏相对简单，而在指出右边一栏的字号大小时，速度会变慢，甚至还会出现不确定的情形。而当你确定单词位置时，确定左边一栏时比较困难，右边一栏相对简单些。

这些任务都需要系统 2 的参与，因为读出“高 / 低”或是“左 / 右”和平时由上到下看一列字根本就是两回事。要完成这项任务，你所做的事情要包括为记忆编程，使相关的字（例如第一个任务中的高和低）能够“脱口而出”。在浏览右边一栏文字的时候，你能很快读出该任务所选文字，不大可能将其读成其他文字。但左边一栏文字却有所不同，因为其中包含的文字与任务所设定的要求是重叠的。你无法忽略掉这样的干扰。在通常情况下，你能做出正确的回应，但战胜脑中两种相互冲突的反应会给你造成压力，使你的速度减缓。这如同经历了一场斗争，斗争双方分别是你打算完成的任务和影响任务完成的自主反应。

自主反应和控制这种反应的意图之间存在冲突，这种冲突在生活中极为普遍。我们差不多都有过这样的经历：在餐厅里，自己的邻座是一对儿穿着怪异的夫妻，但我们会尽量不去盯着他们看。我们也清楚，如果看书时老是重读不知所云的内容，那就说明我们在强迫自己去读一本无聊的书。在冬季严寒的地区，许多司机都有着这样的记忆：当他们的车在冰上滑行失去控制时，他们必须放弃平时的做法，竭力按照已反复演练过的指示操作："如果车打滑，做什么都行，就是别踩刹车！"另外，每一个人都有强忍着不诅咒别人去死的经历。系统 2 的众多任务就包括抑制系统 1 产生这些冲动。换句话说，系统 2 负责人们的自我控制。

错觉

为了理解系统 1 的自主性以及印象和信念的区别，请你仔细看看图 3。

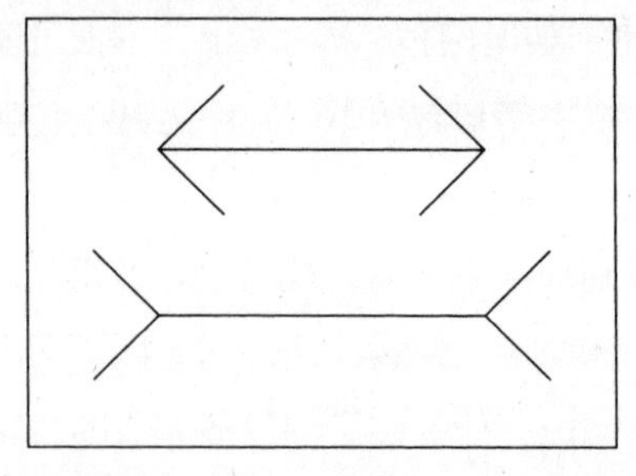

图 3

这幅图没有什么特别之处：两条不同长度的水平线，两端有朝向不同方向的箭头，并且下面一条线明显比上面那条线长。这是我们看到的所有内容，而且我们肯定相信自己的眼睛。但是，如果你曾经见过这幅图，就会认出这是那幅著名的米勒–莱尔错觉图，要证实这一错觉很简单，只需要找把尺子量一量，你就会发现其实两条水平线是等长的。

既然测量了这两条线的长度，你——你的系统 2，即你称为“自我”的意识体——就会有一个新的信念：你知道这两条线是等长的。当被问及它们的长度时，你也会如实说。然而，你肉眼所见的依然是下面那条线比较长。你选择相信测量的结果，但无法控制住系统 1 带给你的直观感受，即使你知道这两条线长度相同，也无法把它们视为等长的线。想要消除这种错觉，唯一能做的就是当你再看到两条平行线，并且线的两端有朝向不同方向的箭头时，你必须学会怀疑自己的感觉。要贯彻这一规则，你必须具备识别这种错觉模式的能力，能够回忆起你所了解的相关知识。如果可以做到这一点，你就再也不会掉入米勒–莱尔错觉的陷阱了。但是，你眼中所见的两条线肯定还是一条长一条短。

不是所有错觉都是视觉上的，还有思维方面的，我们将其称为认知错觉。我读研究生的时候，选修了一些与心理疗法的艺术及科学相关的课程。记得有一次上课时，老师跟我们分享了一些坐诊艺术。他告诉我们："有时，你会碰到一两个这样的病人——他会像说故事一样，讲述自己以前遭遇的误诊，这些诊断五花八门，让人担心。他看过几个临床医生，但都没有多大效果。这个病人还能清楚地描述医生是如何误解他的，但他很快就观察到，你和其他医生是不一样的，你能感同身受，充分理解他，并可以为他提供帮助。"此时，我的老师提高了音量，继续讲道："千万别有接收这个病人的想法！将他赶走！他很有可能是位精神病患者，而且你也帮不了他。"

多年以后，我才知道那位老师当时是在提醒我们，要提防病态的假象。精神病研究领域的权威也证实了我们那位老师所给的建议是合理的。这与米勒-莱尔错觉类似。没人教过我们如何体会患者的心情。所以我们的老师断言，我们对那位患者的同情心是不由自主的，这种同情心可能源自系统 1。此外，也没有人教过我们不要总是相信自己对患者的感情。有人告诉我们，过多关注一个有数次治疗失败经历的病人是一种危险的信号——正如平行线两端的箭头那样，会让人产生错觉。这是一种认知错觉。我的老师教过我（系统 2）如何识别这种错觉，也曾告诉我切莫相信这种感觉，更不要依照感觉行事。

提到认知错觉，我们最常被问及的问题就是能否避免这种错觉。上述各例传达的信息不容乐观。因为系统 1 是自主运行的，我们无法随意使其停止，因此，直观思维所导致的错误常常难以避免。我们不可能一直没有成见，因为系统 2 可能对系统 1 产生的错误毫无所知。即使系统 2 对可能发生的错误有所察觉，也需要进行强有力的调控和积极的运作才有可能避免。然而，作为一种生活方式，时刻保持警觉性并不是一件好事，想要这样做也并不实际。总是质疑自己的想法会使我们的生活非常枯燥乏味，因为系统 2 在代替系统 1 进行日常抉择时总是耗时很长且非常低效。最好的解决办法就是妥协：学会区别常会出现重大错误的情境，在风险很高的时候，尽力避免这些错误。前文提到，发现别人的错误总比发现自己的错误更容易。

有用的虚构

你可以将上述两个系统想象成大脑内部的两个人，他们有着各自不同的特征、能力和局限性。在书中我常会将这两个系统当成一些句子的主语，例如“系统 2 统计产品数量”。

在我所在的职业圈子中，使用这样的语言被视为一种过错，因为这种说法貌似通过一个人头脑中那两个小人的思维和行为去解释这个人的思维和行为。从语法上讲，这个关于系统 2 的句子与“管家监守自盗”的句型类似。我的同事指出，管家的行为实际上就解释了现金的丢失原因，由此他们也很怀疑关于系统 2 的那个句子同样解释了算错产品数量的原因。我的回答是，这个短小的主动句认为统计是系统 2 所为，而且这个句子是一种描述而不是一种解释。这样的描述只有在你已经对系统 2 有一定的了解后才有意义。看看下面这段让人纠结的话吧：“心算是一个需要做出努力的自主活动，人在心算时总会瞳孔放大，心跳加速，因此你绝对不能一边开车左转，一边心算得出结果。”

同样，“在通常情况下，在高速路上行驶的任务要留给系统1来完成”这句话说明，驾驶这辆车转弯是自主行为，不用费脑力，也意味着一个驾车新手能够一边与别人攀谈，一边轻松地在空旷的高速路上行驶。最后，“系统2防止了詹姆士因为受到侮辱而做出愚蠢的举动”这句话则表明，如果其努力自控的行为受到干扰（比如他喝醉了），那么詹姆士应该会有过分的举动。

尽管系统1和系统2是本书的主题，但我必须澄清一个事实，即两个系统并不是真实存在的，它们只是我杜撰出来的角色。系统1和系统2不是标准意义上的实体，没有错综复杂的组成部分，也不是大脑中某个固定的部位。你有可能会问：为什么要在如此严谨的一本书中引进两个名字并不漂亮的虚拟角色呢？答案很简单，这两个角色很重要，因为我们每个人都会有些奇特的想法无法解释。一个句子若是讲一个客体（系统2）做什么，要比对这个客体及其特征进行描述更容易。换句话说，“系统2”比“心算”更适合当句子的主语。我们的大脑，特别是系统1，似乎拥有一些特别的能力，能够构想和领会施动者的故事。这些施动者有其特有的特征、习惯和能力。你很快就会对那个监守自盗的男管家产生坏印象，认为他还会继续偷盗，而且你暂时无法忘掉这个人。这也是我对这两个系统语言寄予的希望。

为什么将两个系统命名为系统1和系统2，而不是“自主系统”和“耗力系统”呢？原因很简单，说出“自主系统”比说出“系统1”所需的时间长，因此会占用更多大脑工作记忆（短时记忆）的空间。这一点很重要，因为任何事物只要占用了大脑的工作记忆，就会削弱你的思考能力。你可以将“系统1”和“系统2”当作昵称，就像鲍勃和乔一样，用这种拟人的方式去了解整本书出现的各种角色。有了这两个虚拟的系统，我便能更从容地思考有关判断与决策的问题，而你也能更轻松地读懂我的文字。

示例——系统 1 和系统 2

他有印象，只是其中一部分是幻象。

这纯粹是系统 1 的反应，她在意识到危险之前就果断采取了行动。

这是你系统 1 的想法，放慢速度，听听系统 2 的看法吧。

第 2 章

注意力和努力

虽说不太可能，但假设本书真的被拍成电影的话，自视为主角的系统 2 一定只能做个配角。在这个故事中，系统 2 的典型特征表现为，其各项活动都需要努力，但其自身却很懒惰，除了必需的努力，它不愿多付出，哪怕是一点点。因此，虽然系统 2 认为是自己选择了人们的想法和行为，可实际上，这些选择都是在系统 1 的引导下完成的，系统 1 才是这个故事的真正主角。然而，一些至关重要的任务却只有系统 2 才能执行，因为这些任务需要付出努力和控制自我，由此方可抑制系统 1 产生的直觉和冲动。

心力

如果想让你的系统 2 全力运转，你可以做做下面的练习。这个练习会让你在 5 秒钟之内达到认知能力的极限。首先，编一串不同的 4 位数数字，并将这些数字写在一张索引卡上。然后，在桌上放一张空白的卡片。你即将执行的任务叫加 1，以下是具体做法：

> 敲打出稳定的节奏（最好有一个节拍器，并将其设定为一秒一拍）。
>
> 移动空白卡纸，大声读出数字。然后等待两个节拍，说出一个新的数字（这个数字是将原来那个数字的每一位都加 1 得来的）。例如，卡片上的数字是 5 294，新的数字就应该是 6 305。另外，跟上节奏很重要。

很少有人在加 1 任务中能胜任超过 4 位数的数字，但如果你想挑战一下自己，可以尝试一下加 3 的任务。

如果想知道大脑在快速运转时身体正在干些什么，你可以这样做：在书桌上堆两摞书，将你的下巴放在其中一摞上，将一台摄像机放在另一摞上。打开摄像机，在你做加 1 或加 3 任务时，盯着摄像机的镜头看。然后，你可以通过摄像机真实的记录发现，你的瞳孔大小会随着你的努力程度而变化。

很久以前，我就开始练习加 1 任务了。在我职业生涯的早期，作为研究催眠实验的访问学者，我在密歇根大学待了一年。在寻找有意义的研究课题时，我在《科学美国人》杂志中看到了心理学家埃克哈特·赫斯的一篇文章。该文章指出，瞳孔是人类心灵的窗户。最近，我又读了一遍这篇文章，备受启发。赫斯在文章的开头说道，他的妻子注意到当他在观赏美丽的风景图片时，瞳孔会扩大。文章结尾处有两张吸引人的照片，照片是同一个漂亮女人，但其中一张照片显得比另一张更加漂亮。造成这种不同的唯一原因是：在更漂亮的那张照片中，女人的瞳孔比较大，而另一张的瞳孔比较小。赫斯在文章中还提到了颠茄——一种使人瞳孔变大的物质，曾做美瞳之用。作者还提到，一些常去赶集的人常常戴着墨镜，因为这样就能隐藏自己对商品的兴趣了。

赫斯的一个发现让我特别感兴趣。他发现瞳孔就像大脑运转情况的灵敏指示器——它们在人们进行乘法运算时会扩散，在人们解决更为困难的问题时扩散得更大。他的观察还表明，对脑力工作的回应与唤起情感是不同的。赫斯的这篇文章与催眠关系不大，但我认为，“大脑活动是可以看见的”这一想法是个值得研究的课题。杰克逊·贝蒂是实验室里的一个研究生，他对这个课题同样很感兴趣。于是，我们一起展开了研究。

贝蒂和我设计了一个类似于验光仪器的装置，受试者将头倚在可固定住下巴和前额的支架上，然后一边盯着镜头，一边听事先录好的问题，并跟着节拍器的节拍回答这些问题。每一个节拍都会触发红外闪光拍照。在每期实验结束时，我们都会很快把照片冲洗出来，并将它们投影到屏幕上，然后用尺子测量瞳孔大小。这种方法对年轻人和没有耐心的研究者都很适用：我们能很快知道实验的结果，而且这些结果总能说明一些问题。

贝蒂和我很关注有节奏的任务，例如在加 1 任务中，我们能准确地了解受试者每时每刻的大脑活动。我们记录了跟着节拍器说出的一串数字，并指示受试者在保持节奏的情况下，逐一重复或是转换这些数字。我们很快发现，瞳孔的大小会逐秒发生变化，这也就反映了任务的难度在不断变化。瞳孔随时间变化的曲线图最后呈倒V字形。如果去做加1和加3任务，你会发现每听到一个新数字，任务难度就会加大一些，最后达到一个令人几乎难以接受的极限。那时，你会在节拍中或停顿时极快地说出转换后的数字，这就相当于“释放”了自己的短时记忆，然后，你才渐渐感到放松了一些。瞳孔大小的数据与受试者的体验非常吻合：数字位数越多，瞳孔扩散得越大；任务的难度与付出的努力相符；瞳孔扩散到最大的时候正是付出努力最多的时候。与立刻重复一个7位数相比，4位数的加1任务会使瞳孔扩散得更大。加3任务则更为困难，这项任务是我所观察到的要求最高的任务。仅仅在前5秒钟，瞳孔就扩散了50%，心跳每分钟增加了7拍。这是一个人能达到的最大工作极限——如果超过这个极限，人们就会自动放弃。当我们给实验受试者的数字超过他们所能承受的范围时，他们的瞳孔就会停止扩散或是收缩。

我们在宽敞的地下室套间里工作了几个月，套间里有相关闭路系统，可以将受试者的瞳孔投影在走廊的屏幕上；我们同时还可以听到实验室里的情况。投射出来的瞳孔直径大约是一英尺[1]；观察受试者工作时的瞳孔变化是件非常有趣的事，引得那些来我们实验室参观的人纷纷驻足。我们预测受试者何时会放弃任务，自娱的同时也给参观者留下了深刻的印象。在心算一道乘法题时，受试者的瞳孔会在几秒之内变大并保持那样的大小，直到她算出答案或是放弃。我们在走廊里观察这些瞳孔时，时常会让受试者

1. 1英尺 =30.48厘米。——编者注

和参观者感到惊讶。我们会问受试者："为什么你刚才停下来了呢？"实验室里的人经常会问："你是怎么知道的？"我们回答："因为我们看见了你心灵的窗户。"

我们在走廊里随意的观察有时和正式的实验一样能说明问题。在两个任务的间隙，我随意看了一下某位女性的瞳孔。她把头放在了装置上，所以当她与实验人员进行例行谈话时，我能够观察到她的瞳孔变化。我惊讶地发现，她的瞳孔并没有伴随谈话和倾听而发生明显的扩散或收缩。与我们研究的任务不同的是，平常的谈话明显只需要一点儿努力或是完全不费力——不会比记住两位或三位数需要的精力多。这是灵感迸发的时刻：我意识到我们选择研究的任务都是需要付出特别多努力的。我的脑中闪现一个想法：我们大脑的生活步调（现在我爱用系统 2 的生活步调来代替）大多像是在悠闲地散步，有时候会变成慢跑，只有在极少数的情况下，才会如短跑冲刺。在执行加 1 和加 3 任务时，大脑就像是在短跑冲刺；而平时在随意的聊天时，大脑就如同在漫步。

我们发现，人的大脑如果正处于冲刺的状态，就有可能（对次要信息）产生有效的屏蔽。前文提到的《看不见的大猩猩》一书的作者就是通过让观察者持续专注于数传球次数而对那只"猩猩"视而不见的。我们通过加 1 任务提供了一个不那么夸张的例子。当受试者在执行加 1 任务时，我们会给他们看一串快速闪过的字母。我们要求受试者对加 1 的数字任务给予充分的重视，但是在这个任务即将结束时，他们也需要说出字母 K 是否在整个实验中出现过。这个实验的主要发现是，人们锁定和报告指定字母的能力在执行任务的 10 秒钟内发生了变化。如果字母 K 出现在加 1 任务的开始或结尾，几乎所有观察者都不会错过，但如果字母 K 出现在大脑活动最为频繁的中间时段，就算彼时他们正睁大眼直直地盯着这个字母，也会生生错过它。没能发现字母 K 的线形图与瞳孔大小变化所呈现的倒 V 形是一致的，这种一致性再次证明：瞳孔是衡量与思维活动形影不离的生理刺激的标尺，我们可以通过瞳孔了解大脑的运行状况。

就像你家或公寓外安装的电表一样，瞳孔提供了一个关于你大脑使用率的参数。这个类比还可以有更深入的解释。你的用电量取决于你用电来做什么，是开灯还是烤面包。当你打开电灯或是烤面包机时，你就会获得所需要的电量。同样，我们也能决定自己要做什么，但做成这件事得花多少精力我们就说不准了。假设你见到一个 4 位数，比如 9 462，然后被告知，你的性命就取决于是否能在 10 秒内记住这个数字。无论你多想活下去，付出的努力也不会比用同样数字执行加 3 任务时付出的多。

系统 2 和你家里的电表能力都有限，但它们对超负荷的负载反应不同。当用电超负荷时，断路器会跳闸，致使那条线路上的所有电器都断电。相反，如果大脑的使用超负荷，其处理则是有选择性且精确的：系统 2 会偏向最重要的活动，因此这个活动会得到其所需的注意力，其他“多出来的”注意力再慢慢被分配到其他任务中去。我们所做的猩猩实验要求受试者更加关注数字任务。我们确信他们按要求完成了任务，因为可视目标（指“猩猩”）出现的时候并没有对主要任务造成影响。如果那个关键字母 K 是在大脑活动量最大的时刻闪现的，受试者往往会将其屏蔽掉。而当数字转换任务要求并不那么高时，受试者更有可能觉察到这个字母。

注意力这种精细的分配是在大脑漫长的进化过程中形成的。快速判断最严重的困难或者快速锁定最佳时机并做出迅速反应能提高生存概率。当然，这种能力并不专属于人类。即使在现代人中，系统 1 也会承担起应对突发情况的任务，完成自我保护的最高使命。试想在开车时，车意外地滑到了一大片油区，你会发现，在充分意识到这一点之前，你就已经采取了躲避危险的行为。

贝蒂和我在一起工作的时间只有一年，但我们的合作对于各自今后的职业生涯都产生了很大的影响。他最终成为“认知瞳孔测量法”的权威，而我则写了《注意与努力》一书。这本书在很大程度上是以我们此前的共同研究为基础的，与我后来在哈佛大学所做的后续研究也密不可分。通过类型多样的任务来测量瞳孔大小，我们知道了许多关于大脑工作的知识（现在我把工作中的大脑都视为系统 2）。

当你执行一个任务越来越熟练时，你需要付出的努力程度就会降低。对大脑的各项研究证明，与行动相关的活动模式会随着熟练程度的加强而变化，一些大脑区域将不再参与其中。天才也是如此。通过观察瞳孔变化和大脑活动，我们发现高智商的人往往需要较少的努力便可解决同样的问题。普遍的“最省力法则”不仅适用于体力活儿，还适用于我们的认知行为。这个法则主张，如果达成同一个目标的方法有多种，人们往往会选择最简单的那一种。在经济行为中，付出就是成本，学习技能是为了追求利益和成本的平衡，因为懒惰是人类的本性。

我们研究的这些任务对瞳孔变化的影响差别很大。从基本水平来看，我们的受试者都是清醒的、有意识的，并时刻准备好投入任务——也许觉醒水平和认知准备比平时还高、还充分。记住一位数或两位数或是学会将数字与词汇相联系（比如 3= 门）会对基准线以上的记忆觉醒产生确切的效果。但是，这样做收效甚微，只有 5% 的瞳孔直径增大与加 3 任务有关。鉴别两个音调高低的任务也能有效地使瞳孔扩大。最近的研究还表明，抑制自己读出干扰性单词的倾向同样会产生一定的效果，而在短时间内记住 6 位或 7 位数字则需付出更多精力。正如你体验到的那样，当被要求说出你的电话号码或爱人的生日时，你需要做一番简单却重要的努力，因为你的回应是有逻辑的，你必须将整串数字记在脑中。而心算两位数的乘法题和加 3 任务已经接近人们能够做到的极限。

是什么原因使某些认知任务较其他的更加困难、更需付出努力呢？若注意力是种货币，那我们要买些什么样的产品呢？什么又是系统 2 能做而系统 1 不能做的呢？我们现在对这些问题给出假设性的回答。

想要同时记住不同的想法也需要耗费精力，其中有些想法需要按不同方案实施，另一些想法则需与一定的规则结合起来实施——在进超市前重新核实你的购物清单，在餐馆吃饭时，在鱼和牛肉之间进行选择，或是根据小样本得来的信息归纳出一个令人惊喜的结果，等等，都属于此类实例。系统 2 是唯一一个可以按规则运行、能根据属性来对比物品、能深思熟虑做出选择的系统。自动运行的系统 1 不具备这些能力。系统 1 能察觉简单的关系（比如“他们长得一模一样”“儿子比父亲高得多”），还擅长整合关于一件事的所有信息，但不能快速处理多个独立的话题，也不能利用纯粹的统计学信息。如果一个人被描述成“本性怯懦，做事井井有条，循规蹈矩，关注细节”，系统 1 就会认为这个人像个图书管理员，但系统 2 在结合了直觉以及图书管理员人数少的这个事实进行思考过后，却不会这样认为。只有系统 2 才能做这种判断。

系统 2 一个非常重要的才能是它能够处理“多重任务”，它可以提取记忆去执行抑制习惯性反应的指令。考虑以下的任务：数出这一页“的”字出现的次数。这个任务你以前从来没有做过，做起来很难得心应手，但是你的系统 2 却可以应付。着手这个练习并非易事，尽管在练习的过程中你会有所提高，但真正完成这项任务会很吃力。心理学家用“执行控制”来描述多重任务的执行和最终完成，神经系统科学家已经确认了大脑中负责执行功能的主要区域。当有冲突需要平息的时候，其中一部分区域也会活跃起来。另一部分是大脑前额叶，人类的这个区域要比其他灵长类的更发达，它是与智力密切相关的重要脑区。

现在，假设你在看完这一页时，接到了另一个指示：数出下一页有多少个逗号。这项任务更加困难，因为你还要克制住不久前形成的倾向，即将注意力集中在“的”字上。近几十年来，认知心理学家有很多重大发现，其中一项就是：从一个任务转换到另一个任务上需要付出努力，在时间紧迫的情况下尤其如此。完成加 3 任务和心算乘法之所以困难，也是因为两项任务都需要快速转换。要完成加 3 任务，你必须同时在工作记忆中储存好几个数字，并且每个数字都要与一个特定的运行过程相联系：得记住转换完的数字以便稍后说出来，一个数字正在转换中，还有一些数字正等着被转换。当前关于工作记忆的测试要求个人在两个高要求的任务间不停地转换，在记住其中一个结果的同时，还要执行另一个任务。能够很好完成这些测试的人大都能在一般智力测试中取得好成绩。然而，是否能够控制自己的注意力并不是一般智力的衡量标准。要想预测空中交通指挥员和以色列空军飞行员的表现，衡量他们控制注意力的能力比让他们做智力测试更为有效。

时间制约是人们付出努力的另一个驱动因素。当执行加 3 任务时，你的匆忙一方面是因为节拍器，另一方面是因为记忆负荷。你就好比同时向空中抛出好几个球的马戏团演员，无法承担减速的后果。记忆减退的速率催促你的步调，迫使你在完全忘记这些信息前不断进行更新和演练。任何需要你同时记住许多想法的任务都是匆忙的。除非你运气较好，有很大的工作记忆容量，否则你只能硬着头皮继续工作。慢思考最耗费脑力的思考形式就是那些催你思考的形式。

你肯定已注意到，在执行加 3 任务时，你的大脑会不同寻常地高速运作。即使你靠脑力劳动谋生，在日常工作中也极少有类似加 3 或是类似马上记住 6 位数这样极具挑战性的任务。我们通常会分几个简单的步骤来执行任务，以避免大脑超负荷运行。这样的话，我们可以将中间结果储存在长期记忆中或是记在纸上，而不是简单地堆积在工作记忆中。我们不紧不慢地绕着远路向目标靠近，通过最省力法则来管理我们的思维活动。

示例——注意力和努力

我不会在开车的时候想破脑袋去解决这个问题。这是一个会使瞳孔扩大的任务，太费神了！

他在运用最省力法则，能不多想就不多想。

她没有忘记开会的事，只是会议开始时她完全在想别的事情，根本没有听到你在说什么。

我的脑海中最先出现的想法是来自系统 1 的直觉。我必须从头到尾思索一遍，三思而后行。

第3章

懒惰的控制器

我每年都要在伯克利待上几个月，在那里，我最大的乐趣就是每天在山间小路上散步4英里[1]，领略旧金山湾的风景。通常我会记录散步所用的时间，也由此对自己在这个过程中所付出的努力有相当的了解。我发现自己大概用17分钟就可以走完1英里的路程。当然我也耗费了体力，以这一速度行走比我坐在靠椅上要消耗更多的热量，但行走中我并没有感受到精神压力，也没有内心矛盾，更无须催促自己前行。以这个速度散步，我还能边走

1. 1英里≈1.609千米。——编者注

路边思考。事实上，我觉得散步能唤醒身体的感应，使大脑思维更加敏锐。

系统 2 也有一个自然的速度。大脑没有专门处理某项任务时，你可以分些精力随意观察自己周围发生了什么。除非你非常小心谨慎，或者自我意识很强，否则观察周围环境或大脑的活动是不需要付出太多努力的。当开车时你能做出一些小决策，在读报纸时你能获取一些信息，你还可以和爱人或同事随意说说每天的开心事等，这些都不需要付出多少努力，也没有什么压力，跟散步没什么两样。

边散步边思考其实是一件很轻松、很惬意的事，但在某些极端情况下，这些活动似乎在争夺系统 2 有限的资源。只需要一个简单的实验就可证实这个假设：在和朋友悠闲地散步时，你让他心算出“23×78”的结果，而且要立刻就算出来，这时他肯定会停下脚步来算。我的体会是，我可以在散步时思考，却无法利用短时记忆来完成这样一项复杂的心算任务。如果我必须在规定时间内构建一个复杂的理论，我希望无人打扰，而且坐着思考要比站着强。当然，不是所有的慢思考都必须集中精力、认真计算。和阿莫斯悠闲散步就是我人生中的最佳思考时间。

加快散步速度会完全改变我的散步体验，因为加快速度会使我的连贯思考能力明显下降。只要一提速，我就要注意逐渐加快行走速度，要刻意保持更快的速度，将一连串想法加以总结的能力便相应下降了。我在山上行走能保持的最快速度是 14 分钟走完 1 英里，不过这样一来，我根本什么事都想不了。沿着小路快速行走不仅要付出体力，还需要大脑的自我控制，以防止自己减速。自我控制和仔细思考很明显要抢夺努力的有限预算。

在通常情况下，大多数人保持连贯的思维或时不时积极思考都需要自我控制力。尽管没有做过系统的研究，但我认为，不断转换任务和提高大脑运转速度从本质上说是不会让人感到快乐的，人们总是尽可能避开这种情况，这就说明了为什么最省力法则能成为法则。即使没有时间的限制，保持连贯的思维也需要此法则。有人曾观察并记录我写作的一个小时内查收电子邮件或打开冰箱的次数，这可以说明我想要逃离写作的欲望，也可以得出一个结论——我的自我控制力完全达不到工作的要求。

好在并不是所有认知工作都令人厌恶，有时并不需要意志力的支撑，人们也能花很长时间和大量精力进行一项工作。心理学家米哈里·契克森米哈对这种无须做出努力的状态的研究比别人都多，他将这种状态命名为心流，而且此名称已成为一个心理学术语。体验过心流的人将其描述为“一种将大脑注意力毫不费力地集中起来的状态，这种状态可以使人忘却时间的概念，忘掉自己，也忘掉自身问题”，他们对这种状态所带来的愉悦感的描述非常吸引人，米哈里称其为“最优体验”。很多活动都能带来心流体验，不论是画画还是摩托车比赛。我认识几个作者，出书就是他们的最优体验。对于一个作者而言，这样容易满足是件幸事。心流巧妙地区分了两种努力形式：对任务的关注和对注意力的严格控制。以每小时 150 英里的速度骑摩托车和在象棋大赛中角逐都需要付出努力，然而在心流状态下，集中注意力关注吸引人的事并不要求自我控制。因此，我们要将所有资源都用于手头上的任务才好。

精疲力竭的系统2

自我控制和认知努力是大脑工作的形式，这一观点已得到广泛认同。有几项心理研究表明，人若既有认知任务在手同时又受到诱惑的影响，就容易屈从于诱惑。如果有人要求你在一两分钟内记住一串 7 位数的数字，并且告诉你记住这些数字是你的首要任务，而当你将注意力集中在这些数字上时，却有个人端着甜点让你选一种：是选择让人既爱又恨的巧克力蛋糕，还是选择什锦水果沙拉。有证据显示，尽管大脑里装满了这些数字，你却更有可能选择诱人的巧克力蛋糕。系统 2 在忙碌时，系统 1 对行为的影响会更大。而且，系统 1 也更偏爱甜食。

当人们忙于认知活动时，更有可能做出自私的抉择，会用带有性别歧视的字眼，并在社交场合做出肤浅的评判。记住和重复这些数字会减轻系统 2 对行为的控制，当然，认知负担不是自我控制减弱的唯一因素。喝几杯酒，或者一夜没睡也会产生同样的结果。早起的人的自我控制力会在晚上受到影响，而夜猫子的自我控制能力会在早晨受到影响。过多关注自己完成一项任务的结果，就会给自己的短时记忆增加毫无意义的思想负担，进而影响其整体表现。结论非常明显：自我控制需要集中注意力，需要付出努力。换种说法就是，控制思想和行为是系统 2 的任务之一。

心理学家罗伊·鲍迈斯特和他的同事们所做的一系列令人惊讶的实验最终表明，所有自主努力的不同形式——认知上的、情感上的或者身体上的——至少都能对集思广益有所帮助。他们的实验中要求受试者进行的是连续性任务而不是同时发生（不相关联）的任务。

鲍迈斯特的小组屡次发现，刻意掌控意志和进行自我控制很辛苦。如果你必须强迫自己去做某件事，而此时这件事又面临一个新的挑战，你就会很不情愿或是根本无法进行自我控制。这种现象被称为自我损耗。在一次典型的展示活动中，我们要求受试者一边看一部能引起感情共鸣的电影，一边抑制自己的情绪反应。在随后的耐力测试中，他们表现得很糟糕。该耐力测试的内容是握住测力计——这个动作会让人越来越不舒服——看他们能保持多长时间。受试者在实验的初始阶段做出的抑制情感的努力，会削弱其忍受维持肌肉收缩而带来的痛苦的能力，自我损耗型的人因此会很快产生退出实验的冲动。在另一项实验中，受试者要首先经过自我意志的损耗，他们会吃不同的食物，包括小萝卜、芹菜等，同时还要抑制吃巧克力和饼干的想法。后来，当面对困难的认知任务时，这些人会比通常情况下更轻易放弃。

如今，我们知道关于自我控制的情形和任务很多，也很复杂。这些情况既包含思想斗争又包含抑制自身倾向的需求，可以看一下下面的例子：

· 不去想北极熊。
· 对震撼人心的电影抑制情感的共鸣。
· 对矛盾的事做出选择。
· 试着让他人眼前一亮。
· 对同伴不好的行为委婉回应。
· 和其他种族的人交流（这些人还有种族偏见）。

自我损耗的前兆也多有不同：

· 改变日常饮食。

·疯狂购物，花很多钱。

·反应过度，有挑衅的意味。

·对有把握的任务花费较少的时间。

·在认知任务和逻辑决策的制定中表现得很糟糕。

其证据很有说服力：对系统 2 有高需求的活动同样需要自我控制，而发挥自我控制力既有损耗又很枯燥。与认知负担不同，自我损耗至少会令人丧失一部分动力。如果在一项任务中控制自我，在另一项任务中就感受不到自己在努力，但只要你真的想做，就一定能做到。在几次实验中，受试者只要有强大的动力抑制自我损耗的影响，他就一定能做到。相反，如果你必须在执行某项任务的过程中以短时记忆记下 6 个数字，此时即使不断努力也是行不通的。自我损耗和认知投入并非同一种思维状态。

鲍迈斯特小组最惊人的发现，用他自己的话说就是，大脑能量这一概念不仅仅是个比喻。神经系统消耗的葡萄糖比身体其他部位消耗的都要多，而且需要付出脑力活动的成本显然要比葡萄糖高。在积极进行复杂的认知推理或者忙于要求自我控制的任务时，人的血糖就会下降。这种情况和短跑运动员在短跑时肌肉中的葡萄糖储备量下降是相同的。这一概念的大致含义是，自我损耗的影响能通过注射葡萄糖得到缓解，而且鲍迈斯特和他的同事们也通过几个实验证实了这一假设。

有一项研究是他们让志愿者看一个无声的短片，其内容是对一位女士的采访。这些志愿者的任务是解释她的肢体语言。在这些志愿者执行这项任务时，屏幕上有一串单词慢慢闪过，而他们事先已经被告知要忽略这些词，如果发现自己的注意力转移了，他们只能再次将注意力拉回到这位女士身上。研究认为，这种自我控制行为可以引起自我损耗。所有的志愿者在执行第二个任务前都喝了些柠檬汁，其中一半的人喝的柠檬汁加了葡萄糖，而另外一半人的饮料中混有代糖。然后所有的志愿者开始执行第二项任务，在这项任务中，他们必须克服直觉才能得到正确的答案。通常在自我损耗的人群中，直觉性的错误时有发生。结果是喝了含有代糖饮料的人出现了损耗现象，而喝了含有葡萄糖饮料的人却没有。可见，在大脑中储存一定量的糖，可以让人表现得不那么糟糕。能导致葡萄糖降低的任务是否同样会导致瞳孔放大和心率加快等情形发生？要想证明这一说法，恐怕还需要些时间和更深入的研究吧。

《美国科学院院报》最近报道了损耗对判决的影响这一问题的研究情况。在这项研究中，8 位不知情的受试者全部是以色列的保释官。他们每天都要审阅保释申请，而且不是按这些保释申请的时间顺序审阅，这些保释官在每份申请上所用的时间很少，平均只有 6 分钟。（弃权相当于拒绝保释，只有 35% 的申请能获准通过。这些保释官做出每个决定所用的时间都有精确的记录，而且他们一日三餐的餐歇时间也有记录，分别是早餐时间、午餐时间和午间休息时间。）这项研究的设计者对两次餐歇时间所能获得批准的申请数量进行了预测，结果发现每次用餐过后，获得批准的申请数量都会增加，有约 65% 的申请得到了批准。在保释官下一次用餐前的约两个小时内，批准率就开始稳步下降，在用餐之前刚好达到零。如你预想，这种结果令人难以接受，但各位设计者已经认真审核并排除了很多其他的原因。对这个数据最合理的解释却带来了负面信息：又累又饿的保释官容易否定保释申请。疲劳和饥饿都有可能影响他们的决定。

懒惰的系统2

系统 2 的一大主要功能是监督和控制思想活动以及由系统 1 引导的各种行为，使得一些想法直接体现在行动上，或者抑制或改变其他想法。

例如，下面是一个相对简单的难题。别费力去分析它，凭直觉做做看：

球拍和球共花 1.10 美元。

球拍比球贵 1 美元。

问球多少钱？

你会马上想到一个数字，这个数字当然就是 10，即 10 美分。这道简单的难题之所以与众不同，是因为它能引出一个直觉性的、吸引人却错误的答案。计算一下，你就会发现。如果球花费 10 美分的话，总共就要花 1.20 美元（球 10 美分，球拍 1.10 美元），而不是 1.10 美元。正确答案是 5 美分。我们可以假设那些最终得出正确答案的人也想到了这个答案，只是他们不知通过什么办法成功抵制住了直觉的诱惑，最终给出了正确的答案。

沙恩·弗雷德里克和我对基于两个系统的判断理论进行了共同研究，他用这个球拍和球的问题来研究一个核心问题：系统 2 对系统 1 的各类方案监视得有多严密？他进行了这样的推理：那些说球为 10 美分的人让我们了解到这样一个重要的事实，那就是这个人没有认真验证这个答案是否正确，而且他的系统 2 倾向于直觉性的答案。其实他只要稍稍动脑筋想一下，就会否定这个直觉性的答案。此外，我们还知道给出直觉性答案的人忽视了一个明显的生活提示，他们应该想一想，怎么会有答案这么明显的问题呢？没有验证答案，这是一个明显的失误，因为验证根本不费什么事，只是大脑工作几秒钟（这个问题的难度一般），或者肌肉动一动，抑或睁大眼睛就可以了，只要稍微动动脑子就可以避免这个令人窘迫的错误。认为答案是 10 美分的人显然不爱动脑筋，没有给出这个错误答案的人显然思维更活跃。

上万名大学生都回答了这个球拍和球的问题，其结果令人吃惊。哈佛大学、麻省理工学院和普林斯顿大学 50% 以上的学生给出了这个直觉性的错误答案。在名气稍差一点儿的大学里，那里 80% 以上的学生没有验证答案就脱口而出。这个球拍和球的问题是我们所做的第一个观测性的研究，这一问题将是本书反复出现的主题：很多人过于自信，过于相信自己的直觉。他们显然觉得认知努力没什么意思，会尽量避免费力思考。

现在我来为大家做一个逻辑论证——两个前提和一个结论。请你尽量快速地判定这个论证是否符合逻辑。想想结论是否与前提有关联？

所有的玫瑰都是花。

有些花会很快凋谢。

因此，有些玫瑰也会很快凋谢。

大部分大学生觉得这个推论是合理的。但事实上，这个论证是有问题的，因为玫瑰可能不会很快凋谢。就像球拍和球的问题，貌似正确的答案会马上在大脑中显现。摆脱这种现象需要做出努力，因为坚信自己的观点，认为“这是对的，是对的”，就会使人很难去验证自己的答案是否符合逻辑，大多数人根本不愿费力去想这个问题。

这个实验使我们对在日常生活中做出的推论丧失了信心。这个实验使我们认为，当人们相信某个结论是正确的时候，他们很可能会相信支持这个结论的论证，哪怕这些论证不正确。如果系统 1 也参与到活动中来，人们总会先得出结论，然后才进行论证。

接下来，请思考以下问题，边读边作答：

密歇根州在一年中发生了多少起谋杀事件？

这个问题是沙恩·弗雷德里克设计的，仍旧是对系统 2 的挑战。回答这个问题的“诀窍”在于，调查对象是否会记得底特律这个犯罪率相当高的城市就在密歇根州。美国的大学生都了解这个事实，都能准确无误地指出底特律是密歇根州最大的城市。然而，对事实的了解并不重要，重要的是，在我们需要这个事实的时候却总是无法立即将其提取出来。记得底特律在密歇根州的人对该州谋杀犯罪率的估计要多于不知道这一点的人，但弗雷德里克那个实验的大多数受试者在看到密歇根州时，根本没有想到该州还有底特律这座城市。实际上，当人们被问及密歇根州和底特律市的谋杀犯罪率时，回答前一个问题的人总认为密歇根州的谋杀犯罪率低，而回答后一个问题的人认为底特律市的谋杀犯罪率高。

受试者在回答上面的问题时没能想到底特律市，这既是系统 1 的问题，也是系统 2 的问题。提到密歇根州能否想到底特律市，这在一定程度上要依赖记忆的自主功能，这一功能因人而异。

有些人对密歇根州的一切耳熟能详：该州的居民比其他地方的居民更容易回想起关于该州的事实；熟悉地形的人能比棒球统计员回想的更多；聪明的人在大多数事情上的表述上比其他人表述得更好。聪明不仅指推理的能力，也指在记忆中搜寻相关信息和在必要时调动注意力的能力。记忆功能是系统 1 的一种属性。但是，每个人都可以选择放慢速度，在记忆中积极搜寻所有可能相关的事实，就像他们在球拍和球的问题中可以放慢速度验证直觉性答案一样。不同的人仔细核对和搜索的程度也不相同，这是系统 2 的一个特征。

球拍和球的问题、玫瑰的问题和密歇根州 / 底特律市的问题都有共同点。在这些小实验中，答错问题显然在某种程度上说明了其原因是精神动力不足，而不是努力程度不够。能被好大学录取的学生当然能够在前两个问题上做出推理判断，在密歇根州的问题上也能够进行思考，能回想起该州的大城市及其犯罪问题。这些学生只要不想接受脑海中出现的似乎是正确的答案，就能解决更难的问题。若他们满足于现成的答案而不想去思考则会很麻烦。用“懒惰”来形容这些年轻人的自我检测及其系统 2 似乎有些刻薄，却并非不公平。避免思维上懒惰的人可以被称作“勤快人”。他们更机警，思维更活跃，不会满足于貌似正确的答案，对自己的直觉也常持怀疑态度。心理学家基思 · 斯坦诺维奇认为他们更理性。

智力，控制，合理性

研究者曾经用各种方式来检验思考和自我控制之间的联系。

有些研究者通过询问相关问题来论证其联系：如果分别根据自我控制能力和认知能力将人们分成不同等级，那么不同个体在这两个排序中是否会处于类似的等级？

心理学发展史上有个很著名的实验，沃尔特·米歇尔和他的学生将一些 4 岁大的孩子置于残酷的两难处境中。这些孩子可以自行选择，是要一个随时就可以拿到的小奖励（一块奥利奥饼干），还是在充满考验的环境中苦等 15 分钟，然后得到更大的奖励（两块小甜饼）。每个孩子得单独待在一个房间里，面前有张桌子，桌子上有两件东西：一块饼干和一个铃铛。孩子可以随时摇铃通知研究人员并能领到一片饼干。根据描述，实验如下："玩具、书、图画或任何其他会使孩子们分心的东西都不在房间里。研究人员离开房间 15 分钟后才会回来。不过，孩子要是摇了铃、吃掉饼干、站起身来或者表情痛苦，研究人员也会回来。"

研究人员通过一面单面镜观察这些孩子，他们等待期间的行为总会令观察者大笑。有些孩子成功地经受住了 15 分钟的考验，其成功原因是他们能把注意力从诱人的奖励上移开。10 年或 15 年之后，那些忍住了诱惑和没忍住诱惑的孩子会出现很大差别。忍住了诱惑的孩子在认知任务——尤其是高效地重新分配注意力方面的控制力更强。当他们还年轻时，他们染上毒品的可能性更小。智力水平的巨大区别也随之出现：在 4 岁时表现出更强的自我控制能力的孩子在智力测验中得到了更高的分数。

俄勒冈大学的一个研究小组从几个方面研究了认知控制和智力之间的联系，包括通过提升对注意力的控制力来提升智力。研究实验由 5 个阶段构成，每个阶段 40 分钟，他们让 4~6 岁的孩子去玩不同种类的电脑游戏，这些游戏是为检验注意力和控制力而专门设计的。在其中一项游戏中，孩子们要在尽量避开一块泥泞区域的同时，用一个操纵杆将一只卡通猫驱赶到一个长满草的地方。长草的地方会慢慢缩小，而泥泞的地方会慢慢扩大，这就需要孩子们不断提高控制的精确度。测试者发现，注意力训练不仅提升了这些孩子的执行控制能力，而且他们在智力测验中的笔试成绩也提高了，并且这种提升的状态可以维持几个月。同一个小组所做的其他研究确认了参与了注意力控制的具体基因，表明家长的教育方法也会影响这种能力，研究还证明，儿童控制其注意力的能力和控制其情感的能力之间有着紧密的联系。

沙恩·弗雷德里克组织了一个认知反应测试，其中包括球拍和球的问题以及其他两个问题，之所以选这些问题，是因为它们可以引发一个吸引人却错误的直觉性答案（我们将在第 5 章中讨论这些问题）。他还对这项测试中得分很低的那些学生的特点进行了跟踪研究，发现他们更倾向于用脑海中最先出现的想法来回答问题，而不愿意费事去验证自己的直觉。这些人身上的系统 2 的监测功能往往较弱。那些遇到各种难题都跟着直觉走的人也易于接受系统 1 的其他暗示，特别是在冲动、不耐烦以及急功近利的时候，这些人就更易接受系统 1 的各种暗示了。例如，63% 的直觉型受试者说，他们宁愿这个月拿到 3 400 美元也不愿等到下个月拿 3 800 美元。而那些正确答出 3 道难题的人只有 37% 持这样目光短浅的看法——希望能马上得到一笔钱，哪怕少些也可以。当被问到要想次日就收到自己订购的书愿意付多少钱时，在认知反应测试中得分低的人比得分高的人愿意多付一倍的价钱。弗雷德里克的发现表明，我们这场心理剧中的两个角色有着不同的“人格”。系统 1 是冲动、凭直觉的；而系统 2 具备推理能力，它很谨慎，但对一些人而言，这个系统也是懒惰的。我们从不同人的不同特点中发现了相关性：有些人倾向于系统 2，而有些人则更接近系统 1。这个简单的测试可以较好地反映惰性思考的特点。

基思·斯坦诺维奇与其长期合作者理查德·韦斯特首先提出了系统 1 和系统 2 这两个术语（他们现在更喜欢将其称为第 1 类型过程和第 2 类型过程）。斯坦诺维奇和他的同事们用了几十年的时间研究不同个体面对各种问题时的不同反应，这也是本书所关注的问题。他们用多种不同的方式问受试者同一个基本问题：为什么有些人比其他人更容易受判断成见的影响？斯坦诺维奇在《理性和反思性思维》（*Rationality and Reflective Mind*）一书中阐明了他的观点，对书中相关章节的主题进行了大胆而独到的论述。他对系统 2 的两个部分做了明确区分，这一区分十分明显，斯坦诺维奇称其为泾渭分明的两种“思维”。其中一种思维（他称其为算法）负责的是慢思考和要求很高的计算活动。有些人在这些脑力活动中比其他人做得更好，他们在智力测试中超越其他人，并且从一项任务转换到另一个任务上时，他们往往更快、更高效。不过，斯坦诺维奇认为，高智商并不能消除成见。要想消除成见，还需具备另一种能力，他称其为理性。斯坦诺维奇对理性之人的定义和我之前说的“勤快人”有相似之处。他的核心观点是，我们应当将理性和智力区分开来。在他看来，肤浅的或者惰性思考是一个反思缺陷，是一个理性错误。这是个引人注目且发人深省的想法。为了论证自己的想法，斯坦诺维奇和他的同事们发现，在某种情况下，球拍和球的问题以及此类问题比传统的智力测验（比如智商测试）更能反映我们对认知错误的敏感度。至于智力和理性之间的区别是否会引出更多的新发现，时间最终会告知我们答案。

示例——自我控制

连续工作几小时，她也不会感到吃力，她处于一种“心流”中。

在长达一天的会议之后，他的自我意识出现一定程度的损耗。因此他决定采用标准的操作规程，不再去想这个问题了。

他从来不去想自己的话是否有道理。他是特别习惯用懒惰的系统 2，还是总是非常累？

不幸的是，她总是喜欢凭直觉随口就说，也许连表达感谢都词不达意吧，弱弱的系统 2 啊。

第 4 章

联想机器

系统 1 的运行机制出人意料，在对其进行研究前，请先看以下两个词：

香蕉　呕吐

在刚才的一两秒里，你一定想到了很多，脑海中浮现出一些不愉快的图像和记忆，你的脸有些扭曲，露出厌恶的表情，而且你可能会不自觉地把这本书推得更远些。你的心率加快，手臂上的汗毛微微立起，而且你的汗腺开始分泌汗液。总之，你对那个令人反感的词的反应与对真实情况的反应相差无几。这些反应全是自发的，超出了你的控制范围。

你的大脑会不由自主地将香蕉和呕吐这两个词联系起来，暂时在两者间建立了因果联系，你认为是香蕉引起了不适。这就是大脑的自然反应。结果，短期内你会对香蕉失去兴趣（不过别担心，这种感觉总会消失的）。你的记忆状态在其他方面也有所改变：你现在很容易就能识别出与“呕吐”相关的物品和概念，对它们的反应也很敏感，比如不舒服、臭味或恶心等；看到和“香蕉”有关的词，比如黄色、水果，甚至连苹果和浆果都包括在内，也会有不良反应。

呕吐一般只在特定的情况下才会发生，比如宿醉过后和在消化不良时。你肯定还能找出导致呕吐的其他相关词语。而且，你的系统 1 注意到将这两个词相提并论并不常见，你以前从未遇到这种情况。你自己也有些惊讶。

这些复杂的反应快速地呈现在你的脑海中，而且都是自主发生的，无须费力。你左右不了它，也不能让它停下来。这是系统 1 的一个运行过程。你看到这些词后出现的一切反应都是循着一个名为“联想激活”的过程发生的：事物在你的大脑中唤起的想法激发出许多其他的想法，而且这些联想的行为在你的大脑中迅速扩展开来。连贯性是这种复杂的思维活动的重要特点，其中每个环节都是紧密相连、相互支持的。能引发记忆的词也会引发情感，还能引发面部表情变化和其他反应，比如常出现的紧张和回避倾向。面部表情和退缩行为强化了引起这两种反应的情感，这些情感反过来还会强化相应的概念。所有这些都是瞬间发生的，形成一种认知、情感和生理反应的自我强化模式，这种模式变化多样又能形成一个整体，被称为联想的连贯性。

在一秒左右的时间里，你就能自主且无意识地完成一件了不起的事。一旦发生了完全出乎意料的事——两个风马牛不相及的简单的词语被放在一起——你的系统 1 就会将这两个词随意联系起来，试图弄清具体情况；还预估了可能会出现（从轻度到中等程度）的危险状况，帮你做好准备去面对那些极有可能会出现的事件，以便为你将来的应对创造条件。同时，系统 1 还会对过去情形的骇人程度进行评估，为当前的事件发展创造条件。这样你就可以透彻地了解过去，从容地面对未来了。

在所发生的事情中有一点很奇怪，那就是你的系统 1 把两个词的简单联系视为真实的情况。你的身体对这一假想情形的反应要稍逊于对真实情况的反应，情感上的反应和生理上的反感表现可以从某个方面解释这个现象。正如近几年来许多认知科学家强调的那样，认知可以体现出来，你不只是用大脑思考，还用身体思考。

很久以来，人们一直都知道引起这些思维活动的机制是什么，这个机制就是联想。我们都能从自己的经历中了解到，有意识的思维活动中所有的观点都是井然有序的。17 世纪和 18 世纪的英国哲学家曾经努力探求能解释这些续发事件的规律。在 1748 年出版的《人类理解研究》（*An Enquiry Concerning Human Understanding*）一书中，苏格兰哲学家大卫·休谟将联想的原则缩减为三个：相似性、时空相接以及因果关系。自休谟时代以后，我们对联想的定义发生了巨大变化，但他的三原则仍可作为定义所有联想的基础。

什么是观点？我愿意接受开放性的看法。它可能是具体的，也可能是抽象的，能通过很多方式表达出来：它可以是动词、名词、形容词或者只是握紧的拳头。心理学家认为，观点是一张巨网上的节点，他们称其为联想记忆，这些节点和其他节点相联结。联结的类型多种多样：因果联系（病毒→感冒）；事物及其特性的联系（柠檬→绿色）；事物及其种类的联系（香蕉→水果）。有一方面我们超越了休谟，那就是我们不再将思维活动视为一连串按顺序出现的有意识的观点。联想记忆的工作原理是什么？当前的研究中有这样一种见解：一瞬间会发生很多事。思维活动唤起一个看法不仅会引发另一个看法，它还会激发出很多其他看法，而这些看法又会让我们想到另外一些看法。此外，只有几个被激发出来的看法是有意识的思维活动；多数联想思维都是无声的，隐藏在有意识的自我之后。如果说我们对大脑的运转认识有限，我们当然很难接受这种说法，因为这种说法和我们的体验背道而驰，但事实就是如此：你觉得自己很了解自己，但其实你错了。

启动奇迹

突破是科学研究的重点，而我们理解联想机制的第一个重大突破就是对测量方式的改进。几十年前，唯一研究联想的方法是向众人提问，比如“当你听到‘天’这个词时脑海中最先出现的词是什么”，研究者记录了不同回答出现的频率，比如“夜晚”“晴天”“日间长”等。在20世纪80年代，心理学家发现，看到一个词时，人的思维会立刻产生变化，而且这种变化是可测量的，同时，很多相关词语会被激发出来。如果你最近看到或者听到“喝＿”这个词，你可能会填上偏旁为“氵”的“汤”字而不会填成“场”。当然，如果你看到了“运动＿”这个词，你可能会填上“场”字。我们将此现象称为启动效应，也就是说，“喝”这个概念在“汤”之前出现，“运动”先于“场”出现。

启动效应有多种表现形式。如果你的脑海中此时有“喝”这个概念（不论你是否注意到这一点），恰好此时有人低声跟你说了“汤”字，或者在你前面远远的地方放上一碗汤，你肯定会比平时更快地意识到“汤”这个词。当然，你脑海中首先出现的不仅有汤，还有与食物相关的很多概念，包括猪肉、饿、脂肪、饮食和饼干等。如果最近用餐时你几乎都是坐在摇晃的餐桌前吃饭，你的脑海中还会首先浮现摇晃这个概念。此外，启动联想的概念也能引起其他概念，尽管这种能力不算强。就像池塘里的涟漪，概念的激活也是由联想概念这张大网上的一小部分向外逐渐扩展形成的。这个涟漪效应现在是心理学研究中最令人兴奋的探索之一。

记忆理解的另一项重大突破是研究者发现，启动效应不只限于概念和词汇。当然，单纯通过有意识的经验，你是无法了解这一点的，但你一定要接受这个另类的想法，即你的行为和感情有时会受制于你自己都没有意识到的事件。在一项实验中，心理学家约翰·巴奇和他的同事们让纽约大学的数位学生从一个包含5个单词的词组中（例如“发现、他、它、黄色的、马上”）挑出4个单词来重组句子。其中一个小组的学生重组的句子有一半都含有与老年人相关的词语，例如佛罗里达州、健忘的、秃顶的、灰白的或者满脸皱纹的。当完成这项任务时，他们又被叫到大厅另一头的办公室里参加另一个实验。从大厅的一头走到另一头是这次实验的关键所在。研究者悄悄地测量了他们所用的时间。正如巴奇预料的那样，那些以老年为主题造句子的年轻人比其他人走得要慢得多。这个实验后来成了经典案例。

这个“佛罗里达效应”包括信息启动的两个阶段：第一，尽管没有人提过“老年”这个词，但上述那组词语令人想到了年迈；第二，这些想法催生了一种行为，即缓慢行走，这个行为与老年人相关。所有这一切的发生都是无意识的。这些学生在回答问题时，谁都没有提及自己注意到这些词有什么共同点，而且他们都坚持认为自己在第一个实验中看到的那些词并未对实验后的行为产生什么影响。“老年”这个概念并非他们的自觉意识，但其行为却因此有了改变。这个由概念影响行为的启动效应被称为概念运动效应，值得我们关注。尽管你自己肯定没有意识到这个效应，但读了上述文字之后，“老年”这个概念肯定对你也产生了一定的影响。假设需要站起来接杯水喝，你起身离开椅子的动作就会比平常稍稍慢上那么一点儿，除非你恰巧不喜欢“老年”这一概念。有研究案例表明，如果对这一概念反感，人的动作就会比平时稍稍快那么一点儿。

在相反的情况下，概念运动效应同样适用，德国一所大学曾做过的一项实验便证实了这一点。这个实验堪称巴奇和他的同事在纽约所做的那个早期实验的翻版。在实验中，研究人员要求参与实验的学生以每分钟 30 步的速度在房间里绕着圈走 5 分钟，这个速度是他们正常行走速度的 1/3。这个简单的实验过后，学生们能更快地辨认出与“老年”相关的词语，比如“健忘”“年老”“孤独”等。启动效应往往能产生连贯的反应：如果首先想到老年，你就会表现得像上了年纪，而这种上了年纪的表现也会强化你关于“年老”的看法。

相互联系在联想网络中十分常见。例如，当觉得高兴时你就会微笑，而微笑也会使你感到高兴。拿支铅笔放在齿间几秒钟，有橡皮的一端指向右边，笔尖指向左边。然后拿起笔来，咬住有橡皮的那一端，笔尖指向你的正前方。也许你并未意识到，在上述活动中有一个动作让你的眉毛皱了起来，而另一个动作却让你的脸上有了微笑。有人曾经让一些大学生给盖瑞·拉尔森的漫画《月亮背面》（*The Far Side*）评定幽默等级，同时要求他们在评级时咬一支笔。那些“微笑着的”学生（他们完全没有意识到自己在微笑）对这本漫画书幽默程度的评价比那些“皱着眉的”学生要高得多。在另一项实验中，那些皱眉的人（眉头紧皱）在看到饥饿的儿童、争论不休的人以及事故现场等令人不舒服的图片时，往往会表现出更强烈的情感反应。

简单地说，常见的动作也会不知不觉地影响我们的想法和感觉。在一项实验中，受试者按照要求用新耳机听一些信息。他们被告知这项实验的目的是检测音频设备的质量，研究人员告诉他们要不断地摇晃脑袋，以检查设备是否有声音失真的问题，其中一半受试者要上下点头，而另一半则要左右摇头。他们听到的内容是电台的社论。那些点头（表示同意的动作）的受试者往往易于接受他们听到的信息，而那些摇头的受试者则易于否定那些信息。要强调的是，受试者并没有意识到上述问题，他们只是习惯性地将否定或接受的态度与其常用的身体语言联系起来。由此可见，老话讲，“不管你怎么想的，都得心平气和”，这真是条很好的建议，只有真正做到心平气和，你才可能有回报。

启动指引

我们原以为自己做出的判断和选择是有意识且自主的，但那些关于启动效应的研究所带来的发现却颠覆了我们此前的认识。例如，我们中的大多数人都认为投票选举是深思熟虑的行为，它反映了我们对政策的认可程度与评价，不会受到不相关的事的影响。比如，我们投票不应受到投票地点的影响，但事实上这个因素却实实在在影响了投票结果。一项关于 2000 年亚利桑那州选区投票模式的研究表明，当投票站设在某个学校时，加大教育投入力度的议案的支持率就会比投票站设在附近其他地方的要高。还有一项实验表明，当人们看到一些教室和学校储物柜的照片时，他们往往也倾向于支持关于教育的提案。这些图片对这些受试者的影响，比家长或其他选民与他们的意见分歧对他们产生的影响还要大！对启动效应的研究从最初的实证研究——人们想到“年老”走路就会变慢——到今天已经取得了一定的发展，我们现在已经知道启动效应会影响到我们生活的方方面面。

让人联想到钱的事物往往令人不安。在一项实验中，受试者看到一个列有 5 个单词的单子，按照要求，他们得在 5 个词中选出 4 个组成以钱为主题的短语（比如“高、一份、薪水、桌子、工作”可组成“一份高薪工作”）。其他一些启动想象的实验则更挑战人的领悟力，包括背景中出现一个与钱没有任何关系的东西，比如，一张桌子上放着一堆仿制钱币，或者一台电脑的屏保是水里漂着的一些美钞等。

起初脑海中就有钱的概念的人比他们没有这方面联想时更独立。他们会持之以恒地解决一个非常难的问题，付出双倍的努力也在所不惜，实在迫不得已，他们才会向研究人员寻求帮助。这一做法清晰地表明了自力更生能力的提升。脑海中总有钱的概念的人更自私：他们更不愿花时间去帮助另外那位假装对实验任务不大清楚的学生。当一位研究人员不小心将一捆铅笔掉到地板上时，脑子里想着钱的那些受试者（他们自己是无意识的）捡起的笔相对较少。在另一系列的一项实验中，受试者得知他们过会儿会和另一个人进行一次简短的交谈，彼此熟悉一下，他们负责摆两把椅子，而研究人员则离开去找那个人。潜意识里有钱这一概念的受试者摆放椅子的距离（118 厘米）会比没有这一概念的人摆放的距离（80 厘米）更远。那些满脑子都是钱的受试者表现出更强烈的独处意愿。

上述所有发现有一个共同主题，即钱这一概念会滋生个人主义：不愿和他人在一起，不愿依赖他人，也不愿接受他人的请求。心理学家凯瑟琳·沃斯完成了这项意义重大的研究，值得赞赏的是，她并未将自己的众多发现向公众和盘托出，而是留给读者更多的思考空间。凯瑟琳的研究意义深远，她的发现表明，我们所处的文化环境存在很多能让人想起钱的事物，这些事物以我们意识不到的方式影响着我们的行为和态度，这些方式也许并不那么光彩。有些文化常常提醒人们尊重他人，另外一些文化则常让人们想起上帝，还有一些国家的人会对着伟大领袖的照片顶礼膜拜。在一个专制国家中，到处挂着领袖的肖像不仅能向你传达“老大哥在看着你”[1]的感觉，还会使你逐渐丧失自主的思想和独立的行为能力。

启动效应的研究证据显示，使人牢记“人终将一死”这一说法能让独裁的主张更得人心，因为在人们恐惧死亡的情况下，独裁的主张会让人心安。其他实验证实了弗洛伊德关于无意识关联中符号和比喻作用的见解。比如，你可以看看下面这两个不完整的单词 W_ _H 和 S_ _P 是什么。如果有人近些天想起了自己某个难以启齿的举动，这些人往往会把这两个不完整的词填成 WASH 和 SOAP（“洗”和“香皂”），而很少会填成 WISH 和 SOUP（“希望”和“汤”）。此外，即使只是想到背后中伤某位同事，也会使人更想买香皂、消毒剂或清洁剂，而不是去买电池、果汁或者糖果。当人们感觉自己的心灵受到了玷污，他们往往会产生清洗自己身体的想法，这种冲动被称为“麦克白效应”。

人们清洗的身体部位往往是那些令他们深感罪恶的部位。一项实验要求受试者通过电话或者电子邮件对一位假想中的人“说谎”。在随后对不同产品的需求测试中，那些通过电话说谎的人更想要漱口水，而不是香皂；而那些通过电子邮件说谎的人更想要的是香皂，而不是漱口水。

当我向听众阐述关于启动效应的各项研究时，他们的反应通常是将信将疑的。这也不奇怪，因为系统 2 认为自己掌控一切，认为自己知道为什么要做出这样或那样的选择。你的脑海中也可

1. 语出乔治·奥威尔的《1984》。《1984》堪称世界文坛最著名的反乌托邦、反极权的政治讽喻小说。他在小说中创造的“老大哥”“双重思想”“新话”等词语都已被收入权威的英语词典。“老大哥”是无处不在的权力的象征。——译者注

能会突然出现一些问题：对情境进行微调怎么可能产生这么大的影响呢？这些实验是否表明，我们任由情境摆布，随时要听从它的指示呢？当然不是。启动思维的影响力虽强，但并不见得很大。在 100 位投票者当中，只有几位开始时并不确定要选谁，如果投票点设在学校而不是教堂里，他们对与学校相关的问题会就做出不一样的选择，但也不排除有那么几个人会做出相反的选择。

然而，问题的关键是要接受相关研究的结果，而不是对此心存怀疑。这些结果不是捏造出来的，也不是统计上的偶然现象。你别无选择，只能接受这些研究的主要结论是正确的这一事实。更重要的是，你必须承认这些结论对你自己来说也是正确的。如果你看到电脑屏保上有浮动的美钞，你帮那位笨手笨脚的陌生人捡起的铅笔数量可能比你没看到这些钱时更少。你不相信这些结论适用于你，因为这些结论与你的主观体验不相符，你的主观体验主要是由系统 2 决定的。启动效应来自系统 1，而当这个效应发生时，你根本就意识不到。

我用一个关于启动效应的完美展示案例来结束上面的阐述，这个案例是在英国一所大学一间办公室的茶水间进行的。多年来，这间办公室的职员一直都是自掏腰包买茶或咖啡，他们把每杯茶水和咖啡的建议价格写下来贴到墙上，上班时每次去接茶水或者咖啡时都会把相应的费用投到一个“诚实盒”里。某一天，有人在价格表的上方贴了张横条，上面既没有什么警告，也没做什么解释。在接下来的 10 周里，每周横条都贴上一张新的图片，图片上要么是一些花儿，要么是一双眼睛，好像盯着看着图片的人。没有人对这些新装饰发表过什么评论，但“诚实盒”里的钱却有了明显变化，如图 4 所示，这值得仔细研究一番。

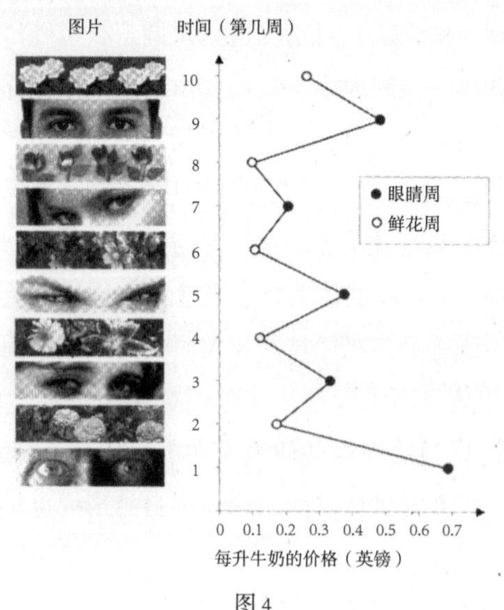

图 4

实验开始的第一周（从图底端你可以看到相关信息），有一双睁大的眼睛在盯着来喝茶或咖啡的人，他们投进“诚实盒”的钱的平均值是 70 便士。第二周，横条上是鲜花，盒子中的钱平均少了 15 便士。这个趋势持续着，凡遇到有鲜花图片的那一周，盒子里的钱数就会减少。从平均水平来看，“眼睛周”盒子中的钱是“鲜花周”的 3 倍。显然，仅仅是一种象征性的监视符号就可以促使人们改善自身的行为。正如我们预料的那样，产生这个影响的过程没有任何意识的参与。现在你相信自己也难逃同样的模式了吧？

几年前，心理学家蒂莫西·威尔逊曾写过《最熟悉的陌生人》（*Strangers to Ourselves*）一书。现在你已经认识了自己身体中的那个陌生人，它也许在很多事情上都会为你做主，尽管你几乎从未察觉到它的存在。系统1带给你的各种印象经常会变成你的信念，而且是你做出选择和展开行动的动力源泉。它可以将当下的情形与新近发生的事情联系起来，再结合对近期的各种预期考虑，对发生在你身上或你身边的事做出心照不宣的解释。系统1包含了人们对这个世界的认知模式，它能立即估测哪些事情是正常的，哪些是出人意料的，它是你做出快速直觉性判断的依据，且这种判断十有八九是准确的，而你的所有判断活动几乎都是在这一系统的指引下毫无意识地完成的。然而，系统1也是你直觉中很多系统性错误的根源，这一点将会在后面几章中得到佐证。

示例——启动效应

这些人都穿着刻板的制服，看到他们时我们的大脑中是不会有什么创造性想法的。

这个世界比你想象的要复杂得多，能否对它有个清晰的认识多半要看你大脑的工作方式。

他们的作用就是发现问题，而他们也的确发现了很多问题。

系统1编了一个故事，而系统2也相信了这个故事。我们每个人都有过这种体验。

我让自己微笑，这样做我也的确感觉好多了！

第 5 章

认知放松

在头脑清醒的时候——甚至在思绪并不那么清晰的时候——你的大脑一直在进行着多重运算，这些运算可以保留和更新一些关键问题的答案。例如，有什么新情况吗？存在危险吗？事情进展得顺利吗？我需要转移注意力吗？完成这个任务需要投入更多的精力吗？你可以将大脑想象成飞机的驾驶座舱，里面有一套刻度盘，上面显示着这些重要变量的当前数值。系统 1 会自动对当前这些数值进行评估，因为这些数值的一个重要功能就是决定是否需要系统 2 提供额外帮助。

其中一个刻度盘测量的是认知放松度。认知放松度介于“放松”和“紧张”之间。放松是事情进展顺利的标志——没有障碍、没有新情况、没必要转移注意力或投入更多精力。紧张说明存在某种问题，且需要不断调动系统 2 参与其中。如若事情进展不顺利，你便处于认知紧张状态。认知紧张同时还会受当时的努力程度和未得到满足的需求的影响。令人惊讶的是，一个简单的认知放松过程却与有着多种输入和输出活动的庞大网络相联结。图 5 对此做了解释。

图 5 说明，如果一个句子印刷清晰，或是被多次重复，或是已经深植于脑海，人们就能在认知放松的状态下顺畅地将其解读出来。听别人说话时，如果心情好，或者咬一支笔迫使自己“笑”，都能使认知放松。反之，若说明书印刷模糊，颜色浅，句子冗长，语言晦涩，也许人们心情不好，甚至在皱眉，这些情形都会使人处于认知紧张状态。

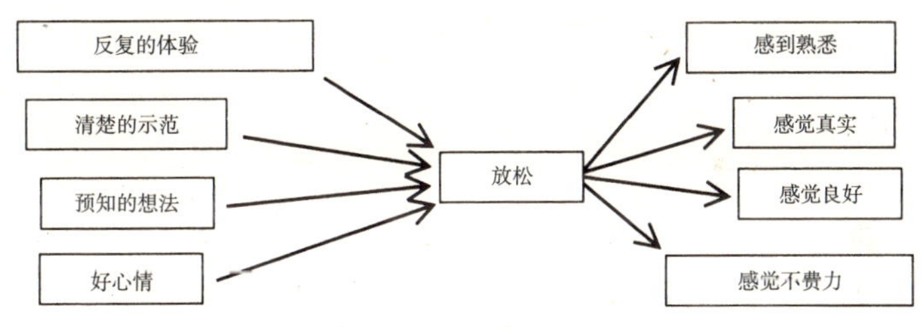

图 5　认知放松的原因和结果

造成这种放松或紧张状态的不同原因会相互影响。处于认知放松状态时，你有可能心情不错，因此会喜欢你亲眼所见的事物，相信你亲耳所闻的消息，相信你的直觉，感到当时的状态是舒适而熟悉的。此时，你的想法也有可能相对随意、肤浅。当你感到紧张时，你更有可能警惕、多疑，会对手头上的事情投入更多精力，感觉局促，较少犯错，但你的直觉和创造相较平时会下降。

由记忆造成的错觉

错觉这个词会让人马上联想到视错觉，因为我们都很熟悉那些令人产生误解的图片。不过，并不是只有视觉才会产生错觉，记忆也容易产生错觉，并且这种现象更加普遍。

戴维·斯滕比尔、莫妮卡·比格特斯基、莎娜·蒂拉纳，这些名字都是我自己编出来的。如果在接下来的几分钟内再次看到这些名字，你很可能还记得自己在哪里见过它们。你心里清楚这些名字并不是那些为数不多的名人的名字，而且有那么一段时间你会记住这一点。但假设几天后你看到一长串名单，其中包括一些知名度不高的名人和你从未听过的“新”名字，而你的任务是挑出名单中所有名人的名字，这时你很可能会将戴维·斯滕比尔当成名人，尽管你并不清楚自己是否在与电影、体育运动或是政治有关的新闻中听过他的名字。心理学家拉里·雅各比是第一位在实验室中论证了这种记忆错觉的学者，且发表了一篇名为“一夜成名”的文章。这种情况是怎样发生的呢？要想弄明白，先问问自己是如何知道一个人是否出名的。一些真正有名的名人，例如爱因斯坦、博诺·沃克斯、希拉里·克林顿等，你会在脑海中为他们建立一个信息丰富的记忆档案。但当你在几天后再次见到戴维·斯滕比尔这个名字时，你并没有关于他的记忆档案，你有的只是一种熟悉感——你曾经在某个地方见过这个名字。

雅各比巧妙地阐述了这个问题：“熟悉感有着简单而又强烈

的‘不可复返性’，这种‘不可复返性’似乎说明这种感觉是对过往经历的一种直接反应。”其一大特性便是错觉。正如雅各比和他的许多同事说的那样，看到戴维·斯滕比尔这个名字之所以觉得很眼熟，是因为你更容易辨认出这个名字。再次见到曾经见过的词你会更容易识别出来——无论是在你面前一晃而过还是在嘈杂的环境中让你指认，你都能更加轻松地识别出这些词，而且你读出这些词的速度要比读出其他词快（快百分之几秒）。简而言之，当指认一个早已见过的词语时，你会感到更加放松。正是这种放松使你产生了那种熟悉的感觉。

图 5 给出了检测这一观点的方法。挑选一个全新的单词，使其更容易被识别，它就更可能具有不可复返性。的确，如果你在测试前几毫秒无意中瞥见了一个新词，或是在一张单词列表中看到了这个词，它跟表中的其他单词就形成了强烈对比，你也更有可能觉得这个新词很眼熟。这样的联系在相反的情况下同样适用。假设你看到了一张多少有些模糊的单词列表，其中一些单词非常模糊，另一些要稍微清楚一点儿，你的任务是挑出比较清楚的单词，此时你最近见过的单词就会比那些你不熟悉的单词看起来更清晰。正如图 5 指出的那样，引发认知放松和认知紧张的各种方法是可以相互转换的。你可能并不十分清楚是什么让认知更放松或更紧张。这也是熟悉感造成错觉的原因。

真理的错觉

“纽约是美国第一大城市”，“月亮绕着地球（公）转”，“鸡有 4 条腿”，在所有这些表述中，你在很短时间内便接收了大量信息，这些信息五花八门，各不相同。读过前面三个表述后，你很快就知道前两个是真实的，最后一个是错误的。但值得注意的是，判断“鸡有 3 条腿”是错误的，明显要比“鸡有 4 条腿”更容易。你的联想机制对后一种表述做出判断的速度相对缓慢，之所以这样是因为后一句话让你想到许多动物都有 4 条腿这一事实，你可能还会想到超市通常也会销售 4 只一包的袋装鸡腿。系统 2 负责信息转换，它也许会提出问题（关于纽约的那个问题是否太简单了），也可能要核对“（公）转”这个词的意思。

想想你最后一次参加驾驶考试的情形吧。你真的需要一张驾驶执照去开一辆载重 3 吨的车吗？或许你学习认真，连答案在哪一页的什么位置都记得，还知道答案的逻辑关系。但我搬到一个新的州后通过驾驶考试所用的方法跟这些丝毫不沾边儿。我只是快速地读了一遍交规，希望自己能交好运通过考试。我开车有很长一段时间了，还是知道一些交通法规的，但一旦遇到不知怎样回答的问题时，我就只能靠认知放松来解决。某个答案如果看起来比较熟悉，我就猜测它可能是正确答案。某个答案如果看起来比较生僻（或是非常极端），我就会排除它。系统 1 让人产生熟悉感，系统 2 依靠系统 1 产生的这种熟悉感来做出正误判断。

我们还可从图 5 中得知，如果某个判断是基于认知放松或认知紧张做出的，那么一定会造成错觉。任何能使联想机制运行更轻松、更顺利的事物都会使我们心生偏见。想让人们相信谬误有个可靠的方法，那就是不断重复，因为人们很难对熟悉感和真相加以区别。权威机构和营销商都深谙这个事实。然而，心理学家发现，你不必完整地重复某件事情或某个想法，即使只说一部分，人们也可能相信你的话。经常看到“鸡的体温”这个短语的人会更容易接受“鸡的体温是144°”（或其他随便什么温度都无妨）这一说法。只要熟悉其中一个短语，你就会觉得对整个陈述都很熟悉，也会因此对陈述内容信以为真。如果你记不清楚某个陈述的来源，也无法将其与自己知道的事物联系起来，这时你就别无选择，只能跟着认知放松的感觉走了。

什么样的信息更容易让人信服？

假设你需要写一则能让接收方相信的消息，当然，这则消息是真实的，但人们并不一定相信它是真的。此时，你完全可以利用认知放松来帮助自己，真相错觉的有关知识也可以提供一些具体的建议来帮助你实现这个目标。

这些建议总的原则是，任何缓解认知紧张的做法都会对你有所帮助，所以，你首先应该让字迹更清晰。请比较下面两个陈述句：

阿道夫·希特勒生于1892年。

阿道夫·希特勒生于1887年。

上述两种说法都是错误的（希特勒生于1889年），但实验显示，第一句话更容易使人信服。其次，你的信息应该印刷在质量较好的纸上，并且文字和背景间的反差要达到极致。如果你使用彩色字体的话，亮蓝或大红的文字会比绿、黄、灰蓝等色调更容易让人相信文字内容的真实性。

如果你很在意自己在别人眼里是否值得信赖、是否聪明睿智，那么说话时就言简意赅吧，能用简单句的时候就别用复杂句。在研究生中有一个广为流传的段子，说的是很多教授眼中那些最令人难忘的词语。我在普林斯顿大学的同事丹尼·奥本海默反驳了这些学生的说法。在一篇名为“不切实际地运用华丽辞藻的后果：使用长句毫无必要”的文章中，他指出用浮夸的语言来表达熟悉的概念是一种智商低下、可信度差的表现。

除了应该保持消息简洁，还应使其易于记忆。如果可以的话，将你的想法以诗歌的形式表达出来，这样人们会更容易相信你的话。在一个被多次引用的实验中，受试者阅读了许多他们并不熟悉的格言，例如：

危难时，敌人团结。

水滴石穿，绳锯木断。

亡羊补牢，为时不晚。

另一些学生读到的格言版本则是没有什么韵脚的：

危险团结敌人。

再轻的击打也能放倒一棵大树。

承认错误就相当于得救了一半。

由上可见，押韵的格言比没有韵脚的格言显得更加深刻。

最后，如果你需要引用一些内容，选择一些容易上口的名字准没错。在一项实验中，我们要求受试者通过两份经纪公司的报告去评估几家虚拟的土耳其公司的发展前景。每家公司都有两份相关报告，其中一份来自一家名字上口的经纪公司（比如 Artan），另一份则来自一个名字很拗口的经纪公司（比如 Taahhut）。两份报告有时会持不同意见。观测者能采取的最佳方法就是对两份报告进行综合评估，但他们并没有这样做。相比名字拗口的经纪公司的报告，他们更相信名字上口的经纪公司的报告。记住，系统 2 是非常懒惰的，它不愿付出努力。如果可能的话，消息的接收方会离所有需要付出精力的事物远远的，包括名字复杂的信息源。

所有这些都是很好的建议，但是我们不能因此而得意忘形。如果你的信息是明显荒谬的或是与接收方已知的事实相左，那么即使你把高质量的纸、鲜艳的颜色、押韵和简单的语言全都用上，也很难提高信息的可信度。做这些实验的心理学家并不认为其他人是愚蠢和容易骗的。他们认为，我们所有人的生活都受系统 1 所产生的印象指引，但我们通常不知道这些印象从何而来。你怎么知道某个陈述是否正确呢？如果信息富有逻辑性、与你所持的信念或偏好有联系，或是源自你信任和喜爱的信息源，你会有认知放松之感。但问题在于，可能还有其他的原因导致你感到放松，包括字体的清晰度和优美的韵律，你无法轻易找到这些感觉的来源。这便是图 5 带给我们的信息：放松或紧张之感是由多种原因导致的，我们很难厘清它们。虽然这很难，但也不是不可能。人在备受鼓舞时，就能克服一些导致真理错觉的外在因素。然而，在大多数情况下，系统 2 都会采纳系统 1 的建议，并继续运作。

紧张与努力

联想关系的对称性是讨论联想连贯性的首要主题。正如前文所述，当将铅笔咬在嘴里或是把球放在眉心使自己“微笑”或“皱眉”时，人们也会感受到平时那种微笑或皱眉时所表达出来的情感。自我强化的相互作用同样能在认知放松的研究中有所体现。一方面，当系统 2 参与到那些需要努力的事情中时，我们就会感到认知紧张。另一方面，无论是什么原因引起的认知紧张都有可能将系统 2 调动起来，改变人们处理问题的方式，使他们不再随意且凭直觉做事，而是转向更加专注的分析性思维。

前文所提到的球拍和球的问题，测试出人们在回答问题时有这样一个倾向，即不假思索地将脑海中出现的第一个想法当作答案。沙恩·弗雷德里克之所以选择了球拍和球的问题及其他两个问题，是因为它们可以唤起一个最直接却是错误的直觉性答案。这个认知反应测试的另外两个问题是：

> 如果 5 台机器能在 5 分钟生产 5 个小零件，那么 100 台机器生产 100 个小零件需要多长时间？ 100 分钟还是 5 分钟？
>
> 湖中有一片睡莲叶子，这片叶子以每天增长一倍的速度向外扩散。如果 48 天后莲叶就能覆盖整片湖面，那么其覆盖湖面一半的面积需要多长时间？
>
> 24 天还是 47 天？

本页脚注中有两个问题的正确答案。[1] 研究人员召集了 40 名普林斯顿大学的学生来做这个认知反应测试，其中有一半问卷使用的是浅灰色的小字。拿到这部分问卷的学生可以辨认出上面是些什么字，但这样的字体会导致他们认知紧张。测试结果清楚地表明：当问卷上的字体清晰时，90% 的学生至少会犯一个错误；但当字体勉强能够辨认时，他们的错误率却降到了 35%。是的，你没有看错：当字体模糊不清时，学生的表现更好。这是因

1. 答案分别为 5 分钟和 47 天。

为，无论认知紧张是由什么原因造成的，它都更有可能激发系统2来抑制系统1所给出的直觉性答案。

轻松认知的乐趣

《大脑一放松，脸上现笑容》这篇文章描述了这样一个实验：让受试者快速浏览一些物体的图片，在播放其中一些图片时，先在整个物体出现之前用快得令人难以察觉的速度呈现其轮廓。研究发现，受试者在识别这些图片中的物体时会相对容易。实验人员对受试者面部肌肉的电脉冲进行测量，来记录肉眼难以观察到的细微而短暂的表情变化，并由此测出受试者的情绪反应。不出所料，当图片上的物体更容易识别时，人们会微微一笑，眉头舒展，可见认知放松与良好的感觉相互关联似乎是系统1的一个特点。

正如我们所料，朗朗上口的单词会唤起人们的正面态度。若某公司有一个上口的名字，其股票发行第一周往往会取得比其他公司更好的成绩，虽然这样的效果会随着时间推移而逐渐消失。如果股票有一个读起来上口的代码（例如KAR或LUNMOO），这只股票就会比有着PXG或ROD这样拗口代码的股票表现优异，并且这种优越性似乎还会持续一段时间。瑞士的一项研究发现，像Emmi、Swissfirst、Comet等有着顺口名字的股票会比GeBerit、Ypsomed这样名字拗口的股票带来更多的回报。

如图5所示，重复能引发放松状态和令人舒心的熟悉感。著名心理学家罗伯特·扎伊翁茨曾潜心关注重复某种刺激和这一刺激最终带来的轻微情感波动之间的关系，扎伊翁茨称其为曝光效应（mere exposure effect）[1]。在密歇根大学和密歇根州立大学这两所大学的校报上所做的实验是我最满意的实验之一。在几个星期的时间里，一个类似广告的版块出现在校报的头版上，上面写着以下某个土耳其语单词（或像土耳其语那样发音的单词）：*kadirga, saricik, biwonjni, nansoma, iktitaf*。这些词语重复的频率各不相同，其中一个只出现过一次，另外一些分别出现过 2 次、5 次、10 次和 25 次。（在其中一所大学校报上出现得最多的单词在另一校报上出现的频率则最低。）没有人就这个问题做出解释，如有读者询问，得到的回答都是："买下这个版块的人不愿透露身份。"

当这一系列神秘的广告结束后，研究人员在校园内散发调查问卷，询问学生对每一个土耳其语的印象，是有"好感"还是很"反感"。结果令人惊奇：相比只重复了一两次的词，受试者对那些重复次数较多的词更有好感。使用汉字、人脸和任意形状的多边形所做的实验也都证实了这一发现。

曝光效应并不依赖对熟悉程度有意识的体验，事实上，曝光效应完全脱离了意识：当重复的单词或图片迅速闪过，快到观察者根本没有意识到看见它们时，观察者同样还是更为喜欢重复率高的单词或图片。现在我们应该清楚的是，系统 1 能对系统 2 意识不到的那些事的印象做出回应。事实上，当人们完全没有意识到自己看见了刺激物时，曝光效应会更强。

扎伊翁茨声称，这种只要不断重复接触就能增加喜欢程度的

1. 曝光效应，又称多看效应、（简单、单纯）暴露效应、（纯粹）接触效应等，是指个体接触一个刺激的次数越频繁，个体对该刺激就越喜欢的现象。——译者注

现象，是一个极其重要的生理现象，可推及所有动物。要想在一个危机层出不穷的世界生存，一个有机体对新奇刺激应该谨慎回应，随时保持警惕和逃离的状态。若一种动物对新奇的事物没有心存戒备，其生存概率就会很低。然而，如果了解到这个刺激物是无害的，最初的谨慎便会渐渐消失。扎伊翁茨称，曝光效应的产生是因为一个刺激的重复曝光并没有产生不好的影响，这样的刺激最终会成为一个安全信号，而安全的就是好的。显然，这样的观点并不只适用于人类，同样适用于其他物种。为了证实这一点，扎伊翁茨的一个助手给处于孵化状态的鸡蛋放不同的音乐，随后，孵化出来的小鸡在听见孵化期间所听到的音乐时，发出的哀鸣要少得多。

扎伊翁茨为他的研究项目做了一个很有说服力的总结：

> 重复曝光的结果有益于机体适应其所处的有生命和无生命的环境。这一效应能使机体鉴别出安全的物品和栖息地，是最为原始的社会性依附的基础。因此，重复曝光构成了社会组织和社会整合的基础，而社会组织与社会整合又是心理稳定与社会稳定的基础。

积极情感和系统 1 的认知放松之间的联系由来已久。

放松，情绪和直觉

1960 年前后，一个名为萨尔诺夫·梅德尼克的年轻心理学家认为他已发现了创新的本质。他的观点虽然简单却很有力：创新与出众的记忆力有关（创新是极佳的联想记忆）。他设计了一个测试，名叫远隔联想测验（RAT），这个测验直到今天还常常被用来研究创造力问题。

举一个简单的例子，请考虑下面三个词语：

村舍　瑞士人　蛋糕

你能想到一个与这三个词都有关联的词吗？也许你想到了答案是奶酪。再看看下面这个例子：

潜水　灯光　火箭

这个问题要难得多，但它的确有一个独一无二的答案。尽管这个答案是每个说英语的人都知道的，但在受试者中，只有不足 20% 的人在 15 秒内想到了这个词。问题的答案是天空。当然，不是任意三个词都能与同一个词相联系。例如，“梦、球、书”这三个词就不能引发一个人人都认为正确的共同联想。

近些年来，由德国心理学家组成的几个研究小组都曾对远隔联想测验做过研究，对认知放松问题的研究取得了重大进展。其中一个小组提出了两个问题：在人们知道答案是什么之前，能否感知随意三个词有一个共同的联想意义？心情对这项任务有何影响？为了弄清这些问题，他们首先让受试者花几分钟回想一下自己生活中那些快乐或悲伤的片段，这个回想的过程使一些受试者感到快乐，而让另外一些人感到悲伤。然后，他们向受试者展示一连串三个为一组的词语，这些组词语中有 50% 是组内的词语有一定联系的（比如潜水、灯光、火箭），而其余 50% 的组内词语没有什么联系（例如梦、球、书）。随后，实验人员要求受试者快速按下两个键中的一个来表明词语是否有共同联系，按键时间限定在两秒以内。在如此短的时间内，这些受试者根本无法找到问题的答案。

实验带来了很多惊人的发现。第一个令人惊讶的地方是，参与上述实验的受试者猜测所给问题答案的准确率要比他们随便选出答案的准确率高很多。这个结果很让人吃惊。很明显，认知放松感被联想机制中一个微弱的信号激发起来，这个信号在组内三个词语的关联得到还原之前就已经“知道”它们是相关的（有共同的联系）。认知放松在这种判断中起到的作用也在另一个德国小组所做的实验中得到证实：提高认知放松（启动、清晰的字体、事先看到词）的操作同样能增加人们将词视为相互联系的可能性。

另一个重大发现是，人的心情在这项直觉性任务中产生了重要影响。实验人员用电脑编写了一个“直觉参数”用于检测准确性。他们发现，通过让受试者想一些愉快的事，使他们在测试之前有好心情的话，猜测的准确率会提高一倍。一个更引人注目的结果是，心情不好的受试者完全无法准确地完成这个直觉性任务，他们的猜测还没有随便选择的准确率高。心情显然能够影响系统1的运行：当不舒服和不开心时，我们就会丧失自己的直觉。

这些发现进一步证实，好心情、直觉、创造力、轻信以及对系统1不断增强的依赖性形成了一个关联群集。悲伤、警觉、怀疑、分析方法以及不断增强的努力程度等因素之间也是相互联系的。好心情使系统2放松对行为的控制：当人们心情好时，直觉和创造力会增强，但也会放松警惕，易犯逻辑性错误，这种关联与曝光效应一样，在生理上也讲得通。好心情是事情进展顺利的信号，周围的环境是安全的，卸下防备并没有什么影响；坏心情则说明事情进展不那么顺利，有可能存在威胁，必须保持警觉。

认知放松与愉快的感觉互为因果。

除了认知放松和积极情感的关系，我们还可以从远隔联想测验中了解到更多信息。请简单考虑一下下面两组词：

睡觉　邮件　开关

盐　深　泡沫

在读第二组词时，你的脸上可能会露出一丝微笑，这是因为第二组词能引起一个共同的联想（答案就是“大海”）。你当然不可能知道自己的这一反应，但是只要对你的面部肌肉的电活动进行测量就能发现这一点。这种微笑反应出现在那些对于共同关联事物还并不了解的受试者的脸上。实验人员仅仅是给他们看了纵向排列的三个词语，然后指示他们看完后按下空格键。看到有共同联想意义的三个词而产生的认知放松似乎本身就能令人心情舒畅。

正如很多科学家所言，虽然我们证实了好心情、认知放松和对连贯性的直觉之间是相互关联的，但这种联系并不是必然的因果关系。虽然认知放松与微笑同时出现，但一定是好心情引发了连贯的直觉反应吗？答案是肯定的。证据源自一个巧妙的实验方法，这种方法现在越来越受欢迎。在这个实验中，一些受试者听到了实验人员讲的一个封面故事，也许正是这个故事给他们带来了好心情：他们都戴着耳机，听着音乐。实验人员告诉他们：“先前的研究显示，现在播放的音乐会对人的情绪反应产生影响。”这个故事完全使人丧失了对相关性的觉察。这一发现证明，在看到三个词（如果三个词相关则感到愉快，不相关则不愉快）后，短暂的情绪反应事实上是对相关性判断的基础。没有什么是系统 1 做不到的。情感变化现在是可以预料到的，正因为这些变化不足为奇，我们才不会随意将情绪变化归因于词语。

这项心理研究是迄今为止最为成功的一例，其成功之处在于，它将实验技巧与实验结果巧妙结合在一起，而这两者都是特色鲜明且极为惊人的。在过去几十年里，我们已经掌握了许多关于系统 1 自动运作的知识。我们现在掌握的很多知识听起来像三四十年前的科幻小说。无论是模糊的字体会影响人们对真理的判断，还是提高认知能力，或是人们对每组三个词的认知放松感引起的情感回应会唤起他们头脑中的连贯印象，这些都不再难以想象。心理学研究已经取得了长足的发展。

示例——认知放松

不要只是因为字体不清楚就否定他们的商务计划。

我们一定愿意相信这个观点，因为总有人这样想，但还是三思而后行吧。

熟悉了，就会喜欢，这就是一种曝光效应。

我今天心情很好，我的系统 2 也比平时懒惰，我得格外小心了。

第6章

规范、惊喜和原因

前面已经介绍了系统1和系统2的主要特点及功能，尤其是系统1，其介绍更为详细。我将我们的大脑比喻成一台功能非常强大的电脑，虽然按传统硬件标准来看，它的运行速度很慢，但通过不同想法联结而成的巨大网络上的相关联结，也能为我们展现这个世界的构造。而且，联想机制的不断激活也是自动完成的。我们（系统2）具备某种能力去控制记忆的搜寻活动，也能对其进行编辑，这样一来，在特定情况下我们才可以集中精力去追踪某个事件。接下来我们将对系统1的非凡之处及其不足之处做更详细的介绍。

评估常态

系统 1 的主要功能是维护并更新你个人世界的模式，它呈现的都是常态下的思维模式。这个模式由许多联想和结果共同构成，这些联想由情境、事件、行为等概念引发，而结果总是伴随某种规律出现，有可能是两者同时出现，也有可能出现时间只差那么一点点。随着这些联系的形成和加强，联想概念的模式逐渐展现出发生在你生活中的各种事件的结构，这一模式还将决定你对当下的理解和对未来的期望。

对惊喜的承受能力是你精神生活的一个重要方面，而且惊喜本身也是最敏感的指示，它可以表明我们如何理解这个世界，我们希望从这个世界中得到什么。惊喜主要有两种形式。有些期望是积极、有意识的——你知道你正在等待某件特别的事情发生。当时间迫近时，听到敲门声，你会期望是你的孩子放学回家了；打开门时，你期望听到自己熟悉的声音。如果非常期望的事情没有发生，你会很惊讶。不过，你不怎么期盼的事情也很多。你不会等待这些事情发生，但如果真的发生了，你也不会惊讶。因为这些事在某种情境下是正常的，尽管可能不是你欣然盼望的。

一个插曲如果反复出现就可能不那么令人惊喜了。几年前，我和我的妻子在澳大利亚大堡礁的一座小岛上度假，岛上只有 40 间客房。我们去吃饭时，竟然遇见了一位老朋友——心理学家乔恩，我们当时感到很意外。朋友间相互问候，都觉得很巧。第二天乔恩就离开了度假村。大约两个星期后，我们去伦敦的一家剧院看电影。剧场关灯之后，一位来迟的人坐到了我旁边。幕间休息时，我发现我旁边坐着的竟是乔恩。我和妻子事后说起这两件事时，我们俩都意识到了两个事实：第一，这次碰面比上次更巧；第二，第二次碰到乔恩时我们的感受不如第一次那么惊讶。显然，第一次碰面在不知不觉中改变了乔恩在我们大脑中的印象，他现在是“只要我们外出旅行就会碰见的心理学家”。我们（系统 2）知道这样想很可笑，但系统 1 却使大脑认为在陌生的地方碰到乔恩是件正常的事。如果我们在伦敦的那家剧院里碰到的是其他熟人，我们会比遇到乔恩感觉更惊讶。如果单纯从可能性来看，在剧院里碰到乔恩的概率比碰到我们那几百个熟人中的任何一个的概率都要小得多，然而现在看来，在那里碰到乔恩却似乎更正常。

在某些情况下，消极的期望很快会变成积极的，就像我们在又一次巧合中发现的那样。几年前，一个周日的傍晚，我们驱车从纽约赶往普林斯顿，很长一段时间以来，我们每周都会这样穿梭于两个城市。那天我们看见了不同寻常的景象：路旁有辆车着火了。我们第二周到达那段路时，又有一辆车着火了。我们发现与第一次相比，第二次遇到这种情况时我们明显表现得不那么惊讶了。这个地方现在就是“车着火的地方”。因为事件发生的情景相同，第二次事件引起了积极的期盼：每当走到这个路段时，我们都会想起着火的车，而且自己已经做好再看到一次的心理准备（当然，我们没有再看见过），几个月也好，几年也好，我们都有足够的心理准备。

心理学家戴尔·米勒和我曾经合写了一篇文章，在文中我们试图解释为什么我们觉得很多事情是正常或是不正常的。接下来我会引用那篇文章中我们用来描述“常态理论”的一个例子，不过我对这个例子稍稍做了改动：

在一家高级餐厅，一位观察者随意观察着邻桌的顾客。他发现第一位品汤的顾客往后退了一下，好像有些痛苦。接下来的一大堆事都因这个动作而发生了变化。一位服务生不小心碰到了一位喝汤的顾客，这位顾客吓了一跳，而这根本没什么可惊讶的；另外一个顾客也喝了从同一个碗中盛出来的汤，喝后他强忍着没有叫出来，对此我们也没有感到惊讶。这些事和其他种种事情本应是不正常的，但现在却显得正常了。因为这些事是对之前那些预期的肯定。这些事之所以看上去正常，是因为它们重复了原来的情节，记忆中的这些情节相互联系，对这几个事件做出了解释。

试想你就是餐厅中的那位观察者，第一次看到顾客对汤的反应时你感到惊讶，服务生在碰他时他吓了一跳，你也会感到惊讶。然而，第二次非正常事件会提取你对第一次事件的记忆，两件事联系起来似乎就合乎情理了。这两件事都符合一个模式，模式中的顾客是个特别容易紧张的人。另外，如果第一位顾客表现出痛苦状，另一位顾客拒绝喝这种汤，这两件意外的事也会被联系起来，说明这碗汤肯定有问题。

“摩西上方舟时，每种动物各带了多少？”发觉这个问题有问题的人太少了，因而有人将此称为“摩西错觉”。摩西并没有带动物上方舟，带动物上方舟的是挪亚。就像那位往后退的喝汤顾客一样，摩西错觉可以通过常态理论来解释。动物登上方舟给人们营造了《圣经》的文化背景，而摩西也出现在这个背景中，虽然你对他并没有什么特别期待，但对他的名字你不会感到惊讶。况且，摩西和挪亚这两个名字的英文元音和音节数都是相同的，这也容易使人将二人混淆。就像那些三个一组的词语会令人产生认知放松一样，你在不知不觉中就将“摩西”和“方舟”联系在了一起，很快地接受了这一提问。但如果句中的摩西被换成乔治·W. 布什，你就会认为这是一个很蹩脚的政治笑话。

若“关于水泥”这种说法与当前被激活观点的情境不搭，系统就会察觉到这一反常现象，就像你刚才的感受一样。你本来对“关于”之后是什么并无具体概念，但当“水泥”一词出现时，你就知道这个句子有点儿不对劲儿了。对大脑反应的许多研究表明，系统对违反常态的问题的察觉速度是惊人的，察觉过程也是微妙的。在最近的一次实验中，当人们听到“地球每年绕着麻烦转”这个句子时，听到“麻烦”这一莫名其妙的词之后不到 0.2 秒，对大脑活动进行检测就会发现一个特殊的图谱。更值得注意的是，当一个男声说“我确信我怀孕了，因为我每天早晨都想吐”，或者当有人操着上流社会的腔调在说“我后背上有一个很大的文身”时，同一个人对这些话的大脑反应速度是相同的。一定要立刻调动起大量的知识，思考这些陈述与事实之间是否协调：一听这声音就知此人是上流社会的，而上流社会的人身上很少有很大的文身。

我们能相互交流，因为我们关于世界的知识和对文字的运用水平都相当。我要是提到桌子，没有其他特别的描述的话，你一定知道我指的是一张普通的桌子。你能确定这张桌子的表面大致是平的，而且桌腿远远少于 25 条。对于很多事物的常态我们都有认识，这些常态给我们提供了背景知识，使我们能够察觉到诸如怀孕的男性和文身的上流社会人士这样的反常现象。

要想了解标准在交际中的作用，请看“大老鼠爬过了小象的鼻子”这个句子。我敢肯定你想象中的老鼠和小象的体型和我想象的差不了太多。在常态下，这些动物的体型有典型的或平均的大小，而且，常态还包括了这一类动物的变化范围及变异性。我们都不可能在脑中想象到比象还大的老鼠爬过比老鼠还小的小象的鼻子。但我们各自都能想象到比鞋还小的老鼠爬过比沙发还大的大象。系统 1 理解语言，也了解分类标准，它能辨明那些貌似正确的价值，也能廓清那些最典型事例可能出现的范围。

看见原因和意图

“弗雷德的父母来迟了，酒席承办商应该很快就到了，弗雷德很生气。”你知道为什么弗雷德会生气，也知道他生气不是因为酒席承办商还没来。在你的联想网络中，生气和不准时被看成可能的因果关系，但生气和盼望酒席承办商来的想法却没有这种联系。在你读到这句话时，你的脑海中马上就形成了一个连贯的故事，你立即知道了弗雷德生气的原因。找到这种因果联系是理解一个故事的一部分，也是系统 1 的一种无意识行为。而系统 2——也就是有意识的自我——在接收到这个主观理解后，也接受了这种因果关系。

在纳西姆·塔勒布所著的《黑天鹅》一书中，有一个故事阐明了对因果关系的自主研究。他指出，萨达姆·侯赛因在伊拉克的藏身处被捕的那天，债券价格就开始上涨。在早晨时，投资者显然想投资更安全的资产，而且美国彭博新闻社打出了这样的头条：美国国债上涨，萨达姆被捕不会遏制住恐怖主义。半个小时后，债券价格下跌，标题被修改成：美国国债下跌，萨达姆被捕刺激风险资产。显然，萨达姆的被捕是这一天的重大事件，因为自主搜索原因的方式影响了我们的思考，这件事就成了那天市场变动的原因了。这两个标题表面来看好像可以解释市场发生震荡的原因，但是对两个互相矛盾的结果做出解释的那条陈述其实什么都解释不了。事实上，所有的标题都要满足我们对逻辑连贯的需求：一件大事必然会带来一些后果，而这些后果也需要一些原因对其做出解释。我们对那天发生的事情所知有限，于是系统 1 便熟练地将这些知识片段组合成一个连贯的因果关系。

请读这个句子：

> 在纽约拥挤的大街上逛了一天，欣赏完美景后，简发觉自己的钱包丢了。

研究人员对读过这个句子的人（这些人同时也读过许多其他故事）进行了一次突击性的回想实验，发现这些读者认为“扒手”这个词比“景色”一词与该句子联系更紧密，尽管后者在句子中出现了而前者却没有。联想连贯性原则告诉我们实实在在发生的事情。丢钱包这件事可能有很多不同的原因：钱包从口袋里掉了出去，或者落在了餐厅，等等。但是，当丢钱包、纽约以及拥挤的街道三种想法同时存在时，这些读者都把丢钱包的原因指向了扒手。在那个喝汤的故事中，无论是第一位喝汤顾客在服务生碰他时做出的极端反应还是另一个顾客在喝汤时往后退，其结果都将对最初那次惊讶反应做出联想性的解释，因此整个故事看上去也是合理的。

比利时的贵族心理学家阿尔伯特·米乔特在 1945 年出版的一本书（1963 年被译成英文）中颠覆了几个世纪以来关于因果

关系的思考，使人们至少回到了休谟对想法关联的研究时代。过去人们普遍接受一个观点，即我们通过对不同事件之间的相互关联进行反复观察，推断其在自然状态下的因果关系。我们曾无数次看到一个运动中的物体碰触另一个物体，使之随即开始运动，且运动方向相同（也并不总是相同）。这和台球相撞的情形一样；同样，当你推一个花瓶时，也会发生同样的事。米乔特却持不同观点，他说我们能像看见颜色那样直接“看到”因果现象。为了展示自己的观点，他在纸上画了一连串黑色方块，让这些方块看起来像在连贯地运动，一个连着另一个，而这些方块也立即动了起来。那些观察者知道两者其实并没有真正相连，但他们却有种强烈的“因果关系错觉”。如果第二个物体马上开始移动，他们就会认为这个动作是由第一个物体“引起的”。很多实验表明，6个月大的婴儿会将许多事件及其续发事件视为有因果关系，而续发事件一旦发生改变，他们就会觉得惊讶。我们显然从出生时就对因果关系有感觉，当然，这种因果关系并不依存于理性思维，它们是系统1的产物。

1944年，米乔特发表了他对物质性因果关系的实证研究。几乎就在同一时间，心理学家弗里茨·海德和玛丽-安·西梅尔运用一种和米乔特相似的方法展示了他们对“意向性”因果关系的看法。他们做了一部总长度只有1分40秒的电影，在这部微电影中，你能看到一个大三角形、一个小三角形和一个圆形。这些图形绕着一个貌似门开着的房子的图像转。观看者看到一个气势汹汹的大三角形正欺负一个小三角形，而那个圆形也受到了惊吓。圆形和小三角形联合起来共同对付大三角形的欺侮；他们还看到门周围（圆形和小三角形）的动作很多，最后小电影以一个爆发性的反击结束。毫无疑问，每个人对意图和情感都有很强的洞察力，只有患孤独症的人才体验不到这一点。当然，所有这一切都在你的大脑中。你的大脑愿意甚至急切地想要辨别一些因素，确定这些因素的特点和特殊意图，并将其活动视为表达个人偏爱的举动。再次说明一下，我们生来就长于意向性归因：一岁以下的婴儿能辨别欺凌弱小的人和受害者；不管他们去抓什么东西，都知道要走最近的那条路。

按自由意愿行事的体验与物质性因果关系没有什么联系。虽然是你的手捏起了盐，但你并不认为这件事与一连串的物质性因果关系有什么联系。你感觉这个行为是由一个“无形”的你做出的决策而引起的，因为你想要在食物里加点儿盐。很多人发现，将自己的心灵描述成行为的根源和原因是很正常的。2005年，心理学家保罗·布卢姆在《大西洋月刊》上发表了有争议的观点，即我们生来就具有区分自然性和意向性的因果关系的能力，而这一能力也解释了宗教信仰的普遍性。他发现，“我们对物质世界和精神世界的感知完全不同，所以我们才可能对没有灵魂的身体和没有身体的灵魂进行想象”。我们注定能够感知得到的这两种因果关系模式使我们能够很自然地接受众多宗教中都存在的两个主要信念：无形的神是物质世界所有现象的最终原因，而不死的灵魂只是在我们活着时暂时控制我们的躯体，我们死后，灵魂将离开躯体。在布卢姆看来，因果关系的两个概念在进化过程中是分别形成的，同时也将宗教的起源追溯到系统1中去了。

因果性直觉的特点是本书一再出现的主题，因为人们总是很不恰当地将因果性思考用于需要统计论证的情景。统计性思维总是根据事物的不同类别和总体性质得出个案的结论。可惜的是，系统 1 并不具备这种推理能力；而系统 2 通过学习可以进行统计性思考，但几乎没有人接受过必要的相关训练。

有了因果关系心理学做基础，我决心用两个比喻来描述心理过程，几乎不必考虑什么连贯性问题。我有时将系统 1 比喻成有着某些特性和偏好的媒介，有时又将其视为通过一个环环相扣的复杂模式来表现现实的联想工具。这个系统和工具是虚拟的；之所以用“媒介”和“工具”这两个喻体，是因为它们符合我们对原因的看法。海德的三角形和圆形并不是真正的媒介，只是把它们比喻为媒介来思考问题会让我们感觉更轻松，也更自然。这样做不用那么费力思考。如果按照所发生事情的特点和意图（即两个系统）来描述它，或者有时按照呆板的规律性（即联想工具）来描述它，我觉得你（和我一样）就会发现了解思维活动更加轻松。我并不想让你相信这两个系统是真实存在的，不想像海德那样，想让你相信那个大三角形是个欺负弱小的角色。

示例——常态和原因

若最后发现第二个申请人也是我的一个老朋友，我就不会像看到第一个来申请的朋友那么惊讶了。只要情节稍有重复，一种新体验也就不那么新鲜了。

当我们调查人们对这些产品的反馈时，我们一定要确定关注的不只是平均水平。我们应该看到所有的常态反应。

她接受不了自己只是运气不好这个解释，她需要一个有前因后果的解释，否则她会认为这是有人在故意破坏她的工作。

第 7 章

能快速得出结论的机器

伟大的喜剧演员丹尼·凯耶的一句话一直萦绕于我的脑际，从十几岁至今都不曾忘记。谈到一个自己很不喜欢的女人时，他说："她最得意的姿态是忘乎所以，最喜欢做的事就是仓促下结论。"在我与阿莫斯·特沃斯基开始讨论研究统计性直觉的合理性问题时，这句话就浮现在我的脑海里。现在，我觉得这句话正是对系统 1 的功能恰如其分的描述。如果结论可能是正确的，偶尔的错误所付出的代价也在可接受的范围内，而且这种仓促的做法可以节省很多时间和精力，那么这种仓促的结论就是高效的。如果对情况不熟悉，在风险高且没有时间去搜集更多信息的情况下过早下结论就很冒险。此时，很可能会出现直觉性错误，但这种错误也许可以通过系统 2 来避免。

ANN APPROACHED THE BANK.

图 6　忽略不明确因素，抑制怀疑心理

图 6 中三个方框的内容有何共同点？答案是，它们都有歧义。你几乎可以确定地读出左边方框内所呈现的内容是“A B C”，右边是“12 13 14”，但这两个方框的中间那部分内容是一模一样的。你本可以将它们看成“A 13 C”和“12 B 14”，但你没有那样做。这是为什么？因为，同样的形状在字母的环境下就容易被视作字母，在数字的环境下就容易被视为数字。完整的环境能帮助你理解其中的每一个因素。那个形状是会引发歧义的，但你过早地对它的“身份”下了结论，并且根本意识不到你已经赋予了某种歧义以解释。

看到中间框的内容，你可能会把安（Ann）想象成一个满脑子都是钱的女人，她正走入一栋有出纳员和地下金库的房子。但这个貌似可信的理解并不是唯一的可能，这个句子同样有歧义。如果在这个句子之前有“他们沿着这条河缓缓地漂向下游”这样一句话，你就会想到一个完全不同的场景。当你一直在想河流的问题时，“bank”（这个单词有“岸边”和“银行”两个意思）这个单词就与钱没什么联系了。在没有清晰情境的情况下，系统 1 会自行建立一个可能的情境。我们知道这是系统 1 判断的结果，因为你并没有意识到自己做了选择，也没有意识到还可能有别的解释。除非你最近一直在乘独木舟，否则你去银行所用的时间肯定要比在河里漂流的时间多，所以你才会根据最近所经历的事化解了“bank”一词的误解。当我们对答案不确定时，系统1就根据过往经历去赌一个答案。这种下赌的规则是明智的：最近发生的事及当前情境是做抉择时最重要的因素。如果大脑中没有闪现出任何最近发生的事，那么更为遥远的记忆便会呈现出来。你最早、记忆最为深刻的经历一定是唱英文字母歌，这首歌的开头一定是“A B C”，而不是“A 13 C”。

这两个例子最为关键的一点是：你做了一个确切的选择，但自己并没有意识到自己这样做了。你的脑海中出现的只有一种解释，而且你从未意识到这些问题会有歧义。系统1不会记得自己放弃的几个选项，甚至都不记得曾有过多种选择。有意识的怀疑需要同时在脑中记住多种互不相容的解释，需要付出努力，而这并不是系统1的长项。易变和怀疑属于系统2的职责范围。

信仰和确定性偏见

心理学家丹尼尔·吉尔伯特因著有《哈佛幸福课》一书而广为人知。一次，他在一篇名为“大脑怎样产生信任”的文章中，以17世纪的哲学家斯宾诺莎的理论为基础，提出了一个关于信任与不信任的理论。吉尔伯特提出，在理解一个陈述之前，我们一定会先试图相信它：如果这个陈述正确，你必须先了解它的观点究竟是什么意思。只有这样，你才能决定是否“怀疑”它。最初你产生相信某种观点的想法，是因为系统1的自主运作，这种运作包括构建这一情况下可能性最大的解释。吉尔伯特认为，即使是一个毫无意义的陈述也会唤起人们最初的信任。你试试他给出的例子："白鱼吃糖果。"你有可能意识到一个关于鱼和糖果的模糊印象，这个印象的产生过程，就是联想记忆自动搜索"鱼"和"糖果"这两个概念之间各种联系的过程，这一过程会使这种很荒唐的说法看起来竟有些合理了。

吉尔伯特认为，系统 2 的工作就是不信任 / 质疑，他用一个漂亮的实验来证明自己的观点。受试者看到一些很荒谬的说法，比如"一个叫丁卡的人是一团火焰"，他们要在几秒内说出这个句子的说法是"对"还是"错"。随后实验人员要检验一下受试者是否记得哪些句子是"对"的。这一实验还有一个条件，即受试者在执行任务的过程中还要按照要求记住一些数字。系统 2 的干扰产生了选择性效果：它使人们很难"不信任"那些错误的论断。在后续的记忆测试中，筋疲力尽的受试者最后竟认为许多错误的论断都是正确的。这个实验的寓意是深刻的：当有系统 2 参与时，我们几乎会相信所有事情。因为系统 1 不仅好骗，还容易产生偏见，而尽管系统 2 掌管怀疑和不信任的大权，但是它有时很忙，不忙时也很懒惰，总会擅离职守。的确，已有证据显示，当人们劳累或是精力被耗尽时，更容易受那些空洞却有说服力的信息影响，例如广告。

联想记忆的运作是导致"确认偏误"的原因之一。如果有人问你："山姆友好吗？"你就会想到山姆的各种行为举止。而如果有人问你："山姆是不是很不友好？"你就很难想起他的许多举动。有一项专门针对证据确认问题进行的名为"积极测试策略"的研究，这项研究主要考察系统 2 是如何验证假设的。一些自然科学家认为，应通过驳斥假设以证实其是否成立，但其他人（通常是科学家）则主张通过寻找符合他们当前观点的数据来证实假设是否成立。系统 1 产生的确认偏误不加批判地接受了建议，夸大了极端的可能性以及不可能的事件。如果被问及海啸在今后 30 年内袭击加利福尼亚州的可能性有多大，你脑中所呈现的图像很有可能就是海啸，你会更容易高估出现灾难的可能性。这就如同看到同吉尔伯特提出的那些类似“白鱼吃糖果”这种无意义的陈述时产生的反应一样。

夸大情绪连贯性（光环效应）

如果你赞同一个总统的政见，你可能也会喜爱他的声音及着装。喜爱（或讨厌）某个人就会喜爱（或讨厌）这个人的全部——包括你还没有观察到的方面——这种倾向就叫光环效应。这个术语已在心理学领域使用了长达一个世纪，但仍然没能成为日常用语。这是一件憾事，因为光环效应这个说法很好地诠释了我们生活中普遍存在的一种偏见，这种偏见在我们塑造对人与环境的看法时起着很大的作用。系统 1 可以通过很多比现实更简单却更连贯的方式来表现这个世界，光环效应就是其中一种。

你在某派对上遇到了个名叫琼的女士，发现她既漂亮又善谈。现在，她的名字再次出现，并有可能是被叫去捐款。你知道琼有多慷慨吗？正确答案是：事实上你什么都不知道，因为没有理由可以让你认为善于社交的人在慈善方面会表现得慷慨。但你喜爱琼，当你想到琼时，那种喜爱的感觉会再次涌上心头。你自己慷慨，也喜欢慷慨的人。通过联想，你预先倾向于相信琼是慷慨的。

现在，你认为琼是慷慨的，你可能会比以前更喜欢她，因为你又增加了一条她讨你喜欢的特点。

在琼的这则故事里，我们并没有她慷慨程度的真正证据，而是凭借自己对她的情感回应做出猜测，用猜测弥补证据的缺失。在其他情况下，证据会逐渐出现，由第一印象产生的感觉会影响你对事物的解读。所罗门·阿希的一个实验堪称心理学实验中不朽的经典。他对两个人进行了描述，并要求其他人对这两人的个性进行评论。你认为艾伦和本这两人怎么样？

艾伦：聪明——勤奋——冲动——爱挑剔——固执——忌妒心强

本：忌妒心强——固执——爱挑剔——冲动——勤奋——聪明

如果你像我们一样，你会更喜欢艾伦。前几条列出的性格特征会改变后面出现的特征的含义。我们认为聪明人有理由固执，并且还会尊重他这一点。然而，一个忌妒心强又固执的人如果还很聪明的话，他身上就带有一些危险性。光环效应也可以化解歧义：如同“bank”这个单词一样，“固执”这个形容词也是有歧义的，但将它放在一定情境中歧义便会被化解。

对于这个研究主题，还有许多衍生出来的实验。在一项研究中，受试者要先考虑一下描述艾伦的前三个形容词，然后再考虑剩下那三个描述艾伦的形容词，但实验人员告诉他们，后三个词是用来描述另外一个人的。随后，当受试者根据这些描述假想出两个人时，实验人员问他们，这 6 个形容词是否有可能用来形容同一个人，大多数受试者都认为不可能！

我们对一个人性格特征的观察顺序是随机的。然而，顺序的确很重要，因为光环效应注重第一印象，而后续信息在很大程度上都被消解掉了。在我刚做教授时，我评价学生论文的方式很传统。我会按顺序一次取一本论文，一边读一边打分，然后计算出总成绩，之后再接着批改下一个学生的论文。最后，我注意到自己对每一本论文的评估都出奇地相似。我开始怀疑我的评分产生了光环效应，即第一次评分对接下来的所有评分都产生了一定影响。这样的机制十分简单：在我给某学生的第一份论文打了高分后，再碰到有模糊或是有歧义的陈述时都会对这个学生手下留情。这种做法看似合理。一个学生能将第一份论文写好的话，就不应在第二份论文中犯低级错误！但我评分的方法却存在一个严重的问题。如果某个学生写了两份论文，一份论点有力，另一份却经不起推敲，我则会因为批改的顺序不同而给出不同的分数。我曾经告诉学生两份论文的评分标准是一样的，但事实并非如此：相比第二份论文来说，第一份论文对于总分的影响更大。所以这样的做法是不可取的。

我采取了一种新的做法。我阅读并批改了某个学生第一个问题的答案，然后改下一个学生的相关论述，而不是按顺序读完第一个学生的整本论文才评阅下一份。我确定将所有分数都写在了论文集的封底，以避免在批改第二份论文时出现偏见（即使是无意识的）。在改变方法后不久，出现了一个令人担忧的结果：我对评分的自信程度比原来更低了。原因在于，我频繁地感到一种不适。当我对某个学生的第二份论文感到失望时，便在他的论文集封底记下一个低分，却偶然发现我给他的第一份论文打了最高分。我也注意到了我会不经意地改变尚未写下来的分数以缩小两份论文之间的分数差，并且，我很难克制住自己不这样做。我对同一个学生的论文评分通常相差巨大。这样的前后不一使我感到不确定和沮丧。

我现在对自己的评分行为感到失望和不自信，但我认为这是件好事，因为它表明现在这个方法比原来的有进步。我先前所感到的一致性是伪造出来的，它使我有了认知放松之感，我的系统 2 也欣然接受了最后的分数。采用新方法之后，虽然第一个问题深深影响到我对之后学生的评估，但我允许自己这样做，因而学生某些问题答得好和不好的分数差别也就不是我有意为之的了。但我发现同一个学生在回答一个问题时表现优异，而对另一个问题的解答却很糟糕。当我改变方法时，这种令人感到不适的前后不一致就显露了出来：它不仅反映出随便拿一个问题去衡量学生水平的做法是不恰当的，还反映出我自己打出的分数同样不可靠。

我采取的避免光环效应的评卷方法遵循了一个普遍原则：消除错误的关联！为了了解这一原则的工作原理，我们设想一下：向大量观察者展示一些装有硬币的玻璃罐，让他们估计一下每一个罐里硬币的数量。詹姆斯·索罗维基在他最为畅销的著作《群体的智慧》一书中解释道，一个人单独完成这个任务的效果并不理想，但一群人共同做出判断时准确率就很高。有些人高估了硬币的数量，另一些人低估了它，但对所有判断进行平均估算得出的平均值就会趋于准确值。这种机制很容易理解：每个人都观察着同一个玻璃罐，他们的判断都基于一个共同的基础。另一方面，每个人犯的错误都与其他人的错误无关，（在没有系统性偏见的情况下）这些错误的平均值趋于零。然而，只有在每个人的观察相互独立、每个人所犯错误之间不相关联的情况下，降低错误率的奇迹才能出现。如果观察者持有相同偏见，就算将他们的判断汇总起来也难以降低错误率。允许不同观察者之间相互影响会减少样本量，进而影响小组估值的准确率。

想要从大量证据来源中获取最有用的信息，你应设法使这些来源相互独立。这也是警察办案时所遵循的规则。如果某个案件有多个目击证人，在录口供之前，这些证人是不能获准讨论案件的。这样做不仅是为了防止不怀好意的证人相互串通，还避免了没有偏见的证人相互影响。交流过各自目击过程的证人容易在证词中犯相似的错误，这降低了他们所提供信息的总体价值。减少信息来源中的冗赘信息总是没错的。

企业高管需要花大量时间主持会议，独立判断原则（及解除错误关联）可以直接应用到这些工作中。一条简单的规则就能发挥作用：在开始讨论某个问题之前，先让与会的每位成员各自写下简短的意见阐明自己的观点。这个过程很好地利用了小组里不同知识和见解的价值。而开放性讨论这一常规做法总会注重那些发言早而又强势的人的意见，这使得其他人一味附和他们的观点。

眼见为实

我和阿莫斯早期合作时最美好的记忆中有一点很难忘，就是他总是乐此不疲地重复一个搞笑情节。阿莫斯能惟妙惟肖地模仿他大学时代的一位哲学老师，他用带着浓重德国口音的希伯来语咆哮着说：“你必须时刻牢记‘Primat of the Is’。”我从未弄明白他的老师所说的那句短语是什么意思（我想阿莫斯也不明白吧），但是阿莫斯还是会说那些笑话。每当我们遇到大脑对现有信息和未知信息的处理方法严重失衡的问题时，他总会想起那句莫名其妙的短语（我最后也总是这样）。

联想机制一个最基本的结构特点就是，它只能回忆起已被激活的观点。无法从记忆中获取的信息（即使是无意识的）可能并不存在。系统 1 善于提取当前激活的想法来构建最可信的故事情节，但它不会（也不能）提取本系统中根本不存在的信息。

衡量系统 1 是否成功的方法是看它所创造的情境是否具有连贯性，而与故事所需数据的数量和质量关系不大。信息匮乏是常事，一旦出现这种情况，系统 1 就会仓促做出结论。请思考下面的说法："明迪克会是一个出色的领导吗？她聪明又坚强……"你的脑海中一定会马上闪现出一个答案——"当然会"。你根据非常有限的信息选择了一个最佳答案，但是你行动过早了。试想一下，如果紧随其后的两个形容词是"腐败"和"严酷"，你该怎么办？

在对明迪克这位领导做出快速判断时，请注意有些事你并没有做，你没有自问："在形成对某人是否具有领导才能的看法之前，我应该了解些什么？"系统 1 在第一个形容词出现后就开始自主运作了：聪明是好的，既聪明又坚强就更好了，系统 1 非常轻松地生成了这种想法。如果有新信息出现（例如明迪克思想腐败），这个故事就会被改写了，但是系统 1 并不会等待也不会出现主观上的不适。对于第一印象的偏好依然存在。

寻找连贯性的系统 1 和懒惰的系统 2 相结合，意味着系统 2 将会赞同许多直觉性的信念，而这些信念又准确地反映了系统 1 产生的印象。当然，系统 2 也能对证据采取系统而谨慎的处理方法，还能在做决定之前考虑出现的众多选项——设想你正在卖房子，你就会设法搜寻一些你不知道的信息。然而，即使是深思熟虑后的决定，系统 1 也能对其产生影响。系统 1 的信息输入从未停止。

在证据不足的情况下过早下结论对我们理解直觉性思考非常有帮助，本书也常提到这样的情况，我将会用一个冗长的缩写来代表这种情形：WYSIATI，意思为“What you see is all there is”，即眼见即为事实。系统 1 基本上对于引起印象和直觉的信息的质量和数量都不敏感。

阿莫斯与他在斯坦福大学带的两名研究生做了一项与“眼见即为事实”直接相关的研究。受试者得到了一些证据，并且知道这些证据是片面的，而研究者要观察他们拿到证据后的反应。这些受试者接触到的都是法律案例，下面就是一例：

> 43 岁的被告戴维·桑顿是工会界代表。9 月 3 日，他来到了“平价大药房”168 号进行例行视察。他来到这家药店还不到 10 分钟，一名驻店经理就过来告诉他不能再站在店里和员工们说话，他只能利用员工休息时间在一间密室里见见他们。在工会与“平价大药房”的合约中，这一要求是得到允许的，但从未被执行过。当桑顿拒绝这个要求时，经理告诉他，要么遵守约定，要么离开药店，否则他将被逮捕。此时桑顿暗示经理，在不妨碍生意的情况下，他一直以来都是在店里与员工交谈的，每次谈话时间也就是 10 分钟左右，从来也没有人反对过这一做法，他宁愿被抓也不愿改变例行的视察程序。于是，经理叫来了警察，警察以非法侵入的罪名逮捕了桑顿。在桑顿留了案底并被关押在拘留室一段时间后，

所有的指控都被取消了。现在，桑顿准备起诉“平价大药房”非法拘留。

所有受试者都阅读了这些背景材料，除此之外，每一组受试者还听了控辩双方代理律师所做的陈述。情况自然是工会方的律师将逮捕视为恐吓行为，药店方的律师则认为在药店进行谈话扰乱经营秩序，经理的行为是合理的。还有一些受试者就像陪审团成员那样听了控辩双方的陈述。双方律师并没有增加任何背景材料中未提及的有用信息。

所有受试者都充分了解了整个过程，那些只听到其中一方辩词的受试者能够很轻松地为另一方写出辩词。然而，片面的证据陈述对判断有着重大影响。另外，只掌握一方证据的受试者比掌握了双方证据的受试者更有自信。这正说明人们根据已有信息勾勒出的故事的连贯性增强了他们的自信心。一个好故事最重要的是信息的前后一致性，而不是其完整性。的确，你常会发现：知道得很少反而可以把已知的所有事物都囊括进连贯的思维模式中。

眼见即为事实的理念有助于达成连贯性和认知放松的状态，从而使我们相信某个陈述是真实的。这一理念解释了我们能够快速思考的原因，解释了我们是如何弄清楚一个复杂领域中那些信息片段的含义的。很多时候，我们拼凑出的连贯情节与事实是无限接近的，完全可以用来支持理性活动。而我还会运用眼见即为事实原则对判断和选择中存在的很多偏见做出解释，以下便是其中的一部分：

·过于自信：正如眼见即为事实原则指出的那样，无论是证据的数量还是质量都与主观自信关系不大。每个人对自身想法的自信程度主要取决于他们对亲眼所见的事情的讲述效果，即使他们几乎什么都没有看到也没有关系。我们经常考虑不到自己有可能尚未掌握对判断起决定性作用的那份证据，却总是认为眼见即为事实。此外，我们的联想系统更倾向于选择已被激活的连贯模式，抑制怀疑和歧义。

- 框架效应：同一信息的不同表达方式常常会激发人们不同的情感。“手术后一个月内的存活率是90%”的说法要比“手术后一个月的死亡率是10%”更令人安心。同样，说凉菜“90%不含脂肪”要比说“10%含有脂肪”更具吸引力。很明显，前述每组句子的深层含义都是相同的，只是表达方式不同，但人们通常能读出不同的含义，而且觉得自己的所见就是事实。
- 比率忽略：回忆一下史蒂夫，那个本性怯懦、做事井井有条，常被视为图书管理员的人。这个人物性格的描述是生动形象的，尽管你清楚地知道男性农民比男性图书管理员多，但在考虑这个问题时，你总会忽略这个事实。你觉得自己的所见即为事实。

示例——过早下结论

她对这个人的管理技能一无所知。之所以对他印象很好，是因为曾经听他做过一次精彩的报告。

在讨论之前大家先独自考虑一下这个问题，这样可以避免观点的相互干扰，更利于集思广益。

他们看了一份优质的咨询报告后就做了一个重大决定，他们并没意识到自己掌握的信息其实很少。

他们并不想了解更多信息，因为那样可能会破坏整个故事情节。他们更愿意相信眼见即为事实。

第 8 章

如何做出判断

你可以回答无数个问题，无论这些问题是别人问你的还是你自问的。同样，你能评价的事物特征也是无数的。你能数出这页中“的”字的出现次数，能比较自己家的窗子和马路对面那家的窗子哪个高，也能对你支持的参议员的政治前景做出评价，其前途无限光明还是前景堪忧，或是碌碌无为。这些问题由系统 2 来解决，系统 2 能调动注意力并通过搜寻记忆去寻找答案。系统 2 接受问题或提出问题：不管是提问还是回答，它都能引导注意力并搜寻记忆来找到答案。系统 1 以不同的方式运行，不断监视着大脑内外发生的一切，没有特定意图，也无须付出多少努力，只是对当时的情形做出全方位评估。这些“基本的评估”在直觉性判断中扮演了重要角色，因为人们常会拿它们来替代更难的问题——这也是启发法和偏见研究方法的基本理念。系统 1 其他两个特点也支持用一种判断代替另一种判断的做法。其中一个特点就是系统 1 具备跨维度解读价值观的能力，你可以回答一个大多数人都觉得很简单的问题：“如果山姆的身高和智商一样，那么他究竟有多高？”此时思维快捷方式便开始运行了。系统 2 会集中注意力回答某个特定问题，或是对某种情况的特殊属性进行评估，集中的注意力又会自动运行其他的评价程序，包括一些基本判断。

基本判断

随着人类进化不断完善，系统 1 可以对生物体生存必须解决的主要问题提供一个连续的评估，这些问题包括：事情进展得怎么样了？我们面临的是威胁还是机遇？一切都正常吗？我应该是前进还是退避呢？这些问题也许对于生存在城市中的人而言，不像对大草原上的羚羊那样紧急，但我们有不断进化的遗传神经机制，可以持续不断地对威胁水平进行评估。我们通常用好与坏来评价不同情形，要么说要避开这种情况要么说可以泰然处之，没有问题。人的好心情和认知放松与动物对安全和熟悉程度的判断是相当的。

如果想找一个“基本判断”的典型例子，想想只需一瞥就能区分朋友和敌人的能力就是了。这种能力能够提高人们在危险世界的生存概率，而这种专属能力也在不断增强。我在普林斯顿大学的同事亚历克斯·托多罗夫曾经对与陌生人接触的安全性问题做出快速判断这一能力的生物学根源进行了探索。他认为我们生来就具有判断的能力，只需瞥一眼陌生人的脸，就能对这个人的两点重要事实做出判断：他有多强势（因此存在潜在的威胁性）；这个人有多可信（不管他的用意是友好的还是充满敌意的）。脸型为判断提供了许多暗示：方下巴就是强势的信号。面部表情（微笑或皱眉）是对陌生人意图的判断提示，方下巴加上瘪嘴唇也许就预示着有麻烦了。看脸形的精确性不是很高：圆下巴并不代表温顺，笑容（在某种程度上）也是可以伪装的。不过，即使对陌生人做出判断的能力不高，具备这种能力也是我们的生存优势。

这种古老的机制在现代社会得到重新利用：它对人们如何选举有些影响。托多罗夫向他的学生展示了一些人脸的图片，有时展示的时间只有 0.1 秒，他让这些学生按不同属性对这些面部图片进行评估，这些属性包括可爱程度和做事能力。结果所有学生对这些图片的评估结果非常一致。托多罗夫展示给学生的那些人脸图片并不是随意组合的，而是参加竞选的那些政治家的照片。大选结束后，托多罗夫将选举结果和普林斯顿大学学生所做的能力评估进行了比较，这些学生当时并不了解这些候选人的任何政治背景，仅凭自己对这些照片的匆匆一瞥就做出了评估。事实证明，约有 70% 的参议员、国会议员和地方长官的竞选活动的胜出者正是那些在照片评估中获得较高评价的人。这一惊人结果在芬兰的全国大选中得到证实，同样的情况也发生在英国的地区选举中，澳大利亚、德国和墨西哥的众多选举也发生过类似事件。令人惊奇的是（至少对我而言是这样的），在托多罗夫的研究中，能力评估远比可爱程度的评估对选举结果的预见能力强。

托多罗夫发现，人们总会结合力量和可信度两方面的因素来评估一个人的能力。刚毅的方下巴和自信的微笑便可告诉我们，这个人很有能力。没有证据显示这些面部特征确实能预示某些政治家可以当选，但关于人们对胜出和出局候选人的判断研究显示，我们往往在投票前就会对那些不具备我们认可的面部特征的候选人持否定态度。在他的研究中，失败者引起的（负面）情感回应更强烈，我将这个例子称为“判断启发法”案例，接下来的章节中会沿用这个说法。投票者尝试着对候选人将来的任职表现生成一种印象，他们又转而依靠系统 2 快速自主地做出一种更加简单的判断，这一系统只有在必要时才会做出这一判断。

许多政治学者也循着托多罗夫最初研究的路子继续深入研究这一问题，他们划定了一类投票者，这类投票者往往会不由自主地听从系统 1 的指挥。这些投票者经常看电视，对政治却所知甚少，而那些政治学者在他们身上找到了自己一直在寻找的东西。不出所料，对于那些信息贫乏、爱看电视的投票者来说，面部特征表现出的能力对其投票的影响较大，其受影响程度约为那些信息丰富、看电视少的投票者的 3 倍。显然，系统 1 对投票选择的影响因人而异，下文我们还会遇到一些体现个体差异性的例子。

当然，系统 1 理解语言，这种理解是建立在一些基本判断基础之上的，而这些判断通常又是在洞察事实和理解信息的基础上做出的。这些判断包括对相似度和代表性的判断，对因果关系的属性以及对联想和样本的可用性的判断。尽管判断的结果是用来满足任务要求的，但是在没有具体任务时，这些判断活动照样在进行着。

基本判断的内容很多，但并不是每个可能的属性都需要判断。例如，我们可以简单看看图 7。

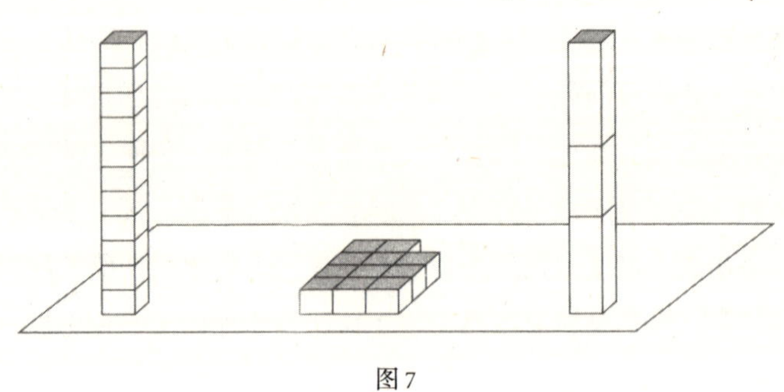

图 7

一眼看去，你便会对该图的很多特征有个初步印象。你知道左右两个长方体一样高，也很相似。然而，左边那个长方体的方块数和铺在平面上的方块数是不是一样，这可不是瞥一眼就能明了的事，而且你也想不出这堆方块能摞成多高的长方体。为了证实左面长方体的方块数目和中间的方块数目相同，你需要数一下这两堆方块，对比一下结果，这个活动只有系统 2 能完成。

布景与道具

还有一个例子，请看这个问题：图 8 各条线的平均长度是多少？

图 8

这个问题很简单，系统 1 无须任何提示就能回答。实验显示，人们在不到一秒的时间里完全可以精确地记下很多线段的平均长度。此外，观察者的认知系统即使正忙于记忆，判断的精确度也不会受到影响。认知系统未必知道如何用英寸或厘米为单位来描述平均值，但是如果让其判断另外一条线是否符合平均值，它们的判断也是非常精确的。对于一组线的长度标准生成一个印象无须系统 2 的参与，系统 1 会自主且毫不费力地完成这一任务，就像它记一组线的颜色和它们之间不相平行的事实一样轻松。我们也可以立刻对众多物品的数量生成一个印象，如果其数量只有 4 个或少于 4 个的话，印象会很精确；如果更多的话，就会变得模糊。

现在我们来讨论另外一个问题：图 8 所有线的总长度是多少？这是一种全新体验，因为系统 1 无法为回答这个问题提供建议。为此题作答的唯一办法就是启动系统 2，系统 2 会尽力估计平均值，评估或数出有几条线，用平均长度去乘条数得出结果。

仅凭一瞥系统 1 计算出一组线的总长度，其结果多半不对，这一点你很清楚。你认为自己绝不会这样做。事实上，这是该系统一个重要的局限性。因为系统 1 通过原型或一组典型事例来代表不同事物分类，它能解决好平均问题，但对总量问题会束手无策。一个类别的规模及其所包含的实例数量，在我们判断总额变量时常常被忽略掉。

在我们进行的众多实验中，有一项是根据那次损失惨重的埃克森·瓦尔迪兹号油轮漏油事件的诉讼而设计的，我们询问受试者是否愿意掏钱买网来覆盖油池，因为这些油池常淹死迁徙的鸟类。受试者组成的不同小组分别表明了各组的意愿，他们愿意掏钱来拯救鸟的数量分别为 2 000 只、2 万只和 20 万只。如果拯救鸟类是个经济善举的话，其价值大小就要看总数这一变量了，即拯救 20 万只鸟应该比拯救 2 000 只鸟更有价值。事实上，3 个组的平均捐款分别是 80 美元、78 美元和 88 美元，与鸟的数量没有什么关系。3 组受试者做出反应的对象为原型——一只无助的小鸟被淹死的可怕画面，鸟的羽毛浸泡在黏稠的原油中。实验人员屡次发现，在这样的情形下，受试者几乎完全忽略了数量的概念。

强度等级匹配

诸如你的幸福感、总统受欢迎的程度、金融骗子的合理惩罚和政治家的未来前景等问题有一个共同的重要特点：这些问题都涉及隐含的强度或数量概念，因而我们也就可以使用“更”这个词对其进行描述：更幸福、更受欢迎、更严厉或（对政治家来说）更有力度。例如，一个候选人的政治前景可能是“她在首轮竞选就会出局”这样的背运，也可能是“她有朝一日会成为美国总统”，身居高位。

接下来我们会了解到系统1的又一新能力。强度的等级在不同领域中都有“匹配”描述。如果罪行是颜色，杀人就应该是深红，颜色比偷窃更深。如果犯罪用音乐来表达，大屠杀就应该用强音，而停车不付钱则应该用弱音。当然，你对惩罚的强度也有类似的感觉。在传统的实验中，有些人用声音的大小来表达犯罪的严重性；其他人用声音大小来表达法律惩罚的严重性。如果你听到了两个声音，一个是表达犯罪的，一个是表达惩罚的，如果一个声音比另一个声音更响，你会有不公平之感。

请思考这个例子（后文还会提到这个例子）：

朱莉4岁时就能阅读。

现在请将朱莉这个孩子的阅读能力与下面的强度等级进行匹配：

若某人的身高和朱莉的早慧程度一样，那他有多高？

你觉得6英尺[1]怎么样？显然太少了。那7英尺呢？也许又太多了。你希望找到一个高度能匹配4岁孩子极强的能力。虽然很强，但并不超群。15个月大就能阅读才是超群的能力，这就跟一个人身高7.8英尺一样。

你的工作收入多高才能与朱莉的阅读能力相匹配呢？

什么罪行的严重程度可以与朱莉的早慧程度相匹配呢？

常春藤大学的毕业学分积点多高才能与朱莉的阅读水平相匹配呢？

1. 1英尺=0.3048米。——译者注

上述问题并不是很难回答，对吧？此外，可以肯定的是，与你同处一个文化领域的人做出的匹配与你的回答会很相近。我们发现，人们根据朱莉的阅读年龄这一信息预估她的学分积点时，他们通过一种范畴向另一范畴的转换来回答这个问题，并且选出了相应的学分积点值。我们也明白为什么这种利用匹配进行预测的模式从统计学角度来看是错误的，尽管对于系统 1 来说这很正常，但对于统计学家以外的大多数人来说，系统 2 也可以接受这种做法。

思维的发散性

系统 1 任何时候都可以同时进行多种估算，其中有些估算是持续不间断的常规评估。只要眼睛是睁开的，你的大脑就会对视觉范围内呈现出的立体事物进行评估，这种评估是对这些物体的形状、空间位置和特性等因素的全方位评价。这一评估活动的运行或对违背期望的事物进行持续监督的行为都是无意识的。与这些常规评估不同，其他评估行为只有在需要时才会进行：你不会持续评估自己有多高兴或多富裕，即使热衷于政治，你也不会一直不间断地评估总统的执政前景。偶尔的判断是主观自愿的，这种判断才是有意识的。

你不会不由自主地数出每个读到的词的音节数，但只要你选择这样做，就能数对。不过，想要使刻意计算的结果很精确并非易事：我们计算的结果往往比自己想要的或需要的更多。这种过量计算的过程就体现了“思维的发散性”。如同想用散弹猎枪瞄准一个点是不可能的一样（它射出的子弹是分散的），想要让系统 1 完全执行系统 2 的命令且不做多余的工作也很难，这一点与散弹枪很相似。我很久以前从书上看到的两个实验就表明了这一点。

其中一个实验让受试者听几对儿词，若他们听出这些词是押韵的，要马上按下一个键。下面两组词都是押韵的：

VOTE–NOTE

VOTE–GOAT

在你看来，区别很明显，因为你看到了这两组词，而受试者只能听到单词。“VOTE”和“GOAT”押韵，但它们的拼写不同，虽然受试者听到了这两个词，但他们也会受到拼写的影响。如果两个词的拼写不同，受试者听出它们是押韵的速度就会慢些。尽管要求是比较声音，但受试者同时也对两者的拼写进行了比较，而且与声音无关的不匹配因素妨碍他们迅速做出判断。刻意回答一个问题却引起了另一个问题，这一行为不仅没必要，而且对主要任务的完成也很不利。

在另一项实验中，受试者听了几个句子，如果句子是真实的，就要马上按下一个键，如果是假的，就按下另一个键。对以下这些句子的正确回应是什么呢？

有些路是蛇形的。

有些工作是蛇。

有些工作像监狱。

这三个句子从表述上来看都是错的。不过，你很可能已经注意到了第二个句子比另两个句子错得更明显，实验也证实了这一本质性不同。之所以存在这种不同，是因为第一句、第三句两个难句从比喻角度看是正确的。这次又是要进行一个预估活动却引起了另一个预估行为，而且，正确答案在冲突中更明显，但这个与回答并不相关的冲突却影响了系统的正常运行。在下一章中我们会发现，思维的发散性和强度匹配结合起来，就可以解释为什么我们对很多自己不很了解的事情能够做出直觉性判断。

示例——判断问题

评价一个人是否有吸引力是一种基本判断，不管你是否想这样做，这种评价都是不由自主进行的，也会对你产生影响。

我们的大脑中有一些线路，这些线路可以从脸型来推断一个人统领大局的能力，即他看上去有些领导气质。

如果强度与罪行不匹配，惩罚则不可能公正。就像你可以用光的亮度来与音量的大小匹配一样。

关于思维的发散性，有这样一个明确的例子：当他被问及是否认为这家公司财力雄厚时，他想到的却是该公司令其钟情的产品。

第9章

找一个相对简单的问题作答

关于你的思维活动，有一点值得注意，即你很少被问题难倒。的确是这样，偶尔你会碰到这样的问题：17×24=？你无法立即想到这个问题的答案，但这种让人目瞪口呆的时刻毕竟是少数。当大脑处于正常的状态时，你几乎对眼前出现的所有事物都会有直觉和想法。对一个人不是特别了解时，你就知道自己是不是喜欢他；你也不知道自己为什么会相信或者不相信一个陌生人；你没有做过调查分析，却能感觉到一家企业一定会成功。有时，对于一些无法完全弄懂的问题，你也总能给出答案，而回答的依据是什么，连你自己都说不清道不明。

找个可替代的问题

我简单描述了如何从复杂的事情中提取直觉性的观点。对于有难度的问题，我们总是很难快速找到令人满意的答案，此时系统 1 就会找到一个相关问题来回答，这个问题比原来的问题更易作答。我把这种回答一个问题而绕开另一个问题的做法叫“替代”。我还将采用以下术语：

“目标问题”就是你想要做出的评估。

“启发式问题”就是你绕开原来的问题去回答的那个更简单的问题。

“启发”这一术语是指协助寻找各种难题的恰当答案的简单过程，虽然找到的答案常常并不完美。这个词和希腊语 eureka（意为“找到了”）是同根词。

我和阿莫斯在共同工作的早期就想到了替代这一概念，它也是启发法和偏见研究法的核心内容。我们自问：人们在对可能性没有任何了解的情况下，是如何成功做出可能性判断的呢？我们得出的结论是，人们一定不知道通过什么方式将不可能完成的任务简单化了，由此，我们开始研究他们是如何做到这一点的。我们的答案是，当人们按照要求对可能性做出判断时，他们实际上是对其他的事情做了判断，并且认为自己已经完成了判断可能性的任务。在遇到很难的“目标问题”时，如果脑海中马上出现一些与之相关联且容易回答的“启发性问题”的答案，系统 1 通常会采取这种“替代”的做法，采用替代问题的答案。

用一个问题替代原来的问题是一个解决难题的好策略，乔治·波伊亚在他的经典著作《怎样解题》中提到了替代问题："如果你无法解决某个问题，就去解决另外一个简单点儿的问题好了——去找这个简单的问题吧。"波伊亚的启发法是系统2有意实施战略性决策的过程。不过，我在本章讨论的启发法案例并不是精心挑选的，而是思维发散性造成的结果，是我们锁定问题答案控制能力不强的结果。

请看表1的"目标问题"。它们都很难，在给出合理的答案之前，你肯定会先处理些其他难题。幸福的含义是什么？未来6个月会有哪些可能的政治动向？其他金融犯罪的标准量刑是什么？候选人的竞争有多激烈？还有哪些环境因素或者其他原因需要考虑？想要真正解决这些问题根本不可能。但是你不要受制于完全理性的答案，经过认真推理之后，可以找到启发性的替代答案，尽管这种方法有时很好用，有时却会导致严重的错误。

表1

目标问题	启发式问题
你愿意为拯救濒危物种捐多少钱？	当想到垂死的海豚时，我的情绪波动有多大？
这些天你对生活满意吗？	我现在的心情如何？
今后6个月里总统受欢迎的程度如何？	总统现在有多受欢迎？
欺骗老人的理财顾问应受到何种惩罚？	想到金融骗子，我会有多生气？
这位竞选总统的女士能在政治道路上走多远？	这位女士看上去像是个政治赢家吗？

思维的发散性可以使懒惰的系统 2 摆脱很多繁重的工作，快速找到难题的答案。“启发式问题”相对于“目标问题”更容易让人产生联想并做出回答。你对海豚和金融骗子的感觉，你现在的心情，你对自己看好的竞选人政治能力的印象，或者总统现在的立场等，都会立即呈现在你的脑海中。启发式问题给每个有难度的目标问题都准备了一个现成的答案。

上述说法存在一定的不足：没有指出答案应该与原始问题存在关联。例如，我对垂死海豚的感觉一定要用钱来表示，这一点让人费解。而系统 1 的另一项能力，即强度匹配，可以解决这个问题。情感和捐款都是按强度分级的。我对海豚的感情可能很强烈，也可能很淡薄，而我捐款的数目会与我对海豚的感情强度相匹配，我脑海中出现的钱数就是匹配量。相似的强度匹配可能适用于所有的问题。例如，不同竞选者的政治表现可以从很糟糕到非常出众。同样，衡量政治成功的等级也包括“她在首次竞选就会出局”的最差表现和“她将来会成为美国总统”的最佳表现。

思维发散性的自主过程和强度匹配可以使能映射到目标问题的简单问题有一个或多个答案。在有些情况下会有替代答案，系统 2 会认可这一启发式答案。当然，系统 2 也可以拒绝这个直觉性答案，或者通过整合其他信息来改变它。但是，懒惰的系统 2 往往会遵循最省力法则，不经检验就认可某个启发式答案。你不会被难倒，也不必非常努力，甚至都没有注意到自己其实答非所问。此外，你也许都注意不到目标问题很难，因为你的头脑中会很迅速地闪出一个直觉性答案。

立体启发法

请看图 9 并回答下面的问题。

如图 9 所示，右侧的人是否比左侧的人高大?

图 9

我们很快就想到了那个最明显的答案：右侧的人更高大。但如果你用尺子量一下，你会发现实际上他们身高一样。你对他们相对身高的印象受到强大错觉的控制，这种错觉也正是替代过程的最佳解释。

图中人物经过的走廊被画成了透视图，显得平面越来越深。你的感知系统自动地将这幅图视为立体的，而不是印在平面上的。在立体透视图中，右侧的人比左侧的人离我们更远，显得更高大。

大多数人都会对立体图感觉很强烈。只有视觉艺术家和有经验的摄影师才具备将这幅图看成平面图的能力。对于我们这些人来说，此时就会有替代产生：对立体图像大小的印象左右了我们对平面图大小的判断。错觉的产生是由立体图的启发导致的。

此时出现的是一个真正的错觉，不是对问题的误解。你知道是图片中 3 个人的体形造成了我们的错觉，因为它们是印在纸上的。如果有人让你估计这几个人的体形，我们通过实验就会知道你的答案会是用英寸来表达的，而不是英尺。你对问题没有疑问，但你会受到那个并没有被问到的问题的影响，比如："这 3 个人有多高？"

上例中启发法的那个重要环节——立体大小替代平面大小——是自主发生的。图片中包含着一些暗示，这些暗示会让图片产生立体感。尽管这些暗示和要完成的任务——判断纸上人物的身高——并无关联，你本该忽略这些因素，然而你做不到。启发法的偏见是图中看上去更远的物体看上去更大。正如上例所示，基于替代的判断必然会如预想的那样有失偏颇。在这个例子中，基于替代的判断在感知系统中运作得比较隐蔽，根本就是不由自主发生的。

一些德国学生做过的一项调查堪称替代研究的最佳案例之一。这些年轻人完成的调查包括下面两个问题：

你最近觉得幸福吗？

你上个月有多少次约会？

实验人员对这两个问题的答案的关联度很感兴趣。那些回答自己有很多次约会的学生会比那些约会次数少的人更幸福吗？令人吃惊的是，答案是否定的，两个答案的关联度几乎为零。显然，学生在评价自己的幸福感时，首先想到的并不是约会。另一组学生也看到了这两个问题，但次序正好相反：

你上个月有多少次约会？

你最近觉得幸福吗？

这一次的结果完全不同。在这种顺序下，约会次数和幸福感之间的相关度能达到心理测试的最高水平。其间发生了什么？

原因很明确，这就是替代作用的典型案例。约会显然不是这些学生生活的重心（在第一次调查中，幸福和约会并不相关），但当实验者要求他们回想自己的浪漫生活时，他们确实有情感上的回应。有多次约会的学生想起了自己生活中快乐的事，而那些没有约会的学生想起的都是孤独和被拒绝的情节。因此看到第二个问题时，由（第一个）约会问题引起的那些情感就在大家的脑子里徘徊，影响他们对这个问题的回答。

上例体现的心理活动和图 9 中的体形错觉带给人的心理体验很相似。评价“最近的幸福感”这种任务并不常见，也不简单，需要仔细思考之后才能给出恰如其分的回答。但是，提到约会情况，这些学生就无须努力思考了，因为他们脑海中早已有了相关问题的答案。这个相关问题就是：他们对自己的恋爱生活满意程度如何。他们将被问及的问题替换成了另一个自己心中已经有了答案的问题。

在这个实验中，我们同样可以采用与错觉研究相同的做法，可以问一问：这些学生感到困惑了吗？他们是否真的认为这两个问题——他们被问及的问题和他们回答的那个问题——是相同的？当然不是。学生不会一下子把浪漫时光和生活混为一谈，如果让他们说说对这两个词的理解，他们肯定会说浪漫时光和生活不是一回事，但其实他们需要回答的问题并不是两个概念是否相同，他们的问题是最近是否感到幸福，于是系统 1 就用已有的答案来作答了。

约会的案例并非特例，如果这些参与实验的学生先看到的问题是与父母或金钱的关系，而后马上看到那个关于幸福的问题，也会发生同样的情形。在两种情况下，满足感在特殊情况下影响了关于幸福感的表达。任何影响人心情的重要情感问题都会产生同样的效果。眼见即为事实。当人们评估自己的幸福感时，他们思维状态的作用就显得非常突出。

情感启发式：因为喜欢，所以认同

一旦加入情感因素，结论对论证的主导作用就会最大限度地凸显出来。心理学家保罗·斯洛维奇提出了“情感启发式”的概念，认为人们的好恶决定了他们的世界观。你的政治倾向决定了你对各类论证的看法，即它们是令人信服的还是难以服众的。如果你对当前的医疗政策还满意，就会相信该政策能给自己带来很多好处，而且你相信在这个政策下，花同样的钱能做更多的事。你如果对其他国家采取鹰的态度，就很可能会觉得其他国家相对弱小，更有可能对自己的国家俯首帖耳。你的态度如果像只鸽子，就会觉得它们更强，不会轻易受到牵制。你对辐照食品、瘦肉、核能、文身或摩托车等事物的态度会左右你对这些事物的感受，它们是惠及生活还是充满风险。如果你对这些事物通通都不喜欢，很可能会觉得它们对你而言利少弊多，根本不会给你的生活带来什么好处。

结论的至高无上并不意味着你的思维完全停止运转了，也不意味着你可以完全忽略信息和合理解释，从而得出自己的结论。在了解到自己并不喜欢的一项活动的风险其实远比自己想象的小时，你的看法乃至情绪就会发生变化（至少会有那么一点儿变化）。然而，这种较低风险的信息同样也会改变你对该活动益处的看法（你认为益处会更大），尽管你接收到的信息中没有任何与益处相关的信息。

在此我们又看到了系统 2 的另一个“特性”。到目前为止，我似乎已经将其描述成一个给系统 1 留有足够余地的默许监视器。我描述的系统 2 还具有主动搜寻记忆的功能、复杂计算功能、比较功能、规划功能和决策功能。在球拍和球的问题中以及许多其他的两个系统相互作用的例子中，系统 2 似乎总是处于最高决策地位，并有能力抵制系统 1 的建议，它能使事情变缓，让我们开始进行逻辑分析。自我批评是系统 2 的功能之一。但在态度方面，系统 2 更像是系统 1 各种情感的赞许者而非批评者，也可以说是各种情感的转让者而非实施者。它搜寻的信息和论据多半局限于与已有看法一致的信息，并不着意对其进行调查审核。积极且追求连贯的系统 1 为要求不高的系统 2 提供了各种解决方案。

示例——替代和启发法

还记得我们绞尽脑汁去回答的那个问题吗？我们是不是把它换成了一个简单点儿的问题呢？

别人问我们的问题是这位候选人是否会成功，但我们要回答的问题似乎是她是否能成功应对采访。咱们还是别顾左右而言他了。

他喜欢这个项目，因此他认为该项目投入少、回报高。这是情感启发式的一个典型案例。

我们将去年的表现作为依据来预测公司未来几年的表现。这个依据能作为有效参照吗？我们还需要其他什么信息才能做出正确预测？

下面列出了系统 1 的特点和活动。每个主动句都代替了一个陈述句，虽然表述更精确了，却更难理解了，因此大脑便开始自主且快速地运行。我希望这个对大脑特性的描述能帮你形成一种对虚拟的系统 1 各种“特性”的直觉认识。与身边的很多人一样，你对系统 1 在不同情况下如何运作会有直觉的认识，而且其中大多数直觉都是正确的。

系统 1 的特点

- 生成印象、感觉和倾向；当系统 2 支持这些行为时，它们就会成为信仰、态度和意图。
- 自主且快速运行，只需付出较少努力，甚至不用付出努力，没有自主控制的感觉。
- 当发现（搜寻）特殊形式时，能接受系统 2 的操控来调动注意力。
- 在接受了一定的训练后，能够做出熟练的回应，产生直觉。

- 为联想记忆激发出来的各种想法创造连贯形式。
- 将认知放松感和真理错觉、愉快的感觉以及放松的警惕感联系起来。
- 区分常态中令人惊奇之事。
- 推断原因和意图。
- 忽略歧义，按捺住心中的疑问。
- 夸大情感的一致性（光环效应）。
- 将注意力集中在当前的证据上，忽略不存在的证据（眼见即为事实）。
- 做一些基本估测。
- 通过常态和原型来表现集合，但不要将两者看成一个整体。
- 通过测量确定不同程度对应的匹配物（比如音量的大小）。
- 真正去计算，而不是空想（思维的发散性）。
- 有时用简单点儿的问题替代难题（启发法）。
- 对变化的感知比对形态的感知更敏锐（前景理论）。*
- 对可能性做出过高估计。*
- 对数量越来越不敏感（心理物理学）。*
- 对损失的反应比获得更强烈（损失厌恶）。*
- 严密设计决策问题，分别进行讨论。*

*带*的内容本书第四部分将做详细介绍。

第二部分

试探法与偏差

第 10 章

小数定律

一项研究对美国 3 141 个县的肾癌发病率进行了调查，调查显示该病的分布模式很值得注意。发病率最低的县差不多都位于中西部、南部和西部人口稀少的乡村，这些区域按照惯例由共和党管辖。对此，你有何看法？

刚刚过去的几秒钟，你的大脑处于非常活跃的状态，这主要是因为系统 2 在运行。你谨慎地在记忆中搜寻着并做出假设。在这个过程中你也付出了一定的努力，你的瞳孔会扩张，心跳会适度加快。系统 1 也没有闲着，因为系统 2 的运行需要从联想记忆中获取事实和建议。你很可能会否认共和党的政策提供了肾癌防控方法这个想法，却会关注肾癌发病率低的县大多是乡村这个事实。这个例子是我从机智的统计学家霍华德·维纳和哈里斯·泽维林那儿得到的，他们对这一案例的评论是："人们很容易做出推断，认为肾癌发病率低主要是由于乡村的生活方式很健康——没有空气污染和水污染，食品没有添加剂，保证新鲜。"这一点完全说得通。

现在，考虑一下肾癌发病率最高的县的情况吧。假设这些易发病的县差不多都位于中西部、南部和西部人口稀少的乡村，这些区域按照惯例由共和党管辖。霍华德·维纳和哈里斯·泽维林半开玩笑地评论道："人们可以很容易做出推断，导致肾癌发病率高的直接原因是乡村生活的贫困——医疗条件差、高脂肪饮食、酗酒、嗜烟等。"当然这种说法肯定有问题，因为乡村生活方式不可能既是肾癌发病率高的原因又是其发病率低的原因。

问题的关键并不在于这些县处在乡村地区或是由共和党掌管，而在于乡村地区人口少。我们通过这个例子学到的不是流行病学知识，而是我们的大脑和统计数据之间的复杂关系。系统 1 非常擅长一种思维模式——自动且毫不费力地识别事物之间的因果联系，即使有时这种关系根本就不存在，它也会这样认定。当听到肾癌高发地区的情况时，你立刻会想当然地认为这些县与其他县不同是有原因的，一定有个理由可以解释这种不同。然而，正如我们所见，当系统 1 面对"纯统计学"的数据时是束手无策的，因为这些数据虽然可以改变结果出现的概率，却不能直接导致结果的发生。

根据定义，一个随机事件是不需要解释的，但一连串的随机事件就有规律可循。想象有一个装有大理石弹球的瓮，其中有一半的弹球是红色的，另一半弹球是白色的。然后，想象有一个非常有耐心的人（或一个机器人）随意从瓮中取出 4 个大理石球，记录其中的红球数，再把球放回去，重复这样的做法数次。总结记录结果时，你会发现“2 红 2 白”的结果出现的次数（几乎刚好）是“4 个全红”或“4 个全白”这种结果的 6 倍。这一倍数关系是个数学事实。你可以对这种从瓮中反复抽样的结果做出自信的预测，就像你能预测到用锤子砸鸡蛋的结果一样。尽管你无法预见蛋壳破碎的具体细节，但大概结果还是很确定的。两件事的不同之处在于：你想到锤子砸鸡蛋时感受到的那种明确的因果联系，在瓮中取样的设想中是找不到的。

相关的统计学事实与癌症那个例子也有联系。两个耐心的计数者轮流从瓮中取大理石球，杰克每次拿出 4 个球，吉尔拿出 7 个。他们都记录了每次拿到相同颜色弹球的次数——要么全白，要么全红。如果他们取球的做法持续的时间足够长，杰克拿到同颜色大理石的次数会是吉尔的 8 倍（两人的预期概率分别为 12.5% 和 1.56%）。这个结果与锤子无关，也与因果联系无关，这仅仅是一个数学上的事实：一次拿 4 个弹球与一次拿 7 个相比，出现极端结果的概率更大。

现在，将美国人口想象成一个巨大的瓮中的弹球。有些球上标有 KC（即 Kidney Cancer 的简称）字样，表示肾癌。你抽取弹球样本，并依次按照所在县摆放，你会发现乡村地区的样本要比其他地区的少。如同杰克和吉尔所做的那个游戏一样，极端的结果（非常高或非常低的癌症发病率）容易出现在人口稀少的县，这个故事告诉我们的就是这些。

我们从一个令人费解的事实说起：肾癌的发病率在各县有所

不同，且是有规律的，我用统计学理论对此做了解释：相比于大样本，极端的结果（高发病率和低发病率）更容易出现在小样本中。这样的解释不存在因果联系。某县人口稀少既不会引发癌症，也不能避免癌症，只会使癌症的发病率比人口稠密地方的发病率更高（或更低）。这就是真相，没什么可解释的。在某个人口稀少的县，癌症发病率并非真的比正常情况更低或更高，只是这个县正好在某个特殊的年份赶上了抽样调查。如果我们在第二年重复这样的分析，也能预测到在小样本中出现极端结果的一般模式，但在前一年癌症发病率高的县，这一年发病率并不一定高。如果是这样的话，则人口稠密或稀少的因素就无法对发病率做出解释了：这些表面因素就是科学家眼中所谓的假象，即观察结果完全依赖于调查方法的某一方面，在这个案例中，则依赖于样本大小。

我刚才说的例子也许会令你惊讶，但这并不是真相初次大白于天下。你早就知道应该更相信大样本，并且即使是对统计学一无所知的人也听说过大数法则。但是“知道”并非是非抉择问题，你可能会发现下列陈述放在自己身上很合适：

- 当阅读这个关于流行病学的例子时，你并没有立刻注意到“人口稀少”这一特点与此次调查有何关联。
- 对于采用 4 个样本还是 7 个样本所产生的不同结果，你至少会感到有一点儿惊讶。
- 即使是现在，想要确定下面两个陈述句所说的完全是一回事，你也要费些脑力：

  （1）大样本比小样本更精确。

  （2）小样本比大样本产生极端结果的概率大。

第一个表述清晰地陈述了一个事实，但直到感受到第二个表述传达给你的意思，你才意识到自己并没有真正理解第一个表述的意思。

上述内容概括起来就是：没错，你知道大样本的结果更精确，但你现在可能才意识到你并不清楚为什么它们更精确。不仅是你一人如此，阿莫斯与我在一起进行的第一个研究表明，即使是经验丰富的研究人员对样本效应也缺乏直觉，要么就是理解不到位。

小数定律

没有接受过统计学方面训练的人是出色的“直觉性统计学家”。我与阿莫斯在20世纪70年代早期的合作便始于对这个观点的讨论。他对我（在大学）的研究班及我本人讲过，密歇根大学的一些研究人员对直觉性统计抱有乐观态度。我个人对那个观点有种强烈的感觉：那段时间我发现自己并不是一个出色的直觉性统计学家，但是我也不相信别人会比我好多少。

对于一个研究型心理学家来说，样本变差没有什么特别的。它是个烦人且损失又大的麻烦事，会把每项实验都变成一场赌博。试想你希望证明6岁女孩的平均词汇量比同龄男孩的词汇量更丰富的假设。这个假设从整体来说是成立的，女孩的平均词汇量确实要比男孩的丰富一些。然而，尽管男孩与女孩差别很大，但你很可能会抽取到男女相差不太明显的样本，甚至会抽到一个男孩比女孩词汇测试成绩还要好的样本。如果你是那个研究者，这个结果对于你来说代价就太高了，因为它浪费了你的时间和精力，却无法证实一个实际正确的假设。使用一个足够大的样本是降低这种风险的唯一方法。选择小样本的研究者只能看自己是不是能选对合适的样本了。

想要对样本错误的风险做出评估，只需要通过一个相当简单的步骤就可以实现。然而按照惯例来看，心理学家并不是通过计算来选定样本大小的。他们听从自己的判断，但这些判断往往是错的。在与阿莫斯发生意见分歧之前，我读过一篇文章，文章通过生动的观察结果展示了研究人员所犯的错误（他们现在仍在犯这种错误）。该文作者指出，心理学家选择的样本通常都很小，致使他们有 50% 的风险不能证实其正确的假设，而任何研究人员都不会在头脑清醒的情况下接受这种风险。对此有一个貌似正确的解释，即心理学家对于样本大小的决定反映了他们普遍存在的一个直觉性错误观念，即对于样本偏差范围的错误看法。

这篇文章令我十分震惊，因为我在自己的研究中碰到了一些问题，却在这篇文章中找到了相关解释。与大多数研究型心理学家一样，我也墨守成规地选择了一些过小的样本，因此得到的实验结果毫无意义。现在，我知道了原因：那些奇怪的结果实际上就是我这种研究方法的典型产物。我的错误特别令人尴尬，因为我教过统计学，也知道该怎样计算样本的大小，以便将风险降至可以接受的程度。但是，我从未通过计算来确定样本大小。和我的同事一样，我被传统禁锢，相信自己设计实验的直觉，也从未认真考虑过样本选择会带来的那些风险。阿莫斯来参加研讨会时，我已经意识到自己的直觉是错误的。在研讨会中，我们很快达成共识——密歇根的那些乐观派是错误的。

我与阿莫斯开始调查一个问题：只有我自己这么愚蠢还是我只是众多愚蠢的人之一。我们通过一项测试来证实这个问题，测试对象为一些数学家，想看看这些人是否也会犯类似的错误。我们设计了一份调查问卷，其中描述了真实的研究情境，包括一些成功实验的复制。问卷要求研究人员选择样本大小，对其决定可能带来的失败风险进行评估，并为那些正在设计自己实验的研究生提供建议。在“数学心理学协会”的一次会议上，阿莫斯搜集了一组资深受试者（包括两本经济学著作的作者）的反应。结果很明显：我并不是唯一一个愚蠢的人。大多数受试者都会犯和我一样的错误。显然，即使是专家，在选择样本大小时也无法充分集中注意力。

我和阿莫斯将我们合写的第一篇文章命名为“对小数定律的盲信”。我们半开玩笑地解释道，“对于随意取样的直觉似乎符合小数定律，由此可以断言，大数法则对于小数定律同样适用”。在文章中，我们还收录了一个措辞有力的建议，即研究人员认为他们“对于统计直觉应抱有一些怀疑，只要条件允许，都应采用计算方法来确定样本规模，而不是依靠直觉印象做决定”。

信任多于质疑的普遍性偏见

在一次面向300名老年人的电话民意调查中，有60%的人支持总统。

如果你只能用三个词来总结这句话，该怎么说呢？几乎可以肯定的是，你会说“老年人 / 支持 / 总统”。这些词概括了这句话的要点。这次民意调查被省略掉的细节——媒介为电话，样本为300人——本身意义不大，它们提供的背景信息并不怎么引人注意。即使样本数量变了，你的结论也不会发生变化。当然，一个完全荒谬的数字倒可能会引起你的注意。（例如一项对 6 名或 6 亿名老年选民的电话民意调查……）除非你是专业人员，否则不管样本是 150 还是 3 000，你都不会有什么不同的反应。这就是“人们对样本大小没有足够的敏感性”这一表述的意义。

这项民意调查包含了两方面的信息：新闻本身和新闻的来源。当然，你更多关注新闻本身，而不是其结果的可信度。但当可信度明显很低时，新闻所包含的信息也就不足为信了。如果得知“某党派小组操纵一项错误且带有偏见的民意调查，使结果显示老年人支持总统……”你当然会排斥这项调查的结果，不会相信这条新闻，这项由某党派进行的民意调查及其错误的结果不但没有令你信服，反而会成为另一条关于政治骗局的新闻。在这样清晰的案例中，你可以选择不相信其中的信息。但是你能把“我在《纽约时报》读到……”和“我在办公室闲聊中听到……”这两种说法完全区分开来吗？你的系统 1 能够区分出信息的可信度吗？眼见即为事实的原则表明：不能。

如前所述，系统 1 并不善于质疑。它抑制了不明确的信息，不由自主地将信息处理得尽可能连贯。除非该信息被立刻否定，不然，它引发的联想就会扩散开，仿佛这条信息就是千真万确的。系统 2 能够质疑，因为它可以同时包含不相容的多种可能性。然而，保持这种质疑会比不知不觉相信其真实性更困难。小数定律是普遍性偏见的一种表现，即对事物的信任多于质疑。类似这样的偏见在下面的章节中还会出现。

相信小样本能反映调查对象的整体情况，这一强烈偏见也是一个较大问题的一部分。这个问题就是，我们常夸大所见事物的相容性和连贯性。许多研究人员过于相信通过有限的几次观察得出的结果，这一现象与光环效应紧密相连。我们常常会觉得自己对某个人很熟悉也很了解，但事实上，我们对他却知之甚少。系统 1 在了解事实之前就根据零散的证据拼凑了一个饱满的形象。如果相信小数定律，急于下结论的机制就会运作起来。在通常情况下，它会建构一个言之成理的说法使你相信自己的直觉判断。

原因与机会

联想机制会搜寻原因。在统计规则方面，我们面对的困难是，这些规则要求使用不同的方法处理问题。依据统计学观点，我们不应关注当前事件的成因，而应当关注其未来走向。这件事的发生并没有什么特殊原因，一切只是机缘而已。

因为偏好进行因果思考，我们在估测真实的随机事件的随机性时就会犯严重的错误。以在某家医院依次出生的 4 个婴儿的性别为例，男女出生次序明显是随机的。每个婴儿的出生是各自独立的。在前几个小时内出生的男婴女婴数量并不会影响到下一个出生婴儿的性别。现在，请考虑一下可能的序列：

男男男女女女

男男男男男男

男女男男女男

出现这些序列的可能性是一样的吗？人们的第一反应都是“肯定不一样啊”。但是，这样的反应是错误的。因为每个婴儿的出生都是独立的事，并且生男生女的概率也几乎相等，6 个婴儿任何一种可能的性别顺序都与别的顺序概率相等。即使是现在，你也认为这个结论是正确的，但它实际上是反直觉的，因为只有第三种顺序是随机的。如我们所料，“男女男男女男”比其他两种顺序更有可能发生。我们追求模式，相信所处的是一个各方面都相互联系的世界。在这个世界里，规律（例如6个女婴的顺序）并不只是偶然发生的，它还是机械的因果联系或是人的意志的结果。我们并不期待在一个随机的过程中找到规律。但当探寻到一个可能的规则时，我们就会抛开这个过程是真正随机的想法。随机过程会产生许多序列，以使人们相信这个过程完全是不随机的。如此你就可以看出来，为什么假设的因果关系有进步发展的优势。它是我们从先辈那里继承的一般警觉性的一部分。我们会习惯性地搜寻环境变化的可能性。狮子可能随时都会出现在平原上，但注意到狮子出现频率的明显增长并采取行动则会安全许多，即使这种增长只是源于随机过程的波动。

对于随机性的广泛误解有时会带来重大影响。在我和阿莫斯合作的一篇有代表性文章中，我们引用了统计学家威廉·费勒的阐述，他说，人们很容易在根本没有模式的情况下创建模式。二战期间，火箭弹在伦敦密集地轰炸。人们普遍相信爆炸不可能是随机的，因为地图显示，爆炸点在各地的分布有明显区别。一些人猜测没有被炸的地点住有德国间谍。一份严谨的统计分析显示，爆炸点的分布是随机程序的一个典型代表，同样也是令人产生它并不是随机的这一强烈印象的典型代表。费勒评论道：“在没受过专业训练的人看来，这一连串轰炸行动就好像具有某种规律或趋势了。”

很快，我得到一次机会可以把我从费勒那儿学到的知识派上用场。在 1973 年爆发的赎罪日战争中，我做出的唯一一项重大贡献就是建议以色列空军的高级官员停止一项调查。一开始，由于埃及地对空导弹表现出色，空战对于以色列来说很不利。以色列方面人员伤亡惨重，其人员分布也不均衡。有人告诉我，有两支来自同一基地的空军中队，其中一支被击落了两架飞机，而另一支一架都没有被击落。为了弄明白那支不幸的空军中队到底做错了什么，相关人员对此展开了调查。我们没有理由认为其中一支空军中队比另一支更有效率，也并未发现他们在操作上有何不同。当然，飞行员的生活在很多方面会有所不同，据我回忆，其差异包括他们在任务之间回家的次数以及报告任务的执行情况等。我当时给出的建议是，司令部应该明白之所以出现不同结果只是因为他们运气不同，应该停止对飞行员的调查。我推断这次事件很可能是由于运气不佳，对不明显的原因进行随机调查必定是劳而无功的。与此同时，空军中队不断有人员损失，没有必要再给他们增加额外的负担，让他们觉得那些去世的伙伴做错了什么。

几年以后，阿莫斯和他的同学汤姆·季洛维奇、罗伯特·瓦隆对篮球随机性的错误直觉所做的研究引起了轰动。运动员有时投篮顺手的“事实”普遍被运动员、教练和球迷们接受。这样的推断是顺理成章的，如果一个运动员连续进了三四个球，你就会不由自主做出判断：这个运动员正处于“投篮顺手”的状态，得分率暂时增加。两队队员都持这种判断——队员也更爱将球传给打得顺手的人，对方球队则会用两位防守球员防卫这位进攻球员。然而，对上千个投篮动作的分析结果却令人十分失望：在职业篮球比赛中，球无论是从球场上被投出还是从罚球线被投出，根本没有“投篮顺手”这回事。当然，一些球员会比其他球员投篮更准，但进球与投篮未中都只是随机的。“投篮顺手”完全只是旁人所见，而且他们太快做出评判了，以至感知不到随机事件中的顺序和因果关系。“投篮顺手”是一个影响深远的认知错觉。

公众对于这项研究的反应也是这项研究的一部分。这个发现令人惊讶，很快就受到了媒体关注，而大家普遍的反应都是不相信。当著名的波士顿凯尔特人队教练里德·奥尔巴赫听说了季洛维奇及其发现（研究）时，他回应道：“这人是谁呀？他做了个实验是吧？不过我对他的观点不敢苟同。”在随机性中发现规律的想法往往不可逆转，肯定比某个人做了一项研究更有说服力。

对规律的错觉在方方面面影响着篮球赛场。你要用多少年的观察才能肯定一个投资顾问是有真才实学的？一个首席执行官实现多少次成功的兼并，董事会才能确定他对这项工作有着非凡的才能？简单说来，你如果听从自己的直觉，就常常会因为把随机事件看成有规律的事件而犯错。我们都非常愿意相信生活中大多数事情并不是随机的。

在本章开头，我引用了一个美国癌症发病率的例子。这个例子本来是有意写给统计学老师看的，我是从前文提到的两位统计学家霍华德·维纳和哈里斯·泽维林所写的一篇有趣的文章中看到这个例子的。他们写这篇文章得到了盖茨基金会 17 亿美元的赞助，用以调查那些最成功的院校有哪些特点。许多研究人员在那些名声显赫的院校中做调查，希望发现这些学校的与众不同之处，从而寻求成功教学的秘密。这项研究的结论之一是，这些著名院校规模普遍较小。例如，在宾夕法尼亚州对 1 662 所院校的调查中，排名前 50 的院校里有 6 所规模都较小，是（普通院校）的 3 倍多。这个数据使得盖茨基金会积极投入大量资金建立小规模的院校，有时会采取将大的院校拆分成小的院校的方法。另外，其他著名的机构至少有一半也采取了同样的做法，例如安嫩伯格基金会和皮尤慈善机构也采取了同样的做法，美国教育部还启动了“小型学习社区计划”。

你可能会觉得上述做法很有道理。我们很容易从因果关系角度去解释小规模的院校为什么可以提供优质的教学。我们认为，比起大规模院校，小规模院校可以给予学生更多的关注及鼓励，因此能培养出成就卓越的学者。但不幸的是，这样的因果分析是无意义的，因为得到的结论都是错误的。如果那些向盖茨基金会提交报告的统计学家调查过最差学校的特点，他们会发现那些较差的学校也比水平一般的学校的规模小一些。事实上，规模小的学校办学水平并不一定更高，它们只不过更懂得变通。维纳和泽维林说，如果真有什么区别的话，那就是大规模院校可以提供多种多样的课程，所以容易收到好的效果，特别是学生能拿到高分。

多亏了几年来认知心理学的发展，我们现在才能清楚地知道阿莫斯和我所瞥见的不过是冰山一角：小数定律包含在大脑工作的两个重要部分中。

- 夸大对小样本的信任只是众多错觉中的一种——比起信息的可靠度，我们会更加注重信息本身的内容，其结果就是，我们会将周围的世界变得比数据所能证明的更简单、更统一。在想象的世界中过早下结论比在现实中更有把握。
- 统计学家的很多观察研究都可归结到因果关系的解释上，但他们却不承认是这样的。许多事实其实只是巧合，包括事件的采样。对偶发事件做出因果关系的解释必然是错误的。

示例——小数定律

没错，自从这个新首席执行官接手后，电影制片厂已经制作了3部优秀电影。不过，现在说他老练还为时过早。

统计学家能够估算出这个交易新手表现出来的强劲势头是否是偶然的，所以在咨询统计学家之前，我不会相信他就是个天才。

观察的样本太小，所以不能做出任何推断。我们不要遵从小数定律。

在我们有足够大的样本之前，我计划对实验结果暂时保密。否则，我们会有过早下结论的风险。

第 11 章

锚定效应

阿莫斯和我曾临时赶制过一个幸运轮盘，上面刻有 0 到 100 的标记，但我们对它进行了改装，使指针只能停在 10 或 65 的位置上。我们从俄勒冈大学招募了一些学生做这项实验。我们两人中有一个会站在一个小组前面，转动这个幸运轮盘，并让小组成员记下转盘停下时指向的数字，当然了，这些数字只可能是 10 或 65。之后，我们问了他们两个问题：

你刚才写下的关于非洲国家占联合国（所有成员国）的百分比的数字大还是小？

你认为联合国中非洲国家所占的比例最有可能是多少？

幸运轮盘的转动根本不可能为任何事情提供有用的信息，即使没有经过改装的轮盘也不可能，实验的受试者应该忽略它的影响，但他们没有做到这一点。那些看到 10 和 65 的人的平均估值分别为 25% 和 45%。

我们研究的现象在日常生活中很普遍也很重要，因此你应该记住它的名字：锚定效应。人们在对某一未知量的特殊价值进行评估之前，总会事先对这个量进行一番考量，此时锚定效应就会发生。这一效应是实验心理学中最可靠也最稳健的结果，即估测结果和人们思考的结果很相近，就好比沉入海底的锚一样。如果有人问你甘地死时年龄是否大于 114 岁，你在估测他的死亡年龄时会比锚定问题是 35 岁（死亡）时更高。你在考量买房要花多少钱时，也会受到要价的影响。同样的房子，如果市场价格高，它就显得比市场价格低时更有价值，即使你决心抵制价格的影响也没有用。此类事例不一而足，锚定效应的事例不胜枚举。一旦你要考虑某个数字是否会成为一个估测问题的可能答案，这个数字就会产生锚定效应。

我们不是最先观测锚定效应的人，但我们的实验是第一个揭示其荒谬性的实证研究：人们的判断明显受到没有任何信息价值的数字的影响。若想解释轮盘的锚定效应是合理的，这似乎不太可能。阿莫斯和我在《科学》杂志上发表的论文中提到了我们的实验，我们在这份杂志上发表的所有研究成果中，这是最著名的一个。

但唯一的问题是：阿莫斯和我对锚定效应体系中的心理学现象的认识并不完全一致。他支持一种解释，我则偏向另外一种，而且我们从来没有找到解决这个分歧的方法。几十年后，无数研究者通过努力终于解决了这个问题。现在问题明确了：阿莫斯和我都是正确的，是两个不同的机制共同作用产生了锚定效应，即一个系统对应一个机制。锚定有一种形式，即它是在进行刻意调整时发生的，这也是系统 2 的一种运行模式。还有一种是由启发效应产生的锚定，是系统 1 的一种自主显示模式。

锚定即调整

阿莫斯喜欢将调整—锚定的启发式想法作为估测不确定值的策略：从锚定的数字开始，然后估测它是过高还是过低，接着让大脑从锚定数值上“转移”并逐渐调整你的估值。调整通常会过早结束，因为当人们不再确定他们是否应该继续移动时就会停止移动。在我和阿莫斯意见出现分歧的几十年后，也就是阿莫斯去世的几年后，两位心理学家分别提出了有关这个（调整—锚定）过程令人信服的证据，这两位心理学家在其职业生涯早期曾和阿莫斯一起共事过，他们就是埃尔德·沙菲尔和汤姆·季洛维奇，参加研究的还包括他们的学生——阿莫斯的“徒孙”们！

为了验证这个想法，请拿出一张纸，从纸的底端由下而上画一条 2.5 英寸长的线，徒手画，不用尺子。现在请拿出另一张纸，从纸的顶端开始由上而下画一条线，在距顶端 2.5 英寸处停笔。比较这两条线。你很可能会估测第一条 2.5 英寸长的线比第二条短，因为你并不确切地知道这样的一条线究竟该是什么样的。这种估测有很多不确定的因素。你若从纸的下端开始画起，就会停在下面的不确定区域；如果你从纸的上端开始画起，就会停在上面的不确定区域。罗宾·勒伯夫和沙菲尔在日常经历中发现很多关于这种机制的例子。为什么你在开车下了高速公路驶入城市街道时还会开那么快——如果是边聊天边开车，速度尤其容易快。调整不足就是对这一现象的最好解释。孩子在房间里喜欢把音乐开得很大声，父母却很恼火，两代人关系紧张，其原因也是调整不足。勒伯夫和沙菲尔注意到“家长要求孩子应将音乐调到‘适当’的音量，但听着特别大声音乐的孩子即使想这样做也难，还会认为家长忽视了他们真心做出的让步，这是因为他们无法从充分的高锚定值中调整过来”。这里提到的司机和孩子都有意地（将数值）向下调整，但两者都没有（将这个值）调整到位。

请看下面的问题：

乔治·华盛顿是何时当选总统的？

珠穆朗玛峰峰顶的沸点是多少？

在思考这些问题时，最先发生的事就是你的脑海中出现了锚定数字，你知道这样是不对的，而且还知道正确答案的大致方向。你马上就知道乔治·华盛顿是1776年后成为总统的，你也知道珠穆朗玛峰峰顶的沸水温度比100摄氏度低。你不得不去寻找从这个锚定值上移开的论据，将其调整到合适的数值。就像前文提到的那个线段的例子那样，在那个不确定区域的边缘，你不确定是否应该继续进行时就会停止。

尼克·埃普利和汤姆·季洛维奇发现，调整就是刻意去寻找离开锚定数字的理由：按照要求一听到锚定值就摇头的人仿佛对此有些排斥，他们会离锚定值更远。而点头则会增强他们对锚定值的概念。埃普利和季洛维奇也证实说，调整是一项需要付出努力的活动。人们在自己的大脑资源耗尽时调整较少（离锚定较近），因为他们的记忆中存储着一些数字或是因为他们有些醉了。调整不足是软弱或懒惰的系统 2 的一种失误。

我们现在知道，阿莫斯至少对一些锚定效应的例子的理解是正确的，这些例子包含了系统 2 为离开锚定值进行的具体调整。

暗示就是一种锚定效应

当阿莫斯和我就锚定效应进行争论时，我同意（他说的）有时会出现调整现象，但其实心里很不服气。调整是一个审慎且有意识的行为，但锚定效应的大多数例子并没有体现出相应的主观经验。请看下面两个问题：

甘地去世时比 144 岁大还是小?

甘地去世时多少岁?

你是否会把 144 岁向下调整来得出自己的评估？也许不会，但这个大得离奇的数字仍然会影响你的估测。我的直觉告诉我，锚定就是一种暗示。如果有人只是提起某件事，而他的话却促使我们去看、去听或是去感受这件事，此时的情形就可以用锚定来形容。例如，“你的左腿现在是否微微麻木了”这个问题常会使相当多的人回答说他们的左腿确实感到有些异样。

阿莫斯对直觉的研究比我更谨慎，他一针见血地指出，关注暗示对我们理解锚定效应没有什么帮助，因为我们不知道如何解释暗示作用。我不得不同意他是对的，但我不同意调整不足是锚定效应的唯一原因。我们为理解锚定效应做过很多实验，但是都以失败告终，最终我们放弃了进一步研究这一课题的想法。

现在，那个打败我们的难题得到解决了，因为暗示的概念已经明确了：暗示即一种启动效应，它会有选择地找出相应的证据。你完全不会相信甘地活到了 144 岁，但你的联想机制却会对一位逝去的老人产生印象。系统 1 理解句子的方式就是尽量相信其内容的真实性，它对相应想法的选择性激活会产生一系列的系统性误差，这些误差会使我们更容易受骗，更加坚定地相信自己的想法。我们现在明白为什么阿莫斯和我从前没有意识到锚定效应有两种类型：研究手法和理论观念，我们研究这个问题时很需要这两种类型但它们却没有出现。后来，其他人极大地发展了这两种类型。在很多情况下，我们都需要一个类似暗示的过程发生作用：系统 1 试图建立一个将锚定数字视为真实数值的世界。这是我在本书第一部分描述的联想一致性的一种表现。

德国心理学家托马斯·穆斯魏勒和弗里茨·斯特拉克对锚定效应中联想一致性的作用所做的实证研究最令人信服。在一项实验中，他们问了一个关于温度的锚定问题，“德国每年的平均温度是高于 20 摄氏度还是低于 20 摄氏度”，或者“德国每年的平均温度是高于还是低于 5 摄氏度”？

研究人员让所有受试者快速扫过一些单词，然后让他们去识别这些词。研究人员发现，受试者看到 20 摄氏度后更容易识别和夏天相关的词（比如“太阳”和“沙滩”），看到 5 摄氏度后能更加轻松地识别出关于冬天的词（比如“冰冻”和“滑雪”）。对相应记忆的选择性激发解释了锚定效应：大小不同的数字能激发起记忆中不同的观念体系，而这些带有偏见的观念则成为（受试者）估测年度平均温度的依据，据此做出的估测值也因此带有一定偏见。在另一个基于同一目的的简单实验中，研究人员让受试者估测德国汽车的平均价格。高锚定值的受试者会选择性地让奢华品牌（比如奔驰、奥迪）的汽车最先出现在脑海中，而低锚定值则会使人最先想到一些销售量大的汽车品牌（比如大众）。此前我们就知道任何启发都会唤起与之相应的信息。暗示和锚定效应都通过相同的系统 1 的自主运行得到了解释。尽管当时并不知道如何证实这一观点，但我对锚定效应和暗示之间存在联系这一直觉最终被证实是正确的。

锚定值

很多心理学现象可以通过实验得到证实，但事实上，这些现象几乎没有哪种是可以测量的。锚定的影响是一个特例，锚定效应可以测量，测量结果证实这一效应影响超大。有人曾经问那些参观“旧金山探索馆”的游客下面两个问题：

最高的那棵红杉树是高于 1 200 英尺还是低于 1 200 英尺？

你认为那棵最高的红杉树有多高？

这个实验中的“高锚定值”是 1 200 英尺。而另外一组受试者看到的第一个问题则用了一个 180 英尺的“低锚定值”。两个锚定值相差 1 020 英尺。

不出所料，（关于那棵最高的红杉树有多高）两个组给出了完全不同的平均评估：844 英尺和 282 英尺。两者的差距有 562 英尺。锚定指数就是两个不同答案的比率 55%（562/1 020）。对于那些在评估过程中过度运用锚定的人而言，锚定效应的测量结果将是 100%，对于那些能够忽略锚定的人而言，锚定效应的测量结果是零。这项实验观察到的 55% 的锚定指数非常典型，在其他许多问题中，研究人员也观察到了相似的锚定指数。

锚定效应在实验室中司空见惯，在现实世界中其影响同样毫不逊色。在几年前的一个实验中，实验人员让一些房地产经纪人对一幢待售房子的价值进行评估。这些经纪人亲自去看了这所房子，还仔细研究了一本小册子，里面包括这幢房子的全面信息和售价。其中一半经纪人评估的售价比标价高很多，另一半评估的售价则比标价低很多。每位经纪人都给出了自己认为合理的售价，同时（假定自己是这幢房子的房主）她们还给出了自己能够接受的最低售价。实验人员随后问这些经纪人哪些因素影响了她们的决策。出乎意料的是，售价并非影响因素之一。这些经纪人十分得意，因为她们没有被这个因素左右。她们坚称标价没有影响到她们对这一问题的回应，但实际上她们错了：锚定指数是 41%。事实上，专业人士和对房地产一无所知的商学院学生一样，都受到了锚定效应的影响。后者的锚定指数是 48%。两者的唯一区别是，学生承认他们受到了锚定效应的影响，而专业人士否认了这一点。

人们对钱的问题所做的决定同样体现出强大的锚定效应，人们在选择对一项事业投入多少时就会受锚定效应的影响。为了证实这一影响，我们告诉探索馆研究中的受试者，太平洋中的油管引起了环境污染，问他们是否愿意每年都捐钱“使 5 万只近太平洋海岸的海鸟不致受小面积海上溢油的影响，直到找到防止泄漏的方法或要求油罐所有者支付运行费用为止”。这个问题需要强度相匹配：实际上，我们是在要求调查对象预估应该捐献多少钱才能与自己对海鸟困境的感受程度相匹配。对其中一些游客，实验人员并没有直截了当地问她们愿意捐多少钱，而是先问了一个锚定问题，比如“你是否愿意花 5 美元来……”

若没有提到锚定问题，这些对环境都很敏感的探索馆参观者会说他们愿意拿出的钱平均为64美元。当锚定金额只有5美元时，平均捐款则是 20 美元。当锚定金额达到 400 美元时，人们的捐款平均数就达到了 143 美元。

高锚定金额和低锚定金额之间相差 123 美元。锚定指数高于 30%，表明增长 100 美元的初始要价就能带来平均值为 30 美元的回报。

许多估测和捐款意愿的研究都曾体现出相似甚至更大的锚定效应。例如，有人曾问过那些在法国马赛重度污染地区居住的居民，如果能住在一个污染程度较低的地方，他们能接受生活开销提高多少。锚定指数在该研究中超过了 50%。观察网上购物也很容易发现锚定效应，网上相同的产品经常标出不同的“立购”价。“估测”在艺术品拍卖行业是影响第一次竞拍的锚定价格。

锚定效应在某些情形下看起来也是合理的。毕竟，那些被问到难题的人肯定会去抓住这根救命稻草的，况且这个锚定值也是根貌似合理的稻草。如果你对加利福尼亚的树所知无几，却又被问到红杉树是否高于 1 200 英尺，此时你可能就会认为这个数字与真实数字相差不远。因为是那些知道这种树真实高度的人想出的这个问题，所以这个锚定值也许是个有价值的提示。但是，锚定效应研究有一个重要发现，即锚定值显然是任意的，它也许和可能有信息价值的锚定值一样有效。当我们用轮盘来估测联合国中非洲国家所占的比例时，锚定指数是 44%，还算处在看似正确且能作为提示的锚定效应的影响范围内。有些实验已观察到大小相似的锚定效应，在这些实验中，受试者社保号的最后几个数字被用作锚定值（比如为估测他们城市中医生的数量）。结果很明确：锚定值没有影响，因为人们认为这些数字没有什么信息价值。

随机锚定的影响以一些令人不安的方式出现在生活中。一些任职经历平均为 15 年的德国法官先是读了一份案例，讲到一个妇女在商店顺手牵羊被捉住的案例，然后他们开始掷一副骰子，这副骰子被人提前做过手脚。因此，每次掷骰子的结果不是 3 就是 9。骰子一停，实验人员就问这些法官是否会将那位妇女送进监狱，且其服刑的时间应该比骰子上的数大还是小。最后，实验人员问这些法官，他们给这个行窃的妇女判定的服刑期具体是多少。平均来看，那些掷了 9 的法官说他们会关她 8 个月，而掷了 3 的法官说他们会关她 5 个月，锚定指数是 50%。

锚定效应何时适用，何时不适用？

到现在为止，你已经相信锚定效应无处不在，有时是由于启发效应，有时则是因为调整不足。产生锚定效应的心理机制使我们比自己预想的更容易受影响。当然，有些人愿意且能够利用我们的轻信。

例如，锚定效应解释了为什么限量购买是一种有效的营销策略。几年前，在艾奥瓦州的苏城的超市里，购物者遇到了坎贝尔汤罐头在做促销的情形，降价 10%。有那么几天货架上写着“每人限购 12 罐”，而在其他几天里则写着“不限量”。购物者在限购时平均会购买 7 罐，是不限购时购买量的 2 倍。锚定效应不是唯一的解释，配给也显示货物很快就下架了，购物者应该对货物储存量感到有些紧张。但我们也知道 12 罐的可购买量会成为一种锚定，即使这一数字是通过轮盘产生的也不例外。

同样的策略在商讨购房价上也适用。在许多其他的活动中也是这样，在协商中率先出击的一方往往会占有优势，例如，当价钱是买方和卖方唯一要协商的事时就会出现锚定效应。第一次在集市上讨价还价也是这样，先发锚定有着重大的影响。我在教学生谈判时，给他们的建议是，如果你认为是对方做出了无礼的提议，你就不应该提出同样无礼的提议，因为两者之间有距离的话会使此后的商谈难以进行。你应该大吵大闹，夺门而出，或者威胁对方说自己也会这样做，要让对方明白以这个数字为基准的话，谈判将难以继续。

心理学家亚当·加林斯基和托马斯·穆斯魏勒提出了更好的方法来抵制商谈中锚定效应的影响。他们告诉谈判者，在商谈中要集中注意力搜寻大脑记忆来抵制锚定效应。激活系统 2 的做法会很奏效。例如，在第二个提议人将其注意力集中在对方能接受的最低值或对方无法接受的费用上时，锚定效应就会被削弱或消除。大体来讲，有意地“为对方着想”的策略也许是抵制锚定效应的好方法，因为它否定了能产生这些效应的带有偏见的想法。

最后，试试看你能不能弄清楚锚定效应对公共政策问题的影响，即人身伤害案件的损害程度的裁定。这类案件的判决有时是很严厉的。类似医院和化工企业等单位常常是这类诉讼案件的被告，这些单位曾经游说各方为此类判决设置了一个上限。读本章之前你可能想过，给这些判决设置上限绝对是有利于潜在被告的，但现在你就不会这么确信了，如果上限是 100 万美元，其结果会怎样？这条规则会消除所有的严厉判决，但锚定也会阻止法官将许多较轻罪行的量刑判得更轻。这对违法者和大公司都有好处，比给小公司带来的好处多。

锚定和两个系统

随机锚定效应还会使我们更加了解系统 1 和系统 2 之间的关系。人们一直利用判断与选择的案例来研究锚定效应，而判断与选择最终总是由系统 2 完成的。但是，系统 2 对从记忆中提取的数据进行加工，并由系统 1 进行自主的、无意识的运行，因此很容易受锚定效应的影响，而这种影响会使某些信息更容易让人回想起来。此外，系统 2 对这种影响一无所知，也无法控制。看到随机或荒谬的锚定值（比如甘地死时 144 岁）的那些受试者会自信地说，这个明显无用的信息并没有对他们的估测行为产生影响。事实上，他们错了。

在讨论小数定律时我们发现，如果一则消息没有马上被视为谎言，那么不管其可靠性如何，它都会对联想系统产生同样的影响。这个消息的重点是故事，随便根据什么信息编造的都无所谓，即使这则消息的信息量很少，质量很差劲也无所谓，因为眼见即为事实。当你读到一个拯救受伤登山客的人的英勇故事时，这个故事对你的联想记忆产生的影响和一篇新闻报道或电影简介大体差不多。锚定效应是由这个联想激发引起的。这个故事是否真实、是否可信一点儿都不重要。随机锚定的强大影响是锚定效应的极端例子，因为随机锚定显然没有提供什么信息。

我在前文中讨论了启发效应纷繁复杂的表现类型，在启发效应下，你的思想和行为也许会被完全不曾留意的刺激影响，甚至会被你完全没有意识到的刺激影响。启发实验的主要寓意是，我们的思想和行为会受当时的环境影响，且这种影响比我们了解或想象的要大。很多人发现启发效应的结果令人难以置信，因为它们和主观经验相去甚远。另外很多人则发现其结果令人不安，因为它们威胁着我们对中介和自主性的主观感受。如果不相关的大脑屏保能在你意识不到的情况下影响你对陌生人的帮助，那么你到底有多自由呢？锚定效应也以相似的方式威胁着你。你总能意识到锚定，甚至会对它格外关注，但你不知道它是如何引导和限制你的思考的，因为你不能想象如果锚定改变（或不存在）你会如何思考。但是，你应该假设任何一个公开谈判时的数字都对你有锚定效应，如果概率大，你应该抵制（你的系统 2）该效应。

示例——锚定

我们想要收购的公司给我们看了他们的商业计划，其中包括他们希望得到的收益。我们不应该让那个数字影响到我们的思路。将其放置一边。

计划是为最佳情况设计的方案。当我们预计实际结果时，要避开计划的锚定效应。想想计划出现失误的各种方式也不失为执行计划的一个方式。

我们商谈的目标是让他们锚定在这个数字上。

我们要清楚一点，如果那就是他们的提案，那么商谈就此结束吧，我们不想那样开展工作。

被告律师提出一个微不足道的证明，证明中提到一个荒谬的小损失，这些律师就是想让法官们拿这个损失做锚定。

第 12 章

可得性的科学

1971—1972 年，阿莫斯和我在俄勒冈州的尤金度过了我们最为高产的研究时期。我们在俄勒冈研究院做客，在我们研究的领域——判断、决策制定和直觉性预测——中该研究院后来诞生了很多未来之星。主要负责接待我们的是保罗·斯洛维奇，他曾是阿莫斯在安阿伯市时的同学，也是他一辈子的朋友。保罗当时即将成为风险心理学领域的领军人物，他独领风骚几十年，也获得了很多荣誉。保罗和他的妻子罗兹带我们感受尤金的生活，很快我们也开始效仿尤金人，常去跑步、烧烤，带孩子去看篮球赛等。我们非常努力地工作，做了很多关于启发法的实验，也写了很多文章。晚上的时候，我就写那本《注意与努力》，那段时间我非常忙。

我们的项目有一项是对“可得性启发法”进行研究。我们问自己，人们在想要估计某类事件的出现频率时到底是怎么做的，这些事件包括“人在 60 岁之后的离婚概率”或“（是否是）危险的植物”等。我们认为这种自问就是启发法。这些问题的答案很简单：从记忆中搜寻这类问题的实例，如果搜寻过程既轻松又顺畅，这些事的发生概率就会被判断为很大。我们将可得性启发法定义为通过“实例呈现在脑中的轻松程度”来判断概率的过程。我们的系统阐述似乎已经给出了这一方法的明确定义，但我们对可得性这一概念此后仍在不断精练。我们在研究可得性的时候还没有阐发两个系统的方法，而且我们并没有费尽心思去确定启发法是可以解决问题的主观策略，还是一个自主运行的无意识行为。现在我们知道启发法其实涉及两个系统。

我们之前思考的问题是，到底需要在大脑中搜寻多少实例才算是轻松回忆，以获得某一印象。我们现在知道答案了：一个也不用。例如，请考虑下面两组字母可以组成多少个单词。

XUZONLCJM

TAPCERHOB

你几乎不必去想什么实例，一打眼就知道其中一组字母比另一组组成单词的可能性更大，可能会多 10 个甚至更多。同样，想要清楚地了解不同国家去年出现在新闻中的相关频率（比利时、中国、法国、刚果、尼加拉瓜、罗马尼亚等）你也无须回想具体的新闻报道。

可得性心理学

与其他判断启发法一样，可得性启发法就是用一个问题替代另一个问题：你希望估测某一范畴的大小或某一事件的（发生）频率，但你会提到自己想到相关实例的轻松程度。问题的替代必然会产生系统性错误。你会发现启发法是如何通过一个简单的过程导致偏见的，不直接说出（事件发生的）频率，而是列举那些使你轻松想起相关实例的因素，其中的每个因素都会成为偏见的潜在来源。试举几例：

- 你可以很轻松地回想起引起自己注意的突出事件。好莱坞明星的离婚事件和政客的性丑闻事件格外引人注目，想到这些实例并不难。因此，你很容易夸大好莱坞离婚事件和政客性丑闻事件的频率。
- 一个大事件会暂时提高此类事件的可得性。飞机失事事件会有媒体来报道，这也会暂时改变你对飞行安全的看法，接着你看到路旁有辆汽车着火了，于是这些事故会暂时盘踞在你的脑海中，你会觉得这个世界此时充满更多难以预料的事。
- 亲身经历、生动的图片和鲜活的例子比发生在别人身上的事、单纯的文字或是统计数据更容易让人回想起来。一个与你相关的判决错误会逐渐削弱你对司法体系的信任度，其影响程度比你在报纸上读到类似事件的影响更深。

你可以尽可能地抵制如此之多的潜在的可得性偏见，但那样做会令你身心俱疲。你必须通过自问一些问题努力重新审视自己的印象和直觉，比如“我们是否会因为小区内最近发生了几起偷盗事件就认为青少年盗窃是个严重问题”，或者“我认识的人去年没有得感冒的，我是不是就没必要打免疫针了呢”。时刻对偏见保持警惕是件累人的事——但由此可以避免一个代价高昂的错误，因此付出努力也是值得的。

有个很著名的可得性实验表明，意识到自己的偏见可以使夫妻和睦相处，而且很可能在其他的合作计划中与他人的关系也很融洽。在一项广为人知的研究中，研究人员问夫妻双方的问题是：你为保持此地整洁做了多大贡献？用百分比来表示。此外，夫妻俩还回答了如“倒垃圾”“发起社交互动”等类似问题。那么这两位自我估测的贡献率合计能达到 100% 吗，是更多还是更少？不出所料，他们自我估测的贡献率合计超过了 100%。一个简单的可得性偏见就可以对此做出解释：夫妻二人记自己的努力和贡献比记对方的清楚得多，而且可得性的不同导致了对频率判断的不同。偏见不一定是自私的：这对儿夫妻还过多地将两人的争执归因于自己，尽管这一比例比两人在那些积极正面的事件中的自评比例小得多，但也是难能可贵了。同样的偏见对常见的观察一样适用，很多合作团队成员感觉他们做的事超出了自己的分内工作，还感到其他人并不感激自己做出的贡献。

我通常对人们控制偏见的潜能不是很乐观，但这次例外。成功去除偏见的案例还是存在的，即我们可以很轻松地识别出功劳分配问题是何时出现的，尤其当几个人同时感到他们的努力没有得到足够的认同时更是如此。自己周围的那些人通常也会付出超出 100% 的努力工作，只要你看到这一点有时就足以缓和这种（心理失衡）情形。在任何情况下，每个人都该牢记这一点。你做的事情偶尔会超出自己的分内事，但你应该知道，当你有可能有这种感觉的时候，你的团队里的每个成员也都可能有同感。

20 世纪 90 年代早期，人们对可得性启发法的理解有了重大进展。那时，由诺伯特·施瓦茨领导的一组德国心理学家提出了一个有趣的问题：人们对某件事发生频率的印象是如何受到列举实例的具体数目这一要求的影响的？设想你自己就是那个实验的受试者：

首先，列出 6 个你果断行事的例子。

接下来评判一下你有多果断。

假如有人要求你列 12 件自己表现得果断的事（大多数人都会觉得很难列出那么多件事）。你对自己果断程度的判定会有所不同吗？

施瓦茨和他的同事观察到，列举事件的任务可能会通过两种不同方式加强对特点的判断：

·能回想起的事例数量。

·事件在脑中呈现的轻松程度。

列举 12 个例子的要求使得两个决定因素相互排斥。一方面，你刚想起了几件自己做得很果断的事；另一方面，你想起前三四件果断的事可能很轻松，可说出 12 件就要挖空心思了，回忆起来也没有那么顺畅。哪个更重要，提取的数量还是提取的轻松感和顺畅性？

两个因素间的较量谁是赢家一目了然：那些列举了 12 件事的人认为和只列举了 6 件事的人相比，自己不够果断。而且，列举出自己表现不够果断的 12 件事的那些受试者最终却认为自己非常果断！如果无法轻松地想起懦弱的事例，你可能就会说自己一点儿都不懦弱。自我评估是由事件呈现在脑海中的轻松度来衡量的。轻松地想起某件事的体验比想起事情的数量更重要。

同一个小组的另外一些心理学家对顺畅性的作用做了一个更为直接的实证研究，实验中所有的受试者都按要求列出了 6 件果断（或不果断）行事的例子，同时还保持着特定的面部表情。“微笑者”要收缩颧肌，露出浅浅的微笑；“皱眉者”要皱着眉头。如你所知，皱眉通常伴有认知紧张，且其影响是对称的：执行任务时被要求皱眉的人付出的努力更多，体验到的认知紧张也更强烈。研究者预计皱眉者在提取果断行为时会有难度，因此会估计自己缺少果断性。结果也的确如此。

心理学家喜欢产生悖论的实验，他们怀着极大的兴趣运用了施瓦茨的发现。例如，人们：

- 在回忆起自己多次骑自行车的经历后，依然相信他们自己不经常骑自行车。
- 在被要求用更多的论据支撑自己的选择时自信心下降。
- 在列出多个避免某种问题的方法后，却对避免此问题显得更加不自信。
- 在列出某辆车的优点后，对该车变得没那么感兴趣了。

加州大学洛杉矶分校的一位教授发现了一个利用可得性偏见的巧妙方法。他让不同组的学生列出改进课程的方法，要求不同组列出不同数量的方法。正如他预料的那样，列出较多改进方法的学生对这一课程的评价也更高。

也许这个有悖论的实验最有趣的发现就是悖论不一定会被发现：人们有时依照提取到的内容而非提取的轻松程度来做出判定。你真正了解行为模式的证据就是你知道如何让其发生逆转。施瓦茨和他的同事接受了这一挑战，去探索在何种情况下会发生这种逆转。

受试者想到那些行事果断的例子的轻松程度在任务实施过程中是不断变化的。前几件事情被提取时很容易，但很快就变得越来越难。当然，受试者的思考顺畅性也会慢慢下降，但在列举6~12件事中顺畅性的下降速度显然要超出受试者的预料。结果表明，受试者做出了推理：如果我在回想能体现自己果断行事的例子时遇到了超乎想象的困难，那么说明我根本就不是个果断行事的人。请注意，这个推理建立在受试者未曾料到的情况之上——顺畅性比预期的更糟糕。此例中受试者运用的可得性启发法被称为“无法解释的不可得性”启发法才更合适吧。

施瓦茨和他的同事论证道，他们为受试者解释其在回想相关经历的流畅性（发生变化的问题），由此可以干扰启发法。他们告诉受试者在回想事件时他们会听到背景音乐，而且音乐会对他们完成记忆任务产生影响。实验人员告诉一些受试者，音乐能帮助他们回想起相关例子，却告知其他受试者听音乐他们的回忆会不那么顺畅。不出所料，那些对顺畅性有所认识的受试者没有将音乐视为一种启发法；而那些得知音乐会使回忆更困难的受试者无论完成提取6件还是12件的任务，对自己果断程度的估测没什么两样。其他的主要实验也得到同样的结论：若通过展示曲线或直线的文本框，或屏幕的背景颜色，又或者其他与实验预期不相关的因素对体验到的顺畅性做出虚假解释的话，判断便不再受提取轻松程度的影响。

诚如我所述，用可得性来判断的过程包括了一个复杂的推理链。受试者会体验到，他们在提取事件时，顺畅性会逐渐降低。他们显然对顺畅性的下降率事先有过预计，但那些预计是不准确的：想起新事例的困难增速远远超出了他们的预计。正是这种超出预期的低顺畅性使那些被要求列举 12 个事例的人将自己描述成优柔寡断之人。了解个中缘由，低顺畅性也就不会再影响判断了。这个过程看似由一套复杂的推理组成。自主的系统 1 能胜任这项任务吗？

我们回答时其实根本就不需要复杂的推理。在系统 1 的基本特征中，其中一点就是这一系统具有设定预期的能力，当现实与预期相悖时它就会感到惊讶。该系统还会提取造成惊讶情绪的可能原因——通常是在近期所经历的各种惊讶体验中找到一个可能的原因。此外，系统 2 在运行中会重塑系统 1 的预期，因此一件本该令人惊讶的事就变得正常了。假设有人事先告诉你，那个住在隔壁的 3 岁大的小男孩经常戴着一顶礼帽坐在小推车里，那么当你真的看到他戴着礼帽时就不会像事先并不知道（这件事）那么惊讶了。在施瓦茨的实验中，受试者事先知道背景音乐可能是影响他们回想具体事例的一个原因，因此他们对提取 12 件事的难度也就不再那么吃惊了，这种难度也就不大可能影响他们对自己果断行事程度的判断。

施瓦茨及其同事发现，判断涉及自身情况的人往往更有可能关注他们从记忆中提取的事件的数量，对顺畅度则不大关注。他们请两组同学参加对心脏健康风险的研究，其中一半学生有心脏病家族史，他们应该比其他没有这种家族病史的人更注重这个研究。所有的学生都要回想自己日常生活中可能会影响心脏健康的 3 种或 8 种行为（按照要求，有些学生需要回想的是危险行为，其他学生需要回想的是保护性行为）。没有心脏病家族史的学生对这项任务较随意，遵循的是可得性启发法。觉得想起 8 件危险行为很难的学生觉得他们相对安全，而那些努力回想安全做法的学生却感觉自己处于危险中。有心脏病家族史的学生则表现出相反的模式——他们在想起很多安全做法时觉得很安全，在想起很多危险行为时感到很危险。他们还更有可能觉得自己将来的行为会受到自己对危险做法评估的影响。

由此可见，事件在脑海中呈现的轻松程度体现出系统 1 的启发作用，然而当系统 2 越来越多地参与其中时，受试者关注的就不再是提取记忆的轻松度，而是回忆起来的若干事例的内容了。各种各样的证据都指向统一的结论，即那些跟着系统 1 走的人更容易受可得性偏见的影响，比那些警惕性更高的人受影响的程度更大。在下面这些情况中，人们都在“跟着感觉走”，提取轻松度对他们的影响要大于其回想事例内容带给他们的影响：

- 当他们同时忙于另一件需要付出努力的任务时。
- 因他们刚刚想起生命中的一个快乐片段而心情大好时。
- 如果他们在抑郁量表中得分很低的话。
- 尽管对这项任务所给话题的了解达不到专家级水准，但他们也算是对此领域了解颇多的新手了。
- 当他们跟着感觉走却拿了高分时。
- 如果他们（或别人令他们感到）很强大时。

我认为最后一个发现尤其有趣。几位作者引用一句名言来介绍自己的文章："我没有满世界做民意调查来告诉自己怎样做才对，知道自己的感受就够了。"他们进一步表明，对直觉的依赖只是个人品行特征的一部分。他们只想提醒人们，能力可以提升我们对自己直觉的信任。

示例——可得性

因为上个月发生了两架飞机相撞事件，她现在更愿意坐火车。这真是愚蠢，风险其实并没有真正降低，这就是可得性偏见。

他低估了室内污染的风险，因为媒体对此报道极少。这是可得性的影响。他应该看些统计数据。

她最近看的间谍电影太多了，因此她看什么都觉得有阴谋。

这位首席执行官连续多次成功，因此失败不会轻易在她的脑海中出现。可得性偏见使得她过于自信。

第 13 章

可得性、情绪与风险

有风险意识的学生可以迅速发现可得性效应与自己的担忧不无关联。在我们的作品发表前，经济学家霍华德·昆路德就已经注意到，可得性偏见能够对买保险的行为模式和灾后的保护性行为模式做出解释。当时，昆路德对风险和保险的研究正处于起步阶段。受害者和近似受害者在灾后往往心存焦虑。每次影响巨大的地震发生之后，加利福尼亚的居民都会去买保险，采取充分的自我保护和减少损失的措施。他们固定好暖壶以防止其在地震中破碎，将地下室的门封死以抵抗洪水，还要确保紧急备用电源能正常工作。但是，随着时间的推移，人们对灾难的记忆会变得模糊，担忧和防备的努力程度也会减弱。记忆的动态变化为灾难、担忧和越来越松懈的心理这一循环做出了解释。昆路德还观察到，不论是个人的还是政府的保护性行为，都能应对最糟糕的灾难。早在法老时代的埃及，人们就为周期泛滥的河水的最高水位做出标记，找出相应的治水对策，当时的人们显然认为河水不会比标记的最高水位更高，因此他们很难想到还会有更大的洪灾。

可得性与影响

对可得性偏见最具影响力的几项研究，是由我们那些身在尤金的朋友完成的，保罗·斯洛维奇和他的长期合作者萨拉·利希滕斯坦以及我们以前的学生巴鲁克·费斯科霍夫等人共同完成了这些研究。他们关于公众对风险看法的研究具有奠基意义，包括一项如今已成为可得性偏见的标准案例的调查。他们让受试者思考两组死亡原因：糖尿病和哮喘，中风和意外事故。在每组原因中，受试者要指出更常出现的原因并估测两种可能性的比率，然后将做出的判断与当时的健康统计数据进行比较。以下是他们发现的一个样例：

- 中风致死的数量几乎是所有意外事故致死总数的2倍，但80%的受试者却判断意外事故致死的可能性更大。
- 人们认为龙卷风比哮喘更容易致死，尽管后者的致死率是前者的20倍。
- 人们认为被闪电击中致死的概率比食物中毒要小，不过，前者致死率却是后者的52倍。
- 得病致死是意外死亡的18倍，但两者却被认为概率相等。

·意外死亡被认为是糖尿病致死率的300倍，但真正的比率却是1∶4。

其中的道理很明显：对死亡原因的估测因媒体报道而有所改变。报道往往偏向新鲜和尖锐的事。媒体不仅影响了公众的兴趣，也受到公众兴趣的影响。编辑不可能忽略公众的需求，就对某些话题和观点进行大量报道。不同寻常的事件（比如腐肉中毒）会格外引人注意，人们常会低估此类事件的发生概率。我们脑海中的世界并不是真实世界的准确反映；我们对事件发生频率的估测也会受到自己接触这些信息和频率与个人情感强烈程度等因素的影响。

对致死原因的估测几乎是联想记忆中观点激发的直接反应，也是替代效应的极佳例子。但斯洛维奇和他的同事们有了更深层次的发现。他们发现，人们想到不同风险的轻松程度与其对这些风险的情感反应是紧密相连的。我们总是特别容易想起那些骇人的想法和画面，而那些流畅生动的骇人印象又会加深我们的恐惧。

如前所述，斯洛维奇最后对情绪启发式的概念做了详细探究，认为人们在做判断和决策时会受情绪的影响：我喜欢它吗？我恨它吗？我对它的感觉有多强烈？斯洛维奇说，在生活的很多领域中，人们形成的观点和做出的选择直接表达出其情感和取舍的基本倾向，而这些行为完全是在毫无意识的情况下做出的。情绪启发是替代的一种，即将简单问题（我对它感觉如何）的答案当成较难问题（我对它评价如何）的答案。斯洛维奇及其同事将他们的观点与神经学家安东尼奥·达马西奥的研究成果联系起来。达马西奥曾指出，人们对结果的情感反应、身体状态，以及与之对应的取舍抉择在决策制定中都发挥了重要作用。达马西奥和他的几位同事发现，在做决策前没有表现出适当情感的人可能是因为他的大脑有损伤，也可能是因为他对做出较好决策存有障碍。无法接受糟糕结果的“健康畏惧”导向是个灾难性的缺陷。

关于情绪启发式的运作问题有一项十分令人信服的实证研究，斯洛维奇的研究小组对人们对各种技术的看法进行了调查，其领域涉及饮用水氟化、化工厂、食品防腐剂和汽车等，研究人员要求受试者列举每项技术的优缺点。他们发现受试者对该技术的优势和风险的估测值存在非常大的负相关性。当人们更青睐于某项技术时，他们就会认为此项技术更有优势、风险更小；他们如果不喜欢某项技术，就会想到其缺点和寥寥几个优点。因为几项技术刚好是从好到次排列起来的，因此无须做艰难的权衡。当研究人员要求受试者在规定时间内对风险和优点做出估测时，这两项估值会更接近。值得注意的是，英国毒物学会几位会员的反应是相似的：他们在自认为危险的物质和技术中发现的优点很少，反之亦如此。一致影响是我所提到的联想一致性的一项基本要素。

接下来是该实验最精彩的部分。完成最初的调查后，受试者读了几篇支持不同技术的小短文。有些短文关注的是某项技术的众多优点，其他短文则强调其风险低。这些短文有效地改变了受试者对这些技术的感性认识。实验结果令人关注，那些读到对某项技术多有褒奖的短文的人，对此项技术存在的风险也有了不同认识。尽管没有佐证，但他们现在认为自己更喜欢这项技术了，感觉其风险没那么大。同样，那些只知道某项技术风险较小的受试者也会对其优点越发青睐。其中的道理很明显：正如心理学家乔纳森·海特在另一篇文章中说的那样："感性细节掌控理性大局。"情绪启发式通过创造一个比现实更明了的世界来简化我们的生活。好的技术在我们的虚拟世界中成本较小，不好的技术没有利益，所有的决策在这里都变得很简单。当然，在现实世界中我们常要在利益和成本中做出权衡。

公众与专家

保罗·斯洛维奇可能比其他人更加了解人类做出风险判断的特性。他的著作描述了不卑不亢的普通人形象：感性而非理性，易被琐碎细节左右，并且对较小的可能性和极微小的可能性之间差别的感知力不够敏锐。斯洛维奇还对专家进行了研究，显然专家在处理数字和数量的问题时更权威。专家同普通人一样，也以衰减的形式表现出同样的偏见，但他们对风险的判断和偏见往往与普通人有所不同。

非专业性判断中存在的偏见可以对专家和公众之间的不同之处做出一定的解释，但斯洛维奇提请人们注意能反映不同价值间真实矛盾的情况。他指出，专家经常通过判断死亡人数（或寿命）来测定风险，而公众的区分则更加细致，例如，"善终"和"非善终"，是意外死亡还是在类似滑雪这样的自愿活动中死亡等。这些合理的区别经常被只计数事件的统计学忽略。斯洛维奇通过这些观察报告得出结论：公众对风险的认识比专家更深刻。因此，他强烈反对专家或权威的观点，若专家与其他公民的观点和希冀相矛盾，人们就不应该完全接受专家的观点。他说，当专家和公众对各自的优先权产生分歧时，"双方必须尊重对方的见解和智慧”。

斯洛维奇想摆脱专家对风险判断的绝对控制，因此他对专家的理论根据——风险是客观的——发起了挑战。

> “风险”并不是脱离我们的思想和文化而独立存在的，不会老老实实等着我们去测量。人类发明“风险”这个概念是为了帮助自己理解和应对生活中的危险和不确定情况。尽管这些危险是真实存在的，却没有“真正风险”或“客观风险”这回事。

为了阐述自己的观点，斯洛维奇列举了 9 种界定死亡风险的方式，从“每 100 万人的死亡”到“每生产价值 100 万美元的产品造成的死亡”，这种死亡风险与向空气中释放有毒物质的做法相关联。他的观点是：风险评估依赖测试方法的选择——这种选择极有可能是在人们心中期望得到这样或那样结果的情况下做出的。他进一步总结道，“因此，风险界定是一种权力的行使”。也许你从未想过竟然会有人将判断心理的实验研究与棘手的政策问题联系起来！但是，政策最终还是与人相关的，它关乎人们想要什么和什么对他们是最有利的。每个政策问题都包括对人性的假设，尤其是人们可能做出的抉择和他们为自己和社会做出抉择所带来的后果。

我特别敬仰的另外一位学者兼好友卡斯·桑斯坦对专家和公众的看法与斯洛维奇截然不同，他认为，专家就是抵制“平民”越轨的壁垒。桑斯坦是美国最知名的法学家之一，与同领域的其他领军人物一样，他身上具有一种大无畏的精神。他知道自己能快速且完整地掌握任何知识体系，而且他已经掌握了很多知识体系，包括判断和决策心理学、管理问题、风险政策等。他认为美国现行的监管体系暴露出优先处理事件不明确的糟糕状况，这一体系更多是对公众施压做出反应，而不是谨慎客观地分析具体情况。桑斯坦认为，为降低风险而采取的风险监管和政府干预手段，应该以成本和利益间的理性权衡为指导。对具体情况的谨慎而客观的分析，其自然单位是拯救生命的数量（或者寿命，用寿命做自然单位可能会更注重对年轻人的拯救）和钱财的数量。监管不力会造成生命和金钱的浪费，两者都可以进行客观测量。斯洛维奇认为风险及其测量都是主观的，桑斯坦对此并不信服。风险评估的许多方面都还有待商榷，但他对风险的客观性抱有信心，也许通过科学、专业知识和审慎的思考可以拥有这样的信心吧。

桑斯坦越来越相信，对风险带有偏见的反应是导致公共政策中优先处理权不稳定和错位的重要原因。立法者和监管人员对民众的无理要求可能会反应过度，因为他们有着很强的政治敏锐性，也因为他们和其他民众一样容易抱有同样的认知偏见。

桑斯坦和一位合作者——法学家蒂穆尔·库兰为偏见植入政策这一机制起了个名字“效用层叠”[1]（availability cascade）。他们评论道，在社会大背景下：“所有的启发式都是平等的，但可得性相比而言更平等。”他们了解广义的启发式概念，在这个概念

1. 效用层叠，即集体信念形成的自我增强过程。经由该过程表示的认知触发一连串的反应。它通过在公共话语中增强影响效用而增强此感知的合理性，这一过程的驱动机制包含信息的、名声的动机：个人通过部分了解他人的外在想法，为了保持社会认可的利益而通过部分扭曲自己的公开反应而支持上述认知。效用野心家——操纵公共话语内容的行动主义分子——总是力图触发效用层叠以推进其计划。——译者注

中，可得性为判断（而不是概率）提供了启发，尤其是我们想到以某个概念的轻松程度（和情感的释放）来判断其重要性时，这种启发的作用就体现出来了。

效用层叠是一连串自持事件，它可能开始于对相对次要的事件的媒体报道，然后会引起公众恐慌和大规模的政府行动。在有些情况下，关于某一风险的媒体报道能抓住部分公众的注意力，这部分注意力进而会变成激愤和焦虑。这种情感反应本身就是一种宣扬，会推动媒体跟进报道，继而令人产生更大的焦虑，波及面也更大。通过“可得性倡导者”，这个循环有时候会因为那些“可得性专业户”——专门负责连续不断地散布扰乱民心消息的个人或组织——的刻意操纵而加速运行。媒体竞相制造吸引人眼球的头条新闻，危险也随之升级。一些科学家和其他领域的人士试图抑制这种日益增长的恐惧和厌恶情绪，然而收效甚微，他们的努力非但没有达成初衷，反而激起了不少敌意：所有宣称危险有些夸大其词的人都有“欲盖弥彰”的嫌疑。这是一个重要的政治问题，因此每个人对此都很上心，政治体系的回应也会受公众情感强烈程度的影响。此时效用层叠就要重新设定优先考虑的事件。其他风险和关乎公众利益的资源利用方式也都显得不那么重要了。

库兰和桑斯坦曾经关注过两个案例，这两个案例时至今日仍备受争议：（纽约州）拉夫运河事件和化肥果素致癌恐慌（Alar scare）。拉夫运河中掩埋的有毒垃圾在 1979 年的雨季中显露出来，引起了水井污染超标，还散发出恶臭。当地居民当时既气愤又害怕，他们中的洛伊丝·吉布斯对这个问题的反应尤为活跃，一心想要维护自身利益。官方消息触发了效用层叠。在这一事件最受关注的时候，每天都会有很多拉夫运河的相关报道，当时一些科学家试图告诉公众他们夸大了危险的程度，但是这一论调不是被人们忽略就是被相反的声音淹没了。当时美国广播公司新闻档播出了一个名为“杀戮场”的节目，视频中的人们抬着婴儿用的空棺材行经立法机关门前。众多居民由政府出资迁往外地。对有毒垃圾的治理成了当地20世纪80年代的重大环境问题，当地政府出台了《环境保护赔偿责任法》，要求清理有毒地点，设立超级基金，这项立法被视为环境立法史上的重大成就。这些措施花费自然不菲，有人还说同样数额的钱如果用在其他重要的事情上可以拯救更多的生命。拉夫运河事件的真相究竟是怎样的，时至今日人们仍旧各执一词，没有人能拿出实实在在的证据证实这一事件对健康造成了实质性的损害。库兰和桑斯坦觉得拉夫运河事件的报道像是条假新闻，不过环保人士今天仍旧会一再提到“拉夫运河灾难”。

关于库兰和桑斯坦用来说明效用层叠概念的第二个例子，人们的观点至今仍然存有分歧。这个例子就是1989年的化肥果素致癌事件，也就是环境问题批评者口中的“化肥果素致癌恐慌”。Alar是种化学品，喷洒到苹果上用以调节苹果的生长周期并改善其外观。有报道称，该化学品用量大，可导致大老鼠和家鼠得癌症，恐慌便由此引发。报道自然可以吓到众人，而且这些恐慌情绪也促使媒体争相报道，这就是效用层叠的基本机制。这一主题对新闻形成引导作用，进而引发了重大的媒体事件，例如梅丽尔·斯特里普在国会前的证词。由于苹果和苹果产品引起人们的恐慌，苹果产业损失巨大。库兰和桑斯坦引用了一位打来电话的居民的话，此人问道：“是把苹果汁倒进下水道更安全，还是扔到有毒废物垃圾场更安全？”生产商回收了苹果杀虫剂产品，美国食品药品监督管理局也对此产品颁布禁令。此后的研究证实，这种物质致癌的可能性很小，该事件显然是对一个小问题做出的过激反应。这件事对公众健康的最终影响可能是致命的，因为人们吃到的好苹果越来越少了。

这一事件说明，我们的大脑解决小风险的能力有一个基本限度：我们要么完全忽视风险，要么过于重视风险，没有中间地带。每位等待晚归女儿的家长都能体验到这种感觉。你也许知道真的是（几乎是）没有什么可担心的，但你的大脑会不自觉地闪现危险的景象。正如斯洛维奇所言，焦虑对伤害的可能性还不够敏感。你想到了分子（即你在新闻中看到的悲惨新闻），却没有想到分母。桑斯坦发明了“概率忽视”这一短语来描述这一模式。概率忽视和效用层叠两种社会机制的组合必然会导致对小威胁的夸大，有时还会引发严重后果。

当今世界，将效用层叠发挥到极致的人最有可能是那些恐怖分子。除了几次可怕的事件，比如“9 · 11”恐怖袭击事件，恐怖袭击导致的死亡人数比其他死亡导致的死亡人数要小很多。即使在恐怖活动猖獗的国家，比如以色列，每周的死亡人数也远不及交通事故死亡的人数多。概率忽视和效用层叠间的不同在于，两种发现的可得性和呈现到脑中的轻松度和概率。媒体不断重复的可怕画面可使每个人都处于崩溃的边缘。我们都有这样的体验：想要劝自己完全冷静下来是非常难的。恐怖主义是直接和系统 1 对话的。

在和朋友辩论的过程中，我是从何时开始处于下风的呢？效用层叠是真实的，它无疑扰乱了公共资源分配的重点。卡斯 · 桑斯坦会探索将决策制定者从公众压力中隔离开来的机制，让资源的分配由公正的专家来决定，这些人对所有风险都了如指掌，还知道可以利用哪些资源来降低风险。公众比桑斯坦更相信专家，但保罗·斯洛维奇却不怎么相信这些专家，他指出，将专家从公众情感中隔离出来会产生公众排斥的政策，这种情形不可能发生在民主制的国家中。两人的观点都非常有见地，他们的说法我都赞同。

我同桑斯坦一样，对非理性的恐惧和应对风险的公共政策的效用层叠都感到不适。不过，我也认同斯洛维奇的观点，即政策制定者不应该忽略普遍存在的恐惧情绪，即使这些情绪是毫无缘由的也不该被忽略。不管理性与否，恐惧都是令人痛苦且身心俱疲的。政策制定者必须努力保护公众不受恐惧情绪的影响，而不是只保护其不受真实存在的危险的伤害。

斯洛维奇强调，公众对那些不代表民意的不靠谱专家做出的决策心存抵制情绪，这一点的确不错。此外，效用层叠也会通过呼吁人们关注风险和增加降低风险预算总额的措施来创造长期效益。拉夫运河事件可能会使过剩资源分配到有毒垃圾的治理上，但这一事件在提升公众对环境问题的关注度方面发挥了更大作用。民主难免无秩序，其中部分原因是引导民众信仰和态度的可得性及情绪启发式运作难免有失偏颇，即使这些因素都指向正确的方向也难以达成完美的结局。心理学应该助风险政策的设计一臂之力，使之集专家知识、公众情感及直觉于一身。

示例——效用层叠

她对一项创意大为赞赏，说它收益大，无成本。我认为这就是种情绪启发式。

这是一个效用层叠的例子：被媒体和公众大肆宣扬的事还没发生，电视上就满是关于此事的报道，每个人都在谈论这件事。

第 14 章

汤姆的专业

请看下面这个简单的问题：

汤姆是你们国家一所著名院校的研究生。请预测汤姆就读于以下 9 个专业的概率，并对专业进行排序。用 1 表示最有可能就读的专业，9 表示最无可能的。

工商管理

计算机科学

工程学

人文与教育

法学

医学

图书馆学

自然科学与生命科学

社会科学和社会工作

这个问题很简单，你马上就知道不同专业的招生规模是解决问题的关键。就你所知，汤姆是从这所大学里随机挑选出来的一名研究生，好比从罐子里随意拿出来的一个弹球。想要知道这个弹球是红色的还是绿色的，你必须清楚罐子里两种颜色的弹球各有多少。某一特定种类的弹球所占比率被称为基础比率。同样，在这个问题中，人文与教育专业的基础比率指的就是这个专业的学生人数占学生总数的比率。在缺乏与汤姆相关的具体资料的情况下，你可能会根据基础比率进行猜测，相比计算机科学和图书馆学，汤姆更有可能被人文与教育专业录取，因为人文与教育专业的招生规模比另外两个专业的招生规模大。在没有其他信息可供参考时，采取基础比率的方法最容易。

接下来的这个任务与基础比率并无关联。

一位心理学家在汤姆高三时对他进行了一系列不定效果的心理测试，大体推断出他的个性，其描述如下：

尽管缺乏创造力，但汤姆智商很高。他喜欢按部就班的简单生活，喜欢干净整洁的环境，屋子里的物件要摆放得规规矩矩。他写的文章枯燥，偶尔会写一些老掉牙的双关语，或者迸发出类似科幻小说的火花，文章还显得有那么点儿生动。他颇具竞争意识。此外，汤姆待人冷淡，缺乏同情心，也不愿与他人接触。尽管他总是以自我为中心，却有着强烈的道德观念。

现在，请拿出一张纸来，按照上文对汤姆的性格描述，预测他与某个专业典型学生的相似度并进行排序。用 1 表示最相像的专业，9 表示最不像的。

如果能够很快完成这个任务的话，你就会从本章学到更多东西。你很有必要读读汤姆的相关报告，这会帮助你对不同专业的研究生特质做出判断。

下面这个问题同样很直接。它需要你重新获得或构建一个不同专业领域的研究生的典型形象。在 20 世纪 70 年代早期，实验刚开始进行时，平均结果所呈现的专业顺序如下所示。这与你的排序可能并没有多大不同：

1. 计算机科学
2. 工程学
3. 工商管理
4. 自然科学与生命科学
5. 图书馆学
6. 法学
7. 医学
8. 人文与教育
9. 社会科学和社会工作

由于会想到书呆子（因为描述中有“老掉牙的双关语”这一条），你有可能将计算机科学排在首位。实际上，汤姆的性格特征就是按照计算机科学专业学生的典型形象来描述的。另一个大多数人都排在前面的专业是工程学（描述中有“规规矩矩”这一条）。你可能认为汤姆并不适合社会科学和社会工作专业（因为他“待人冷淡，缺乏同情心”）。但该专业人员的典型形象似乎在我设计描述汤姆实验后的40年内发生了少许变化。

给这9个专业排序是一项复杂的任务，肯定需要系统2有规则、有秩序地组织，只有这一系统才能完成这项任务。然而，描述所给的提示（老掉牙的双关语及其他一些提示）很容易激活关于典型形象的联想，这是系统1控制下的自主活动。

这项寻找相似点的任务要求我们对汤姆的描述和不同专业学生的典型形象进行比较。描述的准确性——无论这是不是对汤姆的真实写照——与任务的目的没有关系。另外，你对每个专业基础比率的了解也与任务无关，因为某个个体与某个组织典型人员的相似性并不受这个组织大小的影响，甚至在大学里根本没有图书馆系的情况下，你都可能会将汤姆的性格描述与图书馆学专业的研究生形象进行比较。

如果你再次审视汤姆，会发现他很适合人数少的专业（计算机科学、图书馆学、工程学），并不适合人数多的专业（人文与教育、社会科学与社会工作）。的确，受试者也几乎都将人数多的两大专业排在了最后。汤姆被刻意设计成了“反基础比率”的角色，适合于人数少的专业，不适合人数多的专业。

依据典型的预测

第三个排序的任务是由心理学专业的研究生完成的。这项任务尤其重要，同样是根据汤姆就读专业的概率对9个专业进行排序。不过进行这次预测的人了解相关的统计学事实：他们对不同领域的基础比率都很熟悉，也知道对汤姆的性格描述并不十分可信。然而，我们希望他们只关注描述与典型特征的相似性（我们将其称为典型性），而忽略掉基础比率以及对描述的准确性的怀疑。他们将人数少的计算机科学专业排在了最前面，因为这个专业最典型。

在尤金工作的那一年，我与阿莫斯十分卖力，我有时还会在办公室里通宵工作。彻夜工作的任务之一就是将典型性和基础比率之间的冲突描述出来。汤姆的形象就是我努力的结果，我在清晨时分完成了对他的描述。那天早晨第一个来上班的是我的同事兼好友罗宾·道斯。他是一个富有经验的统计学家，也是直觉判断有效性的怀疑者。如果说有人能意识到基础比率的话，这个人一定是罗宾。我将罗宾叫过来，给他看了我刚打出来的问题，并让他猜测汤姆的专业。我至今仍然记得他试着回答时露出的狡黠笑容，他说道："计算机科学吗？"那是一个令人开心不已的时刻，我心想：你也有失算的时候啊。当然，我一提到"基础比率"，罗宾很快就更正了他的错误，但他开始并没有自主地想到这一点。尽管他比任何人都清楚基础比率在预测中的作用，但当他看到某个人的性格描述时，就会忽略掉这些比率。不出所料，他用对典型性的判断替代了对概率的评估。

随后，我和阿莫斯搜集了3所重点院校里114名心理学研究生对这个问题的答案。这些学生都上过几门统计学课程。结果确实没让我们失望。他们对9个专业概率的排序与和典型形象相似程度的排序并无太大差别。在这个实例中，替换起了很大作用：并无迹象表明除了判断典型性，受试者还用了别的方法。因为关于概率的问题较难回答，而关于相似性的问题就比较简单了，所以在回答时受试者就置换了问题。这是一个严重的错误，因为对相似性和概率的判断所遵守的并不是同一个逻辑规律。我们对相似性的判断可以完全不受基础比率的影响，不受可能会出现的不当描述的影响，但是在判断概率时，如果忽略基础比率和证据的可靠性，就注定会犯错误。

"汤姆是学计算机科学的概率"并不是一个简单的概念，逻辑学家和统计学家对它的意义各执己见，还有一些人认为它根本就没有意义。对于很多专家而言，概率是信念主观程度的评估手段。有些事你确信无疑，例如今天早晨出太阳了；而另外一些事是你认为根本不可能的，例如太平洋突然结冰了。还有许多事会令你半信半疑，例如你隔壁的邻居是一个计算机科学家——这便是此事在你眼中的概率。

逻辑学家和统计学家相互争论，提出了多个关于概率的定义，全都非常精确。然而，对于外行人来说，概率（在日常生活中和"可能性"是同义词）是一个相对含糊的概念，与不确定性、倾向性、貌似正确以及出乎意料等词紧密相关。模糊性和令人不爽的感觉并不都是这个概念所特有的特性。当我们使用"民主"或"美丽"这样的词时，我们或多或少明白自己究竟要表达什么意思，我们的谈话对象也或多或少能明白我们究竟想要说什么。在我潜心研究事件的概率问题的这些年里，从来没有人举手问过我："先生，请问概率指的是什么？"如果我问他们的是一个奇怪的概念，例如适应全球化的能力，他们肯定就会举手问问题了。尽管每一个人都表现出他们知道该怎样回答我的问题，但我们都明白，要求他们去解释这个词的含义有些难。

被要求做概率评估的人并不会感到很困惑，因为他们对概率的判断与统计学家或哲学家的判断不同。关于概率或可能性的问题引起了思维的发散性，让人想起比较简单的问题的答案。其中一个简单的答案就是对典型（代表性）的自动评估——在我们理解语言时这种现象很常见。“猫王埃尔维斯·普雷斯利的父母曾希望他成为一名牙医”，这一（错误的）陈述听起来有些好笑，因为我们会自动把猫王的形象与牙医联系在一起，然而这两者的形象实在相差太大。系统1能使人产生相似的印象，虽然它并没有刻意这样做。“她会赢得竞选，你明白她肯定会赢”，“他学习成绩好不了，看那一身文身吧”，当听到有人这样说时，他们一定是受到了典型性启发式的影响。如果我们通过某个下巴的轮廓或铿锵有力的演讲来判断这个职位候选人是否具有领导才能，此时我们依赖的就是典型性。

尽管通过典型性做出预测的做法很普遍，但是在统计学上这一做法并不是最优选择。迈克尔·刘易斯的畅销作品《魔球》说的就是这种预测方式的低效性。职业棒球球探在预测某个选手是否会成功时，他们大体上看的是球员的体格和相貌。这本书的主角是奥克兰“运动家棒球队”的经理比利·比恩。他做出了一个大家都不愿接受的决定：否决球探们的建议，通过选手过去表现的统计数据来挑选球员。“运动家棒球队”挑选出来的选手都以低会费入队，其他球队都没有想到用数据来判断，因而拒绝了这些选手。“运动家棒球队”很快就以低成本达成了最佳结果。

典型性启发的两宗罪

用典型性来判断概率有一些重要的优点，它所带来的初始印象通常比乱猜一气更为精确。

- 在大多数情况下，表现得很友好的人实际上也很友好。
- 又高又瘦的职业运动员很有可能是打篮球的而不是踢足球的。
- 获得哲学博士学位的人比只读完高中的人更有可能订阅《纽约时报》。
- 年轻的男性会比年老的女性更不要命地踩油门。

在这些例子及其他更多例子中，典型的形象特征左右着我们对典型性的判断，由这种典型性启发得出的预测有可能是对的，这样的说法在某种程度上就是事实。然而在其他情况下这种典型形象却是错误的，因而典型性的启发也会造成误导，尤其会使人们忽略基础比率信息，找错预测方向。即使启发性具有一定的真实性，但绝对依赖启发效应就是违背统计学逻辑，是有严重"罪过"的。

典型性的第一宗罪就是，它过于喜爱预测不可能发生的（低基础比率的）事件。下面就是一个例子：如果你看见一个人在纽约地铁里阅读《纽约时报》，下面哪种情况与读报者更吻合？

她有博士学位。

她没有大学文凭。

典型性会告诉你应该选有博士学位那位，但这样做并不一定是明智的。你应该充分考虑第二个选项，因为纽约地铁里更多是没有大学文凭的人，而不是有博士学位的人。如果猜测一个被描述为“羞涩的诗歌爱好者”的女士学的是中国文学还是工商管理，你也应该选择第二个答案。因为虽然学习中国文学的女学生都害羞且爱好诗歌，但几乎可以肯定的是有更多工商管理专业的学生同样也是害羞的诗歌爱好者。

在某些情况下，没有受过统计学训练的人也会使用基础比率来进行预测。在本章开头关于汤姆的第一个问题中，我们没有提供关于他的细节，对于每一个人来说，汤姆读某个专业的概率就是那个专业招生规模的基础比率。然而，得知汤姆的个性特征后，人们再也不会将基础比率纳入考虑范围了。

在前期证据的基础上，我和阿莫斯原本以为在了解了具体信息后，基础比率的信息“总会”被忽略，但是这样的结论太过绝对了。心理学家做过许多实验，在这些实验中，所给问题都明确地提供了基础比率信息，尽管关于个人特征的信息比单纯的数据分量更重，许多受试者还是受到了这些特征信息的影响。诺伯特·施瓦茨和他的同事表示，引导人们“像统计学家那样思考”就能够促使他们使用基础比率信息，引导人们“像临床医生”那样思考则会起到相反的效果。

几年前，我和哈佛大学的学生做了一项实验，该实验让我有了一个令我十分惊讶的发现：增强系统 2 的激活状态能有效提高回答汤姆问题的准确率。这项实验将旧问题与认知顺畅性的现有形式结合了起来。在实验过程中，我们要求一半学生鼓腮帮，另一半学生皱眉头。前文已经提过，皱眉通常可以增强系统 2 的警觉性，降低对直觉的过分相信和依赖。鼓起腮帮（与感情无关的表情）的学生的预测结果与原实验结果一样：他们只依赖于典型性，而忽略了基础比率。然而不出我所料，那些皱眉头的同学的确对基础比率表现得很敏感。这是一个具有启发性的发现。

人们一旦做出一个错误的直觉判断，系统 1 和系统 2 就都脱不了干系。系统 1 引起了错误的直觉，系统 2 采纳了这个直觉，并将其运用在判断当中。然而，造成系统 2 犯下此类错误的原因有两个——忽视与懒惰。许多人忽视了基础比率，因为在有个人信息的情况下他们认为基础比率与问题并无关联。另一些人犯下同样的错误，是因为他们没有将注意力集中在任务上。如果皱眉能带来不同结果的话，这说明懒惰也许是人们忽视基础比率的合理解释，至少对于哈佛大学的学生来说是这样。当具体信息缺失时，他们的系统 2“知道”基础比率与问题相关，但是只有在任务中付出特别努力时，他们才能将基础比率的知识应用于其中。

典型性的第二宗罪是它对证据质量不够敏感。请回想系统 1 的眼见即为事实的原则。在汤姆的问题中，激活你联想机制的是对汤姆的描述，且这个描述不一定是真实的。对汤姆“对人冷淡，缺乏同情心”的表述也许能让你（以及许多其他读者）相信他不太可能是社会科学与社会工作专业的学生。然而，彼时你已经清楚地知道这样的描述是不可信的。

原则上讲，你当然知道不值得信任的信息就相当于没有信息，但是眼见即为事实使你难以遵循那条原则。除非你决定立刻否定证据（例如，你坚信的信息是从一个骗子口中得来的），否则你的系统 1 会自动将这一信息视为真实的。当你怀疑信息的可靠性时，可以做一件事：做概率判断时，往基础比率那方面想。别期望遵循这条原则会很容易——它需要付出很多努力的情况，才能实现自我监督和自我控制。

想要得出汤姆问题的正确答案，你应该遵从最先出现在自己脑海中的想法，若认为某招生人数多的专业（人文与教育、社会科学与社会工作）被选中的概率高，则稍微降低其概率；若认为某招生人数少的专业（图书馆学、计算机科学）被选中的概率低，则稍微提高其概率。如果你对汤姆一无所知，你做出的抉择就不是你的初衷了，你手头上的那点儿信息也不能相信了。所以，你应该让基础比率在预测时起主导作用。

约束直觉

你认为明天会下雨的概率只不过是你的臆测，你不应该相信头脑里出现的所有想法。你的信念必须受限于概率逻辑。所以，如果你相信明天某个时候会下雨的概率是 40%，就该相信不会下雨的概率是 60%，那么明天早晨下雨的概率就一定不会是 50%。如果你相信某个候选人当选总统的概率是 30%，并且相信他在首次竞选成功后再次当选的概率是 80%，你就必须相信他连任的概率是 24%。

贝式统计学提供了类似汤姆等相关问题的“定理”。这个研究统计学的定理影响深远，是以 18 世纪英国一位神父瑞福伦德·托马斯·贝叶斯的名字命名的，因为人们认为他是为一个重大问题做出重要贡献的第一人，这个问题就是：如何推断人们是怎样根据证据改变自己的想法的。贝叶斯定理详细说明了最强烈的信念（在本章的实例中指的是基础比率）应该与证据分析相结合，这样才能更接近假设而不是偏离到其他方向上。例如，如果你相信有 3% 的研究生是被计算机科学专业录取的（基础比率），你还相信汤姆是该领域研究生的可能性是其他领域的 4 倍，贝叶斯定理就会认为，你必须相信汤姆是计算机科学家的概率是 11%。此外，如果基础比率是 80%，那你眼中的新概率就应该是 94.1%，以此类推。

数学问题与本书并无关联。关于贝叶斯定理，有两点我们要铭记于心，要知道我们总是喜欢把事情搞得一团糟。第一，基础比率十分重要，即便是在手头的案例已有证据的情况下也是如此。第二，通过分析证据得到的直观印象通常都会被夸大。眼见即为事实与联想一致性的结合易使我们相信自己编纂的故事。以下是对贝叶斯定理关键点的总结：

· 以相对合理的基础比率对结果的可能性做出判断。

· 质疑你对证据的分析。

这两个理念都是直接明了的。当我意识到自己从未学习过怎样运用它们时，我感到非常震惊，即使是现在，我仍旧觉得自己在践行这两个理念时总有些不自然。

示例——典型性与基础比率

草坪修整得很好，接待员看起来很能干，家具也十分抢眼，但这并不意味着这是一家经营状况良好的公司。我希望董事会不要依照典型性启示做出判断。

这家新成立的企业看起来不会倒闭，但是这个行业的成功基础比率非常低。我们又怎么能知道这家企业就是个特例（一定能成功）呢？

他们一直在重复犯同样的错误：用并不充分的证据来预测罕见的事件。当证据不充分时，我们应该以基础比率作为判断依据。

我知道这份报告绝对是具有毁灭性意义的，也许它的证据十分确凿，但我们凭什么相信呢？我们必须在做计划时保持一定的怀疑态度才行。

第 15 章

琳达：少即是多

我们的实验中最著名也最受争议的地方是设计了一位虚拟的女士，名叫琳达。阿莫斯和我拟造了琳达问题，用以说明启发式在判断中的作用以及它与逻辑相悖的地方。以下是我们对琳达的描述：

> 琳达，31 岁，单身，一位直率又聪明的女士，主修哲学。在学生时代，她就对歧视问题和社会公正问题较为关心，还参加了反核示威游行。

20 世纪 80 年代听到这个描述的人常常会笑出声来，因为他们马上就知道琳达曾在加州大学伯克利分校上过学，因为这个学校以有一批热衷于政治的激进学生而著称。在一项实验中，我们给受试者看了一张单子，上面列有琳达可能会出现的 8 种情况。在汤姆问题中，有些人通过典型性对汤姆的专业进行排序，而其他人则通过概率做出排序。琳达问题也是如此，但有些新的变化。

琳达是小学老师。

琳达在书店工作，她还在学瑜伽。

琳达积极参与女权运动。

琳达是妇女选民联盟成员。

琳达是银行出纳。

琳达是保险推销员。

琳达是银行出纳，还积极参与女权运动。

这个问题从几个方面透露出年代的信息。“妇女选民联盟”如今的地位已经不像从前那样突出了，“女权运动”虽说见证了过去 30 年里女性地位的变化，但这种说法今天听来也已经很陌生了。然而即使在当今这个“脸谱”时代，我们仍然很容易猜到人们会对这位女士做出高度一致的判断：琳达非常适合当一个激进的女权主义者，也相当符合在书店工作且学习瑜伽的身份特征，不过却不怎么适合做银行出纳或是保险推销员。

现在请注意这张单子上有一点很重要：琳达更像一名（普通的）银行出纳，还是更像一名积极参与女权运动的银行出纳？所有人都认为琳达更像“主张女权主义的银行出纳”，而不是普通的银行出纳。普通的银行出纳不会热衷于女权主义，加上这个细节，整个描述更像一个有条理的故事了。

但是在判断概率的过程中，人们会有些纠结，因为上述两种情况之间存在一种逻辑关联。按照维恩图解来说，积极参与女权主义的银行出纳的集合包含在银行出纳的集合之中，因为每个持女权主义理念的银行出纳本身还是银行出纳。因此，琳达是位积极参与女权主义的银行出纳的概率，就一定比她只是个（普通的）银行出纳的概率低。当你想更加详尽地说明某个可能的事件时，只能降低其概率。因此这个问题使典型性直觉和概率逻辑两者对立起来。

我们的首次实验是一次被试间设计。每位受试者都看到一组列有 7 个结果的单子，其中只包括几个重要结果中的一个（“银行出纳”或“积极参与女权主义的银行出纳”）。有些人通过相似度来排序，而其他人通过概率排序。就像汤姆问题出现的结果那样，通过相似度和概率得出的平均排序结果是相同的。在两种情况下，“积极参与女权主义的银行出纳”都比“银行出纳”的排序要靠前。

然后我们运用被试内设计对此项实验做了更深入的研究。我们设计了你此前看到的那份调查问卷，其中“银行出纳”排在第六位，“女权主义银行出纳”位于最末。我们相信受试者会注意到两个结果之间的关系，而且他们的排列也应该会符合逻辑。事实上，我们对此非常有把握，不必再专门做个实验来证实这个想法。我的助手当时正在实验室里做另一项实验，她让受试者一边在报酬表上签名（临走前要领报酬），一边完成这项关于琳达的问卷。

后来我随意一瞥，看到助手书桌上的文件盒里已经放了 10

份调查问卷了，而且所有的受试者都认为（琳达是）“积极参与女权主义的银行出纳”比“银行出纳”的可能性更大。当时我太惊讶了，因为自己有了一个重大发现，因此我至今对那张灰色金属质地的书桌以及当时每张表的位置仍记忆犹新。当时我兴奋极了，赶紧给阿莫斯打电话，告诉他我们有了重大发现：我们让逻辑与典型性互相竞争，结果典型性赢了！

我们还观察到系统 2 的一个缺点：既然两种结果都包含在同一列表中，受试者就有很大机会发现逻辑规则中的关联性，但他们却没有把握好这次机会。当我们把实验的规模扩大时，发现样本中 89% 的研究生都违背了概率的逻辑。我们相信，从统计学角度做出复杂应答的受试者表现会更好些，因此我们给斯坦福大学商学院决策科学项目的博士生发了同样的调查问卷，所有的博士生都学过概率论、统计学和决策论等学科的高级课程。我们又一次惊奇地发现：85% 的博士生也认为（琳达是）“积极参与女权主义的银行出纳”比“银行出纳”的可能性更大。

为了消除这个错误——后来我们认为“这个希望越来越渺茫”——我们让很多人了解琳达，并且问了他们下面这个简单的问题：

> 下面两种情况哪种可能性更大？
>
> 琳达是银行出纳。
>
> 琳达是银行出纳，同时她还积极参与女权运动。

这个直截了当的问题使琳达这个人物在某些领域中小有名气，也引起了数年的争议。几所重点大学 85%~90% 的大学生选择了第二个选项，这一选择有悖逻辑，却没有人因此感到羞耻。我曾经有些愤怒地问自己教的那些大学本科生："难道你们没有注意到自己违背了基本的逻辑原则吗？"当时后排有些学生大喊："那又怎样？"还有个犯了同样错误的毕业生解释道："我还以为你只不过是问问我的看法。"

通常，当没能运用明显相关的逻辑原则时，人们就会出现"谬误"。阿莫斯和我引入了"合取谬误"（conjunction fallacy）这个想法，通过直接比较，人们总会认为两个事件（在此即为银行出纳和女权主义者）的联合出现比只出现其中一件事（银行出纳）的可能性要大，此时就出现了合取谬误。

正如米勒–莱尔错觉图所示，即使你对谬误有了真切的了解，也难以避免这种错误。生物学家斯蒂芬·杰·古尔德曾描述他自己在琳达问题上的纠结反应。他当然知道这个问题的正确答案，然而他还是写道："我脑中有个小人，跳上跳下的，还对着我喊：'她不可能只是个银行出纳，看看那描述就知道了。'"这个喋喋不休的小人当然就是古尔德的系统 1 了。（在他写这些文字时我们还没有引入两个系统的说法。）

琳达问题简短版本的正确答案只是对我们众多研究中的一项的多数回应：斯坦福大学和伯克利大学的社会科学专业大学生组中有 64% 的学生正确地判断出（琳达是）"女权主义的银行出纳"比"银行出纳"的可能性更小。起初列有 8 个结果的版本中，相似的大学生组中只有 15% 的人做出了正确选择，其区别颇具启发性。问题的较长版本通过在不同结果中穿插其他结果（保险推销员）来区别两个重要结果，读者要分别判断每个结果，因此不会对所有结果进行比较。相反，（琳达）问题的较短版需要有能启动系统 2 的明确对比，允许多数有统计学知识的学生避免谬误。

不过遗憾的是，我们没有对这组知识渊博的受试者中选择错误的少数人（36%）的推论进行探究。

我们的受试者在汤姆问题和琳达问题中提供的概率判断与典型性判断（与原型判断类似）相吻合。典型性属于一连串可能同时发生且联系紧密的基本评估，最具典型性的结果与特性描述结合在一起就会生成最有条理的信息。而这些最具条理的信息却不一定就是可能性最大的，但它们“貌似合理”，稍有疏忽，我们就很容易混淆有条理、貌似合理和概率这三者的概念。

如果我们把具体描述当成预测的工具，那么不加批判地用“貌似合理”的判断来替代概率就会严重影响我们的判断结果。请思考下列一组问题中的两个描述，并对其可能性做出评估。

明年北美某地将有一次洪灾，1 000 多人将被淹死。

明年加利福尼亚某时将有一次地震，此次地震将导致洪水，1 000 多人将被淹死。

加利福尼亚地震的情节要比北美洪灾的情节更合乎情理，尽管加利福尼亚地震的概率非常小。不出所料，人们对更详细、更丰富的描述做出的概率判断更高，这一点有违逻辑。预言家总会给其客户设下陷阱：对情节加以详述会使其更可信，却更不可能成为现实。

为了体会“貌似合理”的作用，请看下面的问题：

下面两个论述哪个可能性更大？

马克长有头发。

马克长有金色的头发。

以及

下面两个论述哪个可能性更大？

简是位老师。

简是位老师，她走路去上班。

这两个问题与琳达问题一样，有相同的逻辑结构，但它们没有引起谬误，因为更详细的结果只是更详细而已，不会让人更信服，或更有连贯性，或更讲得通。对貌似合理和连贯性的评估不会产生概率问题的答案。在与之相矛盾的直觉缺位时，逻辑就会起作用。

芝加哥大学的奚恺元让人们在当地一家商店清仓大甩卖时为几套餐具标价（如表 2 所示），当地餐具的价位一般在 30~60 美元。他将受试者分成三个小组，其中一个组看了下面的标价，奚恺元将这组标价标注为“综合评估”，因为受试者可以对两套餐具进行对比。另外两组只看了其中一组的标价，此谓“单一评估”。综合评估是组内设计，而单个评估则是被试间评估。

表 2

	A 套：40 件	B 套：24 件
餐盘	8，全部完好	8，全部完好
汤 / 沙拉碗	8，全部完好	8，全部完好
甜点盘	8，全部完好	8，全部完好
杯子	8，有 2 个破损	
杯托	8，有 7 个破损	

假设A、B两套餐具质量相当，那么哪套更值钱呢？这个问题很简单。你可以看到A套包括B套所有的餐具，另外还多出7件完好无损的餐具，所以A套"必然"更值钱。的确，综合评估组的受试者宁愿多花点儿钱买A套餐具也不愿买B套，A套标价为32美元，B套标价为30美元。

单一评估组则出现了完全相反的结果，其中B套标价（33美元）比A套（23美元）高很多，我们都知道为何会出现这一结果。用具组合（包括餐具）通过标准和原型展示出来，因为没有人想买破损的餐具，于是你立即感觉到A套组合的平均价值比B套组合的平均价值低。如果以平均价值引导估测，人们认为B套更值钱也就不足为奇了。奚恺元将这样的结果模式称为"少即是多"。从A套中拿走16件餐具（有7件是完好无损的），它的价值就会提升了。

实验经济学家约翰·李斯特对奚恺元的发现进行了复制，他在真正的市场上拍卖两套相同的高价值棒球卡片，每套各为10张，但其中一套附赠3张普通价值的卡片。就像餐具的例子一样，在综合评估中，数量多的组合会比少的更有价值，但在单一评估中则正好相反。从经济理论的角度来看，一套餐具或一套棒球卡片的经济价值是一种总体变量，给任何一套加上一个有价值的物件只能提升它的价值。如果是这样，这个结果就有些令人烦恼了。

琳达问题和餐具问题的结构完全相同。概率就像经济价值，是一种总体变量，我可以通过以下这个例子加以说明：

概率（琳达是个出纳）= 概率（琳达是个女权主义出纳）+
概率（琳达是个非女权主义出纳）

这就是为什么琳达问题的单一评估产生了一种“少即是多”的模式，这一点与奚恺元的餐具实验一样。系统 1 会取价值的平均值而不是累加值，因此，当我们将非女权主义的银行出纳从银行出纳的大集合中移除后，主观（判定）的概率就会加大。然而，变量的总体性对概率判断的影响要小于其对金钱的影响。因此，综合评估只是消除了奚恺元的实验中出现的错误，却无法消除琳达实验中出现的错误。

琳达不是唯一一个在综合评估中得以存在的合取谬误，我们在其他许多判断中也发现了有悖逻辑的类似情况，其中一项研究的受试者被要求从高到低排列下一届温布尔登网球赛的 4 个可能结果，比约·博格是研究进行当日的主要网球比赛运动员。以下即为结果：

A. 博格会赢得比赛。

B. 博格会输掉首局。

C. 博格会输掉首局，但会赢得比赛。

D. 博格会赢得首局，但会输掉比赛。

上述结果中 B 和 C 两项比较重要。B 囊括的内容更多，其概率“一定”比自身所包含的一个事件发生的概率大。受试者给出的答案与逻辑相悖，却顺应了典型性和貌似合理性，72% 的人认为 B 选项比 C 选项的可能性更小——又一个通过直接比较得出“少即是多”的例子。这一次受试者选出的可能性最大的描述无疑貌似更合理，更符合当今世界一流网球运动员身上所具有的所有公认的特质。

合取谬误是因为对概率的误解，为阻止可能会出现的异议，我们设计了一个需要做出概率判断的问题，但在这个问题中，事件不是用文字来描述的，而且“概率”这个词一次都没有出现过。我们告诉受试者有一个标准的六面骰子，其中四面是绿色的，两面是红色的，此骰子可被投掷20次。我们给他们看了三组预设的结果，都是绿色（G）和红色（R）的任意排列，并让他们选一组。如果他们选择的那组正好出现，他们会（假想）得到25美元。这三组是：

1. RGRRR
2. GRGRRR
3. GRRRRR

因为这个骰子绿色面的数量是红色的2倍，第一组就很不具代表性——就像琳达是个银行出纳这一选项一样。第二组包括6次投掷结果，与预期投骰子结果更为符合，因为它有两个G。但是这个结果在设计时只是在第一种序列的开头加了个G，所以它比第一组更不可能，只是相当于“琳达是个积极参与女权主义的银行出纳”的非言语表达。与琳达的研究一样，典型性主导着上例的结果。几乎2/3的受试者更愿意在第二组上下注，而不愿赌第一组。然而，当人们看到支持两种选择的理由时，大多数人发现正确的理由（偏向第一组的）更可信。

下一个问题是个突破，因为我们终于找到了可以降低合取谬误的条件。两组受试者看到同一个问题，但其变量稍显不同（如表3所示）：

表 3

不列颠的哥伦比亚省针对成年男子样本做了一个健康调查，这些男子年龄不同，职业也不同。请对以下价值给出最佳评估	不列颠的哥伦比亚省对一个由 100 名成年男性构成的样本进行了调查，这些男性年龄不同，职业也不同。请对以下价值给出最佳评估
在被调查的男子中，有几成人有过一次甚至多次心脏病发作的经历？	100 名受试者中有多少位有过一次甚至多次心脏病发作的经历？
在被调查的男子中，有几成人既超过了 55 岁又有过一次甚至多次心脏病发作的经历？	100 名受试者中有多少超过 55 岁又有过一次甚至多次心脏病发作的经历？

看左栏问题的小组的错误率为 65%，而看右栏的小组的错误率仅为 25%。

为什么“在 100 名受试者中有多少……”的问题比“有几成人……”更容易回答？有一个可能的解释是“100 名”这个参考值给大脑一种空间上的暗示。假使有很多人按照指示把自己归到一间屋子里的不同小组中去：“名字首字母是 A 到 L 之间的人到房间的左前方角落去。”然后这个小组中的人再按照指示进一步分组。这种包含的关系现在已经很明显了，你会看到名字以 C 字母开头的人是左前方角落中那群人的一分子。在这个医学调查问题中，心脏病患者最终会走到屋子的某个角落，他们中有些人不足 55 岁。不是每个人都能想象得出这一场景，但很多后续实验显示，人们所熟知的典型频率会使人们更容易理解一个组完全被另一个组包含的概念。上述问题中的“多少”使你想到了个体，但“几成”就不会使你有这种联想，从这点来看，这个难题的答案就不难理解了。

关于系统 2 的工作机制，我们从这些研究中能窥见多少？有一个已经不算新鲜的说法是，系统 2 并非时刻处于警惕状态。参与我们那些合取谬误实验的大学生和研究生当然都“知道”维恩图解中的逻辑，但即使所有的相关信息都摆在面前，他们也没有对此加以运用。“少即是多”模式的荒谬在奚恺元的餐具实验中表现得淋漓尽致，在“多少”的事例中也非常容易被识别，但对那些在最初的琳达问题以及其他相似问题中也犯了合取谬误的数千人来说，这一模式还不够明显。在所有这些例子中，合取谬误貌似合理，而且也获得了系统 2 的认可。

系统 2 的惰性也是判断失误的部分原因。如果这些受试者的下一次休假要根据此次调查结果来决定，而他们又有足够的时间，被告知要遵循逻辑，直到确定答案正确才能说出来，我相信大多数受试者都是可以避开合取谬误的。然而，（事实是）他们的休假并不取决于一个正确的答案，他们几乎没费什么时间就得出了答案，而且他们也愿意用随意的方式来回答这个问题。系统 2 的惰性是生活中存在的一个重要事实，而对典型性会阻碍明显的逻辑原则运用的相关观察也至关重要。

琳达问题值得注意的一个方面是：它与餐具实验的结果形成了对比。这两个问题有着相同的构造，却产生了不同的结果。那些看到成套餐具中有破损餐具的人会给这套餐具标低价，他们的行为是直觉反应。其他能看到两套餐具并进行对比的人则能运用逻辑原则，得出多出来的餐具只是为了增加价值的结论。在组间研究情况下做判断时，直觉就会起作用，逻辑原则则在综合评估中起作用。而在琳达问题中却不是这样，直觉常会推翻逻辑，即使在综合评估中也会如此，虽然我们确定在有些场合下逻辑会占主导地位，但大胆的直觉也会将其推翻。

我们在一些明确的问题中观察到了概率公然违背逻辑的现象，阿莫斯和我都认为这种有悖逻辑的现象非常有意思，值得和同事们分享。我们还相信这些结果能进一步加强我们关于判断启发式强大作用的论证，这会让怀疑者哑口无言。然而在这一点上，我们大错特错，琳达问题竟然成了争论规范的研究案例。

琳达问题引起了广泛的关注，它也引发了众人对我和阿莫斯关于判断的研究方法的批评。一些研究人员发现，将指示和提示结合起来可以减少谬误的发生，这跟我们已有的发现没什么两样。有些人争论道，在琳达问题中，受试者将“概率”理解为“貌似合理”完全是合情合理的。这些争论有时会波及我们的整个研究，说我们的所有结论都在误导公众：如果一种显著的认知错觉能被削弱或解释清楚，其他的系统功能也会如此。这个理论忽视了合取谬误是直觉和逻辑间的矛盾冲突这一特殊性。我们通过设计组间实验对启发式进行论证的论据没有受到质疑，简单地说就是没有被讨论过，而且因为过于重视合取谬误，这个证据的突出性也被掩盖了。琳达问题的净效应使我们的工作对普通民众来说更透明了，而在此领域的学者中，我们的研究方法的可信度有了一点儿欠缺。当然我们绝不会料到事情会这样。

如果你去法庭就会看到律师们往往采用两种批评风格：要想推翻某个案件，他们往往会质疑支持此案的最有力证据，他们会找准证词中最薄弱的地方，让目击证人变得不值得相信。关注弱点在政治辩论中也很常见。我认为在科学争论中这是不恰当的，但我越来越相信一个事实，那就是社会科学中的辩论规则无法阻止政治辩论的风格，尤其在紧要关头的重大问题的讨论上——人类判断中普遍存在的偏见就是个重大问题。

几年前，我和拉尔夫·赫特维希有过一次友好的交流。他对琳达问题一直都持批评态度，而我想通过琳达问题解决我们之间的分歧，不过结果证明这只是徒劳。我问他为什么和其他人只关注合取谬误，而不关注其他可以支持我们立场的更强有力的发现。他笑着说："这个问题更有意思啊。"他说琳达问题引来了众多关注，我们没有理由抱怨什么。

示例——少即是多

他们构建了一个非常复杂的情节，还坚持说这个情节出现的可能性很大。这不是真的，这只是个貌似合理的故事。

对于贵重的产品他们还附赠一个便宜的小礼物，这样的话，整套产品就不那么吸引人了。少即是多就是这个意思。

在很多情况下，直接的比较使得人们更谨慎也更有逻辑性。不过，也不常是这样。有时即使正确的答案就在眼前，直觉也会打败逻辑。

第 16 章

因果胜于统计

请考虑下列情境，凭直觉写出答案。

一辆出租车在夜晚肇事后逃逸。

这座城市有两家出租车公司，其中一家公司的出租车是绿色的，另一家是蓝色的。

你知道以下数据：

· 这座城市 85% 的出租车是绿色的，15% 是蓝色的。

· 一位目击证人辨认出那辆肇事出租车是蓝色的。当晚，警察在出事地点对证人的证词进行了测试，得出的结论是：目击者在当时能够正确辨认出这两种颜色的概率是 80%，错误的概率是 20%。

这场事故的出租车是蓝色而不是绿色的概率是多少？

这是“贝叶斯定理”的一个标准问题。我们可以从中得到两条信息：一个基础比率以及不完全可靠的目击者证词。若没有目击者，肇事出租车是蓝色的概率（即蓝色出租车的基础比率）为 15%。若两家出租车公司规模一样大，基础比率就会变成无用信息，你就只需要考虑目击者的证词，因而这个问题的概率就是 80%。我们可以用贝叶斯定理将这两个信息源结合起来，得出正确答案是 41%。然而，你可能会想到当人们面对这个问题时是怎样做的：他们会忽略基础比率，只考虑目击者的因素。因此，最普遍的答案是 80%。

关于因果的刻板印象

现在，请考虑一下上述问题的另一种表述方式，在这个表述中，只有基础比率发生了变化。

你得到的数据如下：

· 两家公司拥有数量相同的出租车，但是在出租车造成的事故中，绿色出租车占 85%。
· 关于目击证人的信息与上例相同。

同一问题的两种表述从数学角度来看并没有区别，但从心理学角度来看则有很大不同。看了第一种表述的人并不知道怎样运用基础比率，通常会忽略它。相反，看到第二种表述的人会对基础比率给予一定重视，他们的平均判断与运用贝叶斯定理解决该问题得出的答案相差不多。这是为什么？

在第一个表述中，蓝色出租车的基础比率是关于这座城市出租车的统计学事实。大脑极其渴望找到其中的因果关系，却一筹莫展：这座城市绿色和蓝色出租车的数量与出租车司机肇事后逃逸到底有什么因果关系呢？

而在第二个表述中，开绿色出租车的司机比开蓝色出租车的司机肇事率高 5 倍。于是你会马上得出结论：开绿色出租车的司机是一群莽撞的疯子！现在，你认为绿色出租车司机是莽撞的，并对这家公司所有你并不认识的司机都抱有这种印象，我们称这为思维定式。我们很容易将这样的思维定式设定在因果关系里，因为莽撞是使出租车司机与肇事逃逸产生因果联系的相关事实。在这个表述中，有两个因果关系需要放在一起考虑。第一个是肇事后逃逸，这件事使人很自然地认为莽撞的绿色出租车司机难脱干系。第二个是目击者的证词，证词特别强调肇事出租车是蓝色的。根据这两个因果事件对出租车颜色做出的推断是相互矛盾的，因此，如果其中一个成立就相当于另一个被推翻。这两种颜色的概率大致相同（用贝叶斯定理估计出的概率是 41%，这说明与目击者确信出租车为蓝色的概率相比，绿色出租车的基础比率略为极端了些）。

这个出租车的实例阐明了两种基础比率。“统计学基础比率”（statistical base rates）是指某一事件所属类别的事实总量，与单独事件无关；而“因果关系基础比率”（causal base rates）则会改变你对单独事件的看法。对两种基础比率，人们往往会区别对待：

· 统计学基础比率普遍受到轻视，当人们手头有与该事件相关的具体信息时，有时人们还会完全忽略这一比率。

· 因果关系基础比率被视为个别事件的信息，人们很容易将这一比率与其他具体事件的信息结合起来考虑问题。

与因果关系相关的那个出租车问题存在一种思维定式：绿色出租车的司机是危险的。思维定式是指人们会（至少暂时会）将自己对某个团体的看法延伸到这个团体中每一个成员的身上（团体存在某些问题，其中的成员无一例外都会有这些问题）。下面有两个例子：

这所位于市中心的学校的绝大多数毕业生都能考上大学。

自行车风靡整个法国。

这些陈述很容易被理解为某个团体中每个个体都具有某种倾向，符合因果关系。这所位于市中心的学校的许多毕业生都想上大学，他们也有这个能力，原因可能是这所学校的校园生活有利于学生身心发展。法国文化及社会生活中蕴涵着使法国人对骑自行车感兴趣的推动力。当你想到某学校毕业生进入大学的可能性或考虑是否与一个刚认识的法国人谈论环法自行车比赛时，你就会联想到这些事实。

思维定式在我们的文化中是个贬义词，但我把它当成一个中性词来用。系统 1 的基本特征之一就是它代表了范畴规范和原型范例。这样的规范和范例决定了我们怎样看待马、冰箱及纽约市的警察，因为我们会在记忆里存储与所有这些范畴的事物或人相关的一个或多个“规范的”典型形象。当这些范畴具有社会性时，这些典型形象就被称为思维定式。有些思维定式的错误是致命的，负面的思维定式可能会产生可怕的后果，但这样的心理学事实无法避免：不管是对是错，思维定式都是我们对不同范畴事物的看法。

你可能发现了其中的讽刺之处。在出租车问题的情境中，忽略基础比率信息是一个认知错误，是贝叶斯定理的失败；依赖因果关系基础比率才能获得令人满意的答案，形成对绿色出租车司机的思维定式便会提高判断的准确度。然而，在其他情境中，例如涉及雇佣问题或整体概述时，社会规则与思维定式会发生强烈冲突，这在法律当中同样有所体现。事实就是如此，无须大惊小怪。在敏感的社会情境中，我们不想根据某个团体的相关统计数据对个人做出可能是错误的结论。我们认为，应该将基础比率视为与整体相关的统计学事实，而不是与个人相关的假设性事实。换句话说，我们反对利用因果关系基础比率。

社会规范往往反对思维定式，包括对整体概述这一做法的否定，这对于建立一个更加文明平等的社会大有益处。然而，我们也应该知道，忽略有根据的思维定式会不可避免地妨碍我们的判断。打破思维定式是值得称道的道德主张，但是如果简单地认为打破这种印象不用付出任何代价，那就错了。为了建立一个更美好的社会，付出这些代价都是值得的；然而如果只顾满心欢喜和正确的政治立场，却否认代价的存在，这种态度是经不起科学推敲的。在政治分歧中，人们依赖情绪启发是很常见的，我们赞同的某些立场不需要成本，我们反对的某些立场也没有益处。我们应该有能力可以做得更好。

因果关系

我和阿莫斯设计了许多出租车问题的衍生实验，但并没有发明因果关系基础比率这一强大概念，我们是从心理学家伊塞克·艾奇森那里借用这一概念的。艾奇森在他的实验中给受试者简单描述了一些学生在耶鲁大学参加考试这件事，然后要求受试者判断其中每个学生通过考试的概率。因果关系基础比率的影响是非常明显的：艾奇森告诉一组受试者，那些考生有 75% 通过了考试；而告诉另一组受试者，考生考试的通过率是 25%。这项测试的困难自然在于，受试者需要用众多因果关系中的一个来判断每一个学生的考试结果。不出所料，艾奇森的受试者都对因果关系基础比率非常敏感，在高成功率的情境中，受试者估测出的每个学生通过考试的概率都要高于在高失败率的情境中那些受试者的估测值。

艾奇森运用一个颇具独创性的方法指出了一个非因果关系的基础比率。他告诉受试者，那群学生是从一个样本中抽取的，而且这个样本是从已得到考试结果的学生中抽取的。例如，处于高失败率情境的那一组所看到的信息如下：

> 研究者主要是对考试失败的原因很感兴趣，所以选取的样本中有 75% 的学生是没通过考试的。

请注意其中的不同。这个基础比率是一个关于选取示例整体的纯统计学事实。这与所问的问题（即个别学生是否通过考试）并无关联。正如人们所料，这个阐述明确的基础比率对判断产生了一定影响，但相对于统计学上的因果关系基础比率而言，其影响要小很多。系统 1 处理的事件中各项因素是有因果关系的，但是在统计推理中这样的关系很薄弱。当然，对于一个以贝叶斯定理为模式进行思考的人来说，所有这些表述方式都是相同的。我们很容易认为自己已经得到了一个令人满意的结论：因为我们使用了因果关系基础比率；我们只不过（或多或少）忽略了统计学上的事实。下面这个研究是我一直以来最中意的一项，它表明了情境是非常复杂的。

心理学可以被教授吗?

莽撞的出租车司机以及高难度的考试阐明了两个从因果关系基础比率中得出的推论：一是我们容易赋予个人以典型特征，二是情境的一个重要特点就是能影响个人的思考结果。实验的受试者做出了正确的推论，他们的判断力也有所提高。可事情并不总是那么顺利。我即将描述的典型实验表明，人们不会从基础比率信息中得到与他们的观点相冲突的推论。这个实验还证实了一个让人苦恼的结论：教授心理学纯粹是在浪费时间。

社会心理学家理查德·尼斯贝特和他的学生尤金·博尔吉道很早之前就在密歇根大学做了这个实验。他们向学生描述了前几年在纽约大学进行的那个著名的“帮助实验”。他们将实验受试者分别带入房间，并要求他们对着麦克风谈论自己的生活和烦恼。他们轮流叙述两分钟，每个房间的麦克风只有在受试者讲述时才会出声。每一组有 6 位受试者，其中一位是我们派去扮演受试者的工作人员。这位工作人员是第一个叙述的人，他是按照研究人员准备的稿子说的。他说他很难适应纽约的生活，并十分尴尬地承认自己很容易抽搐，在紧张的时候尤其如此。接着，所有受试者都依次叙述。当那位工作人员再次对着麦克风讲述时，他变得焦虑和不连贯，他说他感到一阵抽搐，希望有人能帮助他。他最后几句说的是“有没有人……能……救救我……（喘气声）我……我要……死了，我要……死了（气哽声，然后安静了下来）”。此时，下一位受试者的麦克风被自动打开，人们再也听不到那位有可能濒临死亡的人的动静了。

你认为这个实验的其他受试者会做些什么呢？到现在为止，受试者知道他们中的一员癫痫发作并希望得到帮助，然而他们觉得可能已经有几个人冲出去并提供了帮助，所以自己可以安然地待在隔间中。实验结果是：15 个受试者中，只有 3 个人立刻对请求做出了反应。6 个人没有踏出过房间，另外 5 个人在“癫痫患者”明显气哽时才冲出房间。这项实验说明，当某人知道其他人也听到了同样的求救信息时，他会感到自己肩上的责任变小了。

这样的结果令你惊讶吗？很有可能。我们大多数人都认为自己十分正直，在那样的情况下，都会义无反顾地提供帮助。当然，这项实验的意义就是去证实那样的期望是错误的。即使是普通、正直的人也不会冲过去提供帮助，因为他们希望别人能够处理这种令人不快的癫痫发作情况。这是不是意味着你也会这样做呢？

你赞同下面的说法吗？“当我阅读帮助实验的流程时，我想我会立刻对那个陌生人施以援手，就如同当时只有我和这个癫痫病患者一样。然而，我有可能错了，如果发觉自己所处的环境中还有许多人有可能提供帮助，我可能就不会走出去了。别人的存在会削弱我最初的责任感。”这是一个心理学老师希望你学到的。你自己也做过相同的推理吗？

描述这项帮助实验的心理学教授希望学生能将基础比率看成是有因果关系的，就如前面提到的那个虚拟的耶鲁大学测试一样。他希望学生可由这两个例子得到推论，即高失败率意味着测试很难。学生应该懂得这个情境的显著特点，例如责任感的淡化。这个特征会引起包括这些学生在内的普通人和高尚的人意外地没有向他人伸出援手。

改变一个人对人性的看法很难，改变一个人对自身阴暗面的看法就更难了。尼斯贝特和博尔吉道怀疑学生很有可能会对这项任务和不快的感觉产生抵触情绪。当然，学生能够也愿意在实验中叙述“帮助实验”中的细节，甚至会重复实验方对责任传播的“正面”解释。他们对人性的看法真的发生改变了吗？为了弄清这一点，尼斯贝特和博尔吉道给受试者播放了一些简短访谈的视频，被访者是在纽约所做的那项研究中的受试者。访问简短而平淡，受访者看上去都是友好而正直的普通人。他们描述了各自的爱好、课余活动以及对未来的计划，这一切完全是老生常谈了。在看过其中一个采访视频后，学生们需要猜测那个受试者会在多长时间后为陌生的发病者提供帮助。

要想将贝叶斯推论应用到这项指派给学生的任务中，你应该先问问自己如果你并没有看过那两人的视频，你会做出怎样的猜测。这个问题可以运用基础比率得以解决。我们知道，在患病者发出第一次请求后，15 个受试者中只有 4 个冲出去提供了帮助。所以某个受试者立刻伸出援手的概率是 27%。因此，当被问到某个特定的受试者是否会立刻提供帮助时，你的第一反应是不会。接着，贝叶斯逻辑要求你通过该受试者的相关信息对自己的判断进行调整。然而，视频是经过精心设计的，不会提供什么信息。

他们并没有提供任何理由以便让你推测出某个受试者的热心程度。因此，这样推测出来的结果并不比乱猜的准确率高多少。在缺乏有用新信息的时候，我们可以同时运用贝叶斯定理与基础比率来解决问题。

尼斯贝特和博尔吉道叫两组学生看了这些视频，并要求他们判断两名受试者的反应。第一组学生只了解到“帮助实验”的流程，并不知道实验的结果。这组受试者的预测结果反映了他们对于人性的看法以及对情境的理解。正如你可能猜到的那样，他们做出的预测是两位受试者立刻都冲出去帮忙了。第二组学生对实验的流程和结果都有所了解。对两组受试者做出的预测进行比较，可以回答一个非常重要的问题：这组学生是否从“帮助实验”的结果中得到了一些信息，从而显著地改变了自己的思考方式？答案很明显：他们其实什么信息都没得到。第二组学生对这两位受试者所做的预测与并没有见过实验统计结果的第一组学生所做的预测没什么区别。尽管知道视频中被抽到的这个受试者所属小组的基础比率，他们还是相信自己在视频中看到的人会很快为陌生的患病者提供帮助。

对心理学老师来说，这项研究的隐含信息无疑是令人沮丧的。在为学生讲授“帮助实验”中受试者行为的相关知识时，我们希望他们能够有新的收获，希望改变他们在某个特定情境中对人的行为的看法。这个目标并没有在尼斯贝特和博尔吉道的实验中得到实现，而我们也没有理由相信，假如他们选择的是另一个令人惊奇的心理实验，实验结果就会有所不同。的确，尼斯贝特和博尔吉道在给学生呈现另一项研究结果时，汇报了类似的发现，此发现表明，轻微的社会压力会增强人们对令人痛苦的电击的承受力，且这样的承受力超出了我们大多数人的想象。如果学生没有对社会环境的影响力形成一个新的认识，他们就没有从实验中学到任何有价值的东西。他们对陌生人或自己的行为做出的推测说明，他们并没有改变原本的想法。以尼斯贝特和博尔吉道的话来说，学生“默默地将自己（以及他们的朋友和熟人）排除在外”，认为实验的结果并没有令他们惊讶。然而，各位心理学老师不应感到绝望，因为尼斯贝特和博尔吉道想出了一个能让学生充分理解“帮助实验”内涵的方法。他们找了一组新的学生，向他们描述了“帮助实验”的流程，但没有告诉他们实验的结果。他们播放了那两个视频，然后只是简单地告诉学生视频中的两个人没有帮助那个陌生患者，然后，他们要求学生对所有受试者的行为进行猜测。实验结果是出乎意料的：学生们的猜测十分精确。

在教授学生全新的心理学知识时，你必须令他们感到惊讶，但什么样的惊讶才有效果？尼斯贝特和博尔吉道发现，当他们向学生展示令人惊讶的统计学事实时，学生什么都学不到；但当学生惊讶于个体案例时，例如知道两个友好的人对求救的人袖手旁观时，他们会立刻归纳并推断出帮助他人似乎比自己想象的要困难。尼斯贝特和博尔吉道将结论总结为耐人寻味的一句话：

> 这些受试者不愿从普遍现象中推导出特殊性，这一点与他们愿意从特殊现象中归纳出普遍性如出一辙。

这是一个影响深远的重要结论。有些人的行为令人惊讶，了解这些行为的统计学事实的人也会将这些事实告诉别人，就在这种转述的过程中，他们的印象得以加深，但这并不意味着他们的世界观会随之改变。学习心理学面临的考验是，你对所处环境的理解是否发生了改变，而不是你是否了解到一个新的事实。我们对数据的想法以及我们对个案的想法存在很大的差距。相较于非因果关系的信息来说，用因果关系进行解释的统计学结果对我们的想法影响更大。但即使是具有说服力的因果关系统计数据，也不会改变我们在个人经历中形成的长期坚守或根深蒂固的信念。此外，令人惊讶的个案影响甚大，是教授心理学更为有效的手段，因为个案与统计数据的分歧需要调解，并被嵌入一种因果关系，正因如此，本书才包含种种直接向各位读者提问的问题。与从别人那儿听到令人惊奇的事实相比，你更有可能因为从自己的行为中发现惊人的事实而学到知识。

示例——原因和数据

我们不能假设仅仅通过统计数据他们就能真正学到知识，需要再给他们一两个有代表性的个案来影响他们的系统1（做出判断）。

不需要担心这个统计学信息会被忽略掉。相反，它会立刻被应用到形成陈规的过程中。

第 17 章

回归平均值

我曾经为以色列空军的飞行教练们讲授过关于高效训练的心理学课程，那次经历为我带来了职业生涯中最引以为豪的发现。当时我告诉他们关于技能训练的一条重要原则：对良好表现的嘉奖比对错误的惩罚更有效。不管是对鸽子、老鼠、人类，还是其他什么动物的研究，都给这个说法提供了证据。

就在我结束了激情洋溢的演说之后，经验最为丰富的一位教练举手示意，发表了一番自己的意见。他先是承认奖励对鸟确实管用，但他认为这不是训练飞行学员的最佳选择。他说道：“在很多情况下，我会赞许那些完美的特技飞行动作。不过，下一次这些飞行员尝试同样飞行动作的时候，通常会表现得差一些。相反，对那些没执行好动作的学员我会大声怒吼，但他们基本上都会在下一次表现得更好。所以说，别告诉我们嘉奖有用而惩罚没用，因为事实恰恰相反。”

这条统计学原则我已经讲授了很多年，而这一次我从一个新的角度重新认识了它，这的确是一个顿悟的时刻。那个飞行教练是正确的，但同时他也彻彻底底地错了。他的观察是精明且到位的：被他表扬之后，很多学员很有可能会表现得很糟糕；惩罚反而会促使他们进步。但是就他的推断而言，奖励和惩罚之间是毫无关系的。他所观察到的就是众所周知的“回归平均值”现象，这种现象与表现质量的随机波动相关。一般来说，只有学员的表现远远超出平均值时才能得到这位教练的表扬。但也许学员只是恰巧在那一次表现得很好，而后又变差，这与是否受到表扬毫无关系。同样，或许学员某一次非同寻常的糟糕表现招来了教练的怒吼，因此接下来的进步也和教练没什么关系。这个教练把不可避免的随机波动与因果解释联系起来了。

这个提议确实引起了反响，不过这些教练对概率预测的代数方法没什么兴趣。所以，我用粉笔在地上画了一个靶子。我请房间里的每一位教练都转过身去，背对着靶子向里面接连扔两枚硬币。接着我们分别测量了靶子到两枚硬币的距离，并写在黑板上。然后，我们又将这些数据按第一次投掷的距离远近排列。很明显，第一次投掷得比较好的人第二次大都做得不好，而第一次没有投掷好的人第二次大都有了进步。我告诉这些教练，他们在黑板上看到的数据其实和飞行员的表现是一致的：糟糕的表现常常会有提高，而好的表现则会变得糟糕，这跟表扬与惩罚都没有关系。

那天，我的发现是，那些飞行教练陷入了一个偶然性困局：因为当飞行学员表现差时，他们就会受到惩罚，而接下来的进步则很可能为他们带来嘉奖，事实上，惩罚根本就没有发挥什么作用。而且，处于这种窘境之中的不仅仅是那些教练。我曾无意中发现了人类环境中一个意义重大的事实：生活给予我们的反馈常常违背常理。因为当别人取悦我们时，我们也会对他好；当别人对我们不好时，我们也会对他产生厌恶之情。然而从统计学角度来看，我们却是因为对人友好而受到惩罚，因为举止无礼而得到嘉奖。

天赋与运气

几年之前，在线杂志《边缘》（*Edge*）的编辑约翰·布罗克曼请一些科学家讲述他们“最喜爱的公式”。以下是我提供的信息：

成功 = 天赋 + 运气

巨大的成功 = 更多的天赋 + 更多的运气

运气常常会促成成功，然而当我们把这个并不令人吃惊的想法用到高水平高尔夫锦标赛前两天的比赛中时，却出现了令人惊讶的结果。为了简单说明这个问题，我们假设这两天参加比赛的选手平均绩点为 72 标准杆。我们关注了一位在第一天表现非常不错的选手，他在当天比赛结束时得分为 66 杆。我们从这个得分中能推断出什么？最直接的推断就是这个球员要比锦标赛中其他选手有更高的天赋。成功公式告诉我们另一个推断同样成立：第一天表现很好的高尔夫选手很可能在那一天有着非比寻常的运气。如果你能接受天赋和运气都能带来成功这种想法，那么“这个成功的高尔夫球手很幸运”这个结论肯定和“他很有天赋”这个结论一样可信。

同样，如果你关注一个当天的成绩超过标准杆5杆的球员，就可以推测他技术很糟，而且那天运气也不好。当然，你也清楚这些推测不一定都成立。某个打了77杆的运动员很可能非常有天赋却遭遇了极其不走运的一天。下面的推测是根据第一天的得分做出的，尽管不确定，但这种推测通常是正确的。

第一天高于一般水平的成绩 = 高于一般水平的天赋 + 第一天的好运气

第一天低于一般水平的成绩 = 低于一般水平的天赋 + 第一天的坏运气

现在，假设你已经知道某个高尔夫球手第一天的得分，并且要对其第二天的得分进行预测。你希望这个选手第二天仍旧延续前一天的优异表现，所以你给出的最佳猜测就是第一个选手得分“高于平均水平”，而第二个选手得分则“低于平均水平”。当然，运气就很难说了。我们没办法预测出一名选手在第二天（或是任意一天）的运气如何，因此我们能做的最佳推测就是采用平均值——既不好也不坏。也就是说，在没有其他任何相关信息的情况下，对于某选手在第二天的得分情况，我们能做出的最好推测就是：第一天的表现不会重演。你很有可能会这样说：

- 在第一天表现很好的高尔夫选手在第二天也会表现得不错，但还是会比第一天稍差一点儿，因为他在第一天碰到的好运气不一定能在第二天再次碰到。

· 在第一天表现不佳的高尔夫选手在第二天也许得分还会低于平均水平，但是会有些提升，因为他第一天的霉运不一定会持续。

尽管我们会猜测第一名选手在第二天的表现还是会优于第二名选手，但是他们之间的差距会缩小。

事实上，对选手第二天的表现最准确的预测通常是最保守、最接近平均值的，而不是基于第一天分数的预测。我的学生每次听到这样的结论都很惊讶。正因如此，这种模式被称为“回归平均值”。原始数据越极端，我们所期待的回归越明显，因为极好的分数常常表明这一天的运气很不错。这种回归式的预测是很合理的，但是准确度却得不到保证。有些高尔夫选手在第一天得了 66 杆的高分，如果第二天运气更佳，得分甚至更高。当然，大部分人的表现都会变差，因为他们的运气不再处于平均值之上了。

现在我们将时间轴反过来，将选手按第二天的得分情况排序，来看看他们第一天的表现。我们仍旧会发现同样的模式——回归平均值。第二天表现出色的选手很可能是因为当天运气好，而最好的猜测就是他们第一天的运气不佳。当你根据后期的表现来推测早期表现时，也会发现回归平均值的现象，此时你便会相信这种回归并非巧合。

回归效应无处不在，很多可以说明这一效应的误导性因果事件同样司空见惯。有一个经典的例子，那就是“《体育画报》的诅咒”——凡是登上《体育画报》这本杂志封面的运动员都会在接下来的赛季中表现欠佳。一般来说，人们会认为，过度自信以及人们对其期望过高的压力造成了这些人表现不佳。不过，这个诅咒可以用更简单的方式来解释：能够成为《体育画报》封面人物的运动员在前一赛季一定表现极为出色，也许这种出色的表现很大程度源于运气——运气是善变的，接下来他就没那么走运了。

当年和阿莫斯正在撰写一篇关于直觉预测法的文章时，我碰巧看了冬奥会的男子高空滑雪比赛。在这项比赛中，每个运动员都有两次机会，最终结果由两次得分决定。每当一名选手进行第二轮比赛时，解说员常常会说“挪威选手第一轮表现很好，现在他一定很紧张，因为想要保持领先地位，估计他在第二轮会表现欠佳”，或者“瑞典选手第一轮表现很糟糕，他明白自己已别无选择，因此也没有什么压力，大概第二轮会做得更好”。所有这些评论都令我感到很吃惊。很明显，这个评论员已经觉察到了回归平均值的概念，而且在没有任何依据的情况下编出了一个有理有据的故事。也许他的解释是正确的，如果我们测一下运动员的心跳，可能会发现不佳的表现之后确实会放松，当然也可能不会。有一点我们要记住，运动员第一跳和第二跳的表现之间不存在因果关系。这只是一个数学问题，其中运气起了很大的作用。这个说法不太令人满意——我们都想得到一个有因果关系的解释——但事实的确如此。

理解回归现象

无论是没有察觉还是解读错误，这种回归现象对人类而言总是很陌生的，因此直到万有引力和微积分理论出现两百年后，这种现象才为人们所理解。而且，是19世纪英国最伟大的科学家之一经过艰苦卓绝的努力才探索出这一重要规律的。

弗朗西斯·高尔顿爵士是19世纪英国著名的学者，也是达尔文的表弟。他发现并命名了回归平均值的现象。1886年，他发表了《遗传性身高向平均回归》，其中涉及对连续子代的种子大小的测量以及对子代株高和母本株高的比较。在对种子的研究中，他写下了如下的话：

> 实验结果看上去十分值得关注，在1877年2月9日的一次演讲中，我就先于英国皇家科学院将这些结果用作一次演讲的基本内容了。从这些实验可以看出，子代的高度和母本高度似乎并不相关，但似乎前者比后者更趋于平均。如果母本较高，那么子代就会变矮；如果母本较矮，则子代就会变高。实验显示，子代向平均值的回归与母本高矮的差异是成比例的。

英国皇家科学院是世界上最古老的独立研究机构，高尔顿很期待该机构中博学的院士们也会对他那“值得关注的实验观察”感到惊讶。但真正值得关注的是，他为之惊讶的统计规律不过是像我们呼吸的空气那样稀松平常。回归效应随处可见，但是我们无法识别它们的真面目。高尔顿以子代高度的回归现象为起点，逐渐发现当两个测量值之间的关联不是那么完美时，此时也会出现这种回归。他借助了当时最杰出的几位统计学家的帮助，且历时多年才得出这一结论。

当按不同的标准衡量两个变量时——例如体重和钢琴技艺，如何测量这两个变量之间的回归是高尔顿要攻克的重大难题之一。

要解决这一问题需要以人口作为参照标准。假设我们对某小学所有年级的100名儿童的体重和钢琴技艺进行测量，然后将两者按从高到低的顺序分别进行排列。比如，简在钢琴技艺中排第三名，但按体重排第27名，那么我们可以说她弹钢琴的水平比她的体重排名靠前。我们来做些假设，这样就可以使这一现象更容易理解。

不管年龄几何，

·钢琴技艺高低仅仅取决于每周练习的时长。

·体重多少仅仅取决于冰激凌的摄入量。

·冰激凌摄入量和每周练习钢琴的时长并不相关。

现在通过排行（按统计学家的说法是“标准分”），我们可以得出更多的等式：

体重 = 年龄 + 冰激凌消耗量

钢琴技艺 = 年龄 + 每周练习时长

你会发现，当我们通过体重预测钢琴技艺或通过钢琴技艺预测体重时，回归平均值的现象就会出现。如果知道汤姆在体重中排第12位（远高于平均值），我们就可以（从统计学上）推测他比平均年龄要大，而且可能比其他孩子吃更多的冰激凌。如果知道芭芭拉的钢琴技艺排第85位（远低于平均值），我们就可以推测她应当比大多数孩子年龄小，而且每周练习的时间也少。

两个值之间的“相关系数”指的是两个值共有因素的相对比重。这个值在0和1之间浮动。我们拥有父母各一半的基因，对于像身高这种受环境因素影响很小的特征来讲，父母和子女的相关系数在0.5左右。下面的例子能帮助我们更好地了解相关系数：

- 一个物体的型号用英制单位精确测量的结果与用公制单位精确测量的结果之间的相关系数为1。任何影响其中一个值的因素都会影响另一个。两者享有同样的决定性因素。
- 美国成年男性自报的身高和体重之间的相关系数为0.41。如果将女性和儿童也包括进去，那么相关度会更高，因为性别和年龄都会影响身高和体重，这便使得共有因素所占比例增加。
- 美国高中毕业生学术能力水平考试成绩（SAT）和平均绩点（GPA）之间的相关系数大约是0.6。然而，研究生的潜能测试与成功之间的相关性则小得多，这在很大程度上是因为这一群体的潜能差异比较小。如果每个人都有相似的潜能，那么在衡量成功时，潜能的因素就不会占太大的比重。
- 美国人收入和教育程度的相关系数约为0.4。
- 家庭收入和他们电话号码后4位之间的相关系数为0。

弗朗西斯·高尔顿用了好几年的时间才确定相关性和回归性并非两个概念——它们只是从不同视角对同一个概念做出的阐释。这个概念的原则很简单，但是影响很深远：只要两个数值之间的相关度不高，就会出现回归平均值的情况。为了阐释高尔顿的卓见，我们来看一个例子，很多人都认为这个例子很有趣：

聪明的女人常常会嫁给不如她们聪明的男人。

如果你在朋友聚会时挑起这个话题，一定会引起热烈讨论，大家肯定都愿意分享自己的看法。即使有些对统计学有所了解的人也会很自然地用因果关系去解释这个现象。一些人认为，高智商的女人为了避免和同样高智商的男人竞争才这么做；或者是在择偶之时不得不妥协，因为同等智商的男人不愿意与这些女人竞争……也许还会有其他更牵强的解释。现在我们来看看下面的表述：

夫妻二人智商之间的相关性并不是绝对的。

这个观点显然是正确的，而且很无聊。谁会期待这样一种相关性是绝对的呢？那就没有什么好解释的了。不过，你认为有趣的观点和你认为毫无意义的观点又是等值的。如果夫妻二人智商之间的相关性并不是绝对的（如果男人和女人在平均智商上没有差异），那么从数学上来讲，高智商女人嫁给那些不如她们智商高的男人是顺理成章的（反之也成立）。对于这一现象，用回归平均值效应来解释要比用并不绝对的相关性来解释更通俗，也更有说服力。

你也许很同情高尔顿那样绞尽脑汁地解释回归的概念。统计学家戴维·弗里德曼说过，如果把回归的概念用在民事或刑事审判中，那么试图对陪审团解释“回归”的一方一定会输掉官司。为什么会这样？其中主要的原因也是本书反复出现的主题：我们的思维常会对因果关系的解释带有很强的偏见，而且不善于处理统计数据。当我们把注意力集中在某一事件上时，相关的记忆就开始探寻其原因——更确切地说，我们会对所有早已存在于记忆中的原因进行自动搜索。当发现有回归效应时，因果关系解释就会被激活，但事实上，这些解释都是不对的，因为回归平均值虽然可以用来解释现象，却无法找出其中的原因。在高尔夫锦标赛中，那些第一天成功的选手通常在第二天发挥都很糟糕，而这场比赛总会吸引我们的注意力。对于这种现象最好的解释就是，那些选手第一天出奇地走运，不过这种解释缺乏我们的大脑所认可的因果关系因素。事实上，那些能够为回归效应提供巧妙解释的人往往赚得盆满钵满。如果一个商业评论员声称“今年的生意比去年要好，因为去年太糟了”，尽管他说得没错，但也很有可能很快就被电台噤声。

我们理解“回归”概念存在很多困难，这些困难皆源自两个系统——系统 1 和系统 2。在相当数量的案例中，即便提供了一些统计数据，若无特殊说明，“相关”与“回归”的关系还是相当模糊的。因此，系统 2 认为理解这种关系很难。从某种程度上讲，这是由于我们总是要求对事物进行因果关系解释，这也是系统 1 的一个特征。

抑郁儿童喝了某种功能饮料，他们的情况在 3 个月内得到很大改善。

这个新闻标题是我杜撰的，但这则新闻所报道的内容却是真实的：如果给一群抑郁儿童喝某种功能饮料，一段时间后，他们的病情会有很大的好转。如果抑郁儿童每天都花一段时间倒立，或者把一只猫抱在怀里 20 分钟，这些举动也可以使病情好转。多数读者读了这则新闻之后会不由自主地认为：喝功能饮料和抱猫的行为的确使抑郁儿童的病情得到了改善，但这个结论无法得到证实。抑郁儿童是一个极端群体，他们比大多数其他儿童要压抑得多——这些极端群体在一段时间之后会回归平均水平。

一连串的测试反映出，不同压抑程度之间并无绝对的相关性，因此回归平均值（或者更确切地说是回归平均水平）这种现象又会出现：即使他们不抱猫，不喝功能饮料，一段时间之后这些抑郁儿童的病情也会有所缓解。为了证明喝功能饮料或其他治疗方法是有效的，我们必须对两组患病儿童进行比较——实验组接受了治疗（比如喝过功能饮料），对照组没接受过治疗（或只是服用安慰剂）。我们期望的是对照组仅通过回归就能改善病情，而该实验的目的在于，判定接受治疗的病人是否恢复得更快。

对回归效应做出错误因果解释的不仅仅是大众读者。统计学家霍华德·维纳曾经列出一长串杰出研究者的名字，他们也犯过同样的错误——将相关性和因果性混淆在一起。回归平均值是科学研究中的常见问题，有经验的科学家都会小心提防这种毫无缘由的因果推论所形成的陷阱。

我最喜欢的那些关于直觉产生预测错误的例子，有一个是根据马克斯·巴泽曼的《管理决策中的判断》一书的内容改编而来的：

> 假设你为一家连锁百货公司做销售预测。所有连锁店的规模和商品种类都非常相似，但是其地理位置、竞争状况以及其他随机因素使这些商品的销量有所不同。下列数据为2011年的营业额，请你对2012年的营业额进行预测。你已经知道自己可以接受经济学家所做的总体预测——销售额总体会增长10%。那么你将如何完成下列表格？

门店	2011 年	2012 年
1	11 000 000 美元	________
2	23 000 000 美元	________
3	18 000 000 美元	________
4	29 000 000 美元	________
总额	61 000 000 美元	67 100 000 美元

读过本章，你就知道将每家店的销售额增加 10% 显然是不对的。你应当使自己的预测具有回归性：对于业绩不好的店，预测增长率应高于 10%；对于业绩较好的店，预测值应低于这个值（甚至是负值）。不过如果你咨询其他人，很有可能会碰钉子：这么显而易见的问题还有什么好问的？正如高尔顿历经艰难才发现的那样，回归的概念从来就不是显而易见的。

示例——回归平均值

她说经验教会她一个道理，批评比赞扬更有用。不过她不明白这是回归平均值在发挥效用。

也许由于惧怕让众人失望，所以他的第二次面试没有第一次那样令人印象深刻，他第一次的表现太优秀了。

我们的筛选过程并不是很完美，所以我们会考虑回归性。

有些极其优秀的候选人也会让我们失望，对此我们并不感到惊讶。

第 18 章

驯服直觉预测

在生活中，许多场合都会用到预测。经济学家预测通货膨胀和失业率，财务分析师预测收益，军事专家预测伤亡人数，风险资本家预测利润率，出版商和生产商预测读者和消费人群，承包商预测项目完成所需的时间，工程师预测建造某建筑需要的水泥量，火场指挥员预测扑灭大火所需的消防车数量。一些私人问题同样需要用到预测，我们预测恋人在自己求婚时的反应，预测在新工作中需要做的自我调节。

有些预测判断，比如那些工程师所做的预测，主要就是通过查找表格、精确计算以及对类似项目的结果进行仔细分析得来的。

还有一些预测需要直觉和系统 1 的共同参与，主要有两种类型。有些直觉主要依靠反复训练得来的技能和经验。加里·克莱因在《力量的源泉》(*Source of Power*) 一书中及其他场合曾提到象棋高手、火场指挥员和内科医生所做的快速自动判断及选择，用以阐释这种经验性直觉，即由于识别出熟悉的线索，大脑中快速呈现出当前问题的解决方案。

还有些直觉有时从一开始就难以从主观上进行区分。这种直觉受启发法的影响，通常会用简单的问题来替代难以回答的问题。即使证据很不充分，决定也不可更改，人们依此做出直觉性判断时往往也会信心十足。当然，许多判断，特别是专业领域的判断，受到了分析与直觉的共同影响。

偏离预测方向的直觉

让我们再来看看下面这个老问题：

> 朱莉现在是一名州立大学 4 年级的学生。她 4 岁就能流畅地进行阅读。她的平均绩点是多少？

熟悉美国教育体制的人很快就能得出一个数字，且这个数字通常在 3.7 或 3.8 左右。为什么？原因在于，系统 1 的几个机制共同参与了预测。

- 人们会探寻证据（朱莉的阅读能力）与预测目标（她的平均绩点）之间是否存在因果关系。这种关系可能不是直接的。在这个例子中，很小就能阅读与较好的平均绩点都是学术天分的表现，必然会存在某种联系。你（你的系统 2）

可能会否定朱莉在高中曾经赢得钓鱼比赛或是在举重比赛中表现良好的说法。这个过程被有效地一分为二。系统 1 能够摒弃那些无关或错误的信息，却无法弥补证据中相对较小的瑕疵。因此，直觉性预测对证据的实际预测结果几乎毫无感觉。一旦发现某种关联，例如，朱莉很小的时候就能阅读，眼见即为事实原则上就会发挥作用：你的联想记忆会快速自动地运用可利用信息编出最恰当的故事。

- 另外，证据的评估与相关规范联系紧密。4 岁时阅读能力就很强的孩子早熟吗？什么样的名次或百分制下得多少分才能与这样的能力相符？与这个孩子做比较的人群（我们称为参照人群）也没能明确说明这一点，但与我们平时说话所遵循的规则相同。如果即将毕业于这所大学的某个人被赞为“相当聪明”，你几乎不必问：“当你说他‘相当聪明’时，脑子里想到的是哪些参照人群呢？”
- 下一部分包括替代和快速配对。对于儿童时期认知能力这个并不周密的证据进行评估的问题被替换成关于她大学平均绩点问题的答案。朱莉的平均绩点和她小时候就能阅读这项能力的百分比值是相同的。
- 这个问题明确规定，答案必须在平均绩点的范围内，这也就要求另一个强度匹配的运作，即将你对朱莉的学术成就的总体印象与能证明她本人天赋的平均绩点这一证据匹配起来。最后的步骤是转化，将你对朱莉学术水准的印象转化为相应的平均绩点。

通过强度匹配得到的预测结果与支持这个预测的证据一样极

端，会导致人们面对两个不同的问题却给出相同的答案：

朱莉的早期阅读能力成绩是多少（百分制）？

朱莉的平均绩点是多少（百分制）？

到目前为止，你应该很容易就能看出所有这些运作都是系统1的特点，我按照不同步骤依次将它们列在这里，当然联想记忆的大量激活并不遵循这一顺序。你应该将这种记忆大量激活的过程想象为以下几步：由信息和问题激发起联想记忆，然后自我反馈，最后选定最具连贯性的合理性方案。

我与阿莫斯曾经在一个实验中要求受试者对8位大学新生的相关描述做出判断，这个描述是由一名辅导老师根据对新班级的访谈而写成的。每个描述由5个形容词组成，如下：

聪明、自信、笃学、勤奋、好问

我们问了受试者下面两个问题：

这个描述对你关于学术能力的想法有多大影响？

你认为这些关于新生的描述令你印象深刻的可能性有多大（百分制）？

这两个问题要求你根据自己的标准对新生进行描述，将自己的描述与辅导老师的描述进行对比，进而评估上述描述。你自身的评判标准存在着重大影响。虽然你根本不知道自己是如何形成这一评判标准的，但你对这条描述承载的热情程度非常清楚：辅导老师认为这个学生是优秀的，但还算不上是最棒的，因为我们还有很多比“聪明”程度更深的形容词（杰出、有创造力），也有很多比"笃学"程度更深的词（博学的、渊博的），更有许多程度超过"勤奋"的形容词（积极的、力求完美的）。由此可以推测，（该生）成绩很有可能在前15%，但不太可能在前3%。人们在类似的判断中得到的结果出奇地一致，至少在相同文化背景的人群中是这样的。

我们问了实验中另一组受试者不同的问题：

你估计这个学生的平均绩点是多少？

新生中取得较高平均绩点的学生占多大比例？

你需要再三思考才能看出这两组问题的微小差别。这种不同本该很明显，但事实并非如此。第一组问题只要求你做出评估，第二组问题则与第一组不同，包含了很大的不确定性。这个问题指的是在大学一年级期末的真实表现。自访谈后，这一年发生了什么呢？你怎样才能以5个形容词来预测这个学生在大学第一年的真实表现呢？如果这只是辅导老师本人通过与该生的访谈而做出的平均绩点预测，那么她的预测会准确无误吗？

这项研究旨在比较两个判断结果（百分比成绩）：受试者通过评估一个案例中的描述做出的判断结果（百分比成绩）和另一个案例中的最终预测结果。结论很明显：两个判断结果完全相同。尽管两组问题不同（一组关于该生的描述，另一组关于该生未来的学术表现），但受试者将这两个问题看成了一个。与朱莉的例子相同，受试者并没有将对未来的预测和对当前信息的估测区别开来——预测与估测相匹配。这也许是我们得到的能证明替代存在的最佳证据。当人们按要求预测时，他们总会将预测替代为对所描述问题的估测，而且没有意识到他们回答的问题并不是那个被问到的问题。这个过程证明，预测时会存在系统偏见；他们完全忽略了一点，即应该回归到平均值上来。

在以色列国防军队服役期间，很长时间我都待在一支部队里，这支部队通过一系列面试及实战测试来挑选后备实训军官。成功预测的特定标准为这些人在军官学校的最终成绩。这些等级评定的效度非常低（我会在后面的章节详细说明）。若干年后，这支部队仍旧存在，而彼时我已成为一名教授，并且正与阿莫斯合作研究直觉性判断问题。我一直与这支部队的工作人员保持着密切联系，于是便请他们帮个忙。除了他们通常使用的评估候选人的评分系统，我还让他们猜测每个学员将来在军官学校中可能得到的分数。他们搜集了几百份这样的预测。所有做出这些预测的军官都知道学校给学员评分时用的是字母评分系统，也知道所有学员得到的 A、B、C 各等级的近似比例。实验结果令人惊讶：预测出来的 A 和 B 的频率几乎与学校的结业成绩中的 A、B 等级的频率等同。

这些发现提供了一个引人注目的例子，这个例子涉及替代和强度匹配两个方面。做出预测的军官完全将这两个任务混淆在一起了：

- 他们平时的任务是对候选人在该部队的表现做出评价。
- 我让他们执行的任务是对候选人的未来成绩做出切实预测。

他们运用强度匹配将自己的评级简单地转换为军官学校的评分结果。由于无法解决预测中存在（相当大）的不确定性，他们的预测又一次完全无法回归（平均值）。

对直觉性预测的偏见进行修正

我们回过头来再看朱莉，那个儿时阅读能力就很强的阅读者。前一章已经介绍过预测她平均绩点的正确方法。我在前一章中还为连续两天打高尔夫球的例子以及体重和弹钢琴的例子分别写了一个原理公式，在这里我也要为阅读年龄和大学成绩的决定因素写一个公式：

阅读年龄 = 共同因素 + 决定阅读年龄的特殊因素 =100%

平均绩点 = 共同因素 + 决定平均绩点的特殊因素 =100%

共同因素包括由遗传决定的潜能、家庭支持学业的程度，以及能够造成人们在孩童时期成为出色的阅读者、青年时期又在学术上有所建树的所有其他因素。当然，许多因素只会影响其中的某个结果，却不会对其他结果产生影响。朱莉可能是因为父母对她期望过高强迫女儿读书才那么早学会阅读的，也有可能因为一段不愉快的感情经历，她的大学成绩才那么糟糕，还可能在少年时滑雪出了事故导致脑部轻微受损，等等。

回想一下上面两个测量公式的关联，即当前阅读年龄和平均绩点这两个公式，你会发现两者所考虑的共同因素在决定因素中所占的比例是一样的。你对这个比例能做出的最贴近的估测是多少？我给出的答案是最多 30%。有了这个估测，我们就完全有条件做出不带偏见的预测了。按照以下 4 个简单步骤来做，我们就可以进行无偏见预测：

1. 先估测出平均绩点的平均值。

2. 根据你对证据的印象算出与之相匹配的平均绩点。

3. 对你的证据和平均绩点的关联做出估计。

4. 如果关联度是 0.3，则从估算出的平均绩点的平均值中抽出 30%，放到与之匹配的平均绩点里。

步骤 1 为你提供了基准线，即在你除了知道朱莉是个快毕业的大学生其他什么都不知道的情况下，预测她的平均绩点。在没有信息的情况下，你很有可能预测其为一般水平。（这一点与你对汤姆的预测相似，在对他一无所知的情况下，你便将企业管理专业毕业生的基础比率放在了他的身上。）步骤 2 是你的直觉性预测，这个预测将你的估计和证据进行了匹配。步骤 3 使你离开基准线靠向自己的直觉，但你能离开的距离取决于你对关联性的估测。在步骤 4 中，尽管你最终做出的预测还是受到了直觉的影响，但是这个影响力已经小很多了。

这种预测方法很常见。你如果需要预测一个定量数值，就可以运用这个方法，例如在预测平均绩点、投资效益、公司发展的业绩时，这个方法就可以派上用场。这个方法以你的直觉为基础，但是削弱了直觉的影响，使它回归到平均值上了。当你有充分的理由对自己的直觉性预测的准确性充满信心时，即证据和预测之间联系非常紧密，你进行调整的余地就会很小。

直觉性预测需要校正，是由于它并不具有回归性，因此是带有偏见的。假设我预测每一位高尔夫球员在一场锦标赛上第二天的得分与第一天的得分相同，那么这个预测并没有考虑到回归平均值的问题：第一天发挥得好的高尔夫球员第二天比赛时水平都会有所下降，而那些头天状态不佳的球员大多会在第二天有所提高。当我们最后将预测值与实际结果进行比较时，我们会发现，缺失回归性的直觉确实带有偏见。这些预测普遍对第一天发挥得好的人过于乐观，对开始就发挥得不怎么样的人则过于悲观。预测与证据一样极端。同样，如果不使预测回归到平均值上来，而是根据儿童时期的成就来预测其大学时期的分数，那么你多半会对孩提时代阅读能力强的人在大学时代取得的学术成绩颇感失望，而那些较晚开始阅读的孩子的大学成绩反而会给你带来惊喜。修正过的直觉性预测消除了这些偏见，所以预测（过高或过低）高估真实值或低估真实值的可能性大致是相等的。当你不带偏见地预测时你仍然会犯错，但这时的错误较小，也不会导致过高或过低的估值。

是一次对两种极端
预测结果的辩护吗?

前文中，我向大家介绍了汤姆的情况，用以说明不连续结果的预测问题，比如对其所属的专业领域或者一次考试的成功概率进行的预测，这些预测是通过评估某一特定事件的可能性（或者按照结果出现的可能性大小排序）来表达的。我还曾描述过抵制不连续预测中的常见偏见的步骤，比如忽略基础比率，对信息的优劣不敏感。

有些预测偏见是通过一个数值范围来表达的，例如某学生的平均绩点或某公司的收益，这些偏见与我们在判断结果的可能性的过程中所持的偏见相似，而两种偏见的修正过程也十分相似：

- 都包含一种基准线预测，如果你对手头这个案例的情况一无所知，便会做出这种预测。在绝对的情况下，这个基准线是基础比率；在有数字的情况下，这个基准线就是相关结果的平均值。

- 都包含一种直觉预测，无论是可能性还是平均绩点，这种预测都会将呈现在大脑中的数值通通表达出来。
- 在上述两种情况中，你的目的都是要做出一种预测，这种预测可在基础比率和直觉性反应之间充当媒介。
- 在没有什么有价值的信息的情况下，你会坚守基准线。
- 在其他极端情况下，你还会坚守自己最初的预测。当然，只有在对支持自己最初预测的证据进行过严格验证之后，你才会信心十足地坚持那个预测。
- 在大多数情况下，你会发现自己有理由怀疑，自己的直觉判断和真理之间的关联其实并不完美，而你最终会给出介于两者之间的判断。

这个过程很接近一个恰当的统计分析可能会出现的结果。如果成功的话，这个过程就会使你做出的预测偏见越来越少，做出的可能性评估越来越合理，对各种数值做出的预测也越来越适度。前述两个过程意在解决同一种偏见，即直觉性预测总是过于自信或过于极端。

修正你的直觉性预测的偏见是系统 2 的任务。要想找到相关的参照物、对基准预测做出估测或者对证据的质量进行评估，你往往需要付出很大的努力。只有在风险很高而你又特别渴望避免犯错误时，这种努力才显得合乎情理。此外，你应该知道纠正你的直觉也许会使你的生活变得复杂。无偏见预测的一个特征就是，信息只有在非常有效时，才允许人们对罕见或极端的事件做出预测。如果你期待自己做出恰当有效的预测，那么你的预测结果永远不会太离谱或者偏离平均值太多。而如果你的预测不存在偏见，你也永远不会有极端事件的“愉快体验”了。当你在法学院最得意的学生成为最高法院的法官时，或者当你曾经很看好的那家新成立的公司成为商界新秀时，你永远不会说“我早就知道会这样”。如果信息量有限，你也无法预测到一个出色的高中生会成为普林斯顿大学的优等生；同理，一个风险资本家永远不会认为新创立的公司在起步阶段时成功的概率会“很高”。

一定要严肃对待那些反对适度的直觉性预测原则的意见，因为摆脱偏见并非总是头等大事。如果不问具体情况，对所有预测的错误都同样对待，那么对无偏见预测的偏爱就是合理的了。然而，总有那么一些时候，一种错误比另一种错误更糟糕。如果一位风险投资家只为寻找“下一件大事”，那么他会错过下一个谷歌或脸书的风险将远远大于对刚刚创立的公司（最终破产）进行适度投资带来的风险。风险投资家的目标是正确判断极端情况，甚至以高估其他许多风险为代价也在所不惜。对于借出大笔贷款的保守银行家来说，某一位借款人破产带来的风险会比拒绝几位可能会履行债务的潜在客户带来的风险更大。在这种情况下，即使做出这些判断所依据的信息效度只是适中，使用极端的语言（“前景非常好”“违约的严峻风险”）也会为其带来舒适感。

对于一个理性的人来说，无偏见且适度的预测不应该引发问题。毕竟一个理性的风险投资家知道，即便是最有前景的新建公司，其成功概率也只是中等水平。她将自己的工作视为从所有赌注中找到的前景最好的赌注，而且关于要投资的那家新建公司的发展前景，她觉得没有必要欺骗自己。同样，预测某家公司收益的理性个体不会受到某个数字的束缚——他们应该考虑到最有可能出现的那个结果的不确定性。如果成功的回报足够大，一个理性的人就会考虑向一家极有可能倒闭的企业投资一大笔钱，而不会自欺欺人地抬高其成功概率。然而，我们并不都是理性的，我们中的一些人也许还需要歪曲判断作为保护来掩盖自己的无能为力。如果选择接受极端的预测来蒙蔽自己，你就会清楚地意识到你对自己的纵容。

也许我提出来的那几个修正步骤最难能可贵的贡献就是，这些步骤会要求你思考自己对事情到底了解多少。接下来我会运用一个学术界尽人皆知的例子，其他生活领域中的例子亦可依此类推。一个部门要雇用一位年轻的教授，他们希望这位教授未来的学术能力能够达到最高水平。该部门的调查委员会最后将候选人圈定为两个：

> 金最近完成了毕业设计。她的推荐信都是对她的溢美之词，而且面试时她说得也很好，给在场的每个人都留下了深刻的印象。不过她没有什么实质性的科研成果。
>
> 简经过过去3年的学习取得了博士后头衔，学术成果颇丰，研究也做得非常出色，但她在面试时表现得不如金出色。

我们直觉会选择金，因为她给人的印象更深刻，而且眼见即为事实。但与简的信息相比，金的相关信息则少很多。我们可以回想一下小数原则。事实上，你从关于金的描述中得到的信息样本比简的要小，而且在小样本中更容易发现极端的结果。小样本的结果往往有更多的运气成分，因此在判断金将来的表现时，更应该回归平均值。若觉得金更有可能退步，最终你就会选择简，尽管你对她的印象并不深刻。如果按照学术能力来选人，我会投简一票，但我得先努力克服自己对金的直觉印象——金更有希望。跟着我们的直觉走比违背直觉感觉更自然、更亲切。

你很容易就能想象出不同情境下的相似问题，例如，某位风险投资家要在位于不同市场中的两家新建公司之中选出一家进行投资，他可以相当精确地预估其中一家公司的产品需求量，而另一家是一派欣欣向荣的景象，让人觉得更有希望，但其发展前景并不是很确定。如果把这种不确定因素考虑在内，你对第二家公司前景的最佳猜测是否还会优于第一家公司？这个问题值得认真思考。

从两个系统的视角看回归性

当信息不足时，极端预测和预测罕见事情的愿意都源于系统1。联想机制会很自然地将极端预测和做出这些极端预测所依据的可察觉的信息极端性匹配在一起——这也正是替代的运行机制。而且系统1形成过于自信的判断也是正常的，因为自信是由你根据可得信息提炼出来的最合理故事的连贯程度决定的，这一点我们都明白。但要注意，你的直觉会产生极端预测，而你也很容易对这种极端信心满满。

回归性也是系统2的一个问题。回归平均值这一概念很新奇，沟通和理解皆非易事。高尔顿在弄懂这一概念之前也费了一番心思。很多统计学老师在讲到这一问题时，心中也很没底，学生们最后对这个重要概念也是似懂非懂，只有个很模糊的概念。这个例子说明，系统2需要经过特殊训练。将预测和信息匹配起来不仅是我们的直觉行为，这样做似乎也是很合理的。我们无法根据经验理解回归性。即使我们对回归性已经有了明确认识——就像我们在飞行教练员的故事中看到的那样，也只会用因果关系来解释这一特性，而这个解释往往是错的。

示例——直觉性预测

那家新成立的公司已经深入人心了，但我们不能指望它将来也做得这么好。它的营销之路很长，回归的空间也很大。

我们的直觉性预测的确令人鼓舞，但这个预测可能离现实太远了，还是让我们再看看手中的信息资料，让预测回归到平均状态吧。

即使这次投资极有可能失败，我们也觉得这项投资是个不错的想法。咱们还是别说什么这就是下一个谷歌这样的话吧。

我读过关于那个品牌的一篇评论，评价极高，然而这很可能只是侥幸成功。我们应该这样想：对这个品牌的评论很多，而我们看到的这个正巧是评价最高的。

第三部分

过度自信

第 19 章

认知错觉

纳西姆·塔勒布身兼商人、哲学家、统计学家等多种角色，还被视为心理学家。他在自己的著作《黑天鹅》中，引入了“叙事谬误”的概念，用来描述存有缺憾的往事是如何影响我们的世界观和我们对未来的预期的。我们不断试图去了解这个世界，这个过程难免会产生“叙事谬误”。能够吸引人们眼球的那些说法往往通俗易懂，那些说法具体而不抽象，它们认为天资、愚蠢和意图的作用都要超过运气的作用，它们关注的是少数几件已经发生的重大事件，而不是无数件并没有发生的事。任何新近发生的有影响的事都可能成为一个存在因果关系的故事的核心情节。塔勒布指出，我们人类常会为过去的憾事编造牵强的解释，并信以为真，以此来蒙蔽自己。

好的故事为人们的行为和意图提供了简单且合乎逻辑的解释。你总是喜欢将行为看成一般习性和个性特征的外在表现——你可以很轻松地找到这些结果的原因。此前讨论的光环效应是思维连贯性形成的部分原因，因为这一效应使我们更有可能将自己对某人所有品质的看法和对其特别重要特质的判断匹配起来。例如，如果觉得这位棒球投手又帅又强壮，那么我们很容易会认为他投球水平一定很高。光环效应也可能是负面的：如果觉得一位运动员很丑，我们很可能会低估他的竞技能力。光环效应通过夸大评估的一致性来保持简单和连贯的特点：好人只做好事，坏人都很坏。"希特勒喜欢狗和小鸡"这种说法，不论你听过多少次，无论如何都不会相信。因为根据光环效应，如此坏的人是不会有任何善意的，而这句话却违背了这一点。一致性使我们的想法有些固执，感觉模糊不定。

引人入胜的故事会使人产生某种必然性错觉。谷歌变身为科技产业巨人的故事就是一例。斯坦福大学计算机科学系有两位极富创造力的研究生，他们想出了一个在互联网上搜寻信息的好方法，于是筹集资金创建了一家公司，此后又连续做出很多行之有效的决策。几年后，他们创建的公司成为美国股票市场上最有价值的一家，这两位研究生也跻身全球顶级富豪之列。不同寻常的机遇再加上好运气使得这个故事引人入胜。谷歌上市一年后，他们想以不到 100 万美元的价格卖掉公司，但买方说太贵了。

虽然详尽的历史更能说明谷歌创始人当时的决定，但我们前面的叙述足以说明两位创始人当时所做的每一个决定几乎都为他们带来了美好的结局。一个更完整的故事还可以描述谷歌打败的那些公司所采取的行动，这些倒霉的竞争者似乎很盲目，它们行动迟缓，而且没有足够的能力来对抗谷歌的威胁。

尽管我在讲述上述故事时刻意采用了平淡的口吻，但你仍然会有这样的想法：这个故事非常棒。如果加上更多细节，这个故事就会让你觉得自己明白谷歌成功的秘诀。它还会使你感觉自己学到了颇具价值的重要一课，了解了企业成功的秘诀。但不幸的是，我们有足够的理由相信，你对谷歌这个例子的理解和认识大都是错觉。想知道一个解释是否行得通，可以对它做一个最终测试，看它能否使这个事件事先被预测到。谷歌成功的故事就符合这样的测试，因为其中没有哪一个故事会包含无数个可能会导致不同结果的事件。人类的大脑无法妥善处理没有发生的事情。事实上，很多实实在在发生过的重要事件包含着众多抉择，这些抉择会诱导你夸大技能的作用并低估运气对最终结局的影响。因为每一个重要决策都有好的结果，上述故事堪称一个几乎毫无瑕疵的预言——但坏运气本来极有可能扰乱这些成功的步伐。光环效应还有最后一个阶段，即给该故事的主角戴上不可战胜的光环。

如同看着一位技能娴熟的筏夫沿激流而下时巧妙地躲过一个又一个暗礁险滩一般，阅读谷歌的故事之所以令人振奋，也是因为故事中艰难风险接连不断。然而，两者间有着很大的不同。技能熟练的筏夫有过上百次顺激流而下的经验，他能通过观察眼前的激流预测哪里有障碍，他学过如何对姿势进行微调来保持正确的方向。但对于年轻人来说，他们没有多少机会去学习如何创建一家大型公司，更极少有机会学习如何避开潜在的风险——比如他们的竞争公司推出了一款超级棒的新品。当然，谷歌公司的案例也包含了大量的技能，但运气在公司的实际运作中发挥的作用远远超出故事所讲述的那个水平。运气的成分越多，从中能学到的就越少。

此处发生作用的就是强大的眼见即为事实原则。你会不由自主地去处理手头有限的信息，好像这些信息就是全部事实了。根据这些可得信息，你构建出最可能的故事，这个故事如果还不错，你就会相信它。然而自相矛盾的是，在自己所知甚少或是谜题的答案只是初露端倪时，我们却更容易构建出一个连贯的故事。我们满心相信这个世界是有意义的，这份信心建立在一个稳妥的基础之上：我们最大限度地忽略自己的无知。

我听说太多人“在 2008 年金融危机发生前就知道这场危机不可避免”。这个句子含有一个极有可能引发异议的词，在讨论重大事件时，这个词本不该出现在我们的话语中。这个词当然就是“知道”。有些人事前清楚地意识到可能会发生危机，但他们并不“知道”究竟是什么危机。而他们现在却说他们当初就知道这场危机，那是因为危机确实发生了。这是对一个重要概念的误用。在日常生活中，只有在所了解的事情属实且其表现也真实的情况下，我们才会用“知道”这个词。但是那些当初认为会有危机的人（当初本没有那样多人这样想，而如今却有更多人声称自己当时就是这样认为的）在当时并不能十分确定地指出危机是什么。很多聪明且见多识广的人对经济前景怀有浓厚的兴趣，并不相信灾难已经迫近。我从这个事实推论：危机是不可知的。在这个情境中运用“知道”一词很反常，并不是因为有些人因为这种预知能力获得了本不应属于他们的赞赏，而是这个词给人一种暗示，使人觉得这个世界比事实上更可知。这个词使得人们心中存有一种致命的错觉。

这个错觉的核心是我们认为自己了解过去，这也表明未来也应该是可知的，但事实上，我们对过去的了解比我们自认为能够了解的要少。“知道”不是唯一一个会引起错觉的词。“直觉”和“预感”等词一般也可用来形容过去的想法变成了现实。“我预感这段婚姻不会长久，但我错了”这句话听上去有些奇怪，而类似“一种直觉最终被证实是错误的”这样的说法听来也很奇怪。为了想清楚未来，我们需要清除自己过去曾经用来表明信念的语言。

后见之明的社会成本

将从前的事编成叙事故事的大脑区域是构建意义的器官。当一件不可预知的事情发生时，我们会立即调整自己的世界观以适应这种意外。试想自己正在看一场足球赛，比赛双方的输赢记录相同。现在比赛结束了，其中一方击败了另一方。在你修正过的世界观里，赢得比赛的球队比输掉比赛的球队更加强大，你对过去和将来的看法也已经被这种新感觉改变了。从各种意外事件中积累经验的做法值得一试，但这样做也可能会导致一些危险后果。

人类大脑的常规局限使它没有足够的能力重构过去的知识结构或信念。一旦接受了一种新的世界观（或对世界某一方面的看法发生了变化），你就会立即丧失很大一部分回忆能力，无法回想起自己观点改变之前的那些想法了。

很多心理学家曾经研究过人们观念发生改变时究竟发生了什么这一问题。实验人员选了一个尚无定论的话题，比如死刑，之后他们仔细测试了受试者的态度。接下来，受试者们看见或听见一则颇具说服力的信息，这则信息对所选话题持或赞同或否定的态度。然后实验人员再次测试受试者的态度，受试者往往倾向于他们看到或听到的那个观点。最后，受试者要说出自己在实验前的观点。这项任务也许很难。受试者被问到之前的观点时，说的往往就是现在的观点，这便体现了替代理论，而且很多人都无法相信他们之前的观点与现在的不同。

你无法重构过去的想法，这种情况会不可避免地导致你低估自己受往事影响的程度。巴鲁克·费斯科霍夫率先揭示了"我早就知道"效应，或者"后见之明"现象，当时他还在耶路撒冷读书。在尼克松1972年访问中国和苏联之前，费斯科霍夫和鲁斯·贝斯（我们的另一名学生）做了一项调查。受试者需要对尼克松此次外交破冰之行中可能出现的15种结果的可能性做出评估。毛泽东会同意与尼克松会面吗？美国会在外交上承认中国吗？眈眈相向几十年之后，美国还会和苏联就重大问题达成共识吗？

尼克松访问结束后，费斯科霍夫和贝斯让这些人回想他们对15个可能出现的结果的预测。结果很明显。如果一个事件果真发生了，人们就会夸大自己此前做出的预测的可能性；如果可能的事件并未发生，受试者就会错误地回忆说自己当初一直都认为此事发生的可能性不大。接下来的多次实验表明，人们不仅会高估自己最初的预测，还会高估其他人做出的预测。引起公众注意的其他事件也出现了相似结果，例如辛普森谋杀案和比尔·克林顿总统的弹劾事件。根据发生过的事来改变个人的想法会产生深刻的认知错觉。

后见之明的偏见对决策者的评估行为有着恶劣影响，它导致观察者不是根据判断过程的合理性来评估一个判断的好坏，而是以结果的好坏作为判断标准。假设有一个低风险的外科手术，手术期间发生了一件始料未及的事故，病人因此死亡。事后，陪审团更倾向于相信手术本来就存在风险，而且主刀医生应该比其他人更清楚这一点。即使在制定决策时其想法是合理的，这一结果偏见也会使人们几乎不可能对他的决策做出正确评估。

后见之明对那些决策制定者而言尤其无情，他们的工作就像是为他人做代理人，这些人包括医生、金融顾问、三垒教练、首席执行官、社工、外交家以及政治家等。好的决策如果产生了坏的结果，我们就会责备那些决策制定者；而对那些只是在事后才能明确看出是正确的决策，其制定者也不会因此得到什么赞扬。这便是典型的“结果偏见”。若结果很糟糕，客户常会责备代理人没有看清墙上的笔迹——却忘了这笔迹原是用隐形墨水写成的，只有在事后才能变得清晰可辨。事前原本感觉很是谨慎的行动在事后也会被视为不负责任的过失。曾经有一项以一个真实法律案例为基础的实验，实验人员问加利福尼亚大学的学生，明尼苏达州的德卢斯市是否应该花一大笔钱租用一个全天候大桥监控器来监视桥体，防止出现瓦砾阻塞河流的风险。其中一组学生只是看了该市做决策时的已有材料，其中 24% 的学生就认为德卢斯市应该承担租用洪水监控器的花销。第二组受试者则被告知瓦砾已经阻塞了河流，并引起了重大洪灾。尽管实验人员已经明确告诉他们不要让后见之明妨碍自己的判断，但这组中仍有 56% 的学生认为该市应该租用监控器。

结果越糟糕，后见之明的偏见越严重。遇有重大灾难发生时，比如“9 · 11”恐怖袭击事件，我们尤其容易相信那些没能预见到这场灾难的官员玩忽职守，置公民安全于不顾。2001 年 7 月 10 日，美国中央情报局得到消息：基地组织可能正在谋划一次针对美国的重大袭击。时任美国中央情报局局长的乔治·特尼特并没有把这则消息传达给总统乔治·W. 布什，而是告知了国家安全顾问康多莉扎·赖斯。当事实浮出水面之后，《华盛顿邮报》的传奇编辑本·布拉德利表示，“如果你对即将主宰历史的事件有所了解的话，也许就有机会直接登上总统宝座了，我认为就是这么简单”。但在 7 月 10 日这天，没有人知道——或者有可能知道——这则消息最终会在历史上留下重重的一笔。

很难在事后评论人们是否严格依照标准运作过程行事，因此那些希望自己的决定能经受住后见之明检测的决策制定者只好采用官僚的做派——极不情愿冒风险。由玩忽职守引起的起诉变得越来越常见，内科医生以多种方式改变了自己的诊疗程序：要求患者做更多检查，请教专家更多病例，采用保守疗法，即使这些方法未必奏效也要用。这些行为与其说对病人有益，倒不如说是保护了医生，埋下了利益冲突的隐患。不断增强的责任可谓福祸参半。

尽管后见之明和结果偏见总会有滋生风险之嫌，却也会给那些不负责任的冒险者带来不应得的回馈，例如某位将军或企业家一次疯狂的冒险举动竟然成功了。那些一直很幸运的领导者不但从未因冒太大的风险而受到惩罚，相反，人们总会相信他们有很强的鉴别力和先见之明，能够预见成功；而那些曾经怀疑过他们的明智的人，事后也会被视为平庸、胆小、懦弱之辈。几次幸运的冒险便会给一个不顾后果的领导人罩上耀眼的光环：极富远见、英勇果敢。

基业长青的秘诀

系统 1 的意义构建体系会让我们认为这个世界比现实中的更整洁、更简单、更可预知，且更富逻辑性。认为人类对过去了然于心这一错觉会带来更深层次的错觉——以为人类可以预知并控制未来。这些错觉会让人感到安适，如果我们允许自己充分接受世间事物的不确定性，这些错觉还会减轻自己将要体验的焦虑。我们都需要一颗定心丸，想知道我们的行动会有恰当的结果，想知道智慧和勇气一定会带来成功。很多商业图书都应运而生。

领导者和管理措施是否会影响上市公司的最终成绩？回答是：当然会，而且其影响已被系统研究证实了，这些研究客观评估了众多首席执行官的个性特征及其决策，并将这些评估结果与公司后来的业绩联系在一起。在一项研究中，各位首席执行官的性格特征常常会受到他们之前所在公司的策略的影响，在现公司走马上任后，还会受到公司管理规定和程序的影响。诸位首席执行官的确会影响公司业绩，但这种影响远比商业图书中所宣称的小得多。

研究人员运用相关系数测量了上述（首席执行官个性与公司业绩之间）的相关系数，这个值在 0 到 1 之间变化。此前定义过了相关系数（和回归平均值的关系），即看共有因素在多大程度上对两种测量方式发生作用。公司成功和首席执行官个性之间的相关系数的最高值可能高达 0.30，这就表明两者间有 30% 的重叠部分。为了充分了解这个数字的意义，请思考下面的问题：

假设你要考虑很多组公司的情况。每组的两个公司情况大致相同，但其中一个公司的首席执行官比另一个优秀，那么你多久才能发现那个首席执行官比较优秀的公司会是这组中较强的？

在一个秩序良好且可预知的世界中，相关系数会很高，而且你会发现每组中能力较强的首席执行官百分之百会领导那个更成功的公司。如果相似企业的相对成功完全是由其首席执行官控制不了的因素决定的（你也可以将这些因素称为运气），你会发现，更成功的公司有 50% 的概率是处在较弱的首席执行官的领导之下的。0.30 的相关系数表明，你会找到那个能力更强的首席执行官来领导所有小组中 60% 较强的公司，这比随意猜想提高了 10 个百分点，这个结果充分印证了我们常常见到的对首席执行官英雄崇拜的现象。

你如果曾经希望这个数值更高——我们中的大多数人都这么希望，就应该将这种想法视为自己容易高估现实世界的可评估性的标志。不要犯错：将成功概率从 1∶1 提高到 3∶2 是非常重要的，无论是在跑道上还是在商界中都是如此。然而，在大多数经济图书的作者看来，一位对公司业绩几乎没有什么控制能力的首席执行官是不会给人留下特别深刻的印象的，即使这家公司运行良好，人们也不会对他有什么印象。很难想象人们会在机场书店排起长队去买一本满怀热情描述商界领袖管理经验的书，因为这些领导的表现一般而言也就比仅凭运气强那么一点儿。消费者亟须对决定企业成功与失败的因素有个明确的了解，他们需要一些信息帮助自己了解这些因素，哪怕这些信息很虚假也无妨。

身为瑞士一所商学院的教授的菲利普·罗森维曾写过一本书——《光环效应》（*The Halo Effect*），该著作颇有见地。他在书中表明，有两种类型的商业书籍很受欢迎，能够满足人们对虚幻确定性的需求。这两种类型包括：描写特别的个人和企业（常见的）成功与（偶尔）失败的历史；分析成功与比较成功企业之间的区别。他总结道，成功和失败的故事常会夸大领导风格和管理措施对公司业绩的影响，因此这些故事基本上都没什么用。

为了理解正在发生的事情，我们假设一些商业专家，比如其他公司的首席执行官，应邀对某家公司的首席执行官进行声誉评估。这些首席执行官非常清楚该公司最近是在走上坡路还是下坡路。与此前了解的谷歌案例一样，本例产生了一种光环效应。人们很可能认为一家成功公司的首席执行官必定是头脑灵活、讲究方法、行事果断的人。假使一年过后事情变得很糟糕，人们又会将同一位首席执行官描述成稀里糊涂、僵化死板、独断专行的人。两种描述当时听上去都是正确的：看起来说一位成功的领导者僵化死板、稀里糊涂是很荒唐的，而说一位苦苦挣扎的领导者头脑灵活、讲究方法似乎也很奇怪。

明明是同一个人和同样的行为，事情进展顺利就是讲究方法，而事情进展不顺利就成了死板，光环效应的影响的确太大了，因此你也许会发现自己对前述想法十分抵触。由于光环效应，我们将因果关系抛到脑后：我们很容易相信公司的失败是因为其首席执行官僵化死板，而真实情况是，其首席执行官之所以显得死板，是因为这家公司正每况愈下。错觉就是这样产生的。

在对成功企业的系统研究中寻求其经营之道的书为什么格外有吸引力？将光环效应和结果偏见结合起来就可以对这个现象做出解释了。这种类型的书中知名度最高的有那么几本，其中一本是吉姆·柯林斯和杰里·波勒斯合著的《基业长青》。这本书包含了关于18组相互竞争的公司的全部情况分析，每组都有一家公司比另一家更为成功。这些对比数据包括对企业文化、经营策略和管理措施等众多方面的评估。两位作者在书中宣称："我们认为世界上每一位首席执行官、经理和企业家都应该读读这本书，读过之后你就能建造一家梦想的公司。"

《基业长青》和其他类似图书的基本概念是：良好的管理措施会得到认同，而执行这些措施会带来丰厚的回报。这两点都有些言过其实了。公司是非常成功还是不怎么成功，其区别在很大程度上要看这家公司是否幸运。知道了运气的重要性，看到非常成功和不怎么成功的公司在对比过程中体现的高度一致的模式，你就尤其应该持怀疑态度。因为存在不可测性因素，我们根本就不可能建立什么有规律的模式。

因为运气起到很大的作用，所以我们无法通过对成功的预测推断出领导水平的高低和管理措施的优劣。即使你的预测非常准确，知道首席执行官有绝佳的洞察力和超群的能力，你也不能预测这家公司会如何运转，你的预测比抛硬币的结果强不了多少。《基业长青》一书对卓越的企业和不怎么成功的企业的对比研究显示，从总体上讲，在该研究过后的一段时间里，两类企业在企业效益和股票收益等方面的差距几乎趋于零。《追求卓越》这本著作提到的各家公司的平均赢利额也在很短的时间内大幅下降。《财富》月刊做了一项关于"最受推崇的公司"的调查，调查发现，在过去20年里，评级最差的公司比最受推崇的公司的股票收益更高。

你可能会试图用因果关系来解释这些观察到的结果：也许成功的公司变得自满了，不怎么成功的公司则更努力。然而，这么想是错的。必须缩小这个平均差距，最初的差距大都是运气所致，是运气使顶尖公司成功，使其他公司落后。我们已经遭遇过实实在在存在的统计学事实：回归平均值。

通过提供人类大脑所需，企业成败的故事与读者实现了共鸣，这里的所需指的是关于成败的简单信息，其中明确表明了原因，忽略了运气的决定性力量和回归的不可避免性。这些故事引起并维持了关于了解的错觉，同时给读者上了一些没有什么持久价值的课，但这些读者偏偏愿意相信这些内容。

示例——后见之明

这个错误很明显，但这不过是后见之明，你事前根本无法知道。

他从这则关于成功的故事中学到了太多，多得有些过头了，他现在已经陷入了叙事谬误的误区。

她说这家公司经营不善，真是无稽之谈。她并不了解这家公司，只知道其股票在下跌。这是结果偏见，其中一部分是后见之明，一部分是光环效应。

我们不要带有结果偏见。尽管结果偏见有时也很管用，但这个决定是很愚蠢的。

第 20 章

有效性错觉

系统 1 在信息有限的情况下也能得出结论，但我们无从得知得出这个结论的过程有多复杂。因为有了眼见即为事实原则，所以只有眼前的条件才是最重要的。逻辑上的连贯性能给人信心，而我们在观点中表现出的主观自信也反映出系统 1 和系统 2 所构建的情景的连贯性。证据的数量和质量并不那么重要，因为即使证据十分苍白也能构建一个非常连贯的故事。对于一些最重要的信念，我们其实根本就没有什么证据来证明其合理性，我们怀有这些信念仅仅是因为我们所爱的人和所信任的人也持有同样的信念。由于所知甚少，我们对自己信念的信心是毫无缘由的——但这种信念也很重要。

士兵测评的有效性错觉

几十年前，我在以色列军队服兵役。当时我已经拿到了心理学学士学位。做了一年的步兵军官后，我被派到部队的心理科，有时候我需要对士兵进行测评，看其是否完成了军官培训科目。我需要在炎炎烈日下站很长时间，观察几组汗流浃背的士兵是如何解决问题的。我们使用的测评方法是英军在二战时开创的方法。

其中一项实验名为“挑战无领导小组”，这项实验是在障碍训练场上进行的。参加实验的有 8 个士兵，他们互不相识，军衔都被摘掉了，身上只贴数字标签以做鉴别，他们的任务是将地上的原木拖过 6 英尺高的墙。全组所有人都必须翻过墙且原木既不能碰到地也不能碰到墙，而且任何人都不许碰到墙。一旦出现了任何一种违规情况，他们就必须报告并从头再来。

解决这个难题的办法有很多种。其中一个普通的办法就是让几个人像拿钓鱼竿一样按照一个角度把住原木，其他人通过原木攀缘而爬过墙。或者让一些士兵踩着他人的肩膀跳过墙去。到最后一个人时，其他人就要按照一个合适的角度把住原木，此时原木的一端是悬空的。待他跳上原木后，翘起原木，让他滑过去，最后安全地跳到墙的另一面。在这一环节中，失败是常有的事，他们不断需要从头再来。

我和另一位同事看着他们训练，记录下是谁在指挥其他人，是谁想要领导却被断然拒绝，还要关注每位士兵的合作精神对整个小组能力的影响情况。我们发现有人固执，有人顺从，有人自负，有人脾气暴躁，有人执着，而有人其实就是个逃兵。有些人的想法一旦被小组否定了，他们就不再那么努力了。然而，从这些人身上我们有时也能看出些斗志来。我们还观察了这几位士兵面对危机时的反应：有人会斥责那个导致整组沦陷的人，有人在这个精疲力竭的小组还需从头再来时打头阵。在这个实验的压力下，我们感到其中每个人都展现了自己的天性。我们对参加实验的每位士兵性格的印象就如同天空的颜色那样真切、那样深刻。

观察过这些士兵完成的几次测试之后，我们就要对他们的领导能力和决策能力进行总结，而且要用分数表示谁在军官训练中是合格的。我们深入讨论了每一次测试，回顾了我们对他们的印象。这项任务并不难，因为我们感觉自己已经看到了每位士兵的领导能力。有些人像强势的领导；有些人则比较懦弱，或是自大愚蠢；还有的人虽然平庸但并非无药可救。有几个人看上去非常软弱，只能将他们从军官候选人行列淘汰出去。在将对每位士兵的多角度观察汇集成连贯的情况时，我们对自己的评估很有信心，感觉我们所看到的一定是他们未来的发展。当小组遇到麻烦时，敢于担当并带领团队翻过障碍墙的士兵当时就是整个队伍的领导者。那么，他在训练中或战场上会如何表现呢？显然大家都会猜测他会像在翻墙训练中表现的那样非常高效，其他的推测都不太可能，因为现实情况就摆在我们眼前。

因为对每位士兵表现情况的印象总体来看是清晰且明确的，所以我们在正式预测时也没有任何迟疑，脑海中通常只会出现一个分数，几乎不会有心生疑虑的情况，也极少有自相矛盾的情形。我们很愿意这样断言，“这个士兵根本不行”，“这个比较平庸，但还算可以吧”，或者“他将来肯定是个人才”。我们觉得没必要质疑自己的预测，也没有必要过低预测或者只说些模棱两可的话。但如果有人质疑这份测评结果，我们也愿意承认，会说“当然了，什么都可能发生”。之所以愿意承认这一点，是因为不管对参与测试的每位士兵的印象如何，我们都十分确信这份预测在很大程度上是无效的。

事实表明，我们根本就无法对参与测试的士兵的表现进行准确的预测。每隔几个月我们就会召开一次反馈会议，会上我们会了解这些新兵在军官训练学校的表现，并将我们（对他们）的评估和管理过他们一段时间的教官的意见进行对比。每次得到的结果几乎总是相同的：我们对这些士兵在军官学校的表现进行预测的能力弱到完全可以被忽略。我们的预测也就比凭空猜想强点儿，但也强不了多少。

得知这个令人气馁的消息后，我们颇为沮丧了一段时间。但这里毕竟是军队，无论管不管用，都要按程序办事，都要服从命令。第二天又来了一批士兵。我们把他们带到障碍训练场地，看着他们面对着墙，抬起原木，几分钟后他们的真正本性就暴露无遗，和之前那些士兵一样明显。我们预测的质量虽低，但这个事实对于我们怎样评估士兵完全没有影响，对我们在判断和预测士兵能力时的信心也影响甚微。

这一切都很令人关注。之前预测失败的主要原因本应动摇我们对士兵进行评判的信心，然而我们的信心并未因此受到影响。这个原因本来也可能使我们适度调低自己的评价，但我们并未受其影响降低评价。其实我们知道自己的预测只比随意乱猜强一点儿，一般情况都是这样，但我们仍然感觉自己所做的每一项预测都是有根据的，而且我们还会按照自己的预测行事。这让我想起了米勒-莱尔错觉，我们都知道图中的线段是等长的，但一眼看过去仍然觉得它们长度不同。我对这种类推非常感兴趣，所以特意为我们的这种体验创造了一个术语：有效性的错觉。

我曾经发现自己的第一个认知错觉。

几十年后的今天，我仍能从那个旧时的故事中看到自己思考的许多中心问题，这些问题也是本书的写作主题。我们对这些士兵未来表现的期望是替代问题的一个典型实例，更堪称典型性启发式的经典案例。我们曾经在一个模拟情景下观察一个士兵的行为，一小时后我们感觉自己能判断该士兵在面对军官训练和无领导作战的挑战时会有何表现。我们的预测是完全不能回归的，我们仅仅根据非常薄弱的证据就推测失败或者大获全胜，没给自己留一点儿余地。这也正是“眼见即为事实”的典型实例。我们对观察到的行为印象深刻，对最终决定这些人作为军官表现的因素却知之甚少，而且没有什么好办法来体现这种无知。

回顾我们所做的一切，其中最值得注意的就是我们对一般原则的认识，即我们无法做出预测，这种认识对我们对个案的信心没有什么影响。现在我明白了，我们的反应与尼斯贝特和博尔吉道的学生在得知大多数人不会去帮助疾病发作的陌生人时的反应相似。他们当然会相信自己看到的统计数字，但在判断视频中看到的某人会不会去帮一个陌生人时，基础比率并没有影响他们的判断。就像尼斯贝特和博尔吉道说的那样，人们通常不愿从一般情况中推断特殊情况。

对某个判断的主观自信并不是对这个判断正确概率的合理评估。自信是一种感觉，它能反映出某条信息和处理该信息时所体现的认知放松的一致性。由衷地承认不确定性乃明智之举，但如果有人声称自信满满，只能说明他在脑海里已经构建了一个连贯的情节，当然这个情节未必是真实的。

投资股票的技能错觉

1984年，我和阿莫斯以及我们的朋友理查德·塞勒访问了华尔街的一家公司。接待我们的是该公司的高级投资经理，他请我们来是要讨论判断偏见在投资中的作用。我对金融了解不多，都不知道要问他什么，但我还记得我们之间的一次交流。“你推出一只股票后谁会买？”他大致朝窗户那边挥了一下手，表示他希望买方会是像自己一样的人。这就奇怪了：是什么东西使得有人买有人卖呢？是什么使得卖方觉得他们知道买方一无所知的事情呢？

自那时起，我对股票市场的问题就越来越迷惑：一个重要产业在很大程度上似乎是建立在“技能错觉”的基础上的。每天都有数十亿笔股票交易，很多人会买同一只股票，而其他人则将这只股票出售给他们。一只股票一天当中有1亿多的股份转手是常有的事。大多数买方和卖方都知道他们享有相同的信息，之所以进行股票交易主要是因为他们有不同的想法。买方觉得股价太低，很有可能会升值；而卖方认为股价过高，极有可能下跌。问题在于，为什么买卖双方都觉得当前的股价有问题，为什么他们认为自己比市场更了解股价？对于他们中的大多数人来说，这种想法其实是种错觉。

总的来看，股票市场运行的标准理论为业内所有人士所接受。投资行业中的每个人都读过伯顿·马尔基尔的著作《漫步华尔街》。马尔基尔的核心理念是，一只股票的价格包含了关于公司价值和对股票前景的最佳预测的所有信息。如果有人相信某只股票的价格明天会上涨，他们今天就会买进更多该股票。而这种大量买进该股票的行为也会反过来导致股价上涨。如果市场上所有资产的标价都是正确的，就没有人能通过交易来预测会赚还是赔。最佳价格使得聪明无处施展，但它们也会保护不聪明的人免受自身愚钝的损害。然而，我们现在知道，这个理论并不完全正确。很多投资者在交易过程中一直在赔钱，连会扔飞镖的黑猩猩都能比他们做得更好。这个令人惊讶的结论是由特里·奥登首次提出的，他是加州大学伯克利分校的一名金融学教授，也曾是我的学生。

奥登对 1 万名投资者的收益账目中体现出来的长达 7 年的交易记录进行了研究，他分析这些投资者通过那家公司进行的每一笔交易，共有近 16.3 万笔交易。凭着这组丰富的数据，奥登便能确定为什么一位投资者会卖掉自己所持的某只股票的一些股份，随后很快又买进另外一只股票。通过这些行为，投资者透露了他（大多数投资者都是男性）对两只股票前景的明确想法：他希望自己要买的股票比自己要卖的股票走势更好。

为了确定这些想法能否站住脚，奥登对投资者卖掉的股票收益和买进的股票收益进行了对比，这项对比是在交易完成一年后进行的。结果明显很糟糕。平均来说，个体交易者卖掉的股票比他们买进的走势要好，而且赢利空间相当大：每年约有 3.2 个百分点，远远超过两种交易的执行成本。

当然这只是平均水平，记住这点很重要：有些投资人做得很好，而有些投资者做得差得多。然而，对于个人投资者中的大多数人来说，冲个澡，然后什么事也不做显然会比践行脑中出现的想法更好。后来，奥登和他的同事布莱德·巴布尔在研究中也支持这个结论。在一篇题为“交易有损你的财富”的论文中，他们表示，总体来看，最积极的交易者往往会得到最糟糕的结果，而交易最少的投资者却赢得了最高的收益。在另一篇题为“男儿本色”的论文中，他们提到男性比女性更常按照自己无用的想法行事，而女性在投资中的收益比男性取得的收益更多。

当然，每笔交易总是会涉及第三方的某个人。一般来讲，这第三方就是金融机构和专业投资者，他们善于利用个人投资者在选择卖出哪只股票和买进哪只股票的过程中所犯的错误。巴布尔和奥登的深入研究对这些错误做了解释。个人投资者常会抛售“赢利股”以保持自己的收益，“赢利股”即为买进后增值的股票，是涨是跌要看“亏损股”了。不幸的是，近期的赢利股比近期的亏损股在短期内走势更好，所以这些个人投资者卖错了股票，也买错了股票。可以预见，个人投资者都集中到那些吸引他们注意力的公司那儿去了，因为媒体在宣传那些公司。职业投资者往往会更有选择地接收消息。这些发现让我们晓得，金融专业人员所推崇的“掌握内情下赌注”的说法有一定道理。

尽管专业人员能够从业余人员身上赚到一笔数目可观的财富，但几乎鲜有哪个炒股的人拥有可以年复一年地在股市上始终立于不败之地的能力。专业投资者，包括基金经理，在一项基础能力测试中失败了，这项测试即为持久性成就。对所有技能的研究结果都表明：个体成就的差异具有一致性。其中的逻辑很简单：如果任何一年中的个体差异完全是由于运气，那么关于投资者和基金的排位就会不规律地改变，年与年之间的相关系数就为零。但是，涉及技能因素时，排位就会更稳定一些。个体差异的持久性是一种测量方式，通过这种方式我们就能确定高尔夫球员、汽车推销员、牙齿整形医生或者公路收费员是否拥有这种技能。

对冲基金是由经验丰富且工作努力的专业人士管理的，这些专业人士买卖股票是为了给他们的客户赢得最佳效益。然而，从50多年的研究中得来的证据还是很具决定性的：对于大多数基金管理者来说，选择股票更像掷骰子，而不像玩扑克。任何一年中，往往每3只对冲基金中至少有两只的表现要比市场的整体表现差。

更重要的是，对冲基金收益的年度相关系数非常小，也就比零稍高那么一点点。每年成功的基金差不多都是靠运气，或者他们骰子掷得好。众多研究者有一个普遍认同的观点，那就是几乎所有炒股的人，不管他们对股票是否了解（很少有人了解股票），都在玩碰运气的游戏。交易者的主观经验只不过是他们在很不确定的情况下做出的看似明智的猜测。然而，在高效率的市场中，明智的猜测比瞎猜也准不了多少。

几年前，我得到一次非同寻常的机会，可以近距离调查金融技能中的错觉问题。我应邀到一家公司为一组投资顾问做报告，这家公司为非常富有的客户提供金融建议和其他服务。我向他们要了一些数据用于准备报告，还有一个小收获：一张电子表格中有25位匿名的财富顾问连续8年来的投资收益。每位顾问（大多数顾问都是男性）每年所得的分数直接与他的年终奖金挂钩。按照每位顾问每年的表现进行排序，并决定他们是否一直存在技能差异，以及同一个财富顾问为他的顾客赢得的收益是否一年更比一年多，这些都是非常简单的事。

为了回答这个问题，我以两年为一组计算了排序的相关系数：第一年和第二年，第一年和第三年……直到第七年和第八年。每两年会有一个相关系数，总共有 28 组相关系数。我知道其中的理论，也希望找到能够表明技能持久性的些许论据。我仍然惊讶地发现，28 组关联值的平均值仅为 0.01。换句话说，就是零。我们未能发现技能差异的持久关联性。这样的结果和你在掷骰子比赛时所期待的如出一辙，却与技能比赛大相径庭。

这家公司似乎没有人注意到这场游戏的本质，即股票玩家在操控一切。顾问们感觉自己在这份严肃的工作中是有能力的专业人士，而且他们的上级也同意这一点。在研讨会召开的前一个晚上，我和理查德·塞勒与该公司的一些主管共进晚餐，这些主管是决定年终红利的人。我们让他们猜猜每位顾问不同年份间的排名有什么关联。他们觉得自己似乎知道我们的意图了，笑着回答道“关联不大”，或说“表现当然会有波动”。然而我们很快明白了，没有人希望平均相关系数为零。

我们向这些主管传达了这样一个信息，至少在构建证券投资组合时，该公司是凭借运气得到回报的，而不是技能。这一点本应让他们感到吃惊，但是没有。他们完全没有表露出不相信我们的迹象。为什么会这样？毕竟我们已经分析了他们的业绩，虽然措辞谨慎，但他们经验老到，肯定看得出来其中的含义。大家继续安静地吃饭，我确信我们的发现及其含义都被他们刻意掩盖了，这家公司又回到了以前的运行状态。对技能的错觉不仅是个人的失误，它还深深植入了这个产业的文化。许多对这一基本假设提出挑战的事实——因此也威胁着人们的生计和自尊心——还远远没有为人们所接受，人类大脑还没有消化这些事实。对绩效的统计研究尤其如此，这种统计研究提供了基础比率信息，当这一信息与自己从经验中得来的印象互相冲突时，人们一般就会忽视它。

第二天早晨，我们把各项发现告知这些顾问，他们的反应都非常冷漠。他们是对复杂问题进行仔细判断的人，这种经验对他们来说比一个陌生的统计结果更深入人心。活动结束后，昨晚一起吃过饭的一位主管把我送到机场。他用一种带着戒备的口吻跟我说："我在这个公司做得非常好，没人可以否认这一点。"我笑了笑，什么都没说。我想："我今早已经否认这一点了。如果你的成功主要是靠运气，那么你又能将多少成绩归功于自己呢？"

为什么会产生技能错觉和有效性错觉？

认知错觉比视觉错觉更顽固。米勒–莱尔错觉虽然告诉你线段长度是相同的，但这没有改变你看线段的方式，却改变了你的行为。现在你知道不能相信自己对末端有箭头的线段长度的印象，而且你还知道在一般的米勒–莱尔错觉中不能相信自己的眼睛。如果有人问起线段的长度，你会说出别人告诉你的长度，而不是你将看到的错误长度。与此相反，当我和同事们在以色列军队中得知领导能力评估实验的有效性很低时，我们很理智地接受了这一事实，但这并未影响我们的感觉及此后的行动。我们在金融公司得到的反应结果更极端。我现在相信塞勒和我传达给那些主管与投资经理的信息立即就被放到记忆中的黑暗角落里去了，因为放到那里就不会对自己产生什么危害了。

不管是业余投资者还是专业投资者，都会固执地认为他们能比市场做得更好，与自己曾经接受的经济理论背道而驰，与自己从他人对自身经历公正客观的评价中学到的东西背道而驰，这是为什么呢？为什么金融界的技能错觉可以长盛不衰？要解释这个问题，我们需要提及此前几章的很多主题。

产生错觉最有说服力的心理学原因当然是玩股票的人拥有的都是高水平的技能。他们要查询经济数据和各种预测，查看损益表和资产负债表，评估高层管理的质量，还要对竞争对手进行估量。所有这些都是严肃的工作，需要经过大量训练。当然，从事这项工作的人也有直接（且正当）的机会来运用这些技能。不幸的是，光有评估公司商业前景的技能还不足以确保在股票交易中取得成功，因为股票交易中的关键问题是，关于该公司的这些信息是否已经被含在股价里了。交易者显然缺少回答这一关键问题的能力，但他们又貌似对自己的无知一无所知。通过在障碍训练场上观察新兵，我发现交易者的主观自信是一种感觉，不是一种判断。我们对认知放松和联想一致性的理解将这种主观自信深深地植入了系统 1。

最后，有效性错觉和技能错觉是由一种强大的专业文化来支撑的。我们知道，在任何情况下，当身边的人都跟自己持同样的想法时，不论这种想法有多么荒唐，人们都能保持一种不可动摇的信念。如果处于金融领域的专业文化之中，那么该领域很大一部分人就会相信，自己是能做到别人做不到的极少数人之一。这种想法不足为奇。

权威的错觉

人们想当然地从对过去的解读中预测未来，总是忽视“未来是不可预知的”这一观点。正如纳西姆·塔勒布在《黑天鹅》一书中指出的那样，我们更愿意构建和相信对过往的连贯叙述，这种叙述使我们很难接受自己的预测能力的限度。我们都知道后见之明这个道理，金融专家也是在仔细研读每份晚报之后才对当天的大事做出令人信服的解释的。今天的后见之明中有价值的部分，其实昨天就可以预见到，我们不能抑制这种强烈的直觉。我们理解，过去所产生的错觉会使我们对自己预测未来的能力过于自信。

人们常用的“历史的征程”这一意象暗含秩序和方向之意。征程与漫步或者走路不同，不是随意的。我们认为自己应该能通过关注声势浩大的社会运动、文化科技发展，或者几位伟人的意向及能力来解释过去。重大历史事件是由运气决定的，尽管这一说法显然是正确的，却依旧令人震惊。提到 20 世纪的历史——包括其中的重大社会运动——就很难不提到希特勒、斯大林。在孕育希特勒这个生命的卵子受精后，这个受精卵将来发育为女性的概率为 50%。将两件“大事”综合起来看，20 世纪就有 1/8 的可能性不会出现这两位掌权人，而一旦缺少了这两个人物，整个历史几乎就会被改写。这两个卵子的受精过程有着重大意义，也是对“长期发展是可以预测的”这一观点的巨大讽刺。

然而有效预测的错觉仍然没有受到丝毫影响，做预测生意的人充分利用了这一事实，这里所说的从事预测生意的人，不仅有金融专家，还有商界和政界的权威。电视台、电台和各家报纸都有自己的专家团，他们的工作就是对新近发生的事件进行评论，对未来进行预测，而观众和读者就会感觉自己在接受为自己量身定做的或者至少是极有见地的信息。当然，诸位专家和助推者也发自内心地认为他们提供的就是这样的信息。宾夕法尼亚大学心理学家菲利普·泰特洛克在一项长达20年的里程碑式的研究中解释了所谓的专家预测现象，这项研究发表在他2005年出版的《狐狸与刺猬：专家的政治判断》一书中。泰特洛克为此话题的进一步讨论设定了一些术语。

泰特洛克采访了284位以“评论政治和经济走向或提出建议”为职业的人。他让这些人对某些大事在不久的将来的发生概率进行评估，这些事件既涉及他们的专业领域，也涉及他们所知甚少的领域。戈尔巴乔夫在政变中会遭到驱逐吗？美国会参加波斯湾战争吗？哪个国家会成为下一个大型新兴市场？泰特洛克一共搜集了8万份预测。他还问过这些专家是如何得出结论的，若结论是错的，他们会有何种反应，以及他们对不能支持自己立场的论据要如何评估等问题。受试者需要对每件事的3种可能结论的出现概率做出评估：例如在政治自由或经济发展方面，是会维持现状、有所增长还是有所下降。

结果令人震惊。这些专家表现得很糟糕，如果他们简单地将这3种潜在结果出现的概率平均一下，可能会做得更好。换句话说，那些花时间以研究某一特别课题为生的人做出的预测还不如扔飞镖的黑猩猩预测得准，因为黑猩猩能平均对待每种可能。即使在自己最了解的领域，专家的预测比非专业人士也好不到哪儿去。

那些了解更多的人比了解少的人做出的预测强不了多少。知识最丰富的人反而常常不大可靠，原因是学到更多知识的人对自己的技能产生了一种无限放大的错觉，进而变得不切实际、过于自信。泰特洛克写道："为了获取知识，我们匆忙而草率地预测出利润回馈缩减的临界点。在这个理论高度专门化的时代，没有理由假设顶级期刊的投稿人——著名的政治科学家、各领域研究专家以及经济学家——比记者或《纽约时报》的细心读者强多少。"泰特洛克发现，预言者名气越大，他们的预言越夸张，他写道，"那些受欢迎的专家比他们那些远离聚光灯大肆评论的同事更自信"。

泰特洛克还发现，这些专家不愿承认自己过去错了，非要他们承认错误时，他们就会有一大堆借口，比如"我的失误在于时机不好，突发意外之事"，或者就说"我错了，但我有正当理由"。专家毕竟也是人，他们被自己的荣耀蒙蔽了，而且还痛恨错误。泰特洛克说，专家犯错误不是因为他们的思考内容，而是因为他们的思考方式。他引用了以赛亚·伯林所写的关于托尔斯泰的文章中的术语，"刺猬与狐狸"。刺猬"知道一件大事"，对这个世界有它们自己的一套理论，它们在一个清晰的框架下说明某些特殊事件，对不按自己的方式看待事情的人往往没有耐心，而且对自己的预测很有信心，它们尤其不愿承认错误。对于刺猬来说，错误的预测常是由于"时机不佳"或"就差一点儿"。它们固执己见，没有罪过，而这一点正是电视制片人喜欢在节目中看到的。两只刺猬对一个问题各执己见，每只都想攻击对方的愚蠢观点，这真是一场好戏。

而狐狸却相反，它们是更复杂的思想者。它们不相信仅凭一件大事就可以推动历史的进程（例如，他们不可能接受罗纳德·里根与苏联强硬对抗，仅凭个人力量结束冷战的观点）。相反，这些狐狸认识到，很多不同因素和作用力的相互作用导致了这一结果，这些因素也包括纯运气因素，而这一结果往往会导致更大、更不可预知的结果。尽管狐狸的表现仍旧很差劲，但在泰特洛克的研究中，它们的得分却最高。谈及请谁参加电视辩论，可能刺猬被选中的概率会大些。

这并不是专家的错——世界是复杂的

本章的主要观点并不是说那些企图预测未来的人会犯很多错误，即使不说也是如此。我们应该了解的第一点是，预测错误不可避免，因为这个世界就是不可预知的。我们应该了解的第二点是，我们不应该相信高度主观的自信就是准确性的指示器（低度自信可能更有益处）。

短期内的走向是可以预测的，且人们的行为和成就能从以往的行为和成就中得到较为准确的预测。不过，我们不应该根据士兵在障碍训练场上的行为来推测他们在军官训练和战场上的行为，测试和现实世界中的行为是由特定情况下的很多因素共同决定的。从有 8 个新兵的小组中调走一个坚定且自信的人，其他人的个性特征也会改变。让狙击手的子弹偏移几厘米，就会改变军官的表现。我不否认这些测试的正确性，如果一项测试对重要结果的预测的正确性达到 0.20 或 0.30，这项实验就应该得到推广应用。不过，你不应再有更多奢望了。你应该降低对华尔街炒股人的期望，或者干脆就不相信他们，这些玩股票的人就是些希望自己对未来股价的预测比市场预测更准确的人。你也不应该对专家们做出的长期预测抱有很高的期望，尽管他们关于不远的将来可能会有有价值的见解。目前，还没有划定分开可预测的未来和不可预测的长远未来的界限。

示例——有效性错觉与技能错觉

他知道这份记录表明这种疾病的变化几乎是不可预知的，他怎么会对这个病例表现得那么自信？听起来像有效性错觉。

她能通过一个富有逻辑连贯性的情景来解释自己所知道的一切，这种连贯性让她感觉很好。

是什么让他觉得自己比市场更聪明呢？是技能错觉吗？

她就像只刺猬，有一个可以解释所有事情的理论，这让她产生一种错觉，那就是她了解这个世界。

问题不在于这些专家是否训练有素，而在于他们的世界是否是可预测的。

第 21 章

直觉与公式

保尔·米尔是个性格奇特而又超凡脱俗的人，是 20 世纪最有才华的心理学家之一。他曾在明尼苏达大学的心理学系、法学系、精神病学系、神经病学系以及哲学系任教，同时写了宗教、政治科学方面的文章，还曾经研究过老鼠。米尔习惯用统计数字说话，经验丰富，曾对临床心理学的空洞言论大加批评，在精神分析方面有过实践。他写过一些论述心理学研究的哲学基础的文章，这些文章很有思想，我在读研究生时几乎能把它们全部背下来。我从来没见过米尔，但自从我读了他的那本《临床与统计预测：理论分析与事实回顾》（*Clinical vs. Statistical Prediction: A*

Theoretical Analysis and a Review of the Evidence）后，他便成了我心目中的一位英雄。

在这本他后来称为“让我烦恼的小书”的薄册子里，米尔回顾了 20 项研究结果，这些结果分析了以经过训练的专业人士主观印象为基础的“临床预测”，是否比按某种规则将一些分数或等级评定结合在一起做出的“统计”预测更准确。在一项典型的研究中，经过训练的辅导员预测了新生在学年末的成绩。他们与每个学生进行了 45 分钟的谈话，还参考了他们高中时的成绩、几次能力测试加上一份 4 页长的学生的个人陈述。数据统计的方法只采用了其中的一小部分信息，即高中成绩和能力测试。然而，应用数据统计方法得出的结果要比 14 名辅导员中 11 个的预测都准确。米尔综合其他多种预测结果得出了相似的结论，这些预测包括违反假释程序、飞行员的成功训练以及刑事累犯情况等。

不出所料，米尔的著作在临床心理学家中引起了震惊和质疑，这一争议引发了一股研究大潮，自该书出版至今 50 余载，这股大潮还在继续。将临床预测和统计预测进行对比的研究报告大约有 200 篇，然而两者的对峙依然没有分出胜负。大约 60% 的研究指出，运算手法更准确。其余的比较研究认为两者准确性相近，但似乎数据统计方法更胜一筹，因为它比人工判断的成本低。至今还没有令人信服的例外情况记录在案。

预测结果的范围已经延伸到了医学的可变因素，比如癌症病人的寿命、住院时间、心脏病的诊断以及婴儿对猝死综合征的敏感性；经济措施，比如新企业的成功前景、银行对信用危机的评估、员工对未来职业的满意度；政府机构所关心的问题，比如收养人的适合条件评估、少年累犯的可能性以及其他暴力行为发生的可能性；还有一些混合结果评估，比如科学报告的评估、橄榄球比赛的胜负预测以及波尔多酒的价格预测。这些领域都有很强的不确定性和不可预见性。我们将其称为“有效性低的环境”。在这些情况下，专家预测的准确性与简单的运算得到的结果相当，甚至要低于简单运算的结果。

在该书出版30年后，米尔自信而骄傲地说：“在社会科学中，还没有哪一项研究像这项一样，众多研究虽定性不同，结果却都一致地指向同一个方向，这一点是毫无争议的。”

奥利·阿申费尔特是普林斯顿大学的经济学家，爱喝葡萄酒。对于简单的统计学方法的力量可以胜过世界著名学者的观点，阿申费尔特做过一个引人注目的论证。他想通过波尔多酒生产年所提供的相关信息来预测该酒的未来价值。这个问题之所以重要，是因为优质葡萄酒要想达到质量的顶峰需要很多年。出自同一个酒窖的酒，因其年份不同，在价格上有很大差异。生产时间相差12个月的酒，其价值会相差10倍或更多。预测未来价格的一项因素是它的本质价值，因为投资者买酒就像买艺术品一样，都希望它能够增值。

人们通常认为，葡萄酒酿造期能够决定酒的好坏是因为酿酒受生长期间大气多样性的影响，温暖干燥的夏季会酿出最好的葡萄酒，因此，全球变暖貌似会惠及葡萄酒产业。湿润的春天也会使这一产业受益，这样的天气会在不影响质量的情况下让葡萄增产。阿申费尔特通过天气的三个特征——夏季生长期的平均温度、丰收期的降水量以及上一个冬季的总降水量——来估测葡萄酒的特质及特定的年份，再将这些常识性知识转化成数据公式来预测葡萄酒的价格。他的公式给出了未来几年甚至几十年后的准确价格预测。事实上，他的公式所预测的葡萄酒期货价格比新酒的市价更准确。这个新的“米尔模式”向那些为前期价格定位提供建议的专家的估价能力发起了挑战。它还对经济理论发起了挑战，根据这些理论，价格应该能够反映所有有用信息，包括天气因素。阿申费尔特的公式非常精确，预测价格与真实价格的相关系数超过了 0.9。

为什么专家预测不如简单运算准确？米尔猜测其中一个原因是这些专家试图变得聪明，总想跳出思维的框框，在预测时会考虑将不同特征进行复杂的结合。复杂化对稀奇古怪的事情是有影响的，但十有八九会降低其正确性，将这些特征简单地整合在一起反而会更好。有几项研究已经表明，即使人们知道公式给出的建议分数，人类决策制定者在面对预测公式时也会自叹弗如。他们认为自己比公式强大，因为人们拥有关于这一问题的其他信息，但他们往往是错的。在米尔看来，在极少数情况下，我们可以利用主观判断，其他时候用判断替代公式并不是个好主意。在一个著名的思维实验中，他描述了一个能够预测某人今晚会不会去看电影的公式，他指出，如果知道此人今天摔断了腿，不用这个公式也罢。于是就有了“断腿原则”。当然，关键问题是断腿的概率太小了，而一旦腿断了，结论也就很明确了。

专家判断不可取的另一个原因，是人们对复杂信息的最终判断很难达成一致。如果有人要求这些专家对同一信息进行两次评估，他们通常会给出不同的答案。这些不一致之处往往是真正令人关切的地方。一个经验丰富的放射科医师在两个不同的场合看到同一张片子，这两次检查结果在“正常”与“异常”之间会有 20% 的偏差。一项让 101 名审计员独立评价企业内部审计业务可靠性的实验也反映出类似的不一致程度。此前有过对不同专业人士判断可靠性的41项研究，研究要求审计员、病理学家、心理学家、组织管理者等专业人士回顾自己原来的判断。尽管他们对每个案例的再次评估在几分钟内就完成了，但实验结果还是说明了判断的不一致性非常典型。不可靠的判断使人们对任何事物都不可能做出有效预测。

这种普遍的不一致性很有可能是系统1对极端条件的依赖所致。我们从那个主要实验可以得知，我们的环境中有一种不被注意的刺激物在本质上影响着我们的思想和行为。这种影响会从这一时刻波及下一时刻。在炎热的天气里，短暂的凉风会使你感到心情舒畅，这个时刻无论评估什么都会相对更积极一些。对于一个将要获得假释的犯人来说，在假释审核期间他吃每一顿饭的时候，都会有很大的变化。由于我们对我们思想中的东西没有一个清晰的认识，我们永远不会知道在周围环境有微小的变化时，我们会做出不一样的判断。公式却不会有这样的问题，输入不变，输出也不会改变。可预见性很差——这是米尔和他的后继者在研究中得出的——不一致性会破坏任何预测的有效性。

这项研究得出一个惊人的结论：要提升预测的准确度，最终的结果应由公式给出，在低效的情况下尤其如此。例如，在医学院的学生录取工作中，最终决定一般由面试候选人的教师来做。这一依据是片面的，但他们的推测也有可靠的证据：如果面试官也参与最终的录取工作，面试的过程很可能会降低选拔过程的准确性。这是因为面试官过于相信自己的直觉，他们会很重视个人的喜好而忽略很多其他信息，从而降低了有效性。同样，专家在评估新酒的价格时会品尝酒，这种信息的反面作用大于正面。当然，即使清楚天气对酒质的影响，专家们也无法保证公式那样的一致性。

继米尔的最初研究之后，对该领域有极大促进作用的要数罗宾·道斯发表的著名论文《非线性模型在决策中的鲁棒性》了。社会科学中常用的数据统计分析是按照某一运算法则评估不同的预测因素，这叫多次回归，且已经被运用于常用软件。多次回归体现的逻辑很有说服力：它找到了将各种预测因素加权后再整合到一起的最理想公式。然而，道斯发现，这种复杂的数据运算没什么用处，人们也可以通过选取一组对于预测结果以及提升价值都很有效的数据做出类似的判断（使用标准数据或等级）。一个公式与这些预测因素以同样的权重结合起来预测新事物，才有可能像使用多次回归处理原始样本那样取得理想的预测效果。更新的研究则更深入地指出：均衡考虑各项预测因素的公式更有优势，因为它们不受样本突变的影响。

这种基于等权原则的计算方案的成功有着重要的实践意义：它可以在不做任何事前统计研究的基础上就能开发出有用的运算方法。这种基于现有数据或者常识的简单等权公式通常可以预测意义重大的结果。在一个令人难忘的例子中，道斯指出了婚姻的稳定性可以通过一个公式来预测：

做爱的频率减去争吵的频率

你应该不会希望得到的结果是负数。

这个研究的重要结论是，在信封背面构思的一个运算公式通常可以和理想化的公式媲美，与专家的言论相比肯定更胜一筹了。这种逻辑适用于很多领域，从证券投资组合经理对股票的选择，到医生和病人对治疗方式的选择。

一项拯救了千万婴儿的简单运算法堪称对这项研究的经典应用。妇产科医生清楚地知道，如果婴儿在出生后的几分钟内无法正常呼吸，他 / 她就会有很大的脑损伤甚至夭折的风险。在1953 年麻醉学家维珍尼亚 · 阿普伽介入之前，内科医生和接生人员一直在用他们的临床经验来判断婴儿是否处于危险状态，不同人员的依据也不尽相同。一些人侧重于观察孩子的呼吸情况，另一些人则观察婴儿的啼哭频率。由于没有一个标准，人们经常错过危险信号，导致许多新生儿不幸夭折。

一天早饭后，一个住院医生问阿普伽医生如何对新生儿做系统评估。她回答道："这很简单，你可以这样做。"阿普伽快速写下了 5 个变量（心率、呼吸、反应、肌肉强度和颜色）以及 3 个分数（0、1、2 分别代表各个变量的稳健度）。阿普伽意识到自己可能会有所突破，而且这一突破还可能被应用到所有的产房中，她便开始用这种方法评估每一个出生一分钟的婴儿。一个得到 8 分以上的婴儿一般是肤色粉红、蠕动、啼哭、面部扭曲并拥有 100 次以上的脉搏，这样的婴儿外形很好。低于 4 分的婴儿一般是浑身青紫、肌肉松弛、不爱动且心跳微弱，这样的婴儿需要立即救治。应用了阿普伽的评分原则后，产房的护士们终于在判断婴儿情况是否危险的问题上有了一套标准，人们认为这个公式对减少婴儿的夭折率起到了很重要的作用。现在，阿普伽的方法依然被应用于每一间产房。阿图尔 · 甘德近期的著作《一份清单宣言》（*A Checklist Manifesto*）也介绍了一些其他案例，以说明列表以及简单原则的优点。

让许多业内人士烦恼的运算法

从一开始，很多临床心理学家就不认同米尔的观点，对此持怀疑态度。他们显然幻想过自己有长远预测的能力。我们在深思熟虑后，不难发现这种幻想是如何产生的，也可以理解临床医生为何反对米尔的研究。

证明临床统计可信度低的统计证据与临床医师对自己判断质量的日常体验相悖。经常接触患者的医生对每一个疗程都有其直觉，他们可以预测病人对干预治疗会有什么反应，并猜测下一步会发生什么。很多推测都得到了证实，这显示出临床医师真实的临床诊断能力。

问题是在整个治疗期间，这些正确的判断涉及的都是短期预测，而且是在当面诊疗后做出的预测，这项技能是治疗师经过长期实践得来的。他们失败的任务往往需要对病人的病情做长远的预测。想要做到这一点尤为困难，因为即使是最好的公式也只能是有个大概，临床医师也不可能完全了解，这需要患者多年的反馈，而不仅仅是当时短暂的治疗反馈。然而，临床医师可以出色完成的任务与他们完全不能做的事情之间没有绝对的界限，当然他们自己也是如此认为的。他们知道自己有医术，却不一定知道医术的终极。当然，认为机械地将几个变量整合到一起就会超过人工判断微妙的复杂性的想法，对有经验的临床医师来说显然也是错误的。

这场关于临床预测与数据统计预测孰优孰劣的辩论总会涉及伦理道德的范畴。米尔写道，统计方法被那些临床医师批评为“机械化、自动化、附加物、模式化、人工化、不真实、表面化、武断、不完善、无生机、迂腐、片面、无关紧要、武断、数据化、死板、无前景、学术化、伪科学且很盲目”。相反，临床方法被它的支持者称赞为“灵活、全球化、有意义、正统、精细、统一、机构完整、有规律可循、系统化、丰富、深邃、真实、科学、成熟、准确、生动、正确、自然、可行，以及可以被理解”。

这种观点我们都可以理解。无论是约翰·亨利在山顶上挥锤，还是国际象棋天才加里·卡斯帕罗夫与计算机“深蓝”的对决，我们总会同情人类自己。对通过数理统计来做决定的厌恶情绪影响着人类，这种厌恶源于我们本身对自然事物的偏好以及对人工合成产物的否定。当选苹果时，如果有人问我们喜欢有机的苹果还是商业种植的，大多数人都会倾向于“全天然”的那个。即使被告知两者的口味相同、营养相同而且同样卫生，很多人还是会选择有机水果。商人们甚至发现，标签上印有“全天然”或者“不添加防腐剂”时，商品的销量就会增加。

欧洲葡萄酒协会对阿申费尔特推测波尔多酒价格这一公式的反应表明，业内人士对揭秘专业知识有着强烈的抵触情绪。阿申费尔特的公式对公众而言是一种福祉：我们原本以为各地的葡萄酒爱好者都会感谢阿申费尔特，他提出的公式提高了这些人辨别葡萄酒质量的能力，使他们能够分辨哪些葡萄酒多年后会有上乘的品质。然而事实并非如此，据《纽约时报》报道，法国葡萄酒界对此的表现是在“愤怒和歇斯底里之间”。阿申费尔特指出，一个品酒专家认为他的发现“荒唐可笑”，还有一个人也嘲笑他“就像没有亲自看过电影却对这部电影评头论足”。

在做重要决定时，对运算法的偏见会被放大。米尔指出：

“有些临床医师会因一个‘盲目的、机械化的’公式而耽误了可以治疗的病例，这是很可怕的，但我也没有什么好办法来缓和这种令人恐惧的情形。”相反，米尔和其他的运算法支持者激烈争论，如果说运算法在做出重大决定的时候可以减少错误，那么仍旧凭直觉判断就是不道德的。他们的论述有理有据，却与一个心理学事实背道而驰：对大多数人来说，错误的原因最重要。由于运算法导致婴儿死亡的案例比人为因素造成的悲剧更让人感到悲痛。这种情感强烈程度已经上升到道德取向的层面了。

值得庆幸的是，随着运算法在生活中适用范围的不断扩大，人们也在慢慢接受它。我们在寻找喜欢的书籍或音乐时，会接受软件推荐的选项；我们理所当然地认为人为因素并没有影响信贷限额的决定；我们也越来越习惯于那些以简单的运算法形式出现的指导方针，比如，我们应该努力将有益和有害的胆固醇水平维持在什么比例。公众现在已经意识到，在体育界，公式能比人做得更好：一个职业球队该给新队员开多少薪水，或者在第四节的什么时候该踢凌空球。随着运算法使用范围的扩大，大多数人第一次接触米尔在他那本“让我烦恼的小书”中提到的结果模式时，他们的不适应感最终必将降低。

向米尔学习

1955年，作为以色列国防军中一个21岁的陆军中尉，我接受指派为全军建立一套测试系统。你也许会惊讶为什么会将如此重任交给我这么年轻的人，但请记住，以色列当时建国才7年，国内所有的机构都在筹建当中，必须有人去建设。今天听来有些奇怪，我的心理学学士学位竟然能够证明我有能力成为军中最训练有素的心理学家。我的顶头上司是一个才华横溢的研究者，他拥有化学学士学位。

当我接到任务时，例行面试已经准备就绪。每一个入伍的士兵都要完成一系列心理素质测试，对那些有作战任务的士兵要进行个性评估。我们的目标是要给这些新兵对作战适应性打一个分，并在步兵、炮兵、装甲兵等兵种中给他们选择一个最适合他们个性的兵种。面试官们本身也是新兵，之所以被选中做面试官是因为她们智商高，喜欢与人打交道，她们中的大多数人是当时不必参战的女兵。经过几周培训后，她们学会如何安排一个 15~20 分钟的面试，培训人员还鼓励她们要覆盖多个话题，而且要尽量对受试者日后在军中的表现情况形成一个整体印象。

不幸的是，接下来的评估已经显示，这种测试过程对预测新兵日后成功与否毫无用处。于是，他们要求我设计一个更有用但不会更耗时的测试。他们还要求我设计新的面试方法，并评估这个方法的准确性。从专业角度来讲，这些任务的难度与让我建一座横跨亚马孙河的大桥差不多。

幸运的是，我读过保尔·米尔那本一年前出版发行的“小书”。我很相信书中的论证，认为简单的运算法优于临床的直觉判断。我总结出，当前的面试之所以失败，部分原因是它允许面试者按照个人的喜好做决定，这个决定会因面试者的心理活动而发生一些变动。相反，我们应该用限时的项目来获得受试者在正常环境下更具体的信息。我从米尔那里还学到了我们应该摒弃这种用面试者的整体评估来给新兵打分的方法。米尔的书中指出这种评估不值得相信，而运算法从分散的评价中得出的结果更有价值。

我决定采用这样的过程，面试者要评估几项相关个性特征，为每项单独打分。最后的作战适应性结果由计算机根据一个特定的公式给出，面试者不干预。我列了一个表格，其中包含与作战表现相关的6个特点，包括责任心、社交能力以及男子气概等。之后我再针对每个特点整理出一系列关于他们入伍之前生活的问题，例如之前做过几份工作、工作和学习时是否准时、和朋友交往的频率，以及他的兴趣爱好和参加过的运动等。这便使我能尽量客观地从每个角度对新兵进行评估。

通过这些标准化的真实问题，我希望能够排除光环效应，排除人们喜好的第一印象对判断结果的影响。为了进一步预防各种光环的影响，我要求面试官依照固定的顺序去测试这6个特点，在测试下一个特点之前要对前一个特点按5分制打分。我告诉他们不要为新兵在部队的未来发展操心。他们唯一的工作就是找出与新兵的过去相关的信息，并以此来给每一个特性打分。“你们的作用就是提供可靠的测定值，”我说，“处理预测有效性的工作让我来。”我这句话的意思是我要用公式来整合他们的具体得分。

面试官齐声抗议这种安排。这些优秀的年轻人对我这个和他们差不多大的中尉的命令有点儿不情愿，毕竟这样的要求禁止他们运用直觉，将注意力完全放在一些无聊的真实问题上。其中一个人抱怨说：“你想把我们变成机器人吧！”所以我妥协了，“按照要求进行测试吧，”我说，“请完全按照要求来进行测试，测试完后，就像许愿那样闭上眼睛，将新兵想象成一个战士，并给他打分。”

我们对几百次面试都采用了这个新方法。数月之后，我们搜集了新兵指挥中心对他们表现的评价，这使我们很欣喜。正如米尔的书中提到的那样，新的测试过程比原来的过程有质的飞跃。虽然离完美还有一定差距，但6项指标整合起来做出的预测比之前的整体评估要准确得多。我们已经从“徒劳”进步到了“有效”。

面试官“闭上眼睛”后的直觉判断也很准确，甚至和整合6项指标得到的运算结果一样准确，这是我最为惊喜的地方。我从这一发现中学到了毕生难忘的一课：即使是不那么正规严肃的遴选面试，直觉也会起到积极作用，当然前提是按照规定搜集客观信息并对不同特性进行独立评分。我建立了一个给予“闭眼”评估和整合6项指标同等权重的公式。从这件事中我学到一个普遍规律：不要简单地相信直觉判断——无论是你自己的还是他人的——但也不要完全抛开它。

45年后，我获得了诺贝尔经济学奖，在以色列一时间也小有名气。在一次访问中，一些人想带我看看旧时服役的军事基地，那里依然矗立着测试新兵的房子。有人把我介绍给心理组的司令部官员，她向我介绍了目前的测试方法，和我当时设计的没有什么两样。在那里，大量研究显示该测试依然有效。最后在介绍如何引导面试官时，她补充道：“我们告诉他们，‘闭上你们的眼睛’。”

自己做做看

本章的内容在部队人力测试以外的项目中也得到了应用。按照米尔和道斯的原则进行的测试过程相对来说不怎么费力，却相当严格。设想你要为你的公司招聘一名销售人员。如果真的想选择最合适的人选，那么你应该这样做：首先，选择一些这个岗位要求的先决条件（比如技能熟练程度、个性稳重程度、可靠性等）。不要列太多，6个左右即可。这些条件最好相对独立，同时要保证你通过一个问题就能对这几个条件进行评估。下一步就是为每个条件都列出一些问题，并想好如何对其进行评估，分数为1~5分。你应该清楚什么情况“最弱”，什么情况“最强”。

做这些准备大约需要半个小时，这种很小的投入能保证你招聘到的员工的质量。为了避免光环效应，你必须在一定时间内完成某一个特性的信息采集并对其打分，之后才能测试下一个。不要越过某个特性去测其他项目。评估每个候选者时，要将这6项评分累加起来。由于你要负责做出最终决定，那就不要“闭眼”测试了。即使你认为其他候选人更合适，也一定要雇用那个得分最高的人——请尽量克制自己创造“断腿”机会改变排位的想法。大量的研究可以向你保证：只要按照该过程操作，你就能找到最合适的人选。这比人们通常用的那些没有准备就开始面试，并依靠“我看到了他深邃的眼神，我喜欢自己看到的一切”这类主观判断要好得多。

示例——人工判断和公式运算

不管何时，只要公式能替代人工判断，我们至少应该考虑一下（运算法）。

他认为自己的判断既缜密又微妙，但实际上把一些分数简单地整合在一起也许会更胜一筹。

我们应该事先考虑清楚自己有多重视这些候选者以往的表现，否则，对他们的第一印象会对我们产生过多的影响。

第 22 章

专家的直觉：我们什么时候可以相信它？

专业人士的争论暴露了学术界最为糟糕的一面。科学杂志上偶尔会有一些交流文章，开始是某人对他人研究的批判性评论，接着就是被批判专家的回复和反驳。我一直认为写这种文章是在浪费时间。最初的那篇批判若言辞犀利，其回复和反驳便尤其激烈，我将其称为对始作俑者的讽刺和深度讽刺。回复很少会对尖锐的批判做出任何让步，而且也未听说某个反驳者会承认开始的那篇批判性文章有任何误导性或者错误。只有在少数情况下，在我认为批判具有严重的误导性时，我才会做出回应。这是因为，此时不回复可能会被视为对错误的默认，但我从来没有发现这些不友善的批判有什么指导意义。为了寻求另一种方式来化解分歧，我曾参与了几次“对手合作”活动，在这一活动中，对某项科学研究见解不同的学者需要就他们的不同观点共同撰写一篇论文，有时还要一起进行研究。在争论特别激烈的情况下，这项研究则由裁决者主持。

我与加里·克莱因进行的对手合作是我最为满意也是最有成效的一次。加里·克莱因是某个协会的优秀领导，他所在协会的学者和成员都不看好我做的工作。此协会的人称他们自己为自然主义决策学者，他们中的大多数人都在各类组织里工作，在那里他们经常研究专家们是怎样工作的。他们坚持反对在研究启发式和偏见时关注偏见。他们认为这种研究模式过于关注失败，并且是通过仿真实验进行研究的，而不是通过真人真事。他们高度怀疑以严谨的计算来代替人工判断的价值，所以，他们并不推崇保尔·米尔。多年来，加里·克莱因一直保持着明确的立场。

我们的合作几乎没有奠定什么美好友谊的基础，但整个过程却有很多值得铭记的东西。过去我从不认为直觉总会产生误导。自从读过克莱因于20世纪70年代撰写的一篇论文的草稿之后，我一度非常推崇他关于消防员专业技能的研究，他的著作《力量的源泉》也给我留下了深刻的印象。这本书用很大篇幅分析了经验丰富的专家是如何开发出直觉能力的。我邀请克莱因一起参与直觉成败界限的划分工作。他对这个想法很感兴趣，虽然我们并不肯定这项工作会成功，但还是一起开始了这项工作。我们首先要回答一个具体的问题：什么时候你可以相信那些声称自己有直觉能力的经验丰富的专业人员？很明显，克莱因更容易相信这些专业人员的直觉，而我更容易对此心存质疑。不过，我们在回答这个一般性问题时是否可以遵从一定的原则呢?

在七八年的时间里，我们有过多次讨论，解决了许多分歧，也不止一次发生争执。我们写过很多稿件，成了朋友，最终还联合发表了一篇文章，文章的标题见证了我们的经历——“相信专家直觉的条件：达成一致”。的确，我们并没有遇到真正存有分歧的问题，但我们也没有真正达成一致。

奇迹与缺陷

当我和克莱因进行上述项目的研究时，马尔科姆·格拉德威尔的畅销书《眨眼之间》(*Blink*)问世了。这本书使我们更加确信我们对共同研究的问题的观点是一致的。格拉德威尔这本书开篇的故事令人印象深刻：一些艺术名家鉴赏雕像中的杰作——一个阔步行走的男孩雕像。有些专家本能地认为这个雕像是仿冒品，但也说不清楚是什么让自己有这种感觉的。读了这本书的人（有数百万人读过）都认为直觉在其中起了作用。这些专家知道雕塑是仿冒的，却不知道自己为什么知道——这正是对直觉的定义。这个故事好像在暗示，对引导这些专家的线索进行系统调查应该会失败。不过，我和克莱因却不这样认为，我们觉得，这样的调查很有必要，而且，如果方法得当（克莱因知道该怎么做），是有可能成功的。

读过这个故事的读者会对专家近乎神奇的直觉啧啧称奇，但格拉德威尔本人并不那样认为。在随后一章中，他讲述了一个因相信直觉而造成的巨大失败：美国总统哈定之所以当选是因为他符合总统的相貌特征：高个子、宽下巴，是典型的强硬而果断的领导者形象。人们把票投给他没有其他理由，只是因为他的外表看起来强硬和果断，就认为他是这样的人。之所以出现了哈定作为总统表现会如何的直觉预测，是因为选民替换了问题。本书的读者会期待自己也能拥有这种信心满满的直觉。

视直觉为认知

克莱因形成其直觉观点的早期经历与我的不同。我的观点是通过观察自己的有效性错觉以及阅读保尔·米尔关于临床预测缺点的实证研究而形成的。克莱因的观点是在他对火场指挥官（消防队的领导）的早期研究的基础上形成的。在指挥官对抗火灾时，他进行了跟踪调查并在火灾扑灭后对指挥官当时做决策的想法进行了采访。克莱因在我们合作的文章中写道，他和他的合作者：

> 调查指挥官们是怎样不加选择就做出正确决策的。最初的假设是指挥官会将其分析限制在两个选项中，但这个假设已被证实是错误的。事实上，指挥官只萌生了一个选项，且这个选项也正是他们所需要的。他们花了超过 10 年的时间进行真实和虚拟的演练，以识别合适的选项作为首选，而在有真实需要时，他们就可以利用这个累积了多年的指令库。他们评估某个选项的方法是在脑部模拟这个选项，看它是否适用于当时的情况……如果他们考虑的这个做法大概可行，他们就会这样做；如果这样做不太好，他们就会对其进行调整；如果不易调整，他们就会选择下一个最有可能的选项。然后，重复上面的过程，直到找到一个合适的做法。

克莱因将上面的描述定义为一种决策制定理论，他称其为预认知决策模式。预认知决策模式可以用来解释消防员的专业技能，也可用来解释其他领域的专业技能，包括下象棋。系统 1 和系统 2 同时参与了这个过程。在第一阶段，暂定计划通过联想记忆（即系统 1）的自主功能呈现在大脑中。下一阶段是一个需要深思熟虑的过程，大脑会对这个计划进行模拟以检测其是否有效，这是在系统 2 的运作下进行的。不久前，赫伯特·西蒙提出将直觉性决策制定模式视为从认知模式中提出想法，而且，赫伯特·西蒙可能是唯一一个被各路决策研究者公认为英雄和创始人的学者。我在本书的序言部分引用了赫伯特·西蒙对直觉的定义，现在重复一下会更有意义："这个棋局已经给了我们提示，根据这个提示我们可以搜寻到大脑存储的信息，而这个信息就能给出答案。直觉只不过是人们的认知。"

这个有力的陈述用日常经验的记忆解释了直觉的不可思议。消防员凭借其对危险的直觉（"尽管不知道自己是如何拥有这种直觉的"）能在房屋塌陷前逃脱的故事的确令人称奇，然而，我们也不知道自己为什么立刻就知道一进屋看到的那个人就是我们的朋友彼得。西蒙这番话的寓意是，人们在不知情的情况下就能知道，其中的奥秘并非直觉的显著特征，而是大脑的常规活动。

获得技能

构成直觉的信息是怎样被"储存在记忆中"的呢？某些类型的直觉能够被快速习得。我们从祖先那里继承了一个重要机制，学会何时应该感到恐惧。的确，"一朝被蛇咬，十年怕井绳"。我们中的许多人都有过这样深刻的记忆，如果记得有家餐厅有一道自己不喜欢的菜，就会不愿再进那家餐厅了。在接近曾发生令人不快的事件的地点时，我们都会感到紧张，即使当时根本不可能再次发生同样的事情。对我来说，前往旧金山机场的斜坡就是这样一个地点。多年前，有个怒路症司机从上高速公路之后就一直跟在我后面，他还摇下车窗，骂了我几句脏话。我一直不明白他为何会发怒，但我每次经过那个斜坡时，总能记起他的声音。

我对于这件事的记忆是有意识的，这也充分解释了我当时的情绪。但在许多情况下，你会在去某个特别的地方或是听到某个特别的说法时感到不自在，即使这个地方或这个说法并没有触发记忆中的某个事件。如若事后真有什么不好的事发生，你的后见之明就会将那种不自在视为直觉。这种情绪学习的模式与巴甫洛夫著名的条件反射实验密切相关。在那个实验中，狗学会了识别食物到来时的铃声。巴甫洛夫的狗所学到的可以称为习得的希望，而习得的恐惧更容易被感知。

恐惧可以被感知，事实上也很容易被感知，因为无须亲身经历只需要通过语言就能感知。对危险有着“第六感”的消防员肯定有很多机会讨论及思考多种他并没有亲自参与的火灾，并在脑中对有什么样的线索出现以及该怎样反应进行演练。我还记得，一名没有作战经历的年轻排长在带领部队穿越峡谷时会很紧张，因为他学习过这样的地形很可能会有埋伏。学习需要一定的反复强化。

情感学习可能很快，但学习我们所说的“专业技能”通常需要很长时间。学习专业技能，例如高水平的国际象棋、职业篮球以及消防技能，很复杂也很缓慢，因为某个领域的专业技能涉及的不仅是一项单一的技能，还包含很多小技巧。象棋就是一个很好的例子。一名专业棋手一眼就能看清一个复杂的棋局，但达到那样的能力水平需要很多年。对象棋大师的各项研究表明，想要达到高水平需要至少 1 万个小时的专注练习（大约需要在 6 年的时间里每天练习 5 小时）。在注意力高度集中的这若干个小时内，一个谨慎的棋手会熟悉数以千计的棋局，且每个棋局中的棋子都有攻守关系。

学习高水平象棋好比学习阅读。一个一年级的学生需要努力学习单个字母，再将这些字母组合成音节和单词，但一个成年人可以掌握所有从句。一个精于阅读的人还可以将熟悉的成分组合在一个新的句型中，并能快速"识别"且正确读出一个她从未见过的单词。重复出现且相互关联的棋子如同字母，而棋局像一个长的单词或是句子。

技能过硬的读者第一次看到刘易斯·卡罗尔的《伽卜沃奇》（*Jabberwocky*）的开篇诗句，就能够以完美的节奏和音调读出来，且朗朗上口：

> 是滑菱鲆在缓慢滑动，
> 时而翻转，时而平衡；
> 所有的扭捏作态展示了，
> 蠢人的早熟、懒人的平庸。

掌握下棋的技巧要比学习朗读更难也更慢，因为象棋的"字母表"含有更多的字母，每个"单词"也包含许多字母。然而，经过上千小时的练习以后，象棋大师能够一眼就"读"出棋局。他想出的那几步棋通常也都很高明，有时还会令对手措手不及。

他们可以处理自己从未遇到的“单词”，还能找到一个新的方法去解释一个熟悉的“单词”。

技能环境

我和克莱因很快就发现，我们对直觉技能的本质和习得的观点一致，但还需就我们的关键问题达成共识，即什么时候可以相信一个自信的专业人士的直觉。

最终，我们推断我们之间出现分歧的部分原因是我们的专业不同。克莱因花了很多时间研究消防指挥官、临床护士以及其他真正具有专业技能的职业。我的大多数时间则用在了对临床医生、股票投资者以及政治学者等人的研究上，这些人普遍都在做毫无依据的长期预测。克莱因则更愿意相信那些称自己有直觉的专家，据他说，这是因为真正的专家知道自己知识的局限。我与他争辩道，也有许多伪专家并不清楚他们其实并不知道自己正在做什么（有效性错觉），总的来说，人们的主观自信普遍过高而且通常毫无根据。

早些时候，我研究过人们自信的来源，认为以下两点与之相关：认知放松和一致性。我们如果能很轻松地想到自己想要的那个故事，且各个情节之间并无矛盾，我们就会很自信。但是放松和一致并不能保证我们充满自信的观点就是正确的。联想机制会抑制怀疑，并引发与当前情况相符合的想法与信息。遵从眼见即为事实原则的大脑可通过忽略自己所不知道的事而变得过于自信。因此，许多人容易对没有事实根据的直觉怀有高度的自信也就不足为奇了。我和克莱因最终就一个重要的原则达成了共识：人们对直觉的自信心不能作为他们判断的有效性的可靠指标。换句话说，当有人告诉你你应该相信他们的判断时，你不要相信他们，也不要相信自己。

如果主观自信不可信，我们该怎样评估直觉判断的有效性呢？判断在什么时候才能反映出真实的技能水平呢？什么时候会显现出有效性错觉呢？回答这些问题需考虑技能习得的两个基本条件：

· 一个可预测的、有足够规律可循的环境。

· 一次通过长期训练学习这些规律的机会。

满足以上两个条件，你就可以培养出直觉。象棋这个活动就需要在极具规律的环境下进行，桥牌和扑克也提供了有力的、能支撑技能的统计学规律。医生、护士、运动员以及消防员面对的都是复杂却基本有序的情境。尽管系统 2 并没有学会如何给它们命名，但事实上，专家的系统 1 学会使用的那些高度有效的线索才是引发加里 · 克莱因所描述的准确的直觉的原因。相反，做长期预测的股票投资者以及政治学者是在有效性为零的环境中进行的。他们的失败反映了他们尝试预测的事物基本是不可预见的。

有些环境毫无规律可言。罗宾 · 霍格思描述过一些“恶劣的”环境，在这些环境中，专业人员可能会从自己的经历中得到错误的信息。他借鉴了刘易斯 · 托马斯那个关于医生的例子。在 20 世纪初，某位医生总能凭直觉来预测哪位来就诊的人会染上伤寒。不幸的是，他是通过咽部触诊来证实自己的预测的，但在诊断两名门诊病人的间隙他并没有洗手。于是，来看病的人接二连三地病了，医生也开始认为自己的诊断不会有错。他的预测是准确的，但这并不是因为他有专家型直觉。

米尔提到的那些临床医生并不是无能，他们的失败也不是因为能力不够。他们表现不佳是因为其任务没有简单的解决方案。临床医生的窘境并没有在零效度环境下做出的政治方面的长期预测极端，但也是基于低效度的情境，准确性也就不会很高。我们知道事实就是如此，因为，虽然最好的运算法的准确率高于人工判断，但也不会非常准确。的确，米尔及其追随者的这些研究从未提供过“确凿的证据”，这些证据被临床医生完全忽略了，但能被运算法察觉到。这类情况的极端失败案例不可能出现，因为人类的学习能力通常是高效的。若存在有助于猜测的有力线索，人们一旦得到机会就一定能发掘出来。在毫无章法的环境下，运算法远远优于人工判断有两个原因：运算法比人工判断更可能观察到不怎么有效的线索，还可能通过利用这样的线索将正确性保持在适度水平上。

在这样一个不可预知的世界里，人们出现预测错误也无可厚非。但是，若专业人士认为自己可以成功预测不可能的任务，我们就可以对其进行指摘。在一个不可预知的环境下声称自己有正确的直觉至少也会被称作自我妄想，有时则更难听。如果缺乏有效的线索，直觉的“准确性”不是因为巧合就是在撒谎。如果这个结论让你惊讶，那么说明你仍然相信直觉是不可思议的。请记住这条规则：在环境缺乏牢靠的规律时，不要相信直觉。

反馈与练习

环境中的某些规律会比其他规律更容易被察觉并容易被利用。

想想你是如何形成自己的刹车方式的。当你学习转弯时，你渐渐学会了何时放油门以及用多大力气踩刹车。现在，弯道改变了，但多次转弯的经历已使你能在任何弯道上在恰当的时间以恰当的力度踩刹车。学习这项技能的条件是很理想的，因为你在每次遇到弯道时都能收到及时、清楚的反馈：转弯顺畅时你会感到很舒服，但如果刹车没有踩到底，你就会感到车子有些难以控制。港口引航员调动大型船舶的情境也有一定的规律，但只凭借经验是很难学到这项技能的，因为行动之间可能会有长时间的延迟，这样的延迟还会带来显著的后果。专业人员是否有机会培养直觉性专业技能，主要取决于反馈的质量和速度，以及是否有足够的时间进行练习。

专业技能不是一项单一的技能，而是由许多技能组成的。同一个专业人员可能在她的领域中是个行家，但在别的领域是个新手。等到象棋新手成为专家的时候，他们就已经“看清所有的棋局（或大部分棋局）”了，就这点而言，象棋是个例外。外科医生在有些手术中表现得比其他人更专业。另外，专业技能的某些方面可能会比其他方面更容易学。精神治疗医师有很多机会观察患者对他们所说的话的即时反应，回馈使他们培养了相关的直觉性技能，使他们可以使用能平息怒火、增强信心以及使患者集中注意力的语言和音调。另一方面，治疗师没有机会判断对不同的病人应该使用哪一种治疗方法才最有效。他们收到的反馈是病人长期的治疗结果，这种反馈量少且滞后，还有可能根本没有反馈，无论哪种情况都无法运用他们从经验中学到的知识。

在医学专业中，充分的反馈可以使麻醉师受益，因为他们的行为很快就会见效。相反，放射科医生就不怎么了解他们诊断的准确性了，也不知道他们是否有漏诊。因此，麻醉师更能培养出有用的直觉性技能。如果一个麻醉师说："我感到有些不对劲儿。"手术室的人就应该开始准备应急计划。

像主观自信的那个例子一样，专家可能不知道他们专业技能的局限性。一位有经验的精神治疗师知道自己擅长揣测患者的想法，并对患者接下来要说些什么有一定的直觉。她很容易就能预测出患者明年的康复状况，但这个结论并不十分正确。短期预测和长期预测不同，治疗师有足够的机会接触其中一个患者，却不能了解其他患者。同样，财务专家对他所在公司多方面的贸易情况都比较熟悉，但对如何选择股票就不那么熟悉了。中东的某位专家知道许多事，却无法知道未来。临床心理学家、股票投资者以及经济学者都掌握了各自领域的直觉性技能，但他们不能鉴别出因直觉导致错误的情境和任务。这些未能识别的专业技能的局限性解释了专家总是过分自信的原因。

直觉的对错评估

在我们的实验快结束时，我和加里·克莱因就上面提及的那个问题给出了一个一般性答案：什么时候可以相信有经验的专业人士的直觉？我们的结论是，在大多数情况下，我们还是可以将可能是有效的直觉与可能是无效的直觉区分开来的。这就好比判断一件艺术作品的真假一样，关注这件作品的出处通常比关注作品本身的判断准确率更高。如果环境有足够的规律性，并且在判断时有机会掌握这些规律，联想机制就会识别这些情境并做出快速且准确的预测与决策。这些条件若得到满足，你就可以相信某个人的直觉。

不幸的是，联想机制同样会产生主观的强迫性直觉，这种直觉是错误的。如果我们观察有天赋的年轻人在象棋方面取得的进步，就会非常清楚完美的技能不是短时间就能练就的。在接近完美的过程中，他会犯错误，而且对这些错误还信心十足。当评估专家的直觉时，你应该时刻考虑到该专家是否有足够的机会挖掘线索，即使是在有规律的环境下。

在一个不够规律或效度较低的环境中，判断启发式就会被激活。系统 1 通常会用另一个问题快速替换掉难题，创造出并不存在的关联。此时回答的问题并不是预期的那一个，但这个答案会很快出现在人们的脑海中，会通过系统 2 宽松的审查。你可能想预测某个公司的商业前景，并相信这就是你正在判断的事，但实际上，你对这家公司高管能力的印象主宰了你的评估。因为替代是自动发生的，你通常并不清楚自己（你的系统 2）赞同并采纳的判断源自何处。如果这是唯一出现在大脑里的判断，你可能就无法将它与你根据专业直觉得来的有效判断进行主观上的区分。这就是主观自信不能作为直觉准确性指标的原因：即使判断的是错误的问题，在做出这一判断时你也有高度的自信。

你可能会问，为什么我和加里·克莱因立即想到了通过评估环境规律和专家学习经历的方法来估测专家的直觉能力，而不是通过专家的自信程度来评判，还会问我们答案可能是什么。其实，解决方案一开始就很明显。我们先前就知道火场指挥官和儿科护士的直觉是有效的，而米尔研究的那些专业人士以及股票投资者和经济学者的直觉则不准确。

很难说清是什么使我们的实验经年累月进行这么久，是长时间的讨论、不断交换演示稿、数以百计的商谈邮件，还是不止一次想要放弃的想法，我们真的不清楚。但某个项目如果完成得相当好，就常有这样的事情发生：一旦你明白了主要结论，这个结论就总是看似很明显。

正如我们那篇文章的标题所示，我和克莱因所持的观点并不像我们预期的那样不同，对于我们提出的实质性问题，我们采用了一些联合方案。然而，我们发觉我们前期的分歧不单单是观念上的不同，还有态度、情感和品位上的不同，而且这些分歧多年来都没有太大变化，这一点在我们认为最有趣和最感兴趣的事情上体现得最明显。当有人提到“偏见”这个词时，克莱因的脸部仍然会有轻微抽搐，他仍然会嘲笑由于运算或是正式程序导致的明显荒谬的决策；而我则会将这些偶尔由运算导致的错误视为提高的方法。另一方面，看到在零效度的情况下一些自负的专家仍声称自己有很准的直觉时，我比克莱因更喜欢看好戏。然而，从长远来看，尽可能多地发现两个人观念方面的共识肯定比寻找我们在情感方面的分歧更加重要。

示例——专家型直觉

对这个特别任务，她有多少专业技能？做过多少练习？

他真的相信这些新成立的公司的环境有足够的规律来证明与基础比率背道而驰的直觉吗？

她对自己的决策非常自信，但主观自信并不是评估准确性的标准。

他真的有机会学习吗？对他判断的反馈他接受得有多快、多彻底？

第 23 章

外部视角

在和阿莫斯合作几年之后，我说服了以色列教育部的一些官员在高中开设有关判断与决策的课程。我组建了一支团队，其中包括几位经验丰富的老师，我教授的心理学专业的一些学生，以及希伯来大学教育学院的院长西摩·福克斯。我们设计了课程内容，还编写了教材。

我们每周五下午都开一次例会，这一惯例维持了约一年，我们制定出内容详细的教学大纲，完成了教材几个章节的编写任务，还在教室里上了几节示范课。大家都感到取得了一定的进展。一天，在讨论估测不确定参量的流程时，我突然想到可以进行一次现场操练。于是，我便请在场的所有人预测我们将完整的教材文稿提交给教育部所需的时间，并将预测结果写下来。我遵循了我们已经计划好要纳入课程体系的流程：从一个团队获取信息的合理方法并不是通过公开讨论，而是通过私下搜集大家的观点来完成的。这个流程与常规的公开讨论不同，它更加充分地利用了每个成员的相关知识。我搜集了大家的预测，并将结果记录在黑板上。在场的各位对完稿时间的预估集中在两年左右，最低估值为一年半，最高估值则为两年半。

随后我又有了一个主意。我问课程编制专家西摩是否能想到还有哪些和我们类似的团队曾经草拟过课程计划。那段时间，有几项类似“新数学”这样的教学革新在以色列得到引介。西摩说他能想到很多这样的团队。我又问他是否知道这些团队更详尽的情况，事实证明，他对其中几个团队的情况还是较为熟悉的。我又请他回想这些团队在取得与我们当前进展相当的成绩时的状况。根据这一点，我又问他是否记得这些团队用了多长时间编完教材的。

他陷入了沉默。当他终于张口说话时，我觉得他脸红了，他在为自己的回答感到尴尬，他说道：“你知道吗，我过去从未意识到这一点，但事实上，并非所有取得与我们当前进展相当的团队都能完成任务。没完成任务的团队还是占了很大一部分的。”

他的话让人很不安。我们从未考虑过自己可能会失败。我越发不安了，于是想请他估测失败的团队占多大比例。他说：“大约 40%。”此时，整个房间仿佛笼罩在一片阴霾之中。我立刻又提了一个问题：“那些完成了任务的团队用了多长时间呢？”他答道：“没有一个团队是少于 7 年的，最多用了 10 年。”

我如同抓住了救命稻草，说："与其他团队的技能和资源相比，我们的团队怎么样？在这些团队中，我们团队大概处于什么位置呢？"这次，西摩并没太多犹豫，说道："我们在平均水平以下，但也没差太多。"他的回答让我们感到震惊，甚至包括西摩自己，他先前的估测受到整个团队所持的乐观心态的影响。如果没有我的提示，他就不会将自己对其他团队过去经历的了解与对我们团队未来的预测联系在一起。

听了西摩的话，我们当时的思想状态远非"我们都清楚了"这句话能够描述的。诚然，我们所有人当时都"清楚"与几分钟前我们写在纸上的预测时间相比，最少 7 年、失败概率为 40% 才是对项目未来更合理的预测。我们并没有承认自己清楚的事实。这个新的预测似乎仍然不真实，因为我们不能想象为何一个看似操作非常简单的项目会耗时那么久。我们没有水晶球，无法看到未来。我们能看见的，只是一个合理的计划，这个计划会使我们在大约两年的时间里完成一本书，而这与那些显示其他团队不是失败了就是用了很长时间完成任务的统计数据是互相冲突的。我们听到的是基础比率信息，依据这个信息，能推断出一个因果关系，即如果有这么多的团队失败，或是用了很长时间才取得成功，那么编写一门课程就应该比我们想象中的难得多。但这样的推断又与我们对现阶段取得的重大进展的直接体验相左。我们对西摩提供的数据的处理就像平时对待基础比率一样：注意到其存在，但立刻选择忽略。

我们理应在那一天选择放弃项目。我们都不愿意为一项失败概率为 40% 的项目再多投入 6 年的时间。尽管我们认为坚持做下去并不是理性的选择，但这不足以成为我们放弃的缘由。在几分钟断断续续的争辩之后，我们达成了一种默契，那就是当什么事都没发生，继续工作。这本书最终在 8 年以后才编写完成！那时，我早已搬离以色列，离开了团队。也就是说，这本书的编写经历了许多不可预知的变化。教育部对这个想法所持的热情也在等待这本书交稿的漫长时间里消退了，因此这本书从未被使用过。

这个令人尴尬的插曲成了我职业生涯中一段最具启发性的经历。我从中悟出了三点，第一点是显而易见的，我偶然得到了两种截然不同的预测方法。后来，这两种方法被我和阿莫斯称为内部意见和外部意见。第二点是我们最初的预测，即完成项目需要大约两年的时间，体现出一种规划谬误。我花了很长的时间才悟出第三点，我将这一点称为非理性坚持，一如我们那天做的荒唐事：没有终止那个项目。在面对选择时，我们因为事业心而丢掉了理性。

建立内部视角

在很久以前的那个周五，我们的课程专家对同一个问题做出了两种判断，并得到了截然不同的结果。我们所说的“内部意见”是指包括西摩在内的所有人自发采取的对我们项目的未来进行预测的方法。我们注重具体环境，在各自的经历中寻找证据。我们有一个粗略的计划：知道要写多少章，了解已经完成的两章所用的时间。我们之中有些人会谨慎些，可能会在预测所用时间的基础上多加几个月，以免出现预测误差。

外推法是错误的。我们根据眼前的信息进行预测，但我们写出的前几章有可能比其他章节简单，而且在写那几章时，我们对这个项目的投入程度很可能正处于最高点。然而，最主要的问题在于，我们没有考虑到由唐纳德·拉姆斯菲尔德提出的著名观点：“未知的未知数。”那天，我们没能预见到接下来发生的事会导致这个项目拖延这么久。离婚、生病、与官员的协调等事情导致工作一再被延迟，这些事情都是意料之外的。这样的事情不仅会减慢教材的编写速度，还会导致任务在长时间内没有任何进展或进展非常缓慢。当然，对西摩知道的那几个团队来说，情况也是一样的。那些团队的成员清楚自己的项目是切实可行的，所以他们也想象不到各种事的发生会使他们历时 7 年才完成一个他们曾经认为可行性很强的项目，或者最终根本就没能完成任务。他们像我们一样，并不知道自己的胜算有多少。任何计划失败的原因都有很多，尽管大多数原因人们可能无法预见，但一个大项目中“某件事”出差错的概率却是很高的。

我向西摩提出的第二个问题将他的注意力从我们团队转移到了一些类似的团队上。他估测那些团队成功的基础比率是：40% 的失败率和 7~10 年的完成时间。西摩的话虽然没有经过正式调查，也没有科学根据，却为基准预测奠定了合理的基础。如果你对一个事件的了解仅限于其所属类别，对其他情况一概不知，此时做出的预测就是基准预测。正如前文所述，基准预测应该是进一步调整的锚定。如果你只知道某位女士住在纽约，却被问到她的身高，你的基准预测就是你对纽约女性平均身高的合理猜测。如果得到了与案例相关的特定信息，例如那位女士的儿子是他所在高中篮球队的首发中锋，你就会将预测转向一个合理的方向。西摩将我们团队与其他团队做了对比，说明我们所做的预测较基准预测更糟糕，而基准预测已经是糟糕透顶了。

在我们的这个问题中，外部意见的预测有着出奇的准确性。然而，这种准确性只是侥幸产生的，并不能作为外部意见有效性的证据。关于外部意见有效性的论证是在一般理由下被构建的：如果参考类别选择适当，外部意见就会给出预测的大致范围，我们的那个项目就是如此，这就表明，内部预测与事实相去甚远。

对一个心理学家而言，西摩做出的两种判断的差异是令人诧异的。他头脑中有相应的知识，本应该能够估测出适当的数据，但他在最初估测时，完全没有应用那部分知识。西摩由内部意见得出的预测并不是根据基准预测得到的判断。他并没有进行基准预测，他的预测只是基于我们所营造的特殊的努力氛围。正如汤姆实验中的受试者那样，西摩知道相关的基础比率，却没想过应用它。

与西摩不同的是，我们其他人并没有外部意见的来源，也就不能做出合理的基准预测。然而值得注意的是，我们并不认为自己需要其他团队的信息作为自己预测的参考。我寻求外部意见的举动让所有人都颇为诧异，甚至包括我自己在内！这是一个常见模式：了解个别案例的人很少会认为他们有必要了解与这个案例同类别的其他案例。

当最终了解到这一外部意见时，我们却集体忽略了它。我们知道到底发生了什么，这与解释“教授心理学是徒劳的”那个实验有相似之处。当他们在掌握很少信息（一个简短乏味的采访）的情况下对个别案例做出预测时，尼斯贝特和博尔吉道的学生完全忽略了他们刚刚了解到的全局解。当“苍白无力的”统计学信息与某个人对案例的印象相冲突时，这些信息总会被舍弃。在与内部意见的竞争中，外部意见丝毫没有取胜的机会。

偏向内部意见常带有道德的意味。我的堂兄是一位出色的律师。我曾经问他一个与参考类别相关的问题："被告赢得与这个案子类似的官司的可能性有多大？"他立马回答："每一个案例都是独特的。"这位堂兄说这话时的眼神表明，他当时肯定认为我的问题既不得体又很浅薄。特别强调案例的独特性在医学领域也很普遍，尽管证据型医学的最新进展指向其他方向，但案例独特性仍不可忽视。医学统计学和基准预测由医患间越来越频繁的交流催生而来。然而，医学界对外部意见依旧抱有矛盾情绪，因为整个医疗过程都由数据和清单主导，缺乏人情味。

规划谬误

按照外部意见及最终结果来看，我们在当初的那个星期五午后所做的最初预测几乎是一种妄想。对下面这种说法我们也不会感到惊讶：对项目成果过于乐观的预测随处可见。我和阿莫斯创造了"规划谬误"这个新词来描述下列计划和预测：

· 不切实际地接近理想状况（的计划和预测）。

· 可通过参考类似案例的数据得到提高（的计划和预测）。

关于规划谬误的例子在个人、政府、企业的计划和预测行为中皆不鲜见。骇人的事例也不胜枚举。

· 1997年7月，爱丁堡规划中的新苏格兰议会大楼预计的最高预算是4 000万英镑。到了1999年6月，建楼的预算就变成了1.09亿英镑。2000年4月，规划者将"成本上限"修改为1.95亿英镑。到2001年11月，他们又将"最终成本”预估为 2.41 亿英镑。这个最终成本在 2002 年年末的时候又上涨了两次，成为 2.946 亿英镑。到 2003 年 6 月，预算又增加了 3 次，达到 3.758 亿英镑。这栋大楼最终在 2004 年被建成，耗资约为 4.31 亿英镑。

· 2005 年的一项研究对 1969—1998 年全球范围内的铁路项目进行了检测。其中，超过 90% 的项目都高估了新线路的乘客数量。尽管这些乘客的差额曾被广而告之，这 30 年间对乘客数量预测的准确度却没什么提高。设计者对新铁路项目的乘客量的平均高估率达 106%，平均成本超支 45%。尽管搜集了越来越多的证据，那些专家却并没有利用这些证据。

· 2002 年，针对改造厨房的美国有房者进行的一项调查发现，他们预估的厨房改造费用平均为 18 658 美元，但实际上他们最后的平均花费是 38 769 美元。

规划者与决策者的乐观心态并不是造成超支的唯一原因。厨房改造和武器系统的承包人都承认（尽管不是对他们的客户承认），他们都会通过扩充最初计划而获取最大利益。客户们无法想象他们的意愿会随时间的推移而逐渐增多，而没能预测到这些情况的事实也恰好反映出这一点。如果他们制订一个较为现实的计划并严格按计划进行，最终就不会花掉那么多钱了。

最初预算的误差并不总是无知的。制订计划的人都希望自己的计划能得到上级和顾客的认可。通常也正是这种愿望的驱使，他们才制订出了不切实际的计划。他们这样做还因为仅仅由于超支或超时不太可能会导致项目被中途叫停。在这些例子中，避免规划谬误的最大责任落在了批准计划的决策者身上。如果这些决策者没有意识到外部意见的必要性，他们就会犯下规划谬误的错误。

减少决策错误的有效方法

自多年前那个星期五的下午以来，判断和避免规划谬误的方法并未发生变化，但这一理念的实施却有了很大进展。现任教于哈佛大学的丹麦籍著名规划专家本特·弗林夫伯格有过颇有说服力的总结：

> 看轻或忽略分布信息的普遍趋势可能是预测产生错误的主要原因。因此，计划者应该尽力划分出预测问题的类别，这样才能充分利用所有能够获取的分布信息。

如何通过改进的方法提高预测的准确性？上面的说法可算唯一一条最为重要的建议了。在预测时使用相似团队的分布信息被称为采纳“外部意见”，它是避免规划谬误的有效方法。

对规划谬误的修正如今也有了对应的专业术语，叫“参考类别预测”。弗林夫伯格已将此术语运用到几个国家的交通运输项目中。外部意见通过使用更大的数据库来实施，此数据库提供了全世界范围内数以百计的项目信息，包括其计划与结果的信息，能提供发生的超支和超时的统计学信息以及各类不尽如人意的项目信息。

弗林夫伯格使用的预测方法与为克服对基础比率的忽视而采取的建议非常相似。

1. 识别对应的参考类别（例如厨房改建和大型铁路项目等）。

2. 获取参考类别的统计数据（每英里铁路的造价或支出超过预算的百分比），利用这些数据做出基准预测。

3. 如果有特别的原因说明这个项目多少会比同类项目的乐观偏差更为明显，那么可使用此例的具体信息对基准预测进行调整。

弗林夫伯格的分析旨在通过提供类似项目超出预算的统计数据，为委任公共事业工程项目的官员提供指南。决策者在批准某个提议之前，需要先了解其成本和利益的实际评估。他们还希望估测出为超出预算而准备的预备金，即使这样的预防措施通常会成为自我应验的预言。正如一位官员告诉弗林夫伯格的那样，“预备金与承包者的关系就像牛羊肉与狮子的关系，狮子会吞食牛羊肉，承包者也会私吞预备金”。

高管们为了抢占资源很容易提出过于乐观的计划，因此，各个组织面临着控制高管这种倾向的挑战。运转良好的组织会奖励规划师，因为他们提出的方案精准而又切实可行；当然也会处罚规划师，因为他们没能对遇到的困难做出预测或者没能考虑到他们本可以规避的困难，即未知的未知数。

决策与失误

而今距离那个星期五的下午已经过去 30 年了，但每一年我都会想起它，在演讲中也会提到它。有些朋友已经对那个故事感到厌倦了，但我还在不断从中吸取经验。大约在我第一次和阿莫斯做关于规划谬误报告的 15 年后，我又与丹·洛瓦洛一起提到了这个话题。我们一起草拟了一个关于决策的理论，即乐观偏差是人们愿意承担风险的重要原因。在经济学标准的理性模式下，人们愿意冒险是因为胜算大——他们之所以现在能承受有代价的失败，是因为他们相信最终成功的概率很大。这是替代的一个观点。

在我们预测风险项目的结果时，高管们很容易会掉入规划谬误的陷阱。在规划谬误的支配下，他们根据脱离现实的乐观心态来做决策，而不是根据对利益得失以及概率的理性分析做决策。他们高估了利益，低估了损失。他们设想了成功的场景，却忽略了失败和误算的可能性。因此，他们所追求的行动方案不太可能在预算之内完成，也不大可能按时完成，这个方案可能也无法实现预期的回报——甚至都无法完成。

由此看来，人们之所以经常（但不是总是）承担风险项目，是因为他们对成功率过于乐观。我将在本书中反复提到这一点，因为它可能有助于解释为什么人们会对簿公堂、发起战争或者急于创业。

测试失败

多年来我一直认为，关于课程那件事的主要意义就是我从西摩那里学到了一些东西：他对我们项目未来的最佳猜测并没有参考他所知道的相似项目的信息。我原以为自己很会叙述事情，而且在那件事中我还是一个聪明的询问者、机敏的心理学家。但是，直到最近我才意识到，那时的我其实是个笨蛋，是个无能的领导者。

那个项目是由我发起的，因此我的主要责任就是赋予这个项目意义，而其他主要的问题则由团队进行讨论，但我失职了。当听到西摩的统计分析后，我就改正了那个谬误。如果是在迫不得已的情况下，我会承认我们的项目从一开始就是错的，我们至少应该认真考虑承认失败并打包回家这个选择。但是没有人向我施压，也没有人和我讨论这个问题，我们默许了这个项目继续下去，根本就不考虑到底需要多长时间。这样做很容易，因为我们在最开始时并没有做出这样的预测。如果在开始做这个项目时就有了合理的基准预测，那么我们不会再将项目进行下去了，但我们已经投入了大量精力——这是一个沉没成本悖论的例子，我们将在本书后半部分重点关注这个问题。放弃这个项目会令我们很尴尬，尤其是我，而且我也没有直接的理由这样做。在危急时刻转变方向比较容易，但这并不是一个危急时刻，因为我们得到的只是一些不相干的人的实例。与我们在自身努力后得到不好的结果相比，外部意见更容易被忽略。我将我们的状态形象地描述成嗜睡症的一种形式——不愿思考发生的事情。所以我们继续进行项目。在余下这段时间里，作为团队一员的我也没有进一步尝试制订理性计划——这是作为一个致力于宣扬理性的团队尤为大意的疏忽。我希望我现在能更明智一些，自己也形成了寻求外部意见的习惯。但是，这种做法永远都不是自然而然发生的。

示例——外部意见与内部意见

他正在采纳内部意见，他应该忽略自己案例的情况，去看看其他案例是什么情况。

她掉进了规划谬误的陷阱。她设想了一个最为理想的情景，但有多种原因可能导致计划失败，她无法预见所有原因。

假设你除了知道某个特定的案件是针对一名外科医生的医疗纠纷，其他什么也不了解。你的基准预测会是怎样的呢？法庭上成功的案例有多少？有多少案件是已经结案的？这类案件的总量是多少？我们正在谈论的这个案件与其他相似的案件相比是更严重还是较为轻微？

我们又加大了投资，因为我们不想承认失败。这是一个沉没成本悖论的例子吗？

第24章

资本主义的引擎

规划谬误只是普遍存在的乐观偏见的一种表现形式。我们中的大多数人都认为世界是美好的，但世界没有想象的那样美好；我们觉得自己的贡献很大，但事实上并没有那么大；我们认为自己设定的目标很容易实现，但其实实现的可能性也没有那么大。我们还容易夸大自己预测未来的能力，进而导致乐观的过度自信，这可能会影响到决策。乐观偏见也许是认知偏见中最重要的一种。如果你性情乐观，就应该既乐观又谨慎，因为乐观偏见可能有益，也可能带来风险。

乐观主义者

抱有乐观心态很正常，但一些幸运儿比其他人更乐观。如果你天生就有乐观偏见，无须别人告知，你就知道自己是个幸运儿，因为你已经感到幸运了。乐观心态大多是遗传下来的，是人类普遍存在的一种性情，乐观的人偏向于看到事物积极的一面。如若让你为自己的孩子求个愿望，你应该真心希望他或她有个乐观的心态。乐观主义者通常都是开朗快乐的，也因此颇受欢迎。他们对失败和困难的承受力都比较强，患抑郁症的概率低，免疫系统良好，也更注重身体健康。他们感觉自己比别人健康，事实上他们的确更长寿。有些人会夸大自己的预期寿命，认为自己的寿命会超过保险界的统计数据。而对这些人的研究表明，他们的工作时间较长，对自己未来的收入更有信心，离婚之后更容易再婚（典型的"精神胜利法"），也更容易投资个股。当然，只有那些带有轻微偏见并且能在不脱离实际的前提下"强调积极因素"的人才能享受乐观主义带来的益处。

乐观主义者对塑造生活起到了或大或小的作用。他们的决策产生了一定的影响。这些乐观主义者是发明家、企业家、政治和军事领导人——总之不是普通人。他们寻求挑战，承担风险，最终获得了成功。他们有天赋，也一直很幸运，几乎可以肯定地说，他们比自己认为的还要幸运。他们很可能天生就是乐观派。一项对小型企业创始人的调查总结道，企业家对待生活的态度普遍比中层主管乐观。他们成功的经历印证了他们对自己的判断和掌控能力的信心。他们的自信因别人的崇拜而增强。这条推理使我们得出一个假说：对他人生活影响巨大的人可能是乐观和过度自信的，这种人承担的风险远大于自己所能意识到的水平。

这一证据表明，个人或机构如果自愿承担重大风险，乐观偏见就会发生作用，甚至起到主导作用。通常冒险家会低估胜算，还投入了大量精力去寻求胜算。由于误算了风险，即使并不谨慎，那些乐观的企业家也会认为自己是谨慎的。他们相信自己将来会成功，因而保持着积极的心态，这会促使他们广泛搜集资源，鼓舞员工士气，进而增加获胜的机会。当需要采取行动时，即使略带妄想，乐观主义也是件好事。

创业错觉

在美国，小型企业能够生存 5 年以上的概率是 35%，但创立此类企业的人并不认为这些数据适用于自己。调查显示，美国企业家容易相信他们的事业正处于上升期：他们对“任何类似你们企业”的成功概率的平均估值为 60%——几乎是正确数值的一倍。当评估自己企业的胜算时，他们的偏见就更为明显了。有 81% 的小型企业创办人认为他们的胜算达到 70% 甚至更高，有 33% 的人甚至认为他们失败的概率为零。

有偏见并不奇怪。如果最近某人开了家意大利餐厅，你在采访他时就不要期待她会低估自己成功的概率或者说自己缺乏经营餐馆的能力。但你肯定会纳闷儿：如果她通过一些渠道得知了胜算率，还会继续投入金钱和时间吗？或者她在得知胜算率（有 60% 的新餐厅 3 年后会歇业）以后，会考虑胜算率吗？答案是，她可能不会考虑采纳外部意见。

性情乐观的一个好处是，它使我们在困难面前坚持不懈，但是这种坚持可能需要付出很高昂的代价。托马斯·阿斯特布罗做过一系列令人印象深刻的研究，阐明了乐观主义者收到坏消息时会发生的事。他从一家加拿大机构——发明家援助计划——中得到了所需数据，这项计划对发明家的点子的商业前景进行客观评估，这一业务收取很少的费用。这些评估按照37种标准对每项发明进行比对排名，其中包括产品用途、生产成本以及预估的需求趋向等。分析师用字母表示排名，D和E表示失败——在分析师分析的各项发明中，70%都是D或E。他们对失败的预测非常准确：411个项目中仅有5项达到了商业化的最低标准，且没有一项算得上非常成功。

在收到自己那份意味着失败的评级结果时，约有一半发明家选择了退出。然而，即使在得知自己的项目毫无希望之后，他们之中仍有47%的人选择继续努力。这些坚持（或固执）的人的损失平均会是放弃发明所遭受损失的两倍。值得注意的是，在乐观测试中得分较高（普遍比一般人群高）的发明家中，他们收到这个令人气馁的建议后仍然选择坚持的状况比较常见。总的来说，个人发明的回报很小，要"低于私募基金和高风险证券的回报"。一般说来，个体经营的财务收益属于中等：在同等条件下，人们通过向雇主出售自己的技能得到的平均回报要比经营自己的企业更高。这表明乐观主义是普遍、执拗且代价昂贵的。

心理学家已经证实，大部分人都相信自己比别人有着更为理想的特质——他们愿意为这些实验室中的信念下一笔小赌注。当然，觉得自己很优越的想法在市场中具有重大意义。大型企业的领导有时会在投资巨大的并购上下很大赌注，因为他们错误地以为自己可以比该公司现任管理层更好地管理其资产。股市一般也会对此做出反应，兼并公司的价值会降低，因为经验表明，兼并大型企业的努力失败的概率往往大于成功的概率。“自负假说”已经解释了这种被误导的兼并：那些兼并公司的高管们只是没有他们想象中那么有能力罢了。

经济学家乌尔丽克·马尔门迪尔和杰弗里·塔特通过首席执行官在公司的股份持有量来鉴别他们是否是乐观主义者。他们还观察到，过于乐观的领导者承担了过多的风险。他们猜测更容易导致这些高层“向并购目标支付过高的溢价并承接毫无价值的兼并”的，是债务而非股权发行或是其他方面的因素。值得注意的是，按这两位经济学家的观察结果，如果兼并公司的高管过于乐观，该公司的股票在公司并购中就会受到更大的影响。股票市场明显能够鉴别出过度自信的高管。观察得出，虽然对管理层的过度自信无可指摘，但他们还有其他的问题，比如，爱下不妥当赌注的企业领导之所以没有过度自信，是因为他们在拿别人的钱下赌注。相反，如果他们个人持有较多股份就会冒更大的风险。当商业媒体将过度自信的首席执行官标榜为名人时，他们造成的损失就会加重。这表明，媒体界冠予首席执行官的声誉对于股东来说是代价高昂的。两位作者写道：“我们发现，若公司总裁曾被授予荣誉，则该公司的股禀表现就不会很好。与此同时，首席执行官的报酬会增加，他们也会花更多的时间参与公司事务以外的活动，比如写书以及列席董事会等，还极有可能参与盈余管理。”

多年以前，我和妻子曾去温哥华岛度假。我们找到了一家漂亮、舒适的汽车旅馆，但它位于森林中部，这条路少有人走，不免有荒凉之感。旅馆是对儿年轻而又漂亮的夫妻开的。在我们的鼓励下，这对夫妻讲述了他们的经历。他们曾是艾伯塔省的教师，后来决定改变自己的生活现状，遂用所有积蓄买下了这座 12 年前建成的汽车旅馆。他们说：“在我们之前的六七位老板都没能妥善经营这家旅馆。”所以他们才能用那么便宜的价格买下这家旅馆。他们说这话完全是无意识的，口气没有任何讥讽之感。他们还说自己有贷款修缮旅馆的计划，在旅馆旁再建个餐厅，如此一来，整个旅馆就更具吸引力了。他们觉得没必要解释为何前几位老板都失败了而自己成功了。无论是旅馆老板还是公司高管，他们都具备勇气和乐观的精神。

即使大多数风险承担者最终总是收获失望，但那些因乐观而承担风险的企业家毫无疑问都会为激发资本主义社会的经济活力做出贡献。来自伦敦经济学院的马尔塔·科埃略曾经指出，小型企业的创办者要求政府在决策方面支持自己时（这些决策多半会失败），就会带来让人挠头的政策问题。政府会向这些几年后就会破产的企业家提供贷款吗？许多行为经济学家比较赞同“温和的家长式作风”，因为“温和的家长”管理可以提高他们的储蓄率。政府是否应该支持小型企业，如果应该，又该怎样支持小型企业，这些问题至今也没有令人满意的答案。

竞争忽视

人们倾向于用愿望思维来解释企业家身上的乐观主义，但是情感只是乐观主义产生的一部分原因。认知偏见起了很重要的作用，特别是系统 1 的其中一个特征，即眼见即为事实。

- 我们将注意力集中在目标上，锚定我们的计划，却忽视了相关的基础比率，导致规划谬误。

· 我们只关注自己想做的和能做的，却忽视了他人的计划和技能。
· 在解读过去和预测未来时，我们强调了技能的因果角色，却忽视了运气的影响。因此，我们产生了“控制错觉”。
· 我们只重视自己已知的，却忽视自己未知的，因此我们对自己的信念过度自信。

“90% 的司机都相信自己的车技要高于平均水平”这一心理学发现已得到了证实，也已成了文化的一部分，还成了普遍存在的高于均数效应的主要例子。然而，对这个发现的解读在近几年发生了改变，原来人们认为这是一种自我膨胀，现在则认为这是一种认知偏见。请考虑下面两个问题：

你是一个好司机吗？

你是一个高于平均水平的司机吗？

第一个问题很简单，人们很快就可作答，且多数司机都会答“是”。第二个问题要难很多，大多数受试者几乎都不可能谨慎而又正确地作答，因为这需要对司机的平均水平进行评估。读到这里，对于人们会用简单答案回答难题这一观点你已有所了解。虽然受试者会将自己的水平与平均水平进行比较，却从未考虑过平均水平究竟是什么水平。对高于均数效应的认知解释有一项证据，即当人们被要求完成一项困难的任务时（对我们大多数人来说，这个任务可能是“你发起与陌生人交谈的技巧高于平均水平吗”），他们会不假思索地将自己划在平均水平以下。结果，只要表现还说得过去，人们就总是喜欢表现得过于乐观。

我曾经有过几次机会询问新成立的创新型公司的创办者及其合作人一个问题：公司取得的成绩在多大程度上取决于你在公司的作为？这明显是个简单的问题，人们很快就能回答出来，而且在我所抽取的小样本中，认为自己与公司成功的关联度没有低于80%的。即使他们并不肯定此时自己是否成功，这些有胆量的人也都认为自己的命运完全掌握在自己手中。他们肯定错了，新公司的成绩更多取决于其竞争者、市场的变化以及自身的调控。然而，眼见即为事实的原则也起到了一部分作用，企业家会自然而然地将注意力放在他们最为了解的地方——他们的计划、行为、最直接的威胁和机遇等，例如筹资能力。他们对竞争者所知较少，也就自然地认为竞争者与公司未来没多大关系。

科林·凯莫勒和丹·洛瓦洛创造了“竞争忽略”这个概念，并用迪士尼制片厂董事长的一段话阐述了这一概念。当有人问为什么有这么多高投资的大制作会同期上映时（例如《世纪大毁灭》和《独立日》），他回答道：

> 一切都是因为自负。如果只关心自己的生意，你就会想：“我有一个优秀的编辑部，还有个很棒的市场部，我们会做好电影的。”你还认为其他人肯定都不会这样想。但是在一年中的某个周末，你可能会发现竟然有5部电影同时公映，那么来看你那部电影的人肯定就不会很多。

这个坦率的回答提到了自负，但这种自负不是指傲慢或比其他制片厂更有优越感。人们只是在决策时没有将竞争因素考虑在内，因为困难的问题再次被简单的问题替代了。这里需要解决的问题是：想想别的人会怎么做，有多少人会看我们的电影。诸位制片厂的主管考虑的问题则更简单：我们的电影怎么样，有强大的部门为其做推广吗？我们熟知的系统 1 的眼见即为事实原则以及替代原则都引起了竞争忽略和高于均数效应的预测。竞争忽略的结果是产生了许多额外入口：众多竞争者进入市场，导致市场不能保证赢利，所以平均下来，其结果就是亏损。对于新进入市场的公司来说，这样的结果会令其失望，但是这对总体经济的影响却可能是积极的。事实上，一些创新型企业的失败标志着新的市场需要更有能力的竞争者。乔瓦尼·多西和丹·洛瓦洛称这些创新型企业为“乐观主义烈士”，对经济有益，对投资者有害。

过度自信

杜克大学的教授们用了几年的时间做了一项调查，调查内容为大型企业的财务总监对次年的标准普尔指数做出的估测。杜克大学的学者们搜集了 11 600 份这样的预测并检验了它们的准确性。结论非常明显：大型企业的财务主管对股票市场的短期走向一无所知，他们估测出的值与真实值的相关系数接近零！当他们说股市走低时，股市多半可能会上扬。这些发现并不令人吃惊。真正糟糕的消息是，这些财务总监似乎并不知道他们的预测是没有价值的。

除了对标准普尔指数的估测，受试者还提供了另外两项估测值：一项他们有 90% 把握的值太高，而另一项他们有 90% 把握的值又太低。这两个值的范围差被称为“80% 的置信区间”，若结果在这个区间之外，我们则称其为“意外”。一个人在多种条件下设置的置信区间预计会有 20% 的可能出现意外，但通常在多种条件下进行的预测会有67%的意外发生，比预期高出两倍多。这说明财务总监过度相信自己预测市场的能力了。“过度自信”是眼见即为事实的一种表现：在估测质量时，我们会依赖大脑呈现的信息并构建一个使估测合理、具有逻辑的解释。一个人不可能采用自己没有想到的那些信息，也许是因为他从来就不知道这些信息吧。

两位作者计算了一下，发现置信区间可将意外的发生率降至20%。这样的结果令人惊讶。想要将意外率保持在理想水平，财务总监就应该年复一年地说：“明年标准普尔回报率在-10%和30%之间的可能性有80%。”这个置信区间恰当地反映了财务总监的知识（更确切地说是他们的无知）比他们实际阐述的区间的4倍还要多。

此处涉及社会心理学范畴，因为一个诚实的财务总监提供的答案明显是荒谬的。如果一个财务总监告诉他的同事“明年标准普尔回报率在-10%和30%之间”，整个办公室的人很可能都会嘲笑他。设置这么大的置信区间无异于承认自己的无知，社会是不会认同一位靠提供资金相关知识拿工资的人的这种做法的。虽然这些主管知道自己所知甚少，但承认这一点将会受到处罚。杜鲁门总统就曾发表过著名的言论，说他想找一个立场明确的“独臂经济学家”（one-armed economist），他对那些总是说“另一只手……”的经济学家烦透了。[1]

1. 此处为双关，在英语中，人们总喜欢说“on the one hand...on the other hand...”，意为“一方面……另一方面……”。杜鲁门总统认为这样讲话表明一个人立场不明，所以他说我不喜欢总说两方面的人，此处“one-armed economist”并不是真正独臂的经济学家，而是只说“一只手”（即一方面）的人，不要再讲“另一只手”（另一方面）了。——译者注有些机构相信了过度自信的专家的言论，它们要承受代价高昂的后果。关于财务总监的调查说明，对标准普尔指数最为自信和乐观的人也会对他们自己公司的前景过度自信和乐观，他们也愿意比别人承担更大的风险。纳西姆·塔勒布说过，对环境的不确定性了解不足必然会导致经济行为人承担本可以避免的风险。然而，无论在社会生活中，还是在股票市场中，乐观主义极其重要。个人及企业会奖励那些提供了冒险且有误导性信息的人，而不是说真话的人。我们从造成大萧条的金融危机中学到的是：总有一段时间，专家间和企业间的竞争会让大家对风险和不确定性视而不见。

青睐过度自信的专家的领域并不仅限于金融领域。其他专业人士必须面对这样一个事实：一位实至名归的专家需要表现出很高的自信程度。菲利普·泰特洛克的观察表明，最为过度自信的专家更有可能代表全体员工出现在新闻节目中。过度自信也会像医学上的传染病那样具有传染性。有项研究，是将在重症加护病房死亡的人的验尸报告和医生在死者生前提供的诊断进行对比。医生也表现了他们的自信，结果是：对病人临死前的诊断“完全确定”的临床医生有40%的诊断是错误的。同样，过度自信的专家也间接受到了病人的影响：“通常，临床医生显现出的不确定是一种懦弱的表现。自信的人比对事情持不确定态度的人更受人推崇。医生将自己的不确定透露给病人会遭到大家的指责。”完全认识到自己无知的专家可能会被更自信、更能获得病人信任的竞争者取代。对不确定性的无偏见评价是理性的基石，但这并不是个人或机构想要的。在危机中，极度的不确定会造成严重后果，而且在风险高的时候承认自己只是在猜测的做法特别不易被接受。所以，假装知道通常是首选的解决方式。

支持夸张的乐观主义情感因素、认知因素以及社会因素共同作用，有时会导致人们承担一些风险，且这些风险在他们知道胜算的情况下是可以避免的。没有证据表明，经济领域的风险承担者对于孤注一掷的赌博有特别大的兴趣，只是他们不像胆小的人那样有风险意识罢了。我和丹·洛瓦洛杜撰了“无谓的预测和胆小的决策”这个短语来描述风险承担的背景。

对决策高度乐观带来的影响是好坏参半的，但乐观对顺利进行的影响肯定是积极的。乐观的主要益处是使人有了从受挫中复原的能力。正像积极心理学创始人马丁·塞利格曼认为的那样，“乐观的解释风格”通过捍卫自我形象使人产生了复原力。从本质上来说，乐观风格包括对成功进行嘉奖和对失败少加责备。至少在某种程度上，这种风格是可以被训练出来的。塞利格曼记录了多个高失败率行业的训练效果，例如上门推销保险（网络时代以前的普遍做法）。当某个人被一个愤怒的主妇当面摔门拒之门外时，这个人肯定会想“她是个糟糕的女人”，而不是“我是个笨拙的销售员”。我一直认为，在科学研究这一领域，乐观对成功而言同样不可或缺：我遇到的成功的科学家都会夸大他或她正在进行的研究的重要性。我还相信，不爱夸大自己重要性的人在反复面对挫折和失败时会一蹶不振，这种情况也是大多数研究人员的结局。

“事前验尸”：部分克服乐观偏见的方法

可以通过训练克服过度自信的乐观偏见吗？对此，我并不乐观。训练人们设定置信区间的多次尝试表明了他们的判断并不精确，只有几个人是相对成功的。利用许多已经知道结果的以往案例进行训练以后，荷兰皇家壳牌公司的地质学家在估测可能的钻井场时，就变得不那么自信了。人们经常会引用这个例子。在其他情况下，在人们判断时鼓励他们考虑相互竞争的假设可降低（但不会消除）他们过度自信的程度。然而，过度自信是系统 1 特性的直接结果，可被驯服但不能被彻底改变。问题的主要障碍在于，主观自信是由人们构建的连贯的故事决定的，而不是由支持它的信息的质量和数量决定的。

各个组织也许比个人更能抑制乐观主义情绪，而抑制这一情绪的最佳方法是由加里 · 克莱因提出的。加里是我的“对抗性合作者”，他推崇直觉型决策，反对偏见的说法，对运算法的反对态度也很明确。他将自己的提议称为“事前验尸”。流程十分简单：当一个机构即将做出一个重要决策但还没有正式下达决议时，克莱因提议召集对这个决策有所了解的人开一次简短的会议。在会议之前有一个简短的演说：“设想我们在一年后的今天已经实施了现有计划，但结果惨败。请用 5~10 分钟简短写下这次惨败的缘由。”

加里 · 克莱因关于事前验尸的观点立刻引起了巨大反响。当我在某场达沃斯论坛上偶然谈到这个观点时，一个坐在我身后的人低语道：“就为这一点，来参加这次达沃斯论坛值了！”（后来，我注意到这个说话的人是一家大型跨国公司的首席执行官。）事前验尸观点有两个主要优点：决策快要制定好时，许多团队成员会受到集体思考的影响，而事前验尸则扼制住了这种影响。另外，它还激发了那些见多识广的个人的想象力，并将他们的想法引导到最需要它们的方向。

当一个团队将注意力集中在决策上，特别是当领导宣布他的意图时，人们对计划好的步骤的可行性的疑虑就会渐渐减弱，到最后，这样的怀疑还会被认为是对团队和领导的不忠诚。如果某个团队只有支持决策的人才有发言权，那么对怀疑的抑制就会造成这个团队的过度自信。事前验尸的主要优点是它引发了怀疑。另外，它还助长了支持决策的人去探寻他们先前没有考虑到却可能存在的威胁。事前验尸并不是灵丹妙药，也不能提供完整措施使我们避免恼人的意外，但这一方法在一定程度上可以减少计划的损失。而这些损失一般都是眼见即为事实的偏差以及盲目的乐观主义导致的。

示例——乐观偏见与过度自信

他们有控制错觉，他们严重低估了障碍。

他们好像因为竞争忽略而遭了殃。

这是一个过度自信的例子，他们似乎认为自己知道的比实际的多。

我们应该开一个事前验尸会议，有人也许能想到一个被我们忽略了的威胁。

第四部分

选择

第 25 章

伯努利的错误

20 世纪 70 年代早期的某一天，阿莫斯给了我一篇打印好的文章，其作者是瑞士的经济学家布鲁诺·弗雷，文章讨论的内容是经济理论的心理学假设。我对这篇文章的深红色封面仍然记忆犹新。尽管布鲁诺·弗雷本人几乎已经忘了写过这篇文章，但我仍能记得文章的第一句话："经济理论的传播者（即经济学家）是理性且自私的，其倾向性没有发生变化。"

我对这种说法感到很吃惊。在我隔壁那栋房子里工作的一些同事就是经济学家，但我未曾发现我们在理智方面存在什么本质差异。对于心理学家来说，人不会是完全理性或完全自私的，而且其品位也不可能一成不变，这一点不言自明。我们两个学科似乎在研究不同物种，行为经济学家理查德·塞勒后来将这两个物种称为经济人和人类。

心理学家所了解的经济人与人类不同，他们认为人类拥有系统 1。人类的世界观受制于眼见即为事实的原则，因此他们不能像经济人那样有一致性和逻辑性。他们有时很慷慨，经常愿意为自己所在的团队做出贡献，而且他们对于自己明年甚至明天会喜欢什么都没有什么想法。那时我们有机会进行一次跨学科的有趣交谈，没想到那次交谈会确定了我的职业生涯。

给我看过弗雷的文章后不久，阿莫斯就建议我们将下一个研究项目定为决策制定。对于这个课题，我几乎没有一点儿概念，但阿莫斯是这个领域的专家和领军人物，他说他会教我。在他读研究生时，他曾和别人合著了一本《数学心理学》，他指定了几个章节让我看，说这些章节可以帮助我入门。

我很快就了解到，我们的主要课题是研究人们在做有风险的选择时的态度，而且我们要找到一个特定问题的答案，这个问题就是：在不同的简单风险之间和在有风险与确定的事情之间，究竟是什么规则操控了人们的选择。

简单的风险问题（比如“有 40% 的概率赢得 300 美元”）对于制定学习决策的学生而言，就像果蝇之于遗传学家的意义一样。对简单风险进行的选择提供了一个简单的模式，这个模式和研究者想要了解的更复杂的决策问题有着相同的重要特点。各种风险表明，这些选择的结果永远不会是确定的，即使表面看上去很确定的结果也是不确定的：在签订购房合同时，你不知道将来自己卖掉这所房子时价钱会是多少，也不知道邻居的儿子很快就会学吹大号。我们在生活中做出的每个重要选择都会带有一定的不确定性——正因如此，学习决策制定的学生才希望在模拟情景中学到的课程中有一些知识可以在更加有趣的日常问题中得到应用。当然，某些决策理论家之所以研究简单的风险问题，主要是因为其他的决策理论家就是这样做的。

这一领域过去有个理论，即期望效用理论，这个理论正是理性代理模式的基础，时至今日依旧是社会科学中最重要的理论。期望效用理论并不是按照心理学模式设计的，它是基于理性的基本原则（原理）做出的逻辑选择。

请看下面这个例子：

如果你对苹果的好感多于香蕉，

那么，

你也愿意以10%的概率赢得一个苹果，而不是以同样的概率赢得一根香蕉。

这里的苹果和香蕉代表任意选择对象（包括风险），10%的概率代表任何的可能性。20世纪最伟大的知识分子之一、数学家约翰·冯·诺依曼和经济学家奥斯卡·摩根斯坦从几个原理中推导出了风险的理性选择理论。经济学家赋予了期望效用理论双重角色：作为一种规定决策制定方式的逻辑，作为对经济人决策方式的描述。尽管同为心理学家，阿莫斯和我却是从那时才开始明白人类究竟是如何做出风险选择的，而且我们对人们的理性没有做任何假设。

我们保留着每天进行若干小时交流的习惯，有时在我们的办公室里，有时在餐厅，最常见的方式是步行走过耶路撒冷那些静谧的街道，边走边谈。就像在研究判断问题时所做的那样，我们仔细审视了自己的直觉性偏见。我们花时间设计出简单的决策问题，并自问要如何做出选择。例如：

你愿意选择哪一项？

A. 抛硬币决定。如果是正面，你会得到 100 美元；如果是背面，你什么都得不到。

B. 肯定会得到 46 美元。

我们并没有试图找出最理性或获利最大的选择。我们想找到一个直觉性选择，一个一看就想选的选项。我们几乎总会选择同样的选项。在这个例子中，我们两个都会选 B 选项，而且很可能你也会这么选。当我们自信地达成一致时，我们都相信——结果证明我们这种想法几乎总是正确的——大多数人都会做出跟我们一样的选择，而且我们持有这种想法仿佛有可靠的证据一般。当然，我们知道此后还需要对自己的直觉加以证实才行，但通过扮演实验者和受试者的双重角色，我们就能顺利推进实验。

在风险研究进行了 5 年之后，我们终于完成了一篇文章——《前景理论：风险下的决策分析》。我们的理论仿照了期望效用理论，但两者还是存在根本上的不同。最重要的是，我们的模式是纯描述性的，而且我们提出这个模式的目的是要用文件证明并解释对不同风险进行选择时，我们对理性原理的系统违背现象。我们把这篇文章投给了《计量经济学》，这份杂志刊登的都是经济学和决策理论方面的重要理论文章。事实证明，这对杂志社的选择也很重要。如果我们将完全相同的文章发表在一份心理学杂志上，它对经济学的影响很可能就微乎其微了。然而，我们当时做出那样的投稿决定并不是希望对经济学产生影响，只是决策制定问题的顶级论文过去都是刊发在这份杂志上的，于是我们也跃跃欲试。就这个选择和许多其他选择而言，我们是很幸运的。事实证明，前景理论是我们做过的最有意义的工作，而且我们的文章在社会科学文章中是被引用最多的文章之一。两年后，我们在《科学》杂志上发表了一篇论文解释了框架效应：由无关紧要的措辞变化引起的巨大偏好变化。

在研究人们如何做决策这一问题的前 5 年里，我们对人们在有风险的选项中进行选择的许多情形做了情况记录，其中有几次记录与期望效用理论截然相反。以前有人曾经观察过这些记录情况，有些是全新的情况。随后我们在对期望效用理论进行全面改进的基础上创立了一个理论，这个理论足以解释我们记录的所有观察结果，这个理论就是前景理论。

我们将心理学中的心理物理学作为解决这一问题的方法，心理物理学是由德国心理学家、神秘主义者古斯塔夫·费希纳创建并命名的。费希纳对思维和事件之间的联系非常着迷。一边是可以变化的物理量，比如光能、音频或一笔钱；另一边是对亮度、音量或价值的主观体验。不可思议的是，物理量的变化竟然能够引起主观体验的变化。费希纳的研究是要找到将观察者思维中的主观量和物质世界中的客观量联系在一起的心理学规则。他提出，对于众多维度来讲，其功能是对数的——这就明显意味着如果某个给定因素（比如，乘以 1.5 或乘以 10）的刺激强度增加，在心理上也总会产生等量的增值。如果将声音的物理强度从 10 个单位提升至 100 个单位，心理强度就会增强 4 个单位，那么，刺激强度若进一步增强，比如将 100 个单位提升至 1 000 个单位，心理强度的增幅也是 4 个单位。

伯努利的错误

费希纳并不是第一个试图找到一个函数将心理强度和刺激大小联系起来的人，他自己对此很清楚。1738 年，瑞士科学家丹尼尔·伯努利预先采用了费希纳后来的推理论证，并将其运用到对心理价值或钱的欲望（现在被称为“效用”）和钱的实际数量之间关系的研究当中。他认为，10 达克（从前流通于欧洲各国的钱币）对于已经有 100 达克的人的效用和 20 达克对于有 200 达克的人的效用是相同的。伯努利当然是正确的，因为我们通常用百分比来表示收入的变换，比如，我们会听到“她工资涨了 30%”这样的说法。他认为 30% 的上涨率在富人和穷人中会唤起非常相似的心理回应，而涨了 100 美元却未必会有这样的效果。费希纳规则表明，对财富变化的心理反应和已积累的财富值成反比，进而得出结论：效用是关于财富的对数函数。如果这个函数是正确的，则 10 万美元和 100 万美元间的心理距离与 1 000 万美元与 1 亿美元间的心理距离是一样的。

伯努利将自己的心理学知识运用到财富效用中，借以对风险评估问题给出一个全新的方法，这一问题对当时的数学家而言是一项很重要的研究课题。在伯努利之前，许多数学家就曾假设可以根据预期值对风险进行评估：预期值即对每个可能结果的概率进行加权后，得到的所有可能结果权重的平均值。例如，下面这个问题的预期值：

80% 的概率赢得 100 美元和 20% 的概率赢得 10 美元的预期

值为 82 美元，即 0.8×100+0.2×10=82（美元）。

现在请自问下面这个问题：我是想接受上面这个风险收益还是想得到确定的 80 美元？几乎所有的人都想要得到确定数目的钱。如果人们在预期值的作用下估计不确定的前景，会更愿意尝试赌一把，因为 82 美元比 80 美元多。伯努利指出，人们实际上是不会用这种方式去评估风险的。

伯努利观察到，大多数人都不喜欢冒险（即不喜欢接受最不可能的结果），而且，如果让他们在期望值相同的风险收益和确定收益中做选择，他们就会选择确定收益。事实上，一个规避风险的决策制定者会选择一件低于预期值的确定事情，实际上就是拿出一笔额外费用以避免不确定的事情发生。伯努利用心理物理学来解释这种风险规避现象比费希纳提前了 100 年。他的想法简单明了，即人们的各种选择并非基于金钱价值，而是基于各种结果的心理价值，即它们的效用。如此说来，一个风险的心理价值就不是对可能会得到的金钱收益量的平均加权，而是这些收益效用的平均值，每项收益都要乘上自身的概率。

财富值（百万达克）	1	2	3	4	5	6	7	8	9	10
效用值	10	30	48	60	70	78	84	90	96	100

上面是伯努利计算出来的一个效用函数版本。从中我们可以看出从 100 万达克到 1 000 万达克之间不同财富水平的效用。你会发现，在 100 万达克的基础上加 100 万达克就会增加 20 个点的效用值，但是，在 900 万达克的基础上加 100 万达克增加的效用值就只有 4 个点。伯努利指出，财富的边际价值递减现象（在

现代术语中）可以解释风险规避问题——人们一般愿意选择确定事件而非具有相同或稍高预期值的风险收益。请看下面这个选择：

获得 100 万达克和 700 万达克的概率相同　效用：（10+84）/2=47

或者

肯定会得到 400 万达克　效用：60

就金额来说，风险收益的预期值和“确定事件”是相同的（都是 400 万达克），但两种选择的心理效用是不同的，其原因就是财富的效用递减，即从 100 万达克到 400 万达克的效用增值是 50 个单位，但从 400 万达克到 700 万达克同样增量的财富效用的增值就只有 24 个单位。风险的效用是（10+84）/2=47（两种结果的效用，每种结果都乘以其概率的 1/2），400 万达克的效用是 60。由于 60 比 47 大，根据这一效用函数，人们会选择效用值更大的确定事件。伯努利认为，决策制定者在看到财富的边际效用递减时，就会规避风险。

伯努利的文章言简意赅，他用自己的新概念“期望效用”（他称“道德期望”）来计算下列问题：圣彼得堡的某位商人“很清楚在每年的这个时候，从阿姆斯特丹开往圣彼得堡的商船中每 100 艘通常会损失 5 艘”。那么，如果这位商人想从阿姆斯特丹装运香料的话，他愿意给商船买多少钱的保险。他的效用函数解释了为什么是穷人买保险、富人卖保险。你可以从上述函数效用版本中看出，对于有 1 000 万达克的人来说，损失 100 万达克会损失 4 个点的效用值（从 100 到 96）；而对于只有 300 万达克的人来说，损失的效用值会更大，有 18 个点（从 48 到 30）。穷人当然愿意花点儿钱将风险转嫁给富人，而这就是保险的背后原因。伯努利还对著名的“圣彼得堡悖论”提出了一个解决方案，在该悖论中，当风险的期望值（用达克表示）无限大时，人们愿意只花几达克来赌一把。给人印象最深的一点是，伯努利从财富偏好的角度对风险态度的分析经受住了时间考验，在 300 年后的今天，这一分析方法在经济分析中仍未过时。

伯努利理论令人尤为关注的地方在于它的经久不衰，尽管这个理论存在严重缺陷。我们很少能从一种理论明确主张的部分中发现错误，这些错误往往隐藏在该理论忽视或假设的内容中。下面这种情况就是一例：

如今，杰克和吉尔每人都有 500 万美元的财富。

从前，杰克有 100 万美元，而吉尔有 900 万美元。

他们如今是不是一样高兴？（他们的财富效用相同吗？）

从伯努利理论的角度来看，杰克和吉尔的财富效用是使人们更快乐或更不快乐的原因。两人如今拥有同样的财富，因而，伯努利理论认为他们应该同样快乐，然而就算从来没有学过心理学，你也知道如今的杰克非常高兴，而吉尔却非常失望。其实我们知道，即使杰克如今只有 200 万美元而吉尔仍有 500 万美元，杰克也会比吉尔更高兴。所以伯努利的理论肯定是错误的。

杰克和吉尔体验到的快乐是由他们财富的近期“变化”决定的，而不是由界定其参照点（杰克 100 万美元，吉尔 900 万美元）的不同财富现状决定的。这种参考依赖普遍受感觉和知觉影响。同样的声音，在它之前你如果听到的是低声耳语，就会感觉这个声音很大；而若在它之前你听到的是大声吼叫，就会感到这个声音很小。要预估（声音）音量的主观体验，只知道声音的绝对音量还不够，你还需要知道听者进行自主比较的参照声音的大小。同样，在判断一张纸上的灰点是深还是浅时，你也需要知道这张纸的颜色如何。在预测一笔财富的效用之前，你同样需要了解其参考值。

为说明伯努利理论的缺陷，我们再来看下面这个关于安东尼和贝蒂的例子：

安东尼目前的财富是 100 万美元。

贝蒂目前的财富是 400 万美元。

现在，安东尼和贝蒂都要在风险和一个确定事件中做出选择。

风险：拥有 100 万美元和 400 万美元的概率相等

或者

确定选项：肯定能拥有 200 万美元

根据伯努利的解释，安东尼和贝蒂面临着同样的选择：如果选择赌一把，他们的预期财富将会是 250 万美元；如果他们选择确定选项，其预期财富则会是 200 万美元。据此，伯努利就会预期安东尼和贝蒂会做出同样的选择，但这样的预测是不正确的。之所以再度失败，还是因为这个理论在安东尼和贝蒂考虑自己的选择时并未给两人提供不同的参照点。如果站在安东尼和贝蒂的角度考虑一下，你很快就会发现目前的财富非常重要。他们也许会这样想：

安东尼（目前拥有 100 万美元）："如果选择确定选项，我的财富肯定会翻倍。这是相当有吸引力的。同样我也可以选择赌一把，那样我的财富要么翻 4 倍，要么什么都得不到。”

贝蒂（目前拥有 400 万美元）：“如果选择确定选项，我肯定会损失一半财富，这将是非常可怕的。同样我也可以选择赌一把，那样我的财富要么会损失 3/4，要么一点儿都不损失。”

你能感觉到安东尼和贝蒂很可能会做出不同的选择，因为那个拥有 200 万美元的确定选项会使安东尼高兴，却会让贝蒂痛苦。还有一点需要注意，那个“最糟糕”的结果与那个“确定的”结果有何不同：对于安东尼来说，这种不同是财富翻倍或什么也得不到；而对于贝蒂来说，这种不同则是损失一半财富和损失 3/4 财富之间的不同。贝蒂更有可能选择碰碰运气，就像其他人在面对非常糟糕的选择时所做的一样。在我讲述关于安东尼和贝蒂的故事时，他们都没有想到自己的财富状态：安东尼想的是得到，而贝蒂想的是损失。尽管他们面对的可能财富状态是相同的，但他们的心理过程却完全不同。

因为伯努利的模式没有考虑到参照点，因此期望效用理论并没有体现出对安东尼而言的好结果对贝蒂来说却是坏结果这一明显事实。他的模式能解释安东尼的风险规避，却不能解释贝蒂对风险收益的偏好。这种冒险赌一把的做法在企业家和指挥官们束手无策时总会成为他们的不二选择。

所有这一切都很明显，不是吗？人们很容易认为是伯努利本人构建了类似的例子，并建立了一个更为复杂的理论来解释这些例子，但由于某种原因，他没有这样做。人们也可能认为与伯努利同时代的业界同人并不同意他的观点，或者后世学者在读到他的文章时会反对他的观点，但由于某种原因，他们也没有这样做。

令人费解的是，结果效用这一概念在这些明显的反例面前如此不堪一击，却为何存在了这么长时间？我只能通过我常在自己身上发现的学者思维的一个弱点来解释这一现象。我称这个弱点为理论诱导的盲区，即一旦你接受了某个理论并将其作为一个思考工具，就很难注意到其错误。你如果碰到一个似乎和这个模式不相符的例子，就会认为肯定有一个非常合理的解释，只是不知为什么你没有发现这个解释。你认为这个理论无可指摘，而且很信任认同这个理论的那群专家。很多学者都曾有那么一刻想起安东尼和贝蒂或杰克和吉尔这样的例子，而且偶尔会注意到这些例子与效用理论并不吻合。不过，他们没有继续深究，没有说“这个理论严重错误，因为它忽略了效用不仅仅依赖于某人目前的财富，还依赖其财富的来源这一事实”。正如心理学家丹尼尔·吉尔伯特观察到的那样，怀疑是件苦差事，而且运用系统 2 很容易令人疲惫。

示例——伯努利理论的错误

3 年前，他有 2 万美元的奖金，他对此已经很满意了，但他的薪水自那以后只涨了 20%，所以他需要更多的奖金来获得同样的效用。

两个人都愿意接受自己拿到的薪水，但他们对这份薪水的满意度不一样，因为他们的参照点是不同的。她目前的薪水更高。

她在申请离婚赡养费。实际上她愿意调解，但他更愿意上法庭。这种分歧是意料之中的——她只能稳赚，所以要规避风险；而他面对的却都是糟糕的结果，所以他更愿意冒险。

第 26 章

前景理论

我和阿莫斯半是凭借能力半是因为无知，在无意中发现了伯努利理论的主要缺陷。我听从阿莫斯的建议，读了他书中的一章。这一章描述了一些实验，在这些实验中，一些著名学者测试了财富的效用，他们让受试者对一些风险做出选择，这些受试者可能会因选择不同而赢得或输掉几便士。实验者将测量的财富量限定在 1 美元之内，依此来测试财富的效用。这项实验进而引发了一些问题：人们通过财富间的细微差别对风险进行评估这一假设合理吗？人们怎么会通过对区区几便士的得失反应研究就理解了财富心理物理学呢？心理物理学理论的最新进展表明，如果想研究财富的主观价值，你应该问一些与财富直接相关的问题，而不是关于财富变化的问题。我不太明白为何效用理论会让人们因为敬畏而盲从，对此我感到很迷惑。

第二天在和阿莫斯见面时，我告诉他在阅读中我遇到了一些难题，这些难题只是一个笼统的想法，算不得什么新发现。我非常希望他能给我指明方向，解释一下一直困扰着我的这项实验究竟有什么意义，他既没给我指明方向，也没向我解释，但他对现代心理物理学的相关性问题却豁然开朗了。他想起经济学家哈里·马科维茨——后来他因对金融领域做出贡献而获得诺贝尔奖——曾经提出一个理论，即效用是伴随财富的变化出现的，而不是伴随财富的各种状态出现的。马科维茨的理论存在了近 25 年，但并没有引起过多关注，我们却很快得出结论：就应该朝着这个方向发展，而且我们酝酿提出的理论会把最终结果界定为盈与亏，而不是财富的状态。关于决策论的感知力和无知对我们的研究都有推动作用。

我们很快就知道，我们已经成功规避了一桩由理论诱导的盲目性引发的严重事件，因为我们刚刚摒弃的想法看起来不仅是错误的，而且非常荒谬。我们很高兴地意识到，我们无法以几万美元来评估我们目前的财富效用。从财富效用衍生出对细小变化的态度的想法现在看来是行不通的。在自己再也无法解释为何这么久都不能看到明显的结果时，你就应该知道自己已经取得了进展。然而，我们还是用了很多年的时间来探索如何界定结果是盈还是亏。

在效用理论中，对“盈”的效用评估是通过对两种财富状态的效用进行对比来实现的。例如，如果你有 100 万美元，额外再得到 500 美元，这 500 美元的效用就是 100.05 万美元的效用和 100 万美元的效用差。而且，如果你拥有数目较大的那笔钱，损失 500 美元的负效用仍然是两种财富状态的效用差。在这种理论下，盈亏的不同效用只是在符号上有所不同（正号或负号）。没有哪种方式可以表明损失 500 美元的负效用会大于获得同样数目的钱的效用这一事实，尽管事实确实如此。正如在理论诱导存在盲目性的情况下可能出现的问题一样，我们既不能对盈亏之间可能存在的各种区别进行预测，也无法对其进行研究。盈亏之间的区别被认为是无关紧要的，因此研究这一点没有意义。

我和阿莫斯没有立即发现我们对财富变化的关注为我们开辟了一条新论题的探索之路。我们主要关注了成功概率不同（或高或低）的风险之间的区别。有一天，阿莫斯随便做了一番假设："亏损的情况又如何呢？"我们很快就发现，当我们变换焦点时，我们所熟悉的风险规避做法就会被冒险的做法取代。请看下面这两个问题：

问题 1：你会选择哪一个？

肯定会得到 900 美元，还是有 90% 的可能性会得到 1 000 美元？

问题 2：你会选择哪一个？

必定会损失 900 美元，还是有 90% 的可能性会损失 1 000 美元？

你很可能会在问题 1 中选择规避风险，大多数人都会这样。得到 900 美元的主观价值肯定比有 90% 的可能性得到 1 000 美元的价值要大。这个问题中的风险规避情况不会让伯努利感到惊讶。

现在来看你对问题 2 的选择。如果与其他大多数人一样，你在这个问题中会选择风险答案。这次选择冒险的理由与在问题 1 中选择规避风险的理由如出一辙，即损失 900 美元的（负面）价值比有 90% 的可能性损失 1 000 美元的（负面）价值要大。必然的损失肯定会令人反感，也会使你愿意冒险一试。我们以后就会发现，对可能性的评估（90% 对应 100%）会导致问题 1 中的风险规避和问题 2 中的选择冒险这两种不同做法。

在没有理想的选择时，人们更愿意碰运气，我们不是最先注意到这一现象的人，但由理论误导的盲目性其实早就是普遍现象了。因为占主导地位的理论并未提供一个看似合理的方法来协调人们对盈亏风险的不同态度，于是人们只能忽略态度并不统一这一事实。相反，我们将各种结果视为盈余或者亏损，于是便格外关注这种差异。对是否愿意冒险的不同态度的观察很快便取得了一项重大进展：我们找到了一个论证伯努利理论主要缺陷的方法。请看：

问题 3：不管你有多少钱，有人额外又给了你 1 000 美元。现在请从下列两个选项中做出选择：
是选有 50% 的概率赢得 1 000 美元，还是选择肯定会得到 500 美元？
问题 4：不管你有多少钱，有人额外又给了你 2 000 美元。现在请从下列两个选项中做出选择：
是选有 50% 的概率失去 1 000 美元，还是选择肯定会失去 500 美元？

你很容易就能确定，就财富的最终状态（伯努利理论中最重要的因素）而言，问题 3 和问题 4 并没有什么不同。在两种情况下，你都得就相同的两个选项做出选择：你可以选择得到 1 500 美元，这样你肯定会比现在更有钱；或者你可以冒一次险，这样你得到 1 000 美元或 2 000 美元的机会是相同的。因此在伯努利理论中，这两个问题应该引出相似的选择。凭直觉你就可以猜出其他人会做何选择。

· 在第一个选择中，大多数调查对象都选择确定的选项。

· 在第二个选择中，大多数调查对象更倾向于那个冒险选项。

问题 3 和问题 4 的选择有所不同，这一发现是伯努利理论核心观点的绝对反例。如果财富效用至关重要，那么对相同问题的等义陈述就应产生同样的选择。对这几个问题的比较，凸显了评估选择的参照点的所有的重要作用。问题 3 中的参照点比当前财富多出 1 000 美元，而问题 4 中则多出了 2 000 美元。所得增至 1 500 美元在问题 3 中是赢利 500 美元，在问题 4 中却是亏损 500 美元。显然，相同类型的其他例子也很容易发生，安东尼和贝蒂的故事便与此类似。

在选择之前，你对得到 1 000 美元或 2 000 美元这样馈赠的关注程度如何呢？如果你和大多数人一样，那么你几乎注意不到这一点。的确，你没理由注意这一点，因为这笔馈赠包含在参照点中，而参照点通常会被忽略掉。你对自己的选择有所了解，而效用理论却并不了解这些——如果你的净资产高至几千美元或低至几千美元（除非你很穷），你对风险的态度也会不同。你还知道自己对盈亏的态度并非源自对所拥有财富的自我评估。你想得到 100 美元而不想失去 100 美元，并非因为这些钱使你的财富状态有了变化。你只是喜欢得到，不喜欢失去——几乎可以肯定地说，你对失去的厌恶程度远大于你对得到的喜欢程度。

这 4 个问题凸显了伯努利理论的弱点。他的理论太过简单，缺少令人信服的因素。这个缺失的变量就是参照点，它是得失评估所依据的初始状态。在伯努利理论中，你只需要了解财富的状态就可以决定其效用，但在前景理论中，你还需要知道参考状态，因此前景理论比效用理论更复杂。在科学中，复杂性被视为一种成本，要想厘清其中的原理，你必须有一套足够丰富、新颖且（最好是）有趣的预测来解释已有的理论往往解释不了的事实。这曾是我们必须面对的挑战。

尽管我和阿莫斯那时并没有研究大脑的双系统模式，但现在我们已经明确地知道，前景理论的核心内容有三个认知特征，这三个特征在金融状况评估工作中扮演着非常重要的角色，在感知、判断和情感等许多自动过程中也很常见，它们应该被视为系统 1 的运行特征。

· 评估与一个中性参照点相关，这个参照点有时也被视为“适应水平”。你可以很轻松地对这一原则做出令人信服的论证。在你面前放上 3 碗水，左边的碗中放冰水，右边的碗中放温水，中间碗中的水温与室温相同。把你的双手分别浸在冰水和温水中约一分钟，然后浸到中间的碗中。虽然一手凉一手热，但两只手对中间碗中水的温度的感觉是一样的。对金融状况而言，最常见的参照点就是现状，但也可能是你期待的那个结果，或者是你感觉实至名归的结果，比如，你的同事获得晋升或者得到奖金。高于参照点的结果就是所得，低于参照点的结果就是损失。

· 一种降低敏感度的原则在感觉维度和财富变化评估活动中都是适用的。在漆黑的房间里，即使灯光再微弱，效果也会很明显。而同等亮度的灯在非常明亮的房间里也许会令人难以察觉。同样，900 美元和 1 000 美元之间的主观差别也比 100 美元和 200 美元之间的差别小得多。
· 第三个原则是损失厌恶。当我们对盈亏进行直接比较或加权处理时，亏似乎比盈影响更大。积极和消极的期盼或体验之间的力量不对称状况由来已久，将各种威胁当成"危"而不是"机"的有机体的存活和繁殖的概率更大。

图 10 阐释了掌控结果价值的三项原则。如果前景理论有一面旗帜，上面画的肯定是图 10。这幅图表明了盈与亏的心理学价值，而盈与亏正是前景理论中的价值"载体"（这一点与伯努

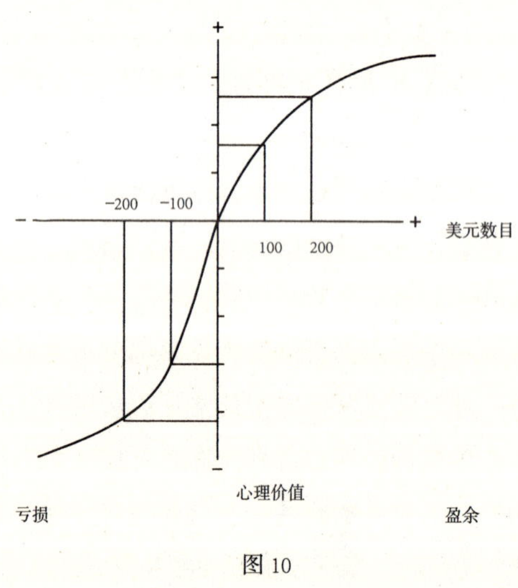

图 10

利理论不同，在伯努利理论中，财富状态才是价值载体）。这个图有明显不同的两个部分，中性参照点的右边和左边。这个图的明显特征就是它是S形的，这表明人们对盈与亏的敏感度都降低了。最后，图中S形的两条曲线并不对称。在参照点处函数的斜率突然发生改变，即对亏损的反应比对同等数量盈余的反应要强烈得多。这就是所谓的损失厌恶。

损失厌恶

我们在生活中面对的很多选择都是喜忧参半的：既有损失的风险也有获利的可能，我们必须决定是接受这个风险还是拒绝它。对新成立的企业进行评估的投资商，思忖是否上诉的律师，定夺是否出击的战时将军，以及必须决定自己是否参加竞选的政治家，都要面对胜利或失败的各种可能性。如果要找一个前景喜忧参半的例子，请看看你对下面问题的反应。

问题5：现在，用抛硬币来打赌。
如果是背面，你会输掉100美元。
如果是正面，你会赢得150美元。
这个赌局吸引人吗？你想参加吗？

为了做出选择，你必须平衡得到150美元时的满足感和失去100美元时的失落感。你有何想法？尽管这个赌局的预期值是有利的，因为你坐收的赢利铁定比你可能遭受的亏损小，但你可能还是不愿下这个赌注——大多数人都不愿意这样做。拒绝这个赌局是系统2的行为，但那些关键的输入信息是由系统1产生的情感反应。对于大多数人来说，他们对失去100美元的恐惧比对得到150美元的愿望更强烈。我们从众多此类观察中得出结论，即“失去比得到给人的感受更强烈”，因此人们往往会规避损失。

问自己一个问题，你就能测量出自己能在多大的程度上规避损失，这个问题就是：要想平衡100美元的可能损失，我需要得到的最少收益是多少？对很多人来说，这个问题的答案是约200美元，是损失的2倍。有几个实验曾对“损失厌恶系数”做出估计，这个系数通常在1.5到2.5之间。当然，这是个平均值。有些人规避损失的能力比别人更强。金融市场中的专业风险投资者更能容忍损失，可能是因为他们不会对每一次经济波动都产生情绪上的反应吧。当实验人员要求参与实验的受试者“像商人那样思考”时，他们对损失的规避感就不那么强烈了，他们对损失的情绪反应（通过情感激励的心理指数来测量）也大大减弱了。

为了检测你对不同风险的损失厌恶率，请思考下面的问题。忽略所有社会因素，不要试图表现得胆大无礼或者谨小慎微，只关注可能的损失和抵消盈余的主观影响即可。

- 来看一个赌局，在这个赌局中你有50%的可能性会损失10美元。你最少需要得到多少钱才会觉得这个赌局能吸引你呢？如果你说10美元，那么说明你对风险根本就不在意；如果你给出的答案不到10美元，那么说明你在寻求冒险；如果你的回答超过10美元，那么说明你有损失厌恶的概念。
- 要是在抛硬币的赌局中你可能会损失500美元，又会怎样？你需要多少钱才能抵消这一损失？
- 要是会损失2 000美元，又会怎样？

在做这个实验时，你可能会发现自己的损失厌恶系数在风险增大时也会提高，但并不是急速提高的。当然，这种可能的损失如果具有潜在的破坏性，或者你的生活方式受到了威胁，所有的赌注就荡然无存了。在这些情况下，损失厌恶系数会非常大，甚至会无穷大——如果你很幸运，非常有可能赢钱，但不管能赢得几百万美元，你总有不想承担的风险。

再来看一下图 10，也许它能帮你避免常见的困惑。在第 1 章中我曾两次断言，有些读者也许会认为这两种说法是矛盾的：

- 在得失都可能出现的赌局中，损失厌恶会产生极力规避风险的选择。
- 在肯定会有损失和有可能会损失更多的选择中，降低敏感度会引发冒险之举。

两者并不矛盾。在得失都可能出现的赌局中，可能的损失是可能的获利的两倍，从比较得失的价值功能线形图的倾斜度就可以看出这一点。在肯定会有损失的情况下，价值曲线（降低敏感度）的弯曲度会导致冒险之举。必定损失 900 美元的痛苦比有 90% 的可能失去 1 000 美元的痛苦要强烈。这两种见解是前景理论的精髓。

图 10 显示出价值功能曲线的突变，在这个曲线图中，获利变成了损失，因为即使相对于你现有的财富而言风险系数很小，但它引起的损失厌恶数目也是很大的。对财富状态的态度可以解释人们对小风险的极端规避，这样的说法可信吗？伯努利理论这个明显的缺陷在 250 多年里都未能引起学者的注意，这的确可以算是理论导致盲目性的典型案例了。2000 年，行为经济学家马

修·拉宾最终从数学角度证明了通过财富效用来解释损失厌恶是荒谬的，注定会失败，他的证明引起了广泛的关注。拉宾的原理显示，从数学角度来看，任何拒绝低风险的有利赌局的人，都是为了获得更大的赌注从而坚决将风险规避推向一个荒谬的水平。例如，他注意到大多数人都排斥下面这种赌法：

> 有 50% 的概率损失 100 美元，有 50% 的概率得到 200 美元。
>
> 他之后表明，根据效用理论，排斥这种赌法的人最终也会拒绝下面这种赌法：
>
> 有 50% 的概率损失 200 美元，有 50% 的概率得到 2 万美元。

当然，思维正常的人都不会拒绝这种赌法！在某篇文章中，马修·拉宾和理查德·塞勒记录了这些证据，他们评论说，这个更大的赌局“有 9 900 美元的预期收益——损失绝对不会超过 200 美元。如果你拒绝了这个赌局，即使是最差劲的律师也会认定你就是法律意义上的精神病患者”。

也许是被热情冲昏了头，他们竟然在文章的结尾回忆起著名的幽默短剧《巨蟒》，短剧中一位倍感挫败的顾客想把一只死掉的鹦鹉送回宠物店。顾客用了一长串短语来描述这只鹦鹉的状态，高潮部分说的是“这就是那只前鹦鹉”。拉宾和塞勒继续说道：“经济学家应该认识到预期效用是一种‘过气的假设’。”很多经济学家认为，这种草率的说法颇有些亵渎神明的意味。然而，认为财富效用可以解释人们对小损失的态度堪称受伯努利理论引导的盲目做法，这种盲目做法正是幽默评论理所应当抨击的目标。

前景理论的盲点

在本书这一部分，我已经赞扬了前景理论的优点，批评了理性模式和期望效用理论。现在应该平衡一下两者了。

大多数经济学研究生都听说过前景理论和损失厌恶，但在经济学书籍的索引中不会出现这些术语。有时候，这种缺失让我有些伤心，但事实上这也是合理的，因为在基础经济学理论中，理性扮演着主要角色。经济人在不会犯下愚蠢错误的前提下，很容易理解那些研究生学到的大多数标准概念和理论。这个假设的确没有什么必要，而且也会随着人们对前景理论的逐渐了解而瓦解，它对各种结果的评估总是太过目光短浅。

经济学的基本概念都是重要的智力工具，这些工具掌握起来并不容易，即便是利用那些简化了的且不切实际的假设（这些假设都是关于在市场中相互作用的经济动因的本质的）来解释这些概念也是很困难的。在引入阶段就对这些假设提出种种问题的做法的确令人费解，也许还会使人泄气。把帮助学生掌握这一学科的基本工具作为首要任务才是硬道理。此外，前景理论中的理性缺失通常与经济理论的相关预测并不相干，这些预测在某些情况下会很精确，在其他许多情况下还会提供令人满意的近似值。然而，在有些情况下，有所区别变得很重要：在前景理论的描述中，对人类产生直接情绪影响的是得与失的情绪，而不是财富和普遍效用的长期前景。

两个多世纪以来，我们在谈到伯努利理论的缺陷并强调其中因理论诱导而产生的盲目性之前，没有人质疑过伯努利理论。当然了，因理论诱导而产生的盲目性并不仅限于期望效用理论。前景理论自身也有缺陷，而且这些缺陷中存在的因理论诱导而产生的盲目性使得这一理论成为效用理论的主要攻击对象。

试想前景理论的假设（即参照点），通常就是现状，其价值就是零。这个假设看来是合理的，但它导致了一些荒唐的后果。请看下面的各项预测，有了这些预测之后会是什么样子呢？

A. 有百万分之一的概率赢得 100 万美元。

B. 有 90% 的概率赢得 12 美元，有 10% 的概率什么都得不到。

C. 有 90% 的概率赢得 100 万美元，有 10% 的概率什么都得不到。

“什么都得不到”在三种情况下都是可能会出现的结果，前景理论在这三种情况下给这种结果分配了相同的价值。“什么都得不到”是个参照点，且其价值是零。这些说法和你的经历相符吗？当然不是。“什么都得不到”在前两种情况下是被期望但未能实现的事，没有给其分配价值也是讲得通的。相反，在第三种情况下，没能获利就会让人非常失望。这就好比私下里向你保证会给你加工资，赢得一大笔钱的可能性那么大，这就建立了一个新的暂时参照点。相对于你的期望而言，“什么也得不到”无异于一种巨大的损失。前景理论无法应对这种情况，因为在结果（这里是指“什么都得不到”）出现的可能性很小或另外一种选择很有价值时，前景理论是不会允许这种结果的价值发生改变的。简而言之，前景理论无法应对令人失望的事。失望和对失望的预感都是真实的感觉，而人们不能承认这种感觉的情形，正好印证了我在批判伯努利理论时提出的那些反例。

前景理论和效用理论没有给我们留下回旋的余地。这两种理论的共同假设是，一个选择中的可用选项是被单独和独立评估的，并且是选择价值最高的选项。这种假设显然是错的，请看下面的例子。

> 问题 6：选择有 90% 的机会赢得 100 万美元，还是选择肯定会得到 50 美元？
>
> 问题 7：选择有 90% 的机会赢得 100 万美元，或者选择肯定会得到 15 万美元？

请比较一下在两种情况下选择赌一把却赢不了的痛苦孰大孰小。在两种情况下，不能赢都会带来失望，但在问题 7 中，潜在的痛苦是多重的，因为如果选择赌一把又输了，你会后悔自己"贪婪的"决定，后悔放弃了拿到 15 万美元的机会，后悔这种体验依赖于你本应该采取却没有采取的意见。

有些经济学家和心理学家基于后悔和失望的情感提出了决策制定的模式。如果说这些模式没有前景理论那样有影响力，那么也是说得通的，且其中的原因也很有启示意义。后悔和失望的情感是真实的，做出决策的人在做决策时当然能预测到这些情感。问题是后悔理论会产生一些惊人的预言，使得前景理论中这些情绪的作用变弱，这也使问题变简单了。前景理论的复杂度在与期望效用理论进行对比时容易被大家接受，因为它确实预言了期望效用理论无法解释的一些现象。

更丰富且更切实际的假设还不足以使一种理论获得成功。科学家把理论作为工具，但他们很难接受新的工具，除非这个新工具非常有用。前景理论为众多学者所接受不是因为它是"真实的"，而是因为它在效用理论的基础上增加了一些概念，比如参照点和损失厌恶等，这些都值得大家花费时间和精力去研究。它们产生的新预测最后被证实都是真实的。所以说，我们很幸运。

示例——前景理论

他是损失厌恶的典型例子，因而他连非常有利的机会都拒绝了。

她非常有钱，因而她对微不足道的所得反应那么强烈着实让人费解。

他把损失看得比所得要重一倍。不过这也很正常。

第 27 章

禀赋效应[1]

即使没学过经济学课程，你可能也看过图 11 或与之类似的图形。这个图形展示了面对两种好处（收入和休假时间）时，不同的人表现出的“无差异曲线图”。[1]

在经济学入门课程中，学生们会了解到：图中每一个点都代表了收入与休假天数的特殊结合。每条“无差异曲线”都与两种情况的结合相关联，收入和休假都是大家想要的，都有同样的效

1. 禀赋效应是指个人一旦拥有某个物品，他对该物品价值的评价就会比未拥有之前大大提高。——译者注

用。人们如果不管自己有多少收入、有多少休假时间，只想以同样的价格“出卖”休假时间以换取更多收入，这些曲线就会变成平行的直线。凸出的部分表明边际效用递减，即你的休假天数越多，就越不会在意自己是否还想多休息一天，而且每多一天，这一天的意义就比前一天更小。同样，你的收入越高，就越不关心自己是否会额外再得到一美元，而且为换取一天的额外休假，你愿意放弃的钱数也会有所增加。

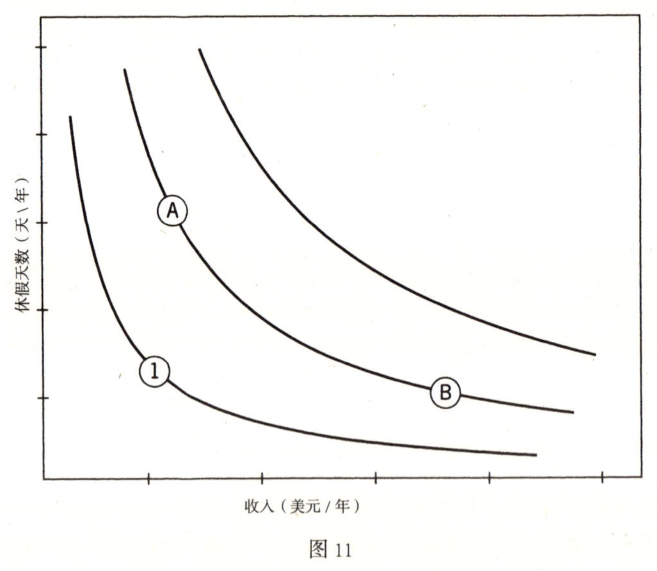

图 11

每条“无差异曲线”上所有的位置都同样吸引人，这也是“无差异”三个字的真实体现：你并不在意自己到底处在“无差异曲线”上的哪个位置。所以，如果 A 和 B 都在你的无差异曲线上，你对它们的位置并不在意，而且不需要刻意在两点之间来回移动。在过去100年里出版的所有经济学教科书中都出现过这个图的不同版本，数百万学生都仔细研究过这个曲线图，却很少有人注意到图中缺失了什么。理论模式的影响和简洁再一次蒙蔽了这些学生和学者，使得他们没有看到这个曲线图的严重缺陷。

图中缺失的是对个人当前收入和休假天数的标示。如果你是个雇员，劳动待遇便说明了你应得的薪水和休假日，这在图中也有对应的点。这个点就是你的参照点、你的现状，但图中并没有显示这个点。画这个图的那些理论家没能展示出这一点，所以你便相信参照点并不重要，但现在你知道参照点是很重要的。这又是一个不折不扣的伯努利式错误。无差异曲线的表现含蓄地给出了假设，即所有时间点的效用完全是由当前的情况决定的，与过往毫不相干，而且你对一项可能的工作的评估并不依赖于自己当前的工作待遇。在这种情形以及其他许多情形下，这些假设完全是不切实际的。

忽略无差异曲线图中的参照点这一做法正好印证了由理论导致的盲目性，堪称一个令人惊讶的案例，因为我们常碰到一些参照点非常重要的案例。在劳资谈判中，双方都清楚其参照点是现行合同，而且谈判关注的是就参照点做出让步时双方的共同要求是什么。在讨价还价时，损失厌恶的作用也很容易理解：做出让步让人很痛心。你对参照点的作用肯定有很深刻的亲身感受。如果你曾换过工作或职位，哪怕是想过要换一换，你也会以自己现在的情况为参照点，看看新的工作和职位的特点是更好了还是更差了。你也许还会注意到，在评估中不利之处比有利之处更突出，这说明损失厌恶发生了作用。人们很难接受比原来还糟糕的改变。例如，想要得到新工作的失业人员能接受的最低工资平均来看是其之前工作的 90%，在一年的时间内下降不到 10%。

为了弄明白参照点对选择的影响，请看艾伯特和本这两位的例子，他们是“快乐双胞胎”，有相同的品位，第一份工作也是一样的，这份工作工资低、假期短。他们当前的状况和图 11 中点 1 的情况相同。公司给他们提供了两个更好的位置 A 和 B，并让他们自己选择谁要 1 万美元的加薪（位置 A），谁要每月带薪休假一天的机会（位置 B）。由于他们两人对这两种选择都无所谓，便用抛硬币的方式来决定。于是艾伯特获得了加薪机会，而本得到了额外的每月一天带薪假期。一段时间过后，这对儿双胞胎习惯了各自的位置。现在公司告诉他们，如果他们愿意，可以互换位置。

图 11 体现的标准理论给出的假设为：人们的选择偏好很稳定，不会随时间的推移发生改变。位置 A 和 B 对这对儿双胞胎来说具有相同的吸引力，而且他们几乎没有或者根本就不会产生想要改变的想法。前景理论的断言则截然相反，该理论认为，两人肯定会留在自己当前位置是因为他们想规避损失。

现在让我们来看看艾伯特。他刚开始在图中的位置 1，在那个参照点上，他发现了两个同样吸引人的选择：

选择 A：加薪 1 万美元

或者

选择 B：得到 12 天的额外假期

选择位置 A 改变了艾伯特的参照点，当他想要换到位置 B 时，他又有了新的选择：

停留在 A 点上：无所得也不损失

或者

换到 B 点：获得 12 天的额外假期，少赚 1 万美元

你刚刚对损失厌恶有过主观体验，能感受到：少赚 1 万美元是个非常糟糕的消息。即使获得 12 天额外假期和得到 1 万美元同样令人惊喜，多出来的假期也不足以补偿损失的 1 万美元。艾伯特之所以会留在 A 点上，是因为移动的不利之处大于有利之处。对本来说同样如此，他也想保住自己当前的职位，因为失去眼前宝贵的假期比损失额外的收入更划不来。

这个例子凸显了“无差异曲线”的标准模式没有预见到的选择的两个方面。第一，人们的偏好并不是一成不变的，它们会随着参照点发生变化。第二，改变的不利之处比有利之处更突出，其有利之处包括对倾向于现状的偏见。当然，损失厌恶并不是说你从未想过要改变自己的处境，一次机会带来的益处也许会超过甚至大大超过损失。损失厌恶只能表明我们的选择总是强烈偏向趋近参照情形的选项（而且通常情况下会偏向较小而不是较大的改变）。

传统的无差异曲线和伯努利用财富状态来表示结果的做法有一个共同的错误假设，即拟定各项事务状态的效用只依赖于该状态本身，并不受你过往的影响。对这一错误的修正已经成为行为经济学的成就之一。

关于禀赋效应

一项决策何时付诸实施或一项行动何时开始，这个问题通常

很难回答，但我们可以准确而详尽地追溯今天所说的行为经济学的发端。20 世纪 70 年代早期，罗切斯特大学的经济学系还非常保守，理查德·塞勒当时还是那里的研究生，他那时就有一些异端想法。塞勒总是很睿智，言辞犀利，作为学生，他常常乐于观察记录别人的行为，而这些行为只有理性经济行为模式才可以解释。他也很乐于在教自己的那拨教授身上发现他们理财不合理的情况，他发现有一种情况尤其突出。

R 教授（现在已被证实是理查德·罗塞特，他后来成为芝加哥大学商学院的院长）对标准经济理论深信不疑，还对葡萄酒难以割舍。塞勒发现 R 教授非常不愿意卖掉自己收藏的葡萄酒，即使对方出价高达 100 美元（当时可是 1975 年）一瓶也不行。R 教授也会从拍卖会上买葡萄酒，但无论质量如何，他出价从不会高过 35 美元一瓶。若价格为 35~100 美元，他就既不买也不卖。这个巨大的价格差在经济理论上看是相互矛盾的，人们希望这位教授能在这个价格区间为某瓶酒定一个值。如果在他看来某瓶酒值 50 美元，那么只要出价超过 50 美元，他就应该卖掉它；如果这瓶酒本来不是他的，那么他也应该愿意花 50 美元买下它。这个可以接受的卖价和可以接受的买价应该相同，但事实上，最低卖价（100 美元）比最高买价（35 美元）高出很多，拥有这件物品似乎会提升它的价值。

理查德·塞勒发现了很多禀赋效应的例子，那些没有被用作定期交易的商品尤其会出现这一效应。你很容易就可以想象自己处于一个类似的情景中。假设你手里有一张票已售罄的演唱会门票，这是一个著名乐队的演唱会。这张票你是以 200 美元的价格买下的，而你又是个狂热的粉丝，即便是以 500 美元买下这张票，你也愿意。后来你从互联网上看到有更有钱或更狂热的粉丝愿意花 3 000 美元买下门票。你现在手里有票，你愿意卖吗？如果像票已售罄的各种重大活动中的大多数观众一样，你就不会卖。你的最低卖价也要在 3 000 美元之上，而你的最高买价只是 500 美元。这就是禀赋效应的一个例子，而一个坚信标准经济理论的人会对此感到迷惑。塞勒当时正在寻求一种解释来破解这类难题。

塞勒在一次会议上遇到了我们以前的学生并拿到了前景理论的早期手稿，这才使上述难题得到破解。他说他非常激动地读完了这份手稿，因为他很快就意识到，前景理论中的损失厌恶能够对禀赋效应和其他一些难题做出解释，其解决方法就是摒弃标准理论，即 R 教授“拥有”某瓶特定葡萄酒的状态具有独特的效用。前景理论表明，是愿意买还是愿意卖这瓶酒取决于参照点，即教授当时是否拥有这瓶酒。如果拥有这瓶酒，他就会考虑“放弃”这瓶酒时的痛苦；如果还没拥有这瓶酒，那他考虑的就是“得到”这瓶酒的乐趣。因为存在损失厌恶，所以两者的价值并不相等，即放弃一瓶好酒的痛苦比得到同一瓶酒的快乐更深刻。我们可以回想一下前一章那幅得失图。对称轴左侧的函数曲线更陡，人们对损失的反应比对相应的所得的反应更强烈。这正是塞勒一直在寻找的对禀赋效应的解释。在今天看来，应用前景理论来解决经济难题的做法应该算是行为经济学发展过程中的里程碑式事件了。

在塞勒得知阿莫斯和我将会到斯坦福大学工作时，他也计划在那里待上一年。这段时间我们都收获颇丰，我们相互学到了很多知识，也成了好朋友。7 年后，我和塞勒又有机会在一起工作一年，继续就心理学和经济学中的问题进行交流。长期以来，一直作为行为经济学主要赞助方的拉塞尔·塞齐基金会拨给塞勒一笔钱，目的是让我们俩能在温哥华共事一年。在这一年里，我们和当地的一位经济学家杰克·尼奇密切合作，他和我们一样，都对禀赋效应、经济公平原则和中国的辛辣食品很感兴趣。

我们调查研究的起点是禀赋效应并不具有普遍性。如果有人想让你把面值5美元的钞票换成5张1美元的零钞，你递过去5张1美元纸钞时不会有损失感。在商店买鞋时你也不会有损失厌恶，卖鞋赚钱的商人当然也不会感到有什么损失。的确，从他的角度来看，递出去的鞋一直就是钱的代表，钱正是他想要从顾客那里拿来的东西。此外，你付给商家钱也不会感到是种损失，因为你把钱视为你想要买的鞋的代表。这些日常交易与把面值5美元的钞票换成零钞有相同之处。日常交易中的双方都不存在损失厌恶。

上述这些市场交易与R教授不情愿出售自己的葡萄酒有什么区别？这与那些持有超级碗门票，即便有人出一个非常高的价格也不愿转让的人又有什么区别？这一区别性特征就是，商家要卖给你的鞋和你从预算中拿出来的买鞋钱都是用来“做交换”的。人们想用它们来交易以换取其他商品。其他商品，比如葡萄酒和超级碗的门票，都是拿来“使用”的，或者都是用于消费或享受的。你的闲暇时光和收入也都不是用来出售或交换的。

尼奇、塞勒和我打算设计一个实验来表明用来使用的商品和用来交换的商品之间的不同。我们实验设计的部分内容借鉴了实验经济学的奠基人弗农·史密斯的做法，多年以后，我和他共同获得了诺贝尔经济学奖。利用这种做法，在某个“市场”中，我们向受试者发放了少量代币。当实验结束时，所有手里还有代币的受试者可以将其兑换成现金。为了体现市场中用来交易的商品对某些人来说比对其他人更有价值，不同的人得到的补偿价值不同。同样的代币对你来说可能值 10 美元，对我来说却价值 20 美元，在这两种价值之间以任何一种价格进行交换对我们双方而言都是有利的。

史密斯对供求的基本机制进行了生动的展示。个人会对买卖代币给出连续的公开报价，其他人会对报价做出快速回应。每个人都会关注这些交易，会看到代币的成交价。这些结果和一项物理学实证研究的结果一样合乎规范。那些代币持有者（代币于他们而言价值微乎其微，因为它们的补偿价值很低）为获利最终会将自己的代币卖给某个对代币估值更高的人，这种交易就好比水往低处流那样必然会发生。交易结束后，所有代币都集中到那些能从实验人员那儿拿到最多钱的受试者手中。市场魔力显神威！此外，经济理论还对市场平稳时的最终价格和转手的代币数量做出了正确预测。如果实验人员将这些代币随机分配给市场中的半数受试者，这个理论就会预测有半数代币会被转手。

我们在实验中用到了史密斯方法的一个变量。每一次实验开始时都会进行几轮代币交易，这种做法完美重现了史密斯的发现。实验预计的交易数量与利用标准理论预测的数量非常接近，甚至完全相同。当然，代币之所以有价值，只是因为它们能用来交换实验人员的现金，它们没有任何使用价值。随后我们又模拟了一个相似的市场，目的是想让人们关注使用价值：一个好看的咖啡杯，杯子上印有大学校徽，我们在哪所大学做实验，杯子上就印着哪所大学的校徽。这个杯子当时价值 6 美元（今天这个杯子的价值可能是当时价值的两倍了吧）。我们随机将这些杯子发放给半数受试者。卖方将自己的杯子摆在面前，却热情地让买方去看旁边卖家的杯子；所有杯子都明码标价。要想得到一个杯子，买方必须自己花钱去买。实验结果很有戏剧性：平均卖价接近平均买价的两倍，而且实验预计的交易数量还不到利用标准理论预测数量的一半。市场的魔力对于那些想使用某件商品的所有者（卖家）而言根本就不起作用。

我们用同一过程的不同变体进行了一系列实验，总是得到相同的结果。在我最喜欢的一项实验中，我们在"买方"和"卖方"之外加入了第三个小组——"选择者"。与那些不得不花自己的钱买东西的"买方"不同，"选择者"可选择是接受一个杯子还是一笔钱，而且他们的选择表明，那笔钱和得到那样东西一样吸引人。下面就是实验结果：

卖方	7.12 美元
选择者	3.12 美元
买方	2.87 美元

"卖方"和"选择者"之间的差距很大，因为他们实际上面对的是同一种选择！如果你是"卖方"，你能拿回家的要么是一个杯子要么是钱；而如果你是个"选择者"，也有完全相同的两个选项。这个决定的长期效应对于两组人来说是完全相同的，唯一不同的是当时的情绪。卖方标注的高价反映出他们在放弃自己已经拥有的物品时很不情愿，这种不情愿与婴儿在自己特别看重的某件玩具被拿走时表现出的焦虑一样。损失厌恶是系统 1 自主评估必然包含的内容。

尽管“买方”只能花钱买杯子，而“选择者”却可以免费得到这个杯子，但两者设定了相似的现金值。如果“买方”不觉得花钱买下这个杯子是种损失，那么这个相似的现金值便与我们的预期吻合。大脑成像的证据也证实了这种不同。出售自己常用的商品会激活大脑中与厌恶和痛苦有关的区域，购买行为也会激活这些区域，但只有在（买方）认为价钱太高，即当你觉得卖方的要价超过了交换价值时才会这样。大脑记录还表明，以特别低的价格购买商品是件令人愉快的事。

“卖方”给杯子设定的现金价值比“选择者”和“买方”设定的高出两倍多，这个比例与有风险选择的损失厌恶系数非常接近，不管决策是否有风险，只要运用赚钱和赔钱两种结果中相同的价值功能 / 函数，我们就能预测到这个比例。不同经济领域的研究都出现过大约 2：1 的比例，包括许多家庭对价格变动的反应。正如经济学家预测的那样，在价格下降时，顾客往往会增加蛋、橙汁或鱼等商品的购买量；而价格上涨时，他们就会减少其购买量。然而，与经济理论预测不同的是，价格上涨的效应（基于参照价格的相对损失）竟然是收益效应的两倍。

杯子实验延续了禀赋效应的标准实证研究，这个实验与杰克·尼奇负责的一项更为简单的实验基本上是同期进行的。尼奇让两个班的学生填写了调查问卷，并且给他们每人一份礼物作为回报，这份礼物在实验期间一直放在受试者面前。其中一个班的学生得到的礼物是昂贵的钢笔，而另外一个班的礼物是一块瑞士巧克力。快下课时，实验人员拿出了另外一份备选礼物，并且告诉学生可以用他们手里的礼物来交换这份礼物。结果只有约 10% 的受试者选择交换礼物，大多数得到钢笔的人仍然保留了钢笔，那些拿到巧克力的人也没有改变自己的选择。

像商人那样思考和交易

前景理论的基本概念是参照点是存在的，而且一定量的损失比等量的所得影响更大。过去这些年，研究人员在真正的市场中进行的观察表明，这些概念有着很强的影响力。在经济衰退期间，对波士顿的公寓大厦市场进行的一项研究调查给出了尤为清晰的结果。参与该项目的人员对那些曾以不同价格购买了相似房产的业主行为进行了对比。对于理性的代理人来说，从前的买价与自己根本就不相干——当前的市场价值才是最重要的。然而对于那些处于住房市场低迷期的业主来说，情况却并非如此。那些参照点较高同时也面临着较大损失的业主对私有住宅的标价更高，他们会花更多的时间尽量以高价卖掉自己的房子，最终得到更多的钱。

对卖价和买价之间（更确切地说，是买卖之间）的不对称性最初进行的实证研究，在人们接受参照点和损失厌恶这些概念的早期发挥了非常重要的作用。然而，我们都知道参照点是不稳定的，在不同寻常的实验环境中尤其如此，而且禀赋效应可通过改变参照点而得以消除。

当那些业主将其商品视为未来交换中的价值载体时，他们就不想看到禀赋效应出现，这种态度在日常商务活动和金融市场上非常普遍。曾通过各种棒球卡大会研究贸易的实验经济学家约翰·李斯特发现，贸易新手不愿割舍自己手中的球员卡，但这种不情愿会随着贸易经验的增多而最终消失。更令人惊讶的是，李斯特发现，就新商品来说，贸易经验对禀赋效应的影响很大。

在某次大会上，李斯特贴出一张通告，邀请人们参与一个小调查，而且他们可以得到一份小礼物，这份小礼物可能是一个咖啡杯或一块同等价值的巧克力。这些礼物是随机分给大家的。在那些自愿参加调查的人即将离开时，李斯特告诉大家："我们给了你一个杯子或一块巧克力，但如果你愿意，你可以用它来换块巧克力或换个杯子。"在完整再现杰克·尼奇的早期实验时，李斯特发现，那些缺乏经验的商人中只有 18% 的人愿意和别人交换礼物。与之形成鲜明对比的是，那些经验丰富的商人并没有表现出任何禀赋效应的迹象：他们中有 48% 的人进行了交易！至少在一个以交易为基准的市场环境中，他们在交易时没有表现出任何不情愿。

杰克·尼奇还做了一些实验，在这些实验中只要进行一些细微的操作就可以使禀赋效应消失。在实验人员提到受试者手头的商品有可能用来交易之前，只有在真正拥有该商品一段时间的前提下，他们才会表现出禀赋效应。经济学家也许会说尼奇和心理学家待在一起的时间太久了，因为他的实验操作表现出对一些变量的关注，而这些变量正是社会心理学家认为很重要的因素。的确，实验经济学家和心理学家对方法论的不同关注点在关于禀赋效应的持续辩论中体现得越来越明显。

经验丰富的商人显然已经学会了正确提问，即"与可以得到的其他东西相比，那个杯子真的是我特别想'得到'的吗"。经济学家会问这个问题，有了这个问题，禀赋效应就不复存在了，因为得到的快乐和放弃的痛苦之间的不对称性没有关联。

对“在贫困境遇中做决策”的心理进行的最新研究表明，我们并没有希望从这些贫困的人的身上发现禀赋效应。在前景理论中，贫困就意味着一个人的生活水平低于自己的参照点。有些商品是穷人买不起的，因此他们总是“处于损失中”。他们会觉得自己得到的那一小笔钱算是减少了的损失，而不是所得。这些钱可以帮助一个人向参照点再靠近一点儿，但穷人却总是徘徊在价值函数坡度最大的地方。

穷人可以像商人那样思考，但其原动力却有着很大的不同。与商人不同，穷人对获得和放弃之间的区别很在意。他们的问题在于，他们只能在不同的损失之间做出选择。花在某件商品上的钱对于本来可以购买的另外一件商品而言就是损失。对于穷人来说，花钱就意味着损失。

我们都认识一些认为花钱很痛苦的人，尽管客观来讲他们其实很富裕。对花钱的态度，尤其是对一时兴起买的东西或者一些较小奢侈品（例如买个有装饰的杯子）的态度，常带有文化差异的因素。这种差异也许可以解释美英两国分别进行的“杯子研究”的结果之间存在的重大分歧。在以美国学生为样本的实验中，买价和卖价存在很大差异；但在英国的学生中，差异要小得多。因此，对禀赋效应的研究还有待深入下去。

示例——禀赋效应

她不在意自己能得到两个职位中的哪一个，但公告发布一天之后，她就不再想换了。这就是禀赋效应！

这些协商不会有任何进展，因为双方都发现很难做出让步，即使自己能得到补偿也不行。损失的比得到的更多。

他们一涨价，需求量就下降。

他只是不想以低于自己买房的价格卖掉自己的房子。损失厌恶起作用了。

他是个吝啬鬼，只要花钱就觉得赔了。

第28章

坏事件

损失厌恶这一概念绝对是心理学对行为经济学最重要的贡献。这很奇怪，因为人们虽然通过这个概念将众多结果评估为得和失，而且损失显得比获得更突出，但这个概念并没有让人们感到惊讶。阿莫斯和我经常开玩笑说，我们正在研究一项连我们的祖母那辈人都耳熟能详的课题。然而事实上，我们比那辈人了解得更多，而且能将损失厌恶与大脑双系统模式相结合进行研究，还特别将一种生理学和心理学观点应用到这些研究中，即相较于积极与靠近而言，消极与规避更能占据主导地位。我们还能通过数量惊人的各种观察研究来探索损失厌恶的结果：当商品在运输中丢失时，只有需现款支付的那部分损失才能得到补偿；大范围的改革通常会失败；职业高尔夫球手短打标准杆比短打小鸟球（高尔夫中某洞的杆数低于标准杆一杆）更精准。就算我的奶奶很有智慧，但如果我们能从她认为平淡无奇的观点中得出精准的预测，她应该也会感到很惊奇。

在看到图 12 左面的图时，你的心跳会加速，也许在你还不清楚那张图有何怪异之处之前，心跳就已经加速了。过了一会儿，你也许就会认出那是双受到惊吓的人的眼睛。右面的图则表达了一种愉悦之感，微笑的脸颊上扬使眼睛变小了——当然这双眼睛还没有达到兴奋的程度。我们把这两幅图展示给躺在脑部扫描仪中的人。每幅图展示的时间都不到 0.02 秒，之后会被“视觉噪声”掩盖，这个“视觉噪声”是随机展示的暗的和亮的方块。这些观看者没有人意识到自己曾看过那幅眼睛的图片，但他们大脑的一个部分显然意识到了，这个部分即杏仁核，尽管它在其他情绪状态下也会被激发起来，但其主要角色是担任大脑的“风险中心”。脑部影像显示，杏仁核对观看者无法识别出来的有威胁性的图片有强烈的反应。关于威胁的感觉很可能是通过一个非常快的神经通道传递的，这种感觉会直接传到大脑处理情感的区域，绕过产生“视觉”意识的视皮质。同样的通道还会使生气的面孔（一种潜在威胁）比快乐的面孔更快、更有效地得到处理。有些实验人员描述道，生气的面孔在众多快乐的面孔中会“凸显出来”，但快乐的面孔在众多生气的面孔中却不会很突出。人类的大脑和其他动物的大脑都包含一种机制，这种机制总会优先考虑不好的消息。将察觉掠食者所需的时间减少百分之几秒，这种做法能提高动物的生存概率，使其得以繁衍生息。系统 1 的自动运行便体现了这种进化史。然而，人们至今尚未找到能够同样快速检测到好消息的机制。当然，我们人类和动物都对交配或进食的信号反应很机敏，因此广告商才会设计许多广告牌。不过，威胁仍然优先于机遇，而且也应该是这样。

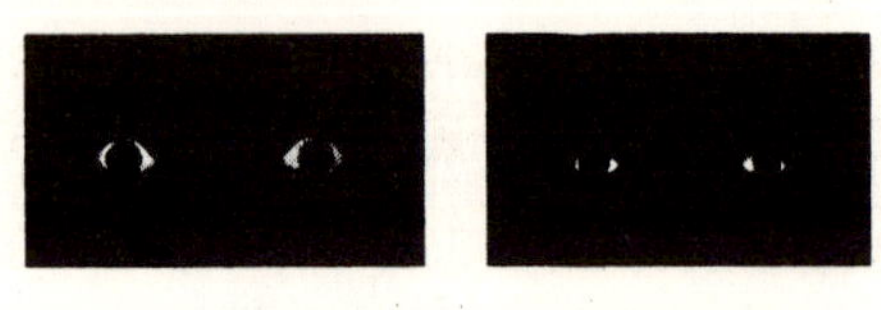

图 12

即使是对纯粹象征性的威胁，大脑的反应也很迅速。充满情绪的字眼会引起注意，而不好的字眼（战争、犯罪）比好的字眼（和平、爱）能更快地引起注意。其实并没有真正的威胁，但只是提一下不好的字眼对系统 1 来说就是一种威胁。之前我们曾提到“呕吐”这个词，只是看到这个词就会自然联想起很多对真实事情的反应，包括生理上的情感流露，甚至有规避或接近、畏缩或向前的趋向。对威胁的敏感性还会延伸到对自己强烈反对的那些意见陈述的处理上。例如，基于你对安乐死的态度，你的大脑用不到 1/4 秒就可以在“我认为安乐死是一种可以 / 不可以接受的……”这句话中识别出“威胁”的意味。

保罗 · 罗津是位对厌恶很有研究的心理学家，他观察到一只蟑螂可使一碗樱桃不再诱人，而一个樱桃对一碗蟑螂却不会起任何作用。他指出，负面情况在众多方面都可战胜正面情况，而且损失厌恶是负面占优势的典型例子之一。其他学者在一篇题为“坏消息比好消息强”的文章中将原因总结为以下几点：“负面情绪、不负责任的父母和糟糕的反馈比好的情况更具影响力，且人们处理坏消息时比处理好消息更彻底，我们会更在意避开负面的自我定义，而不是追求正面的自我定义，不好的印象和不好的模式比好的情况更容易形成，且不易消失。”他们引用了研究婚姻关系的著名专家约翰·戈特曼的话，他观察到长期健康的婚姻关系不仅仅依赖于寻求幸福，更在于避免负面的情况出现。戈特曼预测一种稳健的关系需要良好的互动与不好的互动的比例至少为5∶1。其他社会方面的不协调则更吸引人，我们都知道，也许一件事就会毁掉数年培养的友谊。

我们生来就能对好与坏的某些区别进行分辨。婴儿来到这个世界上，就知道苦是不好的，（某种程度的）甜是好的。然而在很多情况下，好和坏之间的界限是种参照点，这个界限会随着时间的改变而改变，而且依赖于当时的情况。假设你在一个寒冷的晚上来到乡村，适逢大雨，而你身上的衣服又不足以挡雨，浑身都湿透了。不凑巧的是，冷风又起，这下真的是糟糕透顶。就在你不知如何是好时，你发现一大块岩石可以暂时挡风避雨。生物学家米歇尔·卡巴纳克说这种体验会令人非常快乐，因为这种体验与我们平时可能感到快乐的原因相似，都指明了生理状况的重要改善方向。当然，这种感到获救的快乐感不会持续很长时间，不一会儿你就会在岩石后面冻得哆嗦起来。新遭受的痛苦又会驱使你去寻找更好的庇护之所。

目标就是参照点

损失厌恶系数指的是两种动机的相对强度：我们想要规避损

失的动机要强于获得利益的动机。参照点所关注的是现状，但它还会是将来的目标，即没有实现的目标就是种损失，超过了目标就是种所得。正如我们从消极主导中可能推断出来的那样，这两种动机的影响程度并不相同。人们对没能实现目标的损失厌恶比想要超过目标的愿望更强烈。

人们通常会设定一些短期目标，对于这些目标他们会努力去实现，但并不是必须去超越。人们在实现一个最接近的目标后往往不再那么努力，而这样做有时候会违背经济逻辑。例如，纽约市的计程车司机对月收入或年收入有个目标，但能控制他们努力程度的目标是每天的收入目标。当然，每天的目标有时容易实现（或超过），而有时难以实现。下雨天，纽约市的计程车是不会长时间空车的，司机很快就可以实现自己的目标；而在天气晴好时，情况则大不相同，此时那些计程车只能在大街小巷穿梭，希望能载到客人，时间都浪费在路上了。经济逻辑表明，计程车司机应该在下雨天多干几个小时，在晴天时则要多休息，因为在晴天时司机能以较低价格"买"到轻松闲暇。损失厌恶背后的逻辑正相反：每天有固定目标的司机会在客人少的日子多干几个小时，在浑身湿透的客人巴望打到车的日子里，他们却早早回到家里。

宾夕法尼亚大学的经济学家德温·波普和马利斯·施韦泽认为，高尔夫球对参照点给出了很好的说明，即标准杆数。高尔夫球场上每个洞都有许多击球数，标准杆数给好球（而不是相当出色的球）提供了一个基准点。对于职业高尔夫球员来说，小鸟球（即低于标准杆的一击）即所得，而超过标准杆数的球则是种损失。经济学家比较了一个球员在球洞附近时可能会碰到的两种情形。

· 避免击超过标准杆数的球。

· 打出小鸟球。

在打高尔夫时，每一击都算数，职业高尔夫球比赛更是如此。然而依据前景理论，有几次击球要比其他击球更重要。没能达到标准杆是种损失，但没有击中小鸟球则是种可预知的所得，不是损失。波普和施韦泽从损失厌恶中推断出球员击标准球（避免超过标准杆数）时会比击小鸟球时更努力。他们仔细分析了 250 多万次击球以验证这个预测。

他们是正确的。不论击球是易还是难，不管离球洞有多远，球员在击标准球（而不是小鸟球）时会更成功。在击标准球（避免超过标准杆数）或击小鸟球时，他们成功概率的区别是 3.6%。这个区别不算小。老虎伍兹是他们的一个"受试者"。在伍兹成绩最好的那几年里，如果他的小鸟球和标准杆都击得那么好，那么他联赛的平均绩点会提高 1 杆，而且他的收入每个季度都会增加 100 万美元。这些激烈的竞争者当然不会轻视小鸟球，但他们对超过标准杆的规避显然会使他们对当前的任务格外关注。

对击球的研究说明，理论概念的力量可以协助思考。谁会认为花几个月的时间去研究击标准球和小鸟球是值得的呢？除了一些经济学家，大多数人都不会对损失厌恶的概念感到惊讶。但是，损失厌恶形成了一个精确且非直觉性的假设，还引导研究者得出一个让所有人都震惊的发现。当然，这里的所有人也包括职业高尔夫球运动员。

维持现状

避免损失的动机和获得收益的动机强度并不对称，这一点在许多情况下都有体现。在商务谈判中，尤其是在对现有合同的重新商谈中、在典型的劳动商议和在贸易或限制军备的国际谈判中，这种不对称是长期存在的一个特征。现有的条款确定了参照点，协议中任何方面拟定的变更都会被视为一方对另一方做出的让步。损失厌恶会产生一种不对称，使得双方难以达成共识。你对我做出的让步是我的所得，但它们却是你的损失；损失使你产生的痛苦会比它们给我带来的快乐更多。因此，你对这种让步的价值会比我赋予它的价值高。当然，你要求我做出的让步对我来说也会是这样，你对我做出的让步也不会给予足够的价值评价！对越来越小的蛋糕进行商讨非常困难，因为即使损失，也要将其分配出去。人们在蛋糕越来越大时，显得更随和。

在讨价还价时，双方交换的信息都是想找到一个参照点并给对方提供一个锚定。这些信息并不都是真实的。商议双方对有些利益（也许是商谈裁军问题时提到的某一特定类型的导弹）假装很在意，尽管他们实际上是将这种利益看成讨价还价的筹码并最终想要将其交换出去。因为商议双方都受互惠原则的影响，一个看似令人痛心的让步就需要对方做出同样使他们痛心（可能这种痛心也是伪装的）的让步。

所有动物（包括人）都想有所得，但他们会更努力地避免有所失。在这样一个所有动物都想有自己地盘的世界中，这项原则解释了防御者成功的奥秘。一位生物学家观察到，“拥有领地的动物在受到对手的挑战时几乎总会获胜——往往就是几秒的事”。

对于人类来说，同样简单的原则也能解释社会机构的改革问题，公司的“重组”和“调整”行为就是如此，官僚主义的合理化、简化免税代码，以及降低医疗费用等方面的努力同样如此。起初我们认为，在改革计划中，总体的提升会产生赢家和输家。如果受影响的一方有某种政治影响力，那么可能成为输家的人会变得比赢家更积极、更有决心，结果也会更倾向于输家，也一定会比起初计划的代价更高、作用更小。改革通常包括保护利益相关者的不追溯条款，例如以下情形：劳动力减少（退休、辞职、死亡等原因造成的）是由于人员缩减而不是开除；工资或福利的缩减只会在将来的工人身上施行。损失厌恶是一种强大而保守的力量，它偏爱机构或个人对当前生活的细小改变。这种保守主义做派使得我们在邻里间、婚姻中和工作中保持一个稳定的状态，是引力作用让我们的生命无限靠近参照点。

损失厌恶的原理

理查德·塞勒、杰克·尼奇和我一起在温哥华工作的那一年，我们仨对经济交易中的公平性研究产生了兴趣，这不仅是因为我们对这个话题很感兴趣，还因为我们每周都可以（也可以说是必须）制定一份新的调查问卷。加拿大的渔业及海洋部针对多伦多市失业的专业人员制订了一项计划，他们让这些专业人员负责电话调查，并且会支付他们一些薪酬。这一大群调查者每晚都要工作，因而我们也需要不断为他们供应新的调查问卷。由于杰克·尼奇的原因，我们同意每周设计一份调查问卷，用4种颜色印刷。我们什么都可以问，唯一的限定条件是问卷应至少提到一次鱼，这样也好跟渔业及海洋部扯上点儿关系。这项工作进行了几个月，在这几个月里我们疯狂地搜集数据。

是什么造成了商人、雇主以及房主的不公平交易行为？我们研究了公众对这一问题的看法。问卷中的首要问题是：因为这种不公平行为招来的骂名是否会使他们追逐利润的行为有所收敛？我们的发现是：会。而且我们还发现，公众评估哪家公司也许真的（不）会收敛时所依照的道德原则可以明鉴得失。其基本原则是，当前的工资、价格或租金设定了一个参照点，不可违背这个参照点。有些公司将自身的损失强加给顾客或工人，使自己回到交易参照点，这样做是不公平的，除非这样做是为了保护自身的权利。请思考下面的例子：

> 一家五金店一直以 15 美元的价格出售雪铲。某日下了大雪，第二天早上店主就将雪铲的价格提高到了 20 美元。
>
> 你认为这种行为：
>
> 完全公平　可以接受　不公平　很不公平

按标准的经济行为模式来看，这家五金店的行为是公平的：通过提高价格来回应需求的增加。而调查对象却不这么认为，82% 的人选择了不公平或很不公平。他们显然是将大雪前的雪铲价格看成了参照点，而将提升的价格看成店主强加给顾客的损失，这家店并不是不得已才这样做的，只是因为它选择这样做。我们发现公平性的一条基本原则：不可利用市场的力量将损失强加给他人。下面的例子在另一种情境下（因为这些数据是 1984 年搜集的，所以美元的价值应该调至约 100% 的通货膨胀状态）说明了这条原则：

有一家小型复印店，店里只有一位雇员，他在这里工作有6个月了，每小时赚9美元。店里的生意还算景气，但当地一家工厂倒闭了，失业人数上升。现在其他小商店雇用的可靠员工工资都是每小时7美元，工作量和复印店里那位雇员的工作量相似。之后，这家复印店店主也将其雇员的工资降到了7美元。

那些调查对象不赞成这种做法，83%的人觉得这种行为不公平或很不公平。然而，略微变动一下这个问题就可以澄清雇主的责任。同样是在高失业率的地区，同样是一家赢利的商店，但情况是：

现在的雇员辞职了，雇主决定支付新的雇员每小时7美元的工资。

大多数人（73%）觉得这种行为是可以接受的。这表明雇主并没有支付每小时9美元的道德义务。这种权利是个人的：即使市场允许雇主降低工资，雇员也有权利维持自己的工资。新雇员没有权利以之前雇员的工资做参考，因而雇主可以降低其工资，这样做不应该被视为不公平。

这家公司有其自身的权利，即保持当前的收益。如果该公司面临损失的危险，也可以将损失转嫁给别人。大多数调查对象认为，在收益下降时降低工资是不公平的。我们称这种原则是公司和与公司有关联的个人之间的典型双向权利。当受到威胁时，公司的自私行为可被视为公平行为。人们甚至认为这家公司连部分损失也不必承担，它完全可以将这种损失转嫁给个人。

不同的原则制约着公司追求利益或避免利益损失的行为。当公司生产成本低时，公平性原则就不会限制公司将财富分给顾客或雇员。当然，若公司分摊赢利，我们的调查对象就会更喜欢这家公司，并觉得这家公司更公平；若不分摊，他们也不会认为该公司做法失当。他们只会在公司利用其权力违背与雇员或顾客间的非正式合同时，或者在公司为自身赢利而将损失强加给别人时才会表现出愤怒。研究经济公平性的学生不应该去评判公司最应该采取的举措，而应该找到区分遭人厌恶、应得到惩罚的行为和可接受的行为之间的分界线。

在把这篇研究报告提交给《美国经济评论》时，我们当时并不是很乐观。我们的文章是对当时经济学家公认的知识的挑战，即经济行为是受自身利益驱使的，而与是否公平无关。我们的研究依赖于调查结果，而经济学家对此并无多大兴趣。杂志的编辑把我们的文章送给两位经济学家评估，这两位经济学家并没有受到传统观念的束缚（我们后来才知道他们的身份，他们是编辑能找到的最和善的人了）。编辑的做法是明智的。这篇文章如今常被引用，而且其结论也经受住了时间的考验。最近有很多研究都支持这个以参照点为基础的公平性实验的结果，而且这些研究还表明，公平性在经济学中是很重要的，关于这一点我们过去曾经怀疑过，但没有得到验证。违背了公平原则的雇主会受到生产力下降的惩罚，标价不合理的商人也会失去一部分销售市场。当人们从一个新的目录中了解到，他们最近以较高价格购买的商品现在要价更低时，他们未来从这家供应商购买的商品会减少 15%，即每位顾客都会分摊到 90 美元的损失。顾客显然将低价位视为参照点，而且由于多付了钱，他们会认为自己遭受了损失。此外，反应最强烈的顾客是那些以较高价钱买了更多商品的人，这些损失远远超过了由于新目录中较低的价格而增加的购买量所带来的收益。

如果认为自己遭遇了不公平想反抗，那么这种将损失强加给别人的行为就会有风险。实验表明，不公平行为的旁观者也常会被卷入惩罚。神经经济学家（将经济学和大脑研究联系起来进行研究的科学家）使用磁共振成像检测了一些人的大脑，这些人惩罚了某人对他人做出的不公平行为。令人惊讶的是，利他惩罚会伴有大脑"快乐中心"的活动加强的情形。这表明，保持社会秩序和公平原则的做法会通过利他惩罚而得到回报。利他惩罚能将这个社会凝聚到一起。然而，我们的大脑在奖赏无私慷慨行为时不能像在惩罚自私吝啬行为时那样实在。我们在这里又发现了得失间的不对称。

损失厌恶和权利的影响远不只存在于金融交易领域。法官很快就能看出它们对法律和司法行政的影响。在一项研究中，戴维·科恩（David Cohen）和杰克·尼奇发现，在法律决策中真正的损失和可预测的所得之间有着明显区别。例如，在运输中丢失货物的商人可得到实际损失的赔偿，但损失的利润却不可能得到补偿。90% 的财产起诉存有的相似原则也证实了参照点的道德地位。在近期的一场讨论中，埃亚尔·扎米尔提出了一个颇具挑衅性的论点，即法律对挽回损失和补偿失去的所得之间的区分，也许可以凭借其对个人幸福的不对称影响使自身行为的合理化。如果遭受损失的人比没能赢利的人遭受更大的损失，他们也许应该得到更多的法律保护。

示例——损失问题

这项改革肯定无法通过。那些必然受损的人会比那些必然获利的人更强烈地反对这种做法。

他们都认为对方做出让步时不会感到痛心。当然，他们都错了。这正是损失的不对称性的表现。

他们如果觉得利益的蛋糕的确在变大，就会发现再次商议更容易。因为他们不是在分配损失，而是在分配所得。

这儿的租赁价格直线上涨，但房客认为我们不应该提高租金。他们觉得自己有权利享受当前的利益。

我们的客户对价格上涨并无抱怨，因为他们知道我们的成本也上涨了。他们尊重我赢利的权利。

第 29 章

四重模式

对于你要买的汽车、你的女婿或者不确定的形势这样复杂的对象，你会形成一个总体评估，而在做这个评估时，你会对这个对象的特征进行加权处理。这么说有些烦琐，简单来讲就是，某些特征比其他特征更容易对你的评估产生影响。当这种加权发生时你可能意识不到，这是系统 1 在起作用。评估一辆车多少会对其燃油情况、舒适程度或外观等进行加权。评估女婿也多少会考虑他的经济状况、相貌或是否可靠等。同样，对于不确定形势的评估也会对其可能出现的结果进行加权。在加权时，你肯定会考虑到这些结果的可能性：有 50% 的概率赢得 100 万美元当然要比只有1%的概率更吸引人。加权有时是有意识的，有时是经过深思熟虑的。然而，在大多情况下，这些总体评估都是由系统1做出的。

改变概率

在研究决策制定时，我们以打赌为例，效果不错，其中一个原因是打赌是对预期结果加权的一种很自然的方式：结果的可能性越大，越应该受到关注。一个赌局的预期值即为其结果的平均值，而每个结果又要靠其可能性来加权。例如，如果"有20%的概率赢得1 000美元和有75%的概率赢得100美元"，这种情况的预期值就是275美元。在伯努利开始研究前，赌注是以其预期值加以评估的。伯努利也使用这一方法对结果进行加权，人们将这一方法称为预期原理，却将其应用到研究结果的心理价值中去了。在伯努利理论中，打赌的效用是其结果效用的平均值，每个结果都是通过其可能性来加权的。

预期原理没有正确地描述你对有风险的可能性是怎么想的。若在以下4种情况中，得到100万美元的概率都提升了5%，你认为这个消息给人的感觉是一样的吗？

A. 从零提升到5%。

B. 从5%提升到10%。

C. 从60%提升到65%。

D. 从95%提升到100%。

依据预期原理，每种情况你得到100万美元的效用都提升了

5%。但这么说与你的经验相符吗？当然不相符。

大家都知道：从零提升到 5% 和从 95% 提升到 100% 要比从 5% 提升到 10% 或从 60% 提升到 65% 更具诱惑力。从零提升到 5% 意味着情况完全转变，从无到有，产生了赢得奖金的希望，这是一种实质性的改变；而从 5% 到 10% 只是一种数量上的提升，是将赢得奖金的可能性翻倍，但这种情况下的心理价值并没有翻倍；从零到 5% 的巨大转变表明了“可能性效应”，这一效应会使我们高估那些可能性极低的结果的发生频率。大量买彩票的人表明，他们愿意花超出预期价值的钱来换取赢得大奖的渺茫机会。

从 95% 提升到 100% 是另一种实质性改变，也会产生巨大的影响，是“确定性效应”。那些几乎可以确定会出现的结果受到的重视程度要小于其理应受到的重视程度。为了更好地理解确定性效应，假设你继承了 100 万美元，但你那同母异父的妹妹不甘心，在法庭上质疑这份遗嘱。判决结果第二天就会出来，你的律师向你保证你赢得官司的概率很大，有 95%，但他又煞费苦心地提醒你，法律判决并不都是尽如人意的。现在，有个风险调整（校正）公司找到了你，想立即以 91 万美元与你交易，接不接受是你的事。公司的报价比等待判决的预期价值（95 万美元）要少（少了 4 万美元），但你确定你会拒绝这个提议吗？如果这样的事在你的生活中确确实实发生了，你应该知道“结构性和解”[1] 这个大产业是以不菲的价格来提供保障的，他们充分利用了确定

1. 结构性和解，又称结合式和解，是有关赔偿金和解的一种，被告同意在受害原告的有生之年向其分期支付赔偿金。一般包括首期一次支付的赔偿金和将来以年金方式分期支付的赔偿金。该术语为金融或保险业术语。——译者注

性效应。

可能性和确定性在损失研究方面具有同样强大的效应。当心爱的人被推进手术室时，即使截肢的可能性只有5%，这也是个噩耗——这个5%的风险带来的痛苦要远大于10%的可能性带来的痛苦的一半。这是由于可能性效应，即我们往往看重轻风险，更愿意花比预期价值更多的钱将其排除掉。在可能性效应中，有95%的可能性会遭受灾难和必然会遭受灾难两者间的心理差别甚至更大；虽然“一切都会没事的”这样的希望很渺茫，但人们总是将这种希望无限放大。过于看重很小的概率，这使得风险和保险政策更具诱惑力。

结论很明显，与预期原理相反，人们对结果的重视程度和对结果可能性的重视程度不同。可能性效应会重视不大可能的结果，而几乎肯定的结果相对于确定的结果来说，受到的重视程度要小。预期原理通过可能性来判定价值，这是一种不可取的心理。

然而这个问题越来越复杂，因为有个有力的论点指出：想变得理性的决策制定者“一定”要遵从预期原理。这也是冯·诺依曼和摩根斯坦在1944年提出的公理版效用理论的主要观点。冯·诺依曼和摩根斯坦指出，有些不确定结果与可能性并不相符，对这些结果的加权会导致不一致性和其他恶果。他们由理性选择的公理推出的期望效用理论当时立即就被视为一项重大成果，也使得期望效用理论成为经济和其他社会科学理性模式的核心内容。30年后，阿莫斯带着一种敬畏把他们的研究介绍给我，当时他还向我介绍了一项针对这个理论的著名挑战。

阿莱悖论

1952 年，即冯·诺依曼和摩根斯坦的效用理论发表几年后，在巴黎召开的一次大会讨论了风险经济学的问题。当时很多著名的经济学家都参加了这次会议。来自美国的与会者包括了后来的诺贝尔奖得主保罗·萨缪尔森、肯尼斯·阿罗、米尔顿·弗里德曼和统计学界的带头人吉米·萨维奇等人。

巴黎大会的一位组织人莫里斯·阿莱几年后也获得了诺贝尔奖。阿莱准备了几个关于选择的问题来问与会嘉宾。那次大会与本章内容相关的问题就是，阿莱想要表明那些嘉宾容易受确定性效应的影响，因此才违背了期望效用理论和该理论所依据的理性选择的公理。以下的一套选择是对阿莱构建的难题的简单表示。在问题 A 和问题 B 中，你会选择哪一个？

A. 61% 的概率赢得 52 万美元或者 63% 的概率赢得 50 万美元

B. 98% 的概率赢得 52 万美元或者 100% 的概率赢得 50 万美元

如果你和其他人一样，便会在问题 A 中偏向前面的选项，在问题 B 中偏向后面的选项。如果你的确是这样选择的，就说明你犯了逻辑上的错误，并且违背了理性选择的原则。这些齐聚巴黎的著名经济学家在“阿莱悖论”中也犯了同样的错误。

为了弄明白为什么这些选择有问题，我们可以将其看成从罐子里随意抓取弹珠的游戏，若罐子里装有 100 颗弹珠，抽到红色的弹珠就算赢，抽到白色的就算输。在问题 A 中，几乎所有人都偏向于前面的选项，我们可以将其看成左边的罐子，即使里面所含的红弹珠少，赢的概率小，但奖品的大小也比赢得奖品的概率更吸引人。在问题 B 中，大多数人都选择能确保得 50 万美元的那个罐子。且人们对自己做的两个选择（即问题 A 选左边，问题 B 选右边）都感到很满意，不过在了解了问题背后的逻辑之后，他们就不这么认为了。

比较一下这两个问题，你会发现，问题 B 中的两个罐子比问题 A 中的两个罐子更具吸引力，因为问题 B 的两个罐子中有 37 个白球被替换成能赢的红球了。左边那个罐子的改进明显比右边的大，因为左边罐子中的每个红球都有使你赢得 52 万美元的机会，而选右边的罐子你只能赢得 50 万美元。你本该对左边的罐子感兴趣，毕竟这个罐子做了改进，情况比右边的好，但是，现在你喜欢的却是右边的！这个选择的模式没有什么逻辑意义，却可以从心理上做出解释：确定性效应起了作用。在问题 B 中，100% 的概率和 98% 的概率之间虽然就差两个百分点，但相较于问题 A 中 63% 和 61% 之间相差的两个百分点来说，这个差距的影响要大得多。

正如阿莱预测的那样，那些经验老到的与会者并没有注意到自己的偏向已经违反了效用理论，直到大会快结束了他们才注意到这个事实。阿莱本想向外界公布这个情况，制造一条爆炸性新闻：那些世界上顶尖的决策理论学家也存在偏好，这种偏好和他们自己对理性的见解完全背道而驰！阿莱显然相信众位来宾会接受劝说，放弃那种被他蔑称为“美国式”的分析方法，转而采取另一种由他提出的选择逻辑。不过，当时的情况令他极为失望。

那些对决策理论不是很热衷的经济学家大都忽视了阿莱提到

的问题。当某个为人们广泛采纳并被认为非常有用的理论遭到挑战时，类似的情况就会出现：他们将阿莱提出的这个问题视为非常规问题，仍旧使用期望效用理论来解决这一问题，就像什么事都没发生一样。相反，那些决策理论专家——包括统计学家、经济学家、哲学家和心理学家等各路高人在内——对阿莱的挑战却非常重视。在阿莫斯和我开始我们的工作时，我们的初衷就是对阿莱悖论给出令人满意的心理学解释。

大多数决策理论家——当然也包括阿莱在内——坚定地相信人类的理性，他们还试图改变理性选择的规则以使阿莱模式可以为人们所接受。在过去这些年中，他们为找到一个似乎合理的理由来解释确定性效用，一直在进行各种各样的尝试，但所有的理由都无法令人信服。阿莫斯对这些人的努力几乎失去了耐心，他将那些试图使违背效用理论做法合理化的理论家称为“为举措失当的人辩护的律师”。我们没有步他们的后尘。我们将效用理论视为理性选择的逻辑基础，但并不认为人们都是非常棒的理性选择者。我们承担了一项建立一种心理学理论的任务，不管人们做出的选择是否理性，这一理论都要能够对其进行描述。在前景理论中，决策的权重和可能性的权重不可同日而语。

决策权重

在我们发表前景理论多年以后，阿莫斯和我进行了一项研究，在这项研究中，我们衡量了决策权重，这个权重解释了人们在打赌时为什么会选择保守的赌注。表 4 显示的是对所得的评估信息。

表 4

可能性（%）	0	1	2	5	10	20	50	80	90	95	98	99	100
决策权重	0	5.5	8.1	13.2	18.6	26.1	42.1	60.1	71.2	79.3	87.1	91.2	100

你会发现，在极端情况下，决策权重和相应的可能性是相同的：当结果不可能出现时，两者都是零；当结果肯定会出现时，两者都是 100。但是，在这些点附近，决策权重却明显与可能性拉开了距离。在距离最远处，我们发现了可能性效应：不可能出现的事往往受到重视。例如，相对于可能性为 2% 的决策权重是 8.1。如果人们遵从理性选择的公理，决策权重将会是 2——罕见事件被过分看重了。因此对罕见事件偏重的程度增加了 4 倍。可能性范围右端的确定性效应更显著。“无法”得奖的 2% 的风险使得风险效用从 100 降低到 87.1，降低了 13%。

想要理解可能性效应和确定性效应之间的不对称性，先假设你有 1% 的概率能赢得 100 万美元，明天就会揭晓结果。现在，再假设你几乎确定自己能赢得 100 万美元，但还是有 1% 的可能性赢不了，同样是明天揭晓结果。第二种情况的焦虑情绪显然比第一种情况的期望心理更明显。如果结果是手术失败而不是钱财得失，确定性效应就要比可能性效应更显著。与对 1% 的风险的担忧相比，你对一项成功希望渺茫的手术（这项手术几乎可以确定会致命）的关注程度又如何呢？

在可能性变化范围的两端，确定性效应和可能性效应的双重作用不可避免地会伴随着对中间概率不够敏感的情形的出现。从上表可以看出，5% 到 95% 之间的可能性和范围更小的决策权重（从 13.2 到 79.3）之间密切相关，约占理性期望的 2/3。神经科学家已经证实了这些观察结果，发现了对得奖可能性的不同变化做出反应的大脑区域。大脑对可能性变化的反应和从选择中估测出来的决策权重惊人地相似。

极小或极大的可能性（低于 1% 或高于 99%）都是特殊情况。对极罕见的情况进行加权是很难的，因为这些情况常常会被彻底忽视，事实上人们赋予它们的决策权重为零。另一方面，在没有忽视这些罕见的情况时，你肯定又会过于重视它们。大多数人很少有时间去关心核泄漏问题，也几乎不会幻想从素未谋面的亲戚那里继承到大笔遗产。然而，当不大可能出现的事情成为关注的焦点时，我们对它的重视程度就要超过其本身出现的概率应该引起的关注度。此外，人们对于可能性较小的各种风险几乎完全是迟钝的。人们很难说出 0.001% 的癌症风险与 0.000 01% 的癌症风险之间的区别，尽管前者是指美国人口中有 3 000 人罹患癌症，而后者则说明只有 30 个美国人患癌症。

当你关注某种威胁时，你就会担忧，而且决策权重能反映出你的担忧程度。根据可能性效应，这种担忧和威胁出现的可能性并不相符。仅仅减少或降低风险还不够，若想消除这种忧虑，必须将其出现的可能性降为零。

下面的问题改编自对消费者评估健康风险时所体现的理性的研究。1980 年，一个由经济学家组成的团队公布了这项研究，并把调查结果交给了小孩子的家长们。

> 假设你正在使用一种杀虫剂，每瓶要 10 美元，每使用 1 万瓶杀虫剂就可使 15 个人吸入中毒和 15 个孩子中毒。
>
> 你了解到有一种更昂贵的杀虫剂，它可使以上两种风险降低，即每使用 1 万瓶出现上述两种风险的人数分别为 5 人。你愿

意花多少钱买这瓶杀虫剂呢?

这些父母愿意多花平均 2.38 美元的钱来降低 2/3 的风险（从 15/10 000 降低到 5/10 000）。他们愿意花 8.09 美元完全排除风险，这个价钱是 2.38 美元的 3 倍多。其他的问题表明，这些父母将这两种风险（吸入中毒和儿童中毒）视为不同的烦恼，只要能完全消除其中任何一种风险，他们都愿意支付一定数额的钱。这个数额与担忧的心理很吻合，但和理性模式并不相符。

四重模式

阿莫斯和我在研究前景理论时，很快就得出两个结论：相对于现有财富来说，人们更看重所得和损失，他们给结果分配的决策权重与可能性不同。这并不是全新的观点，但它们一旦结合起来，就可以对一种偏好的特殊模式做出解释，我们将这一特殊模式称为四重模式。名字是固定的，具体阐述如下。

	所得	损失
较大可能性 确定性效应	95% 的概率赢得 1 万美元 害怕失败 风险规避 接受自己不喜欢的解决方式	95% 的概率损失 1 万美元 希望能避免损失 冒险 拒绝自己喜欢的解决方式
较小可能性 可能性效应	5% 的概率赢得 1 万美元 希望能有更多的所得 冒险 拒绝自己喜欢的解决方式	5% 的概率损失 1 万美元 害怕有更大的损失 风险规避 接受自己不喜欢的解决方式

图 13

· 每栏的第一行都对前景做了解释。

· 第二行对前景引起的情绪做了特征描述。

· 第三行表明，在风险和与期望价值相符合的必然获得（或损失）之间做选择时（例如在“有 95% 的概率赢得 1 万美元”和“肯定能赢得 9 500 美元”之间做出选择），大多数人是如何表现的。

· 第四行描述了被告和原告在讨论民事案件的解决方法时可能会出现的态度。

偏好的“四重模式”被视为前景理论的核心成果之一。上面四栏中有三栏是相似的；只有第四个（右上角）是新的，是完全出乎意料的。

· 左上角一栏是伯努利讨论过的：当人们觉得未来获得一大笔收益的概率很大时，会选择风险规避。人们在打赌时愿意接受比预期价值少的赌注，以确保肯定能有所得。

· 左下角一栏的可能性效应解释了为什么人们都愿意买彩票。若头彩很大，人们会疯狂地买，会忽视赢的概率很小这一事实。买彩票是可能性效应最好的例子。没有彩票，就不能赢，有了彩票就有了机会，概率小不小并不重要。彩票能获得的东西要比赢得的概率更重要，梦想赢是人们的权利。

· 右下角一栏说明了什么时候应该买保险。人们愿意支付比期待价值更高的价格去买保险，保险公司就是这样支付成本、获得利益的。有些灾难不太可能发生，但人们更愿意买个保障。他们消除了自己的忧虑，买个心里踏实。

刚开始时，右上角那一栏的内容着实让我们惊讶了一番。除了左下角那栏，其他几栏都会让我们习惯性地想到风险规避，而在左下角一栏的情况中，人们往往会选择碰运气。在审视自己的选择是否错误的时候，我们在处于损失的情况下会选择冒险；在处于赢利的情况下会选择规避。我们不是用负面前景的观点观察研究冒险的开先河者——至少有两位作者曾经提到这一事实，但他们的讲述不是很详尽。不过我们对冒险的研究有个理论框架做支撑，这样研究就会更容易些，这也是我们思想发展的里程碑。我们已经找到两点来解释这个效应了。

第一，敏感性不断降低。人们对损失 900 美元的反应比损失 1 000 美元的 90% 的反应更强烈，这也说明了为什么人们会避免必然的损失。第二个原因也许更有说服力：90% 这一可能性的相应决策权重只有 71，比可能性小很多。出现这种情况的结果是，当你在必然的损失和很可能会承受很大损失之间做决策时，降低敏感度可以使你更愿意规避必然的损失，而且确定性效应也降低了对赌注的规避。这两个相同的因素，在结果是正面时，加强了确定性事件的吸引力，使赌注的吸引力得以削弱。

价值函数和决策权重的曲线共同促成了图 13 中首行所描述的模式。然而，在底行描述的模式中，这两个因素却背道而驰：降低敏感度会使得你在所得面前选择规避，在损失面前选择冒险，但对较小可能性的过分看重则会战胜这种效应，产生我们前面所观察到的那种模式，即为所得愿冒风险，对损失保持谨慎。

人类的很多不幸处境都在右上角那栏中得到了体现，也就是说，人们在面临的抉择比较糟糕时会孤注一掷，尽管希望渺茫，他们也宁愿选择使事情更糟的较大可能性以换取避免损失的希望，这种做法常会使可控制的失误变成灾难。一想到即将有一大笔损失就很痛苦，完全的解脱也很吸引人，因而我们难以做出明智的决策，难以相信时间可以使人摆脱损失所带来的痛苦。这也正是那些屈从于高科技的企业浪费了自己的剩余资产却什么都没有得到的原因。失败总是难以让人接受，所以失败的一方常会保持战斗力，即使在知道对方的胜利只是时间问题的情况下，输的一方还是会做无谓的挣扎。

法律阴影下的赌博

法学家克里斯·格思里将四重模式应用到两种情况中，在这两种情况中，民事诉讼的原告和被告都认为这一模式可能会解决双方存在的问题。这两种情况在原告案例中体现的强度有所不同。

就像我们之前看到的情况那样，假设你是一起民事诉讼案件中的原告，你要求一大笔损失赔偿。这个案件进行得非常顺利，你的律师给出了他的专业见解，说你有 95% 的概率会赢，但也不能掉以轻心，“在陪审团出庭前，你永远都不会知道结果”。你的律师劝你接受庭外调解，但你只能得到 90% 的赔偿金。你正处于四重模式左上角的一栏，你脑中的问题是：“即便什么都得不到的概率不算大，我也愿意冒险打官司吗？即便得到 90% 的赔偿金也是一大笔钱了，而且我又能马上拿走。”这种情景引发了两种情绪，而且两种情绪都向相同的方向发展：对必然所得（一大笔钱）的渴望以及拒绝庭外和解又输了官司的极度失望与后悔。你能感受到在这种情况下，有种压力使人们的行为更谨慎。若原告打赢官司的可能性很大，则更趋向于风险规避。

现在从被告的角度审视一下这个案件。尽管为了自己的利益没有完全放弃决策的希望，但你会发觉这个案件的进展非常糟糕。原告的律师提出庭外和解，即只需提供给原告所要赔偿金的90%（显然原告不会接受更少的金额）。你会接受这种解决方案吗？还是更愿意打官司？要记住你遭受损失的可能性较大，情况属于右上角一栏。你希望能再搏一搏，因为庭外和解与你将要面对的最糟结果几乎同样令你痛苦，而且毕竟打赢官司的希望还是有的。于是，两种情绪再一次被唤起：人们不愿面对必然的损失，而且能在法庭上赢的可能性还是很有吸引力的。案件前景不乐观的被告更愿意采取冒险手段，更愿为打赌做好准备，而不是接受对自己不利的解决方案。在规避风险的原告和冒险的被告的对峙中，被告有更多的掌控机会。被告更高的谈判地位应该反映在协议解决中，原告则满足于能通过法庭获得更少的钱。通过四重模式做出预测的模式已经由法律系的学生和执业法官所做的实验和民事案件中的实际谈判证实了。

若原告胜算不大却索赔一大笔钱的话，请思考一下“无意义诉讼”问题。双方都意识到可能性的大小，也都知道在商讨解决方案时，原告只能得到索赔的一小部分。商谈是受最下面一行那个四重模式引导的。原告的情况属于左侧的类型，赢得一大笔钱的概率很小。无意义诉讼的索赔就像买一张会中大奖的彩票一样。过分看重成功的较小概率在这种情况下是很自然的，原告会在商谈中变得厚颜无耻或咄咄逼人。对于被告来说，起诉是件很烦人的事，但结果不好的风险很小。有些损失虽大，但概率较小，过分看重这样的损失会导致风险规避，而且选择用合适的索赔解决这个案子就像买了份保险，以防判决对自己不利。现在换一个角度：原告愿意赌一次，而被告想要保险之策。做出无意义诉讼的原告很可能会接受一个比这个案件应该付出的钱更多的解决方法。

这些通过四重模式来描述的决策并非不合理。你可以在每种情况下都体会一下原告和被告的心情，这些心情会使得他们采取或挑战或顺从的立场。然而，从长远来看，期望值的偏差代价可能会很大。试想一个大型组织，比如纽约市，它每年要处理 200 起“无意义”案件，每个案件都有 5% 的可能花掉这个城市的 100 万美元。再假设，对于每个案件，这个城市都能用 10 万美元解决。这个城市认为有两种政策能用于所有的案件，即自己解决或法庭上见。（为了方便起见，我在此忽略了诉讼费。）

· 如果这个城市同意受理 200 起诉讼案件，就会输掉 10 起，总计损失达 1 000 万美元。
· 如果这个城市处理每个案件都要花 10 万美元，那么总共的损失就会高达 2 000 万美元。

若要对相似的决策从长计议的话，你就可以看到，支付额外费用以避免不大可能出现的大笔损失代价太高了。相似的分析适用于四重模式中的任何一栏：从长远来看，期望值的系统偏差的代价还是很高的——这个原则适用于风险规避和冒险之举。一贯看重不大可能会出现的结果——这也是直觉性决策制定的一个特征——最终会导致不好的结果出现。

示例——四重模式

他试图用庭外和解的手段来解决这个无意义的诉讼案件，以避免损失，然而不大可能。这是过分看重较小可能性的结果。既然会面对很多相似的问题，他最好还是不要放弃。

我们从不在最后一秒才享受自己的假期，我们愿意为了确定性而付出努力。

只要有可能不赚不赔，损失就不会减少。这就是损失中的冒险。

他们知道瓦斯爆炸的可能性很小，但他们想要消除这种可能性。这是可能性效应，而且他们想要的是再无后患。

第 30 章

罕见事件

在以色列巴士遭遇自杀式炸弹袭击相对频繁的那段时间，我去了那里几趟。当然，如果按绝对值计算的话，这样的袭击是相当罕见的。2001 年 12 月至 2004 年 9 月，以色列总共发生了 23 起炸弹袭击事件，造成 236 人死亡。而在这期间，以色列境内每天乘巴士的人大约有 130 万。对每一位乘客来说，遭遇袭击的概率是极小的，但人们并不这样认为，大家都尽量不乘巴士，而不得不乘巴士的人则会焦虑地扫视邻座乘客的行李或其宽松的衣服，害怕里面藏有炸弹。

我在以色列开的都是租来的车，很少乘巴士，但即便如此，也受到了炸弹袭击的影响，这着实令我懊恼。在等红灯时，我不愿停在巴士旁，绿灯一亮，我会用比平时更快的速度将车开离。为此，我感到很惭愧，因为我比其他人更清楚遇袭的概率其实很小。遇袭的风险真的可以被忽略掉，但其对我行为的影响使这个极小的概率有了极大的决策权重。实际上，与把车停在巴士旁（而遭遇爆炸事件的概率）相比，我更有可能在车祸中受伤。但并不是出于对活命的理性考虑我才躲避巴士，而是当时的体验驱使我这样做：在巴士旁边停车使我联想到了炸弹，而且这些想法令我很不愉快。我躲避巴士是因为我想要思考别的事。

我的经历说明了恐怖主义是如何产生影响的，也解释了为什么人们那么害怕恐怖主义：因为它降低了效用层叠。极其生动的死亡或爆炸画面的影响因媒体的关注以及人们的频繁交谈而不断被加强，当身处具体的情境时尤其如此，例如，看见一辆巴士时。此类情绪一触即发、身不由己且无法控制，会使人们本能地想要保护自己。系统 2 可能“知道”发生危险的概率很小，但即使知道也无法消除人们内心的不安和躲避危险的冲动。我们无法停止系统 1 的运行。情绪的紧张程度不仅和概率不相符，对概率的估测也不够敏感。假设有两座城市都被警告有自杀式炸弹袭击者出没，其中一座城市的居民被告知有两名袭击者准备袭击该城市，而另一个城市的居民被告知只有一名袭击者。后一座城市的风险降低了一半，但那里的人们会感到更安全吗？

纽约市有很多商店都卖彩票，生意也不错。其实，中彩票大奖的心理与对恐怖主义事件的心理是类似的。能赢大奖必然令人激动，整个社区也会为之兴奋，而且人们在工作场合和家里聊到此事时，会更兴奋。买彩票之后人们会有一种愉快的幻想，就像躲避巴士之后恐惧会减轻一样。这两个例子的实际发生概率其实都非常小，人们更在意的是可能性。人们对前景理论的最初构想包括这样的观点："罕见事件不是被忽视就是被过度重视。"不过，这个说法并没有详细说明在什么情况下事件会被忽视，在什么情况下会被过度重视，也没有从心理学上对此做出解释。对决策制定过程中情感和生动性作用的最新研究影响了我对决策权重的看法。对不太可能的结果加权过高是系统1的特点，我们对此已经很熟悉了。情感和生动性会影响顺畅性、可得性以及对概率的判断——因此也就解释了人们为什么过分关注那些没有被自己忽略掉的罕见事件。

估计过高与加权过高

你认为下一届美国总统是第三党派候选人的概率有多大？

如果下一届美国总统是第三党派候选人，你会得到1 000美元；如果不是的话，你将一分钱也得不到。你准备下多大的赌注？

这两个问题虽然不同，但明显有关联。第一题要求你评估罕见事件的概率，第二题想让你通过下赌注来增加第一题那件事的决策权重。

人们是怎样做出判断，怎样确定决策权重的呢？让我们先来看两个简化的回答，然后再对答案进行证实。以下就是这两个十分简单的答案：

· 人们高估了罕见事件的概率。

· 人们在做决策时对罕见事件加权过高。

尽管估计过高和加权过高是两个不同的现象，却有着同样的心理机制，即集中注意力、证实性偏差以及认知放松。

明确的描述激发了系统 1 的联想机制。当你想到第三党派候选人胜出的可能性不大时，你的联想机制会像平时那样在验证性模式下工作，会有选择地提取那些使表述正确的信息、事例以及画面。这个过程有偏见存在，但并不是在幻想下进行的。你寻找的是符合现实条件制约的可能情况，你不会天真地想象是“西方的仙女”任命了一位第三党派的总统。你对概率的判断最终总是由认知放松或顺畅性决定的，因此你的脑海中总会出现貌似正确的情形。

你并不总是关注要求你做出评估的事件。如果目标事件发生的可能性很大，你就会关注这个事件的其他可能性。请思考下面这个例子：

在你们当地医院里出生的新生儿在 3 天内就出院的概率有多大？

你现在要估测婴儿出院回家的概率，但你肯定会关注造成婴儿不能在正常期间出院的事件。我们的大脑有个有用的机能，它会不由自主地去关注奇怪、不同或不寻常的事。你很快就会意识到，在美国（不是所有国家都设有同样的标准），婴儿于分娩后的两三天出院是很正常的。所以，你将注意力转移到反常的情况上去了。罕见事件成了焦点，这些事件很可能唤起可得性启发模式：你的判断可能由你想象的许多医疗问题的发生场景以及想起这些问题时的感受决定。因为你处于确定性模式下，你对医疗问题出现频率的估计很有可能会非常高。

当某件事的其他可能不太明确的时候，罕见事件的概率就很容易被高估。我常爱引用的一个例子是心理学家克雷格·福克斯的一项研究。开始这项研究的时候，他还是阿莫斯的学生。福克斯召集了一些职业篮球赛的球迷并引出了几个关于 NBA 季后赛冠军的判断与决策。他特别要求受试者分别估计参与季后赛的 8 支篮球队取得最后胜利的概率。因此，每支球队的胜利都成了焦点事件。

你肯定可以猜到发生了什么，但福克斯观察到的影响程度可能会令你感到惊讶。假设某个球迷被要求去估计芝加哥公牛队赢得联赛的概率。此时焦点事件已经确定，但其他情况——其他 7 支球队中的某支球队赢得比赛——往往会被忽略。球迷在肯定性模式下的记忆和想象都在努力构建公牛队胜利的情况。还是这个受试者，在被问到湖人队的胜算时，相同的选择性激活又会偏向支持湖人队。这 8 支美国最好的职业篮球球队都很优秀，所以设想其中一支相对较弱的球队成为冠军也是有可能的。把对这 8 支球队相继进行判断的概率相加，得到的结果是 240%！这样的结果当然是荒谬的，因为这 8 支球队的胜算相加结果应该是 100%。当同样的裁判被问到冠军是出自西部联盟还是东部联盟时，这种荒谬就不存在了。因为在这个问题中，焦点事件及其他情况同样详细，他们判断的概率相加就是 100%。

在评估决策权重时，福克斯请了球迷对联赛结果下注。他们对每个赌局都标明了金额（金额大小与赌局的风险大小相匹配）。赢得赌局的人可获得 160 美元。而这 8 支球队的现金标价总额为

287 美元。也就是说，如果某个受试者对 8 支球队都下了注，他肯定会损失 127 美元！受试者肯定知道联赛有 8 支球队，对 8 支球队都下注的平均回报不可能超过 160 美元，尽管如此，他们还是过高地估计了结果的可能性。球迷不仅高估了他们所关注的事件的可能性，还更愿意对它们下注。

这些发现对规划谬误以及其他乐观主义的表现形式做出了新的阐述。当某个人努力预测某个方案的结果时，他可以切实且轻松地成功执行某项方案。相反，失败的可能性则会被忽略，因为事情出问题的情况错综复杂。对自己职业前景进行评估的那些企业家与投资者很容易高估自己的机会，也喜欢过高加权自己的估值。

明显的结果

正如我们看到的那样，前景理论与效用理论的不同体现在概率与决策权重的关系上。在效用理论中，概率与决策权重是相同的。对已经确定的事情的决策权重是 100，某件事有 90% 的概率，说明人们对这件事的决策权重是 90，是概率为 10% 的事件的决策权重的 9 倍。在前景理论中，各种概率对决策权重的影响较小。我早前提到的一项实验发现，概率为 90% 的事件的决策权重是 71.2；概率为 10% 的事件的决策权重是 18.6。两个概率的比率是 9，但其决策权重的比率只有 3.83，这说明在那个范围内人们对概率的敏感度不够。在这两个理论中，决策权重只依赖于概率，与结果无关。两种理论都认为，概率为 90% 的事件的决策权重与赢得 100 美元、收到一束玫瑰花或是遭到一次电击的权重相同。这个理论预测后来被证实是错误的。

芝加哥大学的心理学家发表了一篇文章——《钱、吻与电击：对待风险的情感心理》，他们发现，人们评估风险时，如果（假想的）结果与情感相关（"碰见了你最爱的明星并亲了他一下"或"遭受了一次疼痛但没有危险的电击"），这种评估对概率的敏感度要低于有关金钱得失的结果。这并不是一个孤立的发现。通过生理检测（比如心跳）的手段，其他研究者发现，对将要遭受的电击的恐惧与遭到电击的概率从本质上说是毫不相关的。仅仅是电击的可能性便会让人心生恐惧。芝加哥的这个团队提出"满溢意象"完全盖过了对可能性的回应。10年后，普林斯顿大学一个心理学家团队对这个结论发起了挑战。

普林斯顿的这个团队说，他们已经观察到，人们对与情感相关的结果的出现概率的敏感度很低，这种情况很正常。赌钱属于例外情况。当赌钱时，人们对概率的敏感度相对较高，因为他们有确切的预期值。

下面两个赌局的吸引力与多少现金的吸引力是等价的？

A. 有84%的概率赢得59美元。

B. 有84%的概率赢得一束装在玻璃瓶里的玫瑰花。

你注意到了什么？其中显著的不同在于，A问题比B问题更为简单。你不用停下来去估算这个赌金的预期值，就能很快知道其价值在50美元左右（事实上其价值为49.56美元），在你寻找一个具有同样吸引力的现金等价物时，这个大概的估算足以提供一个有帮助的锚定。问题B却不存在这样的锚定，因此也就更难回答。调查对象还对两个赌局的等价现金进行了评估，认为同时赢得两个赌局中的等价现金的概率为 21%。不出所料，高概率的赌博与低概率的赌博的不同在于，进行高概率赌博的人更可能是为了金钱，而不会是为了玫瑰。

普林斯顿团队认为，对概率不敏感并非因为情绪。为了支持这个观点，他们比较了人们花钱避开风险的意愿：

> 利用某个周末粉刷某人的三居室公寓的概率为 21%（或 84%）。
>
> 打扫使用了一周的一座公寓厕所中的三个小隔间的概率为 21%（或 84%）。

第二个结果肯定比第一个更能引发情感，但这两个结果的决策权重并无不同。显然，情感强烈程度不会影响概率。

另一个实验产生了一个惊人的结果。在这个实验中，受试者得到了奖品的明确价格以及文字描述信息。例如：

> 有 84% 的概率可以赢得一束装在玻璃花瓶里的玫瑰花，价值 59 美元。
>
> 有 21% 的概率可以赢得一束装在玻璃花瓶里的玫瑰花，价值 59 美元。

对这些赌注预期的货币价值进行评估很简单，但增加一个具体的货币价值并不会改变其结果：即使在这样的情况下，评估依然对概率不敏感。想到奖品是玫瑰花的人不会将奖品信息作为评估风险的锚定。正如科学家有时说的那样，这是一个令人惊喜的发现，它想告诉我们一些事情。那么，现在这个实验想要告诉我们什么呢？

我认为，这种说法体现了结果的丰富性和生动性，无论结果是否会激发情感，它都会降低概率在评估不确定的前景时本应起到的作用。这个假设提出了一种预测（我对这一预测信心满满）：若对货币形式的结果附上毫无关联却非常生动的细节描述，同样会影响估算结果。比较一下你对下面这些结果的现金等价物的估值：

有 21%（或 84%）的概率在下个周一收到 59 美元。

有 21%（或 84%）的概率在下个周一上午收到一个内含 59 美元的蓝色大信封。

新的假设为，在第二个案例中，对概率的敏感度会更低，因为与“一笔钱”这个抽象的概念相比，蓝色信封能唤起更为丰富的想象。你在脑中构建这个事件时，即使知道赢的概率很小，但奖品的生动画面仍然会浮现出来。认知放松同样对确定性效应产生了影响：当你脑海中闪现关于某个事件生动的画面时，这个事件不发生的可能性所带来的影响同样很生动，因此就会被过度加权。增强的可能性效应与增强的确定性效应相结合以后，决策权重很难在 21% 的概率和 84% 的概率之间发生改变。

明显的可能性

顺畅性、生动性以及想象的轻松程度等因素会影响决策权重，这个观点已得到许多其他观察实验的支持。一个著名的实验要求受试者从两个罐子中选一个，从里面拿球，若拿到红球，就有奖励：

A 罐中有 10 个球，其中有 1 个是红色的。

B 罐中有 100 个球，其中有 8 个是红色的。

你会选哪个罐子呢？因为选 A 罐的胜算是 10%，选 B 罐是 8%，所以做出正确选择应该不难，但实际并非如此：有 30%~40% 的学生选择了红球数量较多的那个罐子，而不是胜算率高的那一个。西摩·爱泼斯坦说，这个结果说明的是系统 1（他称经验系统）表面的运作特点。

正如你可能想到的那样，人们在这种情况下做出的愚蠢选择已经引起众多研究者的关注。他们对这种偏见也有不同的命名，而我使用的是保罗·斯洛维奇的命名“分母忽视”。你如果将注意力集中在能使你胜利的球上，就不会去关注那些不能使你赢的球。生动的画面也是产生分母忽视的原因，至少我有过这样的经历。当我想到小罐子时，我看到的是一个小红球在一片白色的背景中；当我想到大罐子时，我看到的是 8 个红球在一堆白球当中，这样的画面增强了我对胜利的信心。能使我胜利的生动画面增强了我对那个事件的决策权重，增强了可能性效应。当然，对确定性效应来说也是同样的原理。如果我有 90% 的概率赢得奖品，那么相较于 10 个球中有一种“不能制胜”的情况而言，100 个球中那 10 个“不能制胜”的球更会突出输的可能性。

分母忽视这个观点有助于解释为什么不同的风险表达方式带来的效果会有那么大的不同。你如果听到“能使儿童免受某种疾病侵袭的疫苗有 0.001% 的风险将导致终身瘫痪”这样的说法，就会觉得这个风险看似很小。现在，请考虑用另外的方式描述这一风险：“在 10 万名接种疫苗的儿童中，有一个将会终身瘫痪。”

第二种说法使你产生了一些第一个说法不会引起的想法：它唤起了某个儿童因接种疫苗而终身瘫痪的画面，而另外 99 999 名安全接种疫苗的儿童则被完全忽视了。正如分母忽视原则预测的那样，与抽象术语相比，例如"风险"或"概率"（多大可能），用相对频率（有多少）来描述会使小概率事件得到更大的权重。我们已经知道，系统 1 更善于处理独立事件，而不是整个范畴的事件。

频率格式的影响很大。在一项研究中，看到"每 1 万人中有 1 286 人因某种疾病而死亡"的人比看到"某种疾病导致 24.14% 的人口死亡"的人更有可能认为此疾病的危害性很大。尽管患第一种疾病的风险只是第二种的一半，但第一种看似比第二种更危险！在一个更为直接的分母忽视的例子中，某种疾病会"使 100 人中的 24.4 人死亡"，与之相比，"每 1 万人中有 1 286 人因某种疾病而死亡"这种说法听上去更危险。若要求受试者对这两种表述做一个直接的对比（系统 2 肯定会参与到这个任务当中），这种效果肯定会被削弱或消除。然而，生活就像被试间设计实验，你一次只能看到一种表述。系统 2 只有在格外活跃的情况下才会对你看到的那个说法有另外的表述，才会发现这些说法能引发不同的回应。

有经验的法庭心理学家和精神病学家也不能避免因对风险的不同表述而带来的影响。在一个实验中，有关专业人员需评估让一位精神病患者出院的安全性。这个精神病患者叫琼斯，有暴力倾向。他们收到的信息包括某位专家对风险的评估，但同样的统计数据是用两种方式表述出来的：

评估那些与琼斯类似的病人，专家发现他们在出院后最初的几个月里对他人使用暴力的概率是 10%。

在 100 个类似琼斯的病人中，大约有 10 个人在出院后的前几个月里对他人使用暴力。

看到第一种描述的专业人员让病人出院的概率几乎是看到第二种描述的专业人员的 2 倍（概率分别为 41% 和 21%）。对相同的可能性，更加生动的描述产生了更高的决策权重。

不同的表述使人们做出不同的决策，使他们对该怎么做生成不同的意见。斯洛维奇与他的同事引用了某篇文章的一段话："一年之中，全美有近 1 000 起谋杀事件是由没有服用药物的严重精神病患者制造的。"有一种表达同一事实的说法是，"每年每 2.73 亿美国人中，有 1 000 人是被精神病患者杀死的"。另外一种说法是，"每年，（我们）被这样（患有精神病）的人杀死的概率接近 0.000 36%"。还有一种说法是，"每年死于严重精神病患者之手的美国人有 1 000 人，比自杀人数的 1/30 还少，是因喉癌而死亡的人数的 1/4 左右"。斯洛维奇指出，"这些说法使得他们的动机很明显，他们想要通过强调精神病患者的暴力来造成大众恐慌，进而使有关部门增加心理卫生服务业的资金注入"。

如果一名优秀的律师想要引起法官对 DNA 证据的怀疑，他不会说，"DNA 不匹配的概率是 0.1%"，反而会说"1 000 起死刑案件中就有一起案件的 DNA 会出现不匹配"，这样更有可能使法官产生怀疑。听到这个陈述的陪审团会想到，坐在他们对面审判室里的人可能会因为错误的 DNA 证据而被误判。当然，检察官会更偏爱抽象框架，希望陪审团的大脑中充满小数点。

以全球视角得出的结论

有证据支持下面这个假设：主要注意力和显著性会导致人们过高评估罕见事件的发生概率，也会过高加权低概率的结果。单纯提及某个事件，通过对其进行生动性以及特有的概率描述就能增强其显著性。当然也有例外情况，即人们对某一事件的关注并没有提高它的出现概率：那些含有一个荒谬的论调使你想起它就觉得不可能发生的事件，或是因不能想象结果会怎样而使你认为它根本不会发生的事件都属于此类事件。对显著事件的过高估计或过度加权这种偏见不是绝对的规则，但其影响却很普遍，也是根深蒂固的。近年来，对“根据经验做出选择”这一课题的研究引起了人们的广泛兴趣，其遵循的原则与前景理论中分析的“根据描述做出选择”的研究原则不同。在一个典型实验中，受试者面前有两个按钮。按下按钮有可能得到金钱奖赏，也有可能什么都得不到。结果是根据前景理论随机出现的（例如，“有 5% 的概率赢得 12 美元”或“有 95% 的概率赢得 1 美元”）。这个过程是真正随机的，所以不能保证某位受试者所见的样本完全符合统计设置。这两个按钮的预期值几乎是相当的，其中一个比另一个风险更大、更多变（例如，一个按钮的结果可能是有 5% 的概率得到 10 美元，另一个按钮则是有 50% 的概率得到 1 美元）。通过为受试者提供多次按按钮的机会，她可以观察到一次又一次按按钮后的结果，这样她就能凭经验做出选择。通过描述性文字做选择可以给受试者提供关于每个按钮的预期风险的文字描述（例如“5% 的概率赢得 12 美元”），并让她选择其中一个来实现。根据前景理论，通过描述性文字做选择会产生可能性效应——低概率结果的可能性被过高加权。与之形成鲜明对比的是，凭经验做选择不会出现过高加权的情况，而较低加权的情况却较为普遍。

凭经验做选择的实验情景旨在代表许多情境，在这些情境中，我们会接触到来源相同结果却各不相同的许多情况。一间较普通的餐厅会偶尔做出一道超级美味或很难吃的菜。你的朋友通常很好相处，但有时也会变得喜怒无常、咄咄逼人。加州容易发生地震，但实际却很少发生。许多实验的结果表明，当我们做类似于选择餐厅或是固定好水壶以应对地震这样的决策时，罕见事件不会被过高加权。

现在仍然没有能够阐释凭经验做选择的方法，但无论在实验中还是在现实世界里，大家都普遍认同一点，即对罕见事件的决策权重较低有一个绝对主要的原因：许多受试者从未经历过罕见事件！大多数加州的市民从未体验过大地震，2007年时银行家也没有切身经历过大规模的金融危机。拉尔夫·赫特维希和伊多·伊雷夫注意到，“根据它们的主观可能性，罕见事件的概率（例如房贷泡沫破灭）受到的影响比它们应得的影响更小”。他们指出，公众对长期威胁的回应很冷淡就是这样一个例子。

这些关于忽略的例子很重要，也很好解释，但当人们真正经历罕见事件时，低权重的情况也会出现。假设你有一个复杂的问题，与你同楼层的两个同事可能会回答这个问题。你认识他们俩很多年了，也有很多机会观察或是在接触中了解他们的个性。阿黛尔做事持之以恒，也乐于助人，尽管有时也帮倒忙；布莱恩并不特别友好，和阿黛尔一样爱帮助人，但有时候又表现得过于热情。你会找谁帮忙？

考虑关于这个决定的两个可能的观点：

- 你在两种风险中做出选择。阿黛尔更可靠；对布莱恩的期望更可能会导致一个稍逊一筹的结果，产生好的结果的概率较小。罕见事件可能会因为可能性效应而被过高加权，所以最好选布莱恩。
- 你在对阿黛尔的总体印象和对布莱恩的总体印象之间做出选择。你与他们之间或好或坏的经历都会影响你对他们日常行为的看法。除非这个罕见事件非常极端，你才会单独想起这件事（布莱恩曾有一次辱骂了向他求助的同事），因而标准会偏向于典型事例及最近发生的事，所以该选阿黛尔。

在一个双系统的大脑里，第二种阐述似乎更为合理。系统 1 产生了对阿黛尔和布莱恩的总体印象，包括对他们的情感态度以及靠近或回避他们的倾向。你的选择就取决于对这些倾向的比较。除非你明确地想到了某个罕见事件，否则不会出现过高加权。将相同观点应用到凭经验做选择上很简单。因为他们对结果有长时间的观察，这两个按钮似乎也形成了情感回应所依附的综合“人格”。

与前景理论刚被廓清之时相比，现在我们可以更好地了解罕见事件被忽视或是被过高加权的情况了。由于记忆存在证实偏差，罕见事件的概率会（经常但不总是）被高估。当想起某个事件时，你会尽可能地将其视为真实的。当某个罕见事件特别吸引你的注意力时，这个事件就会被过高加权。当前景得到明确描述时（例如“有 99% 的概率赢得 1 000 美元，1% 的概率什么都得不到”），你的注意力就一定会被分散。过多关注（以色列的巴士）、生动的画面（玫瑰花）、具体的表述（1 000 中的 1 个），以及明确的提醒（以描述为基础做出选择）都是过高加权的原因。没有过高加权，就会存在忽视。就罕见事件而言，我们的大脑并不能总是做出正确判断。碰上一些任何人都未曾经历的事情，这可不是什么好消息。

示例——罕见事件

即使在日本，海啸也很少发生，但是海啸在我们头脑中的画面非常生动形象，游客也因此会高估海啸发生的可能性。

这是我们都熟悉的灾难循环，即先是言过其实，之后做出过高加权，最后忽视此事件。

我们不应该将注意力集中在单一情境中，否则我们会高估它的可能性。想想其他的选择吧，然后将所有选择的概率相加，得到 100%。

他们想让人们意识到风险是存在的。这也就是他们会使用“每 1 000 人中有 1 人死亡”这个说法的原因，这种做法利用了分母忽视效应。

第 31 章

风险政策

设想你需要做下列两组决策。首先查看全部决策，然后做出选择。

决策（1）：从 A、B 中做出选择

A. 肯定能赚到 240 美元。

B. 有 25% 的概率得到 1 000 美元，75% 的概率什么都得不到。

决策（2）：从 C、D 中做出选择

C. 肯定会损失 750 美元。

D. 有 75% 的概率损失 1 000 美元，25% 的概率没有损失。

这一对儿选择题在前景理论的发展历程中有着重要的地位，它们使我们重新理解了理性的含义。看到这两个问题时，你对确定事件（A 和 C）的第一反应肯定是被 A 吸引，排斥 C。对"肯定获得"和"肯定损失"的情感评估是系统 1 的自动反应，肯定会发生在估计两种风险的预期值（分别为获得 250 美元和损失 750 美元）之前，因为这样的估计需要付出更多努力（做更多选择）。大多数人的选择都与系统 1 的预测一致，绝大多数人都会选 A 不选 B，选 D 不选 C。在其他一些可能性中等或较大的选项出现时也一样，人们在收益状态下更倾向于规避损失，在亏损状态下更倾向于承担风险。我与阿莫斯所做的实验的结果是，有 73% 的受试者在决策（1）中选了 A，在决策（2）中选了 D，只有 3% 的人选择了 B、C 选项。

按照要求，你在首次做出选择后要再次查看所有选项，你可能也这样做了，但有一件事你肯定没有做，即你没有估计 4 种不同选项组合的可能结果（A 和 C，A 和 D，B 和 C，B 和 D），以推测哪一种组合是你最想选的。直觉上，你只会分别考虑这两个问题，分开选择，并且不会觉得这样做比较麻烦。此外，综合考虑两个决策性问题需要费些劲儿，你可能需要笔和纸才能完成。所以，你并没有这样做。现在，请思考下面的选项问题：

AD. 25% 的概率获得 240 美元，75% 的概率损失 760 美元

BC. 25% 的概率获得 250 美元，75% 的概率损失 750 美元

这个问题很容易！ BC 选项明显比 AD 选项更"占优势"（某个选项明显优于其他选项时使用的专业术语）。你已经知道我接下来要说什么了吧？在第一组决策问题中，有压倒性优势的选项

AD 是两个不被看好的选项的组合，在我们最初的研究中，只有 3% 的受试者选择了它们。73% 的受试者选择了概率并不理想的选项 BC。

宽框架还是窄框架？

这些选择题使我们意识到人类理性的局限性。这些选项首先让我们了解到人类偏好的逻辑一致性——无论人们偏好的是什么，甚至是永远到达不了的海市蜃楼。再看一下最后那个简单的问题，你是否想过将这个答案明显的问题进行分解之后，会有很多人选择比较不理想的选项呢？每个有关得失的简单问题都可以通过无数方法分解为选项组合，而分解后的选择很可能和最初的选择不一致。一般来说，这是个事实。

这个例子还说明，处于收益状态时规避损失、处于亏损状态时承担风险是需要付出代价的。这些态度会使你不愿冒险，而愿付出额外的费用去得到肯定可获得的赢利，还会使你愿意付出额外费用（包含在预期价值中）以避免肯定的亏损。两种情况付出的这些钱来源都一样，在同时面临这两种问题时，你的矛盾态度就不会很乐观。

决策（1）和决策（2）有两种解释方式：

· 窄框架：分别思考两个简单的决策问题。

· 宽框架：一个有 4 个选项的综合决策问题。

在这个例子中，选择宽框架明显更好。的确，在任何情况下，将多种决策综合考虑都会更有优势。假设同时考虑 5 个简单的（二选一）决策问题。宽（综合）框架需要考虑的是包含 32 个选项的综合选择，窄框架需要考虑的则是一连串 5 个简单的选择。5 个连续的选择会是宽框架中 32 个选择的一部分。利用宽框架是最好的做法吗？有可能，但人们不太可能这样做。一个理性的经纪人当然会利用宽框架进行考虑，但人们天生喜欢用的却是窄框架。

这个例子说明，我们有限的大脑很难达到逻辑一致性的理想状态，因为我们易受眼见即为事实原则的影响，不愿动脑筋。另外，即使有人告诉我们应该综合考虑问题，我们自己还是倾向于在问题刚出现的时候立刻做出决策。我们既没有意愿也没有精力去增强偏好的一致性，我们的偏好也不会自动变得一致，它们处于理性代理模式。

萨缪尔森的问题

保罗·萨缪尔森是 20 世纪著名的经济学家。他曾问他的某个朋友是否愿意玩一个抛硬币的游戏，玩这个游戏可能会损失 100 美元，也可能会获得 200 美元。他的朋友答道："我不会接受，因为我觉得获得 200 美元的满足感无法抵消我损失 100 美元的痛苦。但你如果保证将硬币抛 100 次，我就和你玩这个游戏。"除非你是决策理论家，否则，你就不会有萨缪尔森的朋友的那种直觉：反复打一个有趣却也有风险的赌可以降低主观风险。萨缪尔森觉得他朋友的回答很有意思，便继续进行分析。他证明，在一些特定情况下，最注重效用的人拒绝了一次赌局，也会拒绝多次。

值得注意的是，萨缪尔森的证明虽然是有效的，但这个证明引出的结论却有违常识——打 100 次赌当然是个吸引人的提议，心智正常的人都不会拒绝——可他本人似乎并没有意识到这个事实。马修·拉宾和理查德·塞勒指出，“在 100 个赌局中，输 100 美元和得 200 美元的比率是 50∶50，因此，期望回报是 5 000 美元。另外，只有 1/2 300 的概率会输钱，会输掉超过 1 000 美元的钱的概率仅为 1/62 000”。当然，他们想要说明的是，如果效用理论在任何情况下都与如此愚蠢的偏好相一致，这个理性选择模式肯定出什么问题了。拉宾对一些小额赌注严重的规避损失做法的荒谬结果进行了证明，但萨缪尔森没有看到这些证明，即便他看到过也不会感到惊讶。他甚至很愿意考虑很有可能被理性的人拒绝的交易的发生概率，这一意愿证实了理性模式的强大影响力。

假设用非常简单的价值函数来描述萨缪尔森的朋友（我们称他为山姆）的偏好。为了表明自己规避损失的程度，山姆首先改变了赌注，将亏损金额改为原来的 2 倍。然后，他开始计算这个改变后的赌局的预期值。表 5 是他抛一次、两次、三次硬币的结果。做这些工作肯定需要极为专注。

从表 5 中可以得知，这个赌注的预期值是 50。然而第一次抛硬币对山姆来说毫无价值，因为他感到输掉 1 美元的痛苦程度是赢得 1 美元的满足程度的 2 倍。在改变赌注来体现自己的损失厌恶之后，山姆发现这个赌局的价值为零。

表 5

		预期值
抛 1 次硬币 损失金额翻倍	50% 概率输 100 美元；50% 概率赢 200 美元 50% 概率输 200 美元；50% 概率赢 200 美元	50 0
抛 2 次硬币 损失金额翻倍	25% 概率输 200 美元；50% 概率赢 100 美元；25% 概率赢 400 美元 25% 概率输 400 美元；50% 概率赢 100 美元；25% 概率赢 400 美元	100 50
抛 3 次硬币 损失金额翻倍	12.5% 概率输 300 美元；37.5% 概率赢 0 美元；37.5% 概率赢 300 美元；12.5% 概率赢 600 美元 12.5% 概率输 600 美元；37.5% 概率赢 0 美元；37.5% 概率赢 300 美元；12.5% 概率赢 600 美元	150 112.5

现在，请考虑抛两次硬币的情况。输钱的概率降低到 25%。两个极端结果（损失 200 美元或赢得 400 美元）在价值上相互抵消，它们的概率相同，且输的痛苦程度是赢的满足程度的 2 倍。但中间结果（一次输，一次赢）是积极的，所以抛两次硬币可以视为赌一次。现在，你就能看到窄框架的成本和多次打赌的奇妙之处了。当山姆分开来看的时候，他会认为它们毫无价值。如果在不同的场合分别问他是否愿意打这两个赌，他都会拒绝。然而，当它们同时出现时，它们的共同价值就是 50 美元！

若抛 3 次硬币的话，这个赌局就更有利了。极端结果仍然相互抵消，而且也不那么重要了。第三次抛硬币，尽管单独来看没什么价值，却为整个赌注增加了 62.5 美元的价值。当山姆打的赌变为抛 5 次硬币时，这个赌局的期望价值就会是 250 美元，而山姆输钱的可能性是 18.75%，他的现金等价物是 203.125 美元。这个例子值得注意的一点是，山姆的损失厌恶度从未改变过。然而，随着抛硬币次数的增多，输的可能性很快就降低了，损失厌恶对其偏好的影响也就相应减弱了。

现在，如果山姆拒绝只赌一次，我已经准备好了一套说辞。如果你和山姆一样，也有不合理的损失厌恶，这套说辞同样适用于你：

> 我理解你对赌输的反感情绪，但这种情绪会让你损失很多钱。请考虑一下这个问题：你已经活不长了吗？这是你这辈子需要考虑的最后一个小赌注吗？当然，你不太可能再碰到和这个完全一样的赌局，但你会有很多机会碰到吸引人但赌注相对你的财产来说很小的赌局。如果你能将这些赌局看成一个整体的一部分，并重复念咒语“有赚有赔”，这样，你在经济上就会更理性，也能在无形中帮自己赚一大笔钱。那句咒语的主要目的是在你输的时候帮助你控制你的情感反应。如果你相信自己这样做是有效的，那么你在决定是否该承担某个有正面预期值的小风险时，就应该用这句咒语提醒自己。在说这句咒语时，还需记住以下几个条件：
>
> · 当所有赌局都真正相互独立时，它才适用；它不适用于同一行业的多种投资，因为这些投资可能会同时遭遇失败。
>
> · 只有在可能的损失不会使你的全部资产处于危险时它才有效。你如果不想某一次损失成为影响你经济前景的重要阻碍，就请注意！
>
> · 若一个赌局中每次下注赢的可能性都非常小，就不该将咒语用在这个风险大的赌注上。
>
> 如果你有这条规则所要求的情绪戒律，就永远不会孤立地考虑一个小的赌注，或是在小的赌注上规避损失，直到你快要进入棺材的那一刻（或许在那个时候还是不会这样做）。

遵循这条建议不是没有可能的。金融市场中有经验的交易者每天都以此建议为生，他们通过宽框架来减轻亏损带来的痛苦。正如书中提及的那样，我们知道可以通过引导受试者“像商人那样思考”，使他们不去规避损失，正如有经验的棒球卡商人不会像新手那样受到禀赋效应的影响一样。学生在不同的指导下可能会做出有风险的决策（接受或拒绝他们有可能会输掉的赌局）。在窄框架的情况下，他们被告知在做决策时应该“将每一个决策都当成你唯一需要做的决策”，并且要体会这些决策带给自己的情绪反应。在宽框架的情况下做决策的建议，包括“将自己想象为商人”，“你总是做这样的事”，以及“将它看成众多财政决策中的一个，这样一个决策会在将来一起被并入‘证券投资组合’”。实验者通过心理学方法评估了受试者对盈与亏的情绪反应，方法包括测谎时用的测试皮肤电导率等。正如人们期望的那样，宽框架缓解了人们对损失的情绪反应，增强了他们承担风险的意愿。

损失厌恶和窄框架的结合是一个代价更大的祸端。个人投资者可以通过降低查看自己投资结果的频率来避免这一祸端，并在获得宽框架带来的情感收益的同时节约时间、减轻痛苦。时刻关注每日的经济波动是种亏本的对策，因为频繁的低额损失带来的痛苦比同样频率的低额收益带来的快乐更为强烈。一个季度查看一次就够了，对于个人投资者来说，这样的频率还要高一些。刻意避免查看短期结果，除了可使投资者的心情更为愉快，还可以提升决策和结果的品质。对坏消息典型的短期反应就是加剧损失厌恶。查看总体反馈的投资者很少能得到类似的坏消息，就更有可能不规避损失，结果也会赚更多。如果你不知道每只股票每天（每周甚至每月）的情况，也就不会对你的证券投资组合进行无效的变动。在几个周期内都不改变某个投资的承诺（“锁定”投资的相同说法）可以改善财务状况。

风险政策

善于使用窄框架的决策制定者在每次面临风险决策时都会带有偏见。每当相关问题出现时，他们就会使用风险政策，而风险政策确实可以改善他们的表现。我们熟悉的风险政策有“在买保险时，总是选择最高的免赔额”以及“绝不延保”等。风险政策是一种宽框架。在保险的例子中，你期望偶尔的损失是完全免额的，或者无保险产品损坏的频率别太高。与之相关的问题是，你设想自己接触的这个风险政策从长远来看肯定会为你带来收益，而你减少或消除偶尔的损失所引起的痛苦的能力如何呢？

风险政策与我前面提到的外部意见类同。外部意见将注意力从当前情境的特性转移到类似情境结果的数据上。外部意见是思考计划的宽框架。风险政策在一组类似的选项中嵌入了一个特别有风险的选项，也利用了宽框架。

外部意见和风险政策是补救两种不同偏见的方法，而这两种偏见会影响许多决策的制定：规划谬误中的过度乐观以及损失厌恶中的过度谨慎。这两种偏见相互对立。过度乐观使个人和组织免于损失厌恶的不好影响；损失厌恶使人们不会产生过度自信的乐观主义。这样的结果对于决策制定者来说是有益的。乐观主义者认为，他们做决策时比在实际情况下更为谨慎，而损失厌恶者则会正确地拒绝危险的提议（在没有外部意见的情况下，他们是可能接受这些提议的）。当然，我们不能保证这些偏见会在所有情况下都相互抵消。能够同时消除过度乐观以及过度规避风险的机构应该采取这种做法，将外部意见与风险政策结合起来考虑，应该可以实现其目的。

理查德·塞勒曾与一家大型企业的25名部门总经理进行过有关决策制定的讨论。他请他们考虑一个有风险的选择，做这一选择，他们可能赔掉自己的大量资金或者使那笔资金翻倍，其中赔和赢的可能性是相当的。没有一位经理愿意接受如此大风险的赌局。塞勒又询问了这家企业首席执行官的意见，他当时也在场。这个首席执行官毫不犹豫地回答道："我想要他们所有人都冒险。"在这个谈话的情境之下，这位首席执行官很自然地采用了宽框架，这个框架对所有25个赌注进行了综合加权。就像面对100次抛硬币机会的山姆一样，这位总裁可以依靠统计结果使整体风险降低。

示例——风险政策

告诉她应该像商人那样思考！有赚，当然也有赔。

我决定每个季度查看一次我的证券投资组合。我总是选择规避损失，因此在面对每天价格波动的情况下总是不能做出理性的决策。

他们从不延保，这是他们的风险政策。

我们公司每个部门经理在其所在领域都采取损失厌恶的做法。这很正常，但造成的后果是，这个机构不敢冒险。

第 32 章

保持得分

除了那些非常穷、要靠收入来养家糊口的人，绝大多数人赚钱都未必是出于经济动机。亿万富翁再赚几亿美元不是出于经济原因，实验经济学项目的参与者获取额外的赞助也不是出于经济原因，钱是衡量一个人自身利益与自我成就感的标尺。奖励与惩罚、承诺与威胁，都在我们的脑中，我们谨慎地将其记录下来。这些因素像社会环境中的诱因一样影响着我们的偏向，激发着我们的行为。于是，我们拒绝减少损失，因为有时这样做就相当于承认失败；我们对可能使人后悔的行动存有偏见；我们虽然不能界定玩忽职守和拿人钱财之间的区别，却也能将两者区分开来；

我们不会不停地做事，因为责任感总是因人而异。奖励和惩罚带来的最终价值通常会使人有情绪反应，这是一种精神上的自我交易，而当个人成为某个机构的代理人时，他不可避免地会与该机构发生利益冲突。

心理账户

理查德·塞勒多年来一直对会计行业与心理账户的类似之处很感兴趣。心理账户是我们用于组织和经营生活的账户，它有弊也有利，并且有多种来源。在现实生活中，我们可能会将自己的钱存在不同的银行账户里，而有时我们仅仅是将钱存在不同的心理账户中。我们有零用钱和普通存款，也有支付孩子教育费用或急诊的预留存款。该用哪些存款来满足现在的资金需求，我们有明确的先后顺序。就像为家庭开支做预算、限制每天喝黑咖啡的数量或者增加锻炼时间一样，存款也是为了自我控制。通常我们会为了自我控制而付出代价，例如，一面把钱存入储蓄账户，一面却透支信用卡。理性代理模式下的经济人并不依赖心理账户：他们对结果的看法是经过综合分析得来的，是受外部诱因驱使的。对于人类来说，心理账户是窄框架的一种形式；他们通过有限的大脑使所有事情都得到掌控，易于管理。

心理账户在记录得分上应用广泛。回想职业高尔夫球手在避免击出超过标准杆的球而不是小鸟球时，往往打得更出色。我们可以得出的结论是，优秀的高尔夫球手会为球场上的每个球洞都创立账户，他们不会将整体的成功押在唯一的账户上。塞勒在此前的一篇文章中阐述的一个颇具讽刺意义的例子就很好地说明了心理账户是怎样影响行为的：

两个狂热的球迷计划到离他们约40英里远的地方看篮球赛。其中一个人买了门票；另一个人在买票的途中遇见了一个朋友，免费得到了票。现在，有预报称比赛当晚会有暴风雪。这两位持票的球迷谁会更愿意冒着暴风雪去看比赛？

答案很明显，我们知道，买了票的那个球迷更有可能会去。心理账户也为此提供了解释。假设两个球迷都为这场比赛开设了账户，而错过比赛就是在负差额（逆差）的情况下关闭了这两个账户。那么无论是怎样得到门票的，他们都会很失望。但是，关闭账户对于买票的那个人来说影响更为消极，因为现在他的钱没有了，还不能看比赛。对这个人而言，待在家里是个更糟糕的选择，所以他更愿意去看比赛，也就更可能会冒着暴风雪开车去看比赛。这是系统1自动对情绪平衡做出的内在分析。在标准的经济学理论中，人们由心理账户引发的情绪并没有得到普遍认可。经济人可能会意识到这张票已经付了钱，而且已经不能退换。票的成本已经“沉没”了，这位经济人不会再在意这张球赛门票是自己买的还是朋友赠的（如果该行为人有朋友的话）。想要实施这个理性行为，系统2应该会考虑反事实的（指在不同条件下有可能发生但违反现存事实的）可能性：“如果我的票是从朋友那儿得来的，我还会冒着暴风雪驾车前去吗？”但只有积极的、受过相关训练的大脑才会想到提出这样的难题。

当个人投资者将他们的证券投资组合中的一些股票卖掉时，犯一个错误也会使他们痛苦不堪：

你需要钱来操办女儿的婚礼，所以想卖掉一些股票。你记得自己每一只股票的买进价，也能分辨出某只股票是“赢利股”（即当前价值高于你的买进价的股票），或是亏损股。在你所有的股票中，蓝莓牌瓷砖是一只赢利股；如果你在今天将其售出，就会得到5 000美元的收益。你持有蒂芙尼汽车相同的股份，现值是5 000美元，但低于你的买进价格。你更有可能出售哪只股票？

做出这个选择的可行方法是：“我会关闭蓝莓牌瓷砖股票账户，记录下一笔成功的投资。或者，我可以关闭蒂芙尼汽车股票账户并记下失败的一笔。我更愿意怎么做？”如果将这个问题看成在给你带来的快乐和给你造成的痛苦中做选择，你肯定会卖掉蓝莓牌瓷砖，以享受成功投资的乐趣。可以预料，金融研究已经记录了大量人们售出自己的赢利股、保留亏损股的偏好——这被视为一种偏见，关于这种现象还有一个晦涩难懂的名字：处置效应。

处置效应是窄框架的一个例子。投资者为她买的每一只股票都开设了账户，并想在关闭每一个账户时都能获利。理性的代理人会对证券投资组合有一个整体的看法，会售出最无可能在未来赢利的股票，而不是去考虑它是赢利股还是亏损股。阿莫斯跟我说了他与一名财务顾问的谈话。这名顾问询问阿莫斯他的证券投资组合中所有股票的相关信息，包括每只股票的买入价格。当时阿莫斯温和地问：“难道这个问题很要紧吗？”这个顾问当时看起来非常吃惊，他显然一直认为心理账户的状态是值得考虑的因素。

阿莫斯对这个财务顾问的观念的猜测可能是对的，但他将买入价视为无关紧要却是错误的。即使对经济人来说，买入价也很重要，应该将其考虑在内。处置效应是需要付出代价的偏见，因为对于售出赢利股还是亏损股这个问题，答案很明确，但并不是说选择卖哪只股票都无关紧要。如果你在意的是自己的财富，而不是直观感受，就会售出蒂芙尼汽车这只亏损股，保留蓝莓牌瓷砖这只赢利股。至少在美国，税收能给人很大的刺激：你会意识到，卖掉亏损股可以减免税赋，而卖掉赢利股必须纳税。全美国的投资者都知道这个金融方面的基本事实，这个事实还决定了他们所做的一个决策——投资者会在 12 月卖掉更多的亏损股，因为这个月的税赋一直令他们忧心忡忡。一年中每个月都有税收优惠，但是在其他 11 个月中，心理账户在人们心中的分量都重于金融常识。另一个反对出售赢利股的论据是对市场反常现象的详细记录，即最近升值的股票有可能会继续升值至少一小段时间。这个净效应很大：预计卖掉蒂芙尼汽车股而非蓝莓牌瓷砖股的税后额外回报率在第二年是 3.4%。在赢利的情况下关闭心理账户会令人心情愉悦，但这种愉悦是你花钱买来的。一个经济人不会犯这样的错误，在这一点上，那些运用系统 2 的经验丰富的投资者比新手更容易犯这种错误。

理性的决策者只会对当前投资的未来结果感兴趣，经济人不会去考虑纠正先前的错误。当有更好的投资项目时，对亏损账户进行额外投资的决策被称为“沉没成本悖论”，这是一个代价高昂的错误决策，在大大小小的许多决策中我们都能看到其身影。因买了门票而冒着暴风雪开车去看演出就是一种沉没成本悖论。

设想一家公司已经在某个项目中投入了 5 000 万美元。现在，这个项目误了工期，其最终回报的预计收益也没有最初计划的那样好。如果想要实现这个项目的最初目标，那么需要 6 000 万美元的额外投资。另一个提议是将同样的资金投入一个新的项目，且这个项目似乎可以带来更高的回报。这家公司会怎么做呢？通常的情况是，像冒着暴风雪开车那样，受到沉没成本影响的公司会继续将钱砸在那个不好的项目上，因为关闭这个项目的账户就相当于承认自己的失败，这是一种耻辱。这个情景属于四重模式中右上角那一栏的情况：在这种情况下，我们需要在必然的损失和不利的风险中做出选择，这样做通常是不明智的。

从公司的角度看，向失败的尝试增加投入是个错误的做法，但对“拥有”这个前景并不明朗的项目的高管来说，却未必如此。撤销这个项目会给这个高管的履历上留下难以抹掉的污点，只能依靠该组织的资源再赌一把才能最大限度地保住个人利益，也只有这样才有希望收回投资成本——至少可以尝试着延长清算日期。在存在沉没成本的状态下，高管的动机与公司的目标以及股东的利益都会不一致，这就是我们所说的代理问题中常见的类型。董事会非常清楚这样的冲突，所以当某位首席执行官因受困于先前的决策影响而不愿避免再造成损失的话，董事会就会将其替换掉。董事会成员不见得认为新的首席执行官比原先的更有能力，但他们知道新的总裁不会有与原总裁一样的心理账户，在评估当前机会的选择时，他就更容易忽视过去投资的沉没成本。

沉没成本悖论导致人们在不被看好的事情上浪费了太多时间，例如不幸福的婚姻、没有希望的研究项目等。我常注意到，一些年轻的科学家宁愿苦苦挣扎于注定会失败的项目，也不会选择放弃，重新开始。不过，好在有研究表明，这样的悖论至少在某些情况下是可以被克服的。在经济学和商贸学的课堂上，沉没成本悖论也被视为一种错误理论。这样做显然会产生积极影响，有证据表明，这些领域的毕业生比其他人更有可能放弃会失败的项目。

后悔

后悔是一种情绪，也是一种自我惩罚。人们做出的许多决策都是因为不想后悔（“不要这样做，否则你会后悔的”是个很常见的警告），在现实生活中，我们也有很多后悔的事。有两位荷兰心理学家对这种情绪状态做了很好的描述，他们注意到，后悔“总是与一个人本该更加了解的情感、不祥的预感以及对做错的事或失去的机会念念不忘等情绪形影相随，与严厉自责和改正错误的倾向形影相随，与‘此事如果没有发生该多好’或者‘如果再有一次机会该多好’之类的想法形影相随”。当你最容易想象自己正在做某事而不是你做过的事的时候，你更容易感受到强烈的悔意。

后悔是由替代现实的可用性引发的反事实情绪。每架飞机失事后，各种媒体都会有关于一些乘客“本不应该”在那架飞机上的特别报道——他们有的是在最后几秒才订到位子的，有的是从另一条航线转机过来的，还有的理应早飞一天，但不幸延迟了才上了这架飞机。这些令人痛苦的事例有个共同特点，即它们都属于反常规事件。与正常事件相比，人们更容易凭想象搞砸这些反常规事件。联想机制包含了正常世界的典型及其规则。反常规事件会吸引人的注意力，还会使人们认为在相同情况下这些事件也应该是正常的。

为了理解后悔与常态的关系，请思考下列情境：

布朗先生几乎从不让旅行者搭便车。昨天他让一个男人搭了便车，然后他被抢了。

史密斯先生经常让旅行者搭便车。昨天他让一个男人搭了便车，然后他被抢了。

这两个人谁更可能感到后悔？

答案不出我们所料：有 88% 的受试者认为布朗先生会更后悔，12% 的受试者认为是史密斯先生。

后悔与责备并不是一回事。实验人员问了其他受试者与上述事件相关的一个问题：

谁会受到他人更严厉的责备？

结果是：认为是布朗先生的占 23%，认为是史密斯先生的占 77%。

与常态的对比可引起后悔和责备，但相关的常态是不相同的。布朗先生和史密斯先生体验到的情绪主要是由他们平时对待旅行者的方式决定的。让旅行者搭便车对于布朗先生来说是一件反常规的事情，因此，大多数人认为他会更后悔。然而，带有批判性的观察者会将这两个人的行为与合理行为的传统常态相比较，更可能会批评史密斯先生，因为他总是习惯性地承担这种不可预知的风险。我们会忍不住说，史密斯先生是自食其果，布朗先生是走了霉运。但布朗先生更应被指责，因为他在这件事上的做法与他平时的性格不符。

决策制定者容易感到后悔，而痛苦的情绪对很多的决策制定都有影响。后悔的直觉非常一致，而且还很明显，下面这个例子就说明了这一点。

> 保罗在A公司持有股份。在过去一年里，他想要将股份改成B公司的，但最终决定还是不那样做。现在，他了解到，如果他当时将股份改成B公司的，可以多赚1 200美元。
>
> 乔治在B公司持有股份。在过去一年里，他将股份改成了A公司的。现在，他了解到，如果他当时坚持保留B公司股份的话，可以多赚1 200美元。
>
> 谁会更后悔呢？

结果很明显：8%的受试者说是保罗，92%的受试者说是乔治。

这很令人好奇，因为从客观上来说，这两位投资者的情况是一样的。他们现在都拥有A股，而且如果拥有B股可以多赚同样多的钱。唯一的区别在于，乔治没能赚更多钱是因为他采取了行动，而保罗则是因为没有采取行动。这个小事例说明了一个大道理：人们对由于采取行动而导致的结果，会比因不行动而产生的结果有更为强烈的情绪反应（包括后悔）。这个观点在赌博的情境下也得到了证实：人们下注并赢了钱会比不赌但得到同样多的钱更快乐。这种不对称至少对于损失来说是强烈的，还可用来解释责备和后悔的原因。问题的关键并不在于玩忽职守和拿人钱财的不同，而在于默认选择和偏离默认的行动间的区别。你在偏离了默认情况之时，会很容易联想到常态——如果默认情况与糟糕的结果相关，两者之间的差异可能会成为你痛苦情绪的来源。当你持有一只股票时，你默认的选择是不售出；当你早上碰见某个同事时，你默认的选择是跟他打招呼。出售股票与不跟同事打招呼都是对默认选择的背离，也都可能让你后悔或招来责骂。

在一个证明默认选择的影响力的实验中，受试者在计算机上模拟了 21 点游戏。一些玩家被问道："你想要拿牌吗？"而另一些人则被问道："你想要停牌吗？"无论问题是什么，如果结果并不理想，说"是"肯定会比说"不"更令人感到后悔。很显然，这个问题表明了一个默认的回答，即"我们有很强的意愿这样做"。另一个默认行动的例子是说，球队在决赛中惨败与教练有关。这个教练理应对人员和战术进行调整，但他没有这样做，因此，他被人责备，他自己也感到后悔。

后悔的风险是不平衡的，其不平衡性体现在偏向于常规的、厌恶风险的选择。这种偏见存在于许多情境中。如果某位顾客在购物时被提醒，他可能会因为自己的选择而后悔，这名顾客在选择时就会偏向于常规选项，即更看好品牌。当接近年末时，财务经理的行为也显示出了预期评估的影响：他们易于清理那些并非传统投资组合或让人质疑的股票。另外，即使是关乎生死的决策都能被预期的评估影响。设想有个医治重病患者的医生，某个治疗手段是正常且标准的，另一个则是不同寻常的。这个医生有理由相信这个非传统的治疗手段可提高病人的康复概率，但证据不足。使用这个与众不同的治疗手段的医生可能会面对极度的悔恨、严厉的责备，还可能被人起诉。以后见之明来看，医生很容易想到常规的选择，总是希望自己没有做非常规的选择。如果结果是好的，这个敢于冒险的医生就会得到好的名声。这是事实，但是，这种可能的利益小于可能的成本，因为成功通常是比失败更为正常的结果。

责任

在许多情境中，损失的痛苦是获得的快乐的两倍，例如下赌注、禀赋效应以及对物价变动的反应等。损失厌恶系数在某些情况下会更高。你更容易在生活中在比钱更重要的方面产生损失厌恶，例如健康。另外，当“卖掉”重要的基金可能使你承担可怕的后果时，你会更加不愿卖掉这些基金。理查德·塞勒早期在消费者行为方面的经典实验就用了一个著名的例子，我将这个例子做了细微调整：

> 你接触到一种疾病，感染这种病会使你在一星期内快速且没什么痛苦地死去。得这种病的概率是千分之一。在此病尚未出现任何症状之前，有一种疫苗是有效的。你愿意付多少钱来打这种疫苗？

大多数人都愿意付钱，但钱不是很多。面对死亡的可能令人不安，但是死亡的概率很低，所以想要躲避死亡而花掉大量积蓄是不合理的。

现在，请考虑下面这个做了细微调整的例子：

> 研究上面这种疾病需要一些志愿者。对志愿者的唯一要求是必须接触这种病，也就是说，你会有千分之一的概率感染这种病。那么，要是去做志愿者，你最低要多少钱？（你不能购买疫苗。）

正如你可能预料的那样，人们当志愿者要的薪水会比他们买疫苗的最高定价高很多。根据塞勒的非正式报告，其常规比率大约是 50∶1。极高的售价说明了这个问题的两个特点。首先，你不会“出售”健康。这种交易不是合法的，高的定价反映了人们并不愿意参与其中，可能因此而承担的不好结果或许也是你不愿“出售”健康的最重要因素。你如果在某天早上起床的时候，发现自己有了疾病的症状并将在不久后死去，你就会觉得去当志愿者比起没买疫苗会更令你后悔。因为你本可以拒绝“出售”自己的健康的，甚至能在完全不考虑可以得到多少钱的情况下拒绝。你本来可以坚持自己的默认选择，什么都不做。现在，这种与事实相反的情况会让你的余生都不得安宁。

前面提到的关于家长对有潜在危险的杀虫剂的反应也存在着是否愿意冒险的问题。受试者需回想自己正在使用的某种杀虫剂，且这1万瓶杀虫剂里有15瓶可能造成误吸和儿童中毒。另外，还有一种稍便宜的杀虫剂，但其导致中毒的风险也有所增加：1万瓶中有 16 瓶可使人中毒。实验者问家长，第二种杀虫剂（更不安全）要比第一种便宜多少时，他们才会去买？超过 2/3 的受试者回应，无论这种新的杀虫剂定价多少，他们都不会买。他们显然反对拿自己孩子的健康做交易。若第二种杀虫剂与第一种的价格差额足够大，也有少数人是愿意买的，但愿意接受较小的折扣而买第二种杀虫剂的少数人会要求得到一笔钱，这笔钱比他们愿意为提高产品安全而支付的钱更多。

任何人都明白也理解，为什么家长不愿为了钱而让孩子承担风险，哪怕只是增加一点儿风险。值得注意的是，这种态度对我们想保护的人的安全来说，是不合逻辑且有潜在危害的。即使是最慈爱的父母，他们用来保护自己孩子的时间和金钱也是有限的（保护孩子安全的心理账户预算有限），因此，使这些资源的作用发挥到极致似乎很合理。通过买稍差的杀虫剂可以节约一小笔钱，但会增加孩子中毒的风险。然而，节约的这笔钱却可以更好地用在消除其他威胁孩子健康的事情上，例如买一个更为安全的儿童汽车座椅或插座罩。禁忌加权反对任何增加风险的可能，但这并不是利用健康预算的有效方法。事实上，相较于想要保障孩子安全的愿望，这种抗拒可能更多是出于害怕自己会后悔。任何在考虑后接受了这种交易的家长，都会假设杀虫剂带来危害时他们后悔和羞愧的画面。

人们极度厌恶为得到其他好处而以增加风险为代价的交易，监管风险的法律与规章充分体现了人们的这种厌恶。这种趋势在欧洲特别普遍。在欧洲，防止一切可能造成危害行为的预警原则是一个被普遍接受的学说。在监管体制下，预警原则将安全检测的全部目标都放在了可能会做出对他人和环境有害行为的人的身上。多个国际组织都已说明，潜在危害的科学证据的缺失并不是承担风险的充分理由。正如法学家卡斯·桑斯坦指出的那样，预警原则代价高，而且对它做严格解读的话，它是经不起考验的。他提到了一连串无法通过预警原则考验的创新发明，包括“飞机、空调、抗生素、汽车、氯气处理、麻疹疫苗、心脏手术、收音机、电冰箱、天花疫苗以及X射线”。强势的预警原则明显是站不住脚的，但加强的风险规避却根植于我们强烈且普遍的道德直觉，它源于系统1。强烈的风险规避意识与有效的风险管理形成的两难问题，还没有一个简单而又令人信服的解决方案。

我们花了很多时间预测，并尝试去回避由我们自身造成的情感创伤。我们该怎样对待那些难以捉摸的结果，以及当我们记录自己生活时的那些自我惩罚（或偶尔的奖励）？经济人不应有这些情绪，而这些情绪对于人类来说却代价沉重。这些情绪会导致人们做出损害个人财富、政策力度以及社会福利的行为。后悔情绪与道德责任是真实存在的，没有后悔情绪和道德责任的经济人也许与这样的行为并无关联。

因为害怕将来后悔而影响了你的选择，这样合理吗？对后悔的预感就像对自己快要昏厥的预感一样，是生活中的事实，并且需要在发现以后做出调整。如果你是位富有又谨慎的投资者，你也许可以支付某个昂贵的投资组合，这个组合即使不能使你的财富收益最大化，也能让你感到的后悔程度降至最轻。

你还可以采取一些预防措施，以防止将来后悔。也许最有效的方法就是做到对可能会后悔的事心中有数。如果你能够在情况变糟糕时，先仔细考虑自己是否会后悔再做决定，那么你将来的遗憾可能会更少一些。你应该也知道，后悔总是伴随着后见之明的偏见而来，所以，任何你能做的、防止后见之明的措施都有可能是有益的。我个人躲避后见之明的方法是：在做有长远影响的决策时，不要太过周密，但也不要太过随意。如果你考虑到了一点点，你可能在事后说，“我本可以做出更好的选择”，这种后见之明会令你很不甘心。

丹尼尔·吉尔伯特与他的同事说，人们预见的后悔的感觉往往会比实际体验的程度深，因为他们会低估自己的心理防御能力，即“心理免疫系统”。对此，吉尔伯特和他的同事的建议是，不应该过于关注自己是否会后悔，即使你有些后悔，令你痛心的程度也绝对比你想象中的要轻。

示例——心理账户

他对现金支付和信用卡支付有不同的心理账户。我不断地提醒他，钱就是钱，并没有多大区别。

他一直保留着那只股票，只是因为不想在关闭心理账户时处于损失状态。这就是处置效应。

我们在那家餐馆里发现了一道极其美味的菜，因为害怕会后悔，所以我们不愿意再尝试别的菜了。

售货员给我看了最贵的儿童汽车座椅，还说它是最安全的，这让我不敢买比较便宜的了。这似乎是禁忌加权在作祟。

第33章

逆转

假设，某人走进了附近的一家便利店，里面恰巧发生了抢劫案，他不幸中弹。你认定他因中弹而导致右臂残疾。你的任务就是给这起抢劫案中的受害者设定赔偿金额。

此人住所附近有两家商店，其中一家是这个人常去的。请思考以下两种情况：

· 抢劫案发生在此人常去的那家商店。

· 此人常去的那家商店的店主要去参加一个葬礼，商店不营业，这个人就去了另一家商店，而就在那家商店里，他中弹了。

此人中弹的那家商店是否会对此人的赔偿有影响？

你会通过联合评估对此做出判断，即将两种情况同时考虑在内并进行对比。你可以有自己的一套原则。你如果认为第二种情况会得到更高的赔偿，你就会给这种情况分配更高的美元价值。

大家都会认同这个答案，即在这两种情况下，赔偿金应该相同。赔偿针对的应该是受害者受到的重创伤害，而抢劫案发生的地点对赔偿会有什么影响呢？对这两种情况的联合评估会使你对赔偿过程中的相关情况产生同情。对于大多数情况来说，地点不是相关情况中的一个。在其他需要鲜明对比的情况中，思考较慢，且系统 2 也参与其中。

这两种情况最初是由心理学家戴尔·米勒和凯茜·麦克法兰设计的，他们将这两种情况展示给不同的人看，并请他们做出评估。在他们这一跨学科的实验中，每位受试者都只看到了一种情况，并用金钱来衡量这个人的受害程度。他们发现（你肯定也猜到了）如果受害者受伤的商店是他不常去的那家，而不是他常去的那家，他得到的赔偿会更多。人们自然会想“要是他去的是常去的那家店就……”，正是这种想法引起了辛酸这种与事实相反的感觉。我们熟悉的系统 1 的替代机制和强度匹配机制将受试者对故事的情感反应强度转化为金钱的多少，创造了巨大的金钱价值差异。

两项实验对比鲜明。几乎所有将两种情况放到一起来看的人（被试内设计）都认同这一原则：辛酸不是一个合理的考虑。不幸的是，只有在将两种情况放到一起看时，才能得出这个原则，而在现实生活中，这两种情况不可能同时发生。我们通常用被视间设计体验生活，在这种模式中，可能改变你想法的截然不同的方案并不存在，当然，还有眼见即为事实。因此，你的道德观不一定能支配你的情感反应，并且从内心角度看，在不同情况下大脑生成的道德直觉是不一致的。

在抢劫案中，单一评估和联合评估的不一致属于判断和抉择中的逆转。偏好逆转 19 世纪 70 年代被首次提出，此后几年，其他方面的逆转也相继被提出来。

挑战经济学

偏好逆转在心理学家和经济学家的对话中有着重要的地位。引起注意的逆转是由萨拉·利希滕斯坦和保罗·斯洛维奇提出的，他们都是心理学家，在密歇根大学做毕业设计时，他们和阿莫斯是同一届的。他们就赌注的偏好逆转做了项实验，关于该实验，我会做简要说明。

> 将有 36 格的轮盘转两次，你可以在两个赌注中选择一个。
>
> 赌注 A：11/36 的概率赢得 160 美元，25/36 的概率损失 15 美元。
>
> 赌注 B：35/36 的概率赢得 40 美元，1/36 的概率损失 10 美元。

你可以在无风险和有风险的赌注间选择：一个几乎肯定会赢，但赢的不多；另一个是赢的概率小，但可以赢一大笔，还有很大可能会输钱。

现在请单独考虑每个赌注：如果你是该赌注的持有者，你最低会以多少钱卖掉它？记住，你不是在和别人讨价还价，你的任务是，决定你在真的愿意放弃这一赌注时，可以接受的最低价钱是多少。你来尝试一下，你可能会发现，在这项任务中，赢得的钱数尤为突出，你对赌注的评估被锚定在了其价值上。A 赌注支撑这一猜想的结论和卖价都要比 B 赌注的好。这就是偏好逆转，即人们会选择 B 而不是 A。不过，如果他们只能在其中选一个，他们会认为 A 比 B 有更高的价值。就像抢劫案中的那种情况，偏好逆转之所以会发生，是因为联合评估将注意力集中到了情况的一个方面上，即 A 赌注没有 B 稳妥，而这点在单一评估中没那么突出。在单一评估中，导致选项判断差异的特征——受害者在错误的商店的辛酸和对金钱补偿的锚定——在联合评估选项时是被抑制或不相关的。系统 1 的情绪反应更有可能决定单一评估；而在联合评估中进行的对比总是涉及更仔细、更费力的评估，这就需要系统 2 的参与。

偏好逆转可在被试内设计的实验中得到证实。在这个实验中，受试者对很多商品做出两套定价并从中做出选择。受试者都没有意识到自己选择时的不一致性，而且在面对这种不一致性时，他们的反应很好笑。1968 年，萨拉·利希滕斯坦曾采访该实验中的一名受试者，这次采访堪称业界经久不衰的经典。萨拉和这个困惑的受试者（该受试者后来又愿意花一笔钱放弃自己刚选择的赌注，选择自己刚放弃的赌注，而且他多次改变主意）进行了详细的交谈。

理性的经济人当然不易受偏好逆转的影响，因而偏好逆转现象被视为对理性因素模式以及建立在理性因素模式之上的标准经济理论的一种挑战。这种挑战本可以被忽略，却没有。就在偏好逆转现象被报道的前几年，有两位知名的经济学家戴维·格雷瑟和查尔斯·普洛特在《美国经济评论》上发表了一篇文章，其中就对利希滕斯坦和斯洛维奇所描述的现象谈了自己的研究。这也许是实验心理学家第一次做出引起经济学家关注的发现。对于学术论文来说，格雷瑟和普洛特的文章简介部分写得有些夸张，他们的意图很明确："经济学家应该对心理学感兴趣，而且正是心理学领域构建起了数据和理论体系。从表面价值的角度来看，数据与偏好理论并不一致，而且会就研究重点生成更多经济学上的含义启示……本论文报告了一系列旨在质疑心理学家应用于经济学领域的研究成果的实验结果。"

格雷瑟和普洛特列出了 13 种理论来解释最初的发现，并指出了精心设计的、可测试这些理论的实验。他们提出很多假设，其中一种（当然心理学家会认为这种假设有些做作）是实验的结果本应该是心理学家得出来的！最后只有一种假设经受住了检验，即心理学家是正确的。格雷瑟和普洛特承认，从标准偏好理论来看，这种假设是最不令人满意的，因为"它允许个人的选择取决于做出选择时的环境"，这显然与一致性学说相悖。

你可能会觉得，这一惊人的结果质疑了经济学家的理论基础假设，会引起经济学家的自我反思。但在社会科学领域中，包括心理学和经济学，事情不应该是这样发展的。理论基础应该是强有力的，而且要质疑某一既定的理论，只有一项发现是不够的。事实上，格雷瑟和普洛特那篇直言不讳的文章对经济学家（可能也包括格雷瑟和普洛特）的信念几乎没有直接的影响。不过，这篇文章促使经济学家更愿意认真对待心理学研究，从而极大地推动了两个学科的跨界交流。

分类

“约翰高吗？”如果约翰高5英尺，你的回答就会取决于他的年龄。如果他6岁，他自然是很高；如果他16岁，这个身高就算矮的了。你的系统1会自动检索相关信息，同时，你对高的概念也会随之调整。你还会根据类别来匹配各项参数，比如回答“在餐馆里吃饭，多少钱的一顿饭可以和约翰的身高相匹配”，你的回答会取决于约翰的年龄，即如果他16岁，这顿饭就比他6岁时更便宜。

但是，请看下面的说法：

约翰6岁，他身高5英尺。

吉姆16岁，他身高5.1英尺。

在单一评估中，由于每个人的参照标准不一样，大家都会觉得约翰很高，而吉姆不高。如果你需要对比，比如“约翰是和吉姆一样高吗”，你会回答不是。这个问题不会引起疑问，也没有模糊不清的地方。不过，在其他情况下，物体和事件获取它们各自的比较情境的过程，可能会导致人们在严肃事项上做出不一致的选择。

你不应该形成单一评价和综合评价总是不一致的印象，也不应该认为判断完全是混乱的。我们生活的这个世界有多个范畴，因为我们有标准，例如，6岁的孩子或桌子。判断和偏好在同一种类中是一致的，但当事物从属于不同的种类时，选择可能就是不一致的。例如以下3个问题的答案：

你喜欢苹果还是桃？

你喜欢牛排还是炖菜？

你喜欢苹果还是牛排？

第一个问题和第二个问题中的事物属于同一个种类，你能立即回答出自己喜欢哪一个。此外，你可以从单一评估（“你有多喜欢苹果”和“你有多喜欢桃子”）中得到自己的喜好评价，因为苹果和桃子都是水果。由于不同的水果是通过相同的标准进行对比的，在单一评估和联合评估中，每种水果都可以直接进行对比，因而也就不存在偏好逆转了。与种类之内的问题不同的是，苹果和牛排的对比没有固定的回答。苹果和牛排与苹果和桃子不同，从本质上讲，它们是不可以相互替换的，它们也不能满足同样的需求。有时你想吃牛排，有时又想吃苹果，但你很少会在想吃苹果时说吃牛排也一样，或者在想吃牛排时说吃苹果也一样。

假设你收到一封自己信赖的组织发来的电子邮件，要求你对某一事业做出贡献：

很多繁殖海豚的地方都受到了污染的威胁，这导致海豚的数量减少。一个由私人捐献的特殊基金会成立了，它将给海豚提供无污染的繁殖区。

这个问题能引发什么样的联想？你是否意识到你的脑中闪现了相关事业的想法和记忆？你很可能会想起保护濒危动物的工程。你的系统 1 会自动评估其好坏，并对海豚在濒危动物中的排名生成一个大致的印象。海豚要比雪貂、蜗牛或鲤鱼这样的动物更惹人喜爱——也就是说，海豚比大脑自动进行对比的动物更受欢迎。

你必须回答的问题不是你是否更喜欢鲤鱼，你需要对此进行美元价值评估。当然，你可以从以往的经验中知道你从未对这种要求做出过回应。设想你就是对这种要求做出贡献的人。

和其他难题一样，对美元价值的评估可以用替代和强度匹配来解决。美元的问题是很难，但可以通过更简单的问题来回答。因为你喜欢海豚，你很可能会觉得拯救海豚是项善举。下一步（也是自动进行的一步），你会将你对海豚的喜爱程度用贡献的大小来表达。你对自己以前对环境事业做出的贡献有一定的了解，这份贡献与你对政治或母校足球队的贡献有所不同。你知道对自己来说多少钱是份“巨大的贡献”，多少钱是“大贡献”或“一般贡献”，又或是“小贡献”。你对不同动物的态度也有所不同（从“非常喜欢”到“一点儿都不喜欢”）。因此你也能将自己的态度用美元价值来表达，自动从“非常大”到“较大”再到几美元。

在另一种情况下，你接手了另一种诉求：

> 农场工人要在阳光下暴晒多个小时，他们患皮肤癌的概率要比一般人高很多。定期体检可以降低其风险。现在要设立一个基金会，支持对受到威胁的农场工人进行体检。

这是个紧急的问题吗？你在评估紧急事件的时候，这件事属于哪种类别呢？如果你自主地将这件事归为公共卫生问题，你很可能会发现农场工人患皮肤癌的风险在这些公共卫生问题中排名不是很靠前——它的排名相对于濒危动物中海豚的排名来说，肯定会靠后。若将皮肤癌问题的相关重要性用美元价值来表示的话，你对其做出的贡献就会比对濒危动物的贡献要小。在实验中，海豚在单一评估中吸引到的贡献量要比农场工人吸引到的多。

其次，思考联合评估中的这两个例子。在这两个例子中，是海豚还是农场工人应该得到更大的那笔捐款？联合评估关注了单一评估没有注意到的一点特征，这一发现被认为是决定性因素：农场工人是人，海豚不是。你当然认识到了这一点，但这一点在单一评估中在人们做出判断时是不相关的。“海豚不是人”这一事实没有引起人们的注意，是因为人脑被激活的所有事情都具备这一特点。“农场工人是人”这一事实没有在脑中浮现是因为所有的公共卫生问题涉及的都是人。单一评估的窄框架使得海豚有更高的强度得分，通过强度匹配，海豚相应会得到更多的捐款。联合评估改变了事情的表述：这一“人 vs 动物”的特点只有在将两者综合起来看时才会凸显出来。在联合评估中，人们对农场工人表现出偏好，并愿意捐献更多，比保护可爱的动物要捐得多。在打赌和抢劫案射杀人的例子中，单一评估和联合评估是不一致的。

芝加哥大学的奚恺元对下面这个同等类型的偏好逆转例子做出了贡献。被评估的对象是二手音乐词典。

	词典 A	词典 B
出版年份	1993	1993
词条数	10 000	20 000
情况	较新	封皮已毁，其他的地方很新

在单一评估中，词典 A 更有价值，当然，偏向在联合评估中会改变。其结果正好表明了奚恺元的可评价性假设，即词条数在单一评估中没有价值，因为数量本身是没有价值的。而在联合评估中，这一点显然使词典 B 更具吸引力，而且词条数比封皮

状况更重要。

不公平的逆转

我们有理由相信，公正的管理在不同领域中受可预测的不一致性的影响。其中的证据部分可从实验中获得，比如对模拟陪审团的研究，部分可从对立法、管理和诉讼模式的观察研究中获得。

一项实验从得克萨斯州的陪审团中挑出了模拟陪审员，并要求他们去评估几起民事案件的惩罚性赔偿。这些案件是两个为一组呈上来的，其中一个案件提出人身赔偿，另一个案件是经济损失。模拟陪审员首先评估了其中一个案件，然后他们看了同组中的另一个案件，他们将进行对比。下面是关于一组案件的总结：

> 案例 1：某个孩子在玩火柴时不小心点着了自己的睡衣，造成中度烧伤。生产这种睡衣的公司没有将这种睡衣做得足够耐燃。
>
> 案例 2：由于某家银行的不慎处理，另一家银行损失了 1 000 万美元。

一半的受试者在将两个案例进行联合评估时，会先评判案例 1（用单一评估）。其他的受试者在评估时，会将案件的顺序颠倒过来。在单一评估时，陪审员判给诈骗银行的惩罚性赔偿要比判给烧伤孩子的高，很可能是因为诈骗银行的案例涉及的金额更大，是个高锚定。

然而，综合看案件时，对受害个体的同情心会比锚定效应占更大的影响比重，因而，陪审员判给孩子的赔偿金要比判给诈骗银行的高。平均来看几组这样的案件，在联合评估中，人身伤害的受害者所得的赔偿是在单一评估中得到的赔偿的两倍。只看到孩子烧伤案件的陪审员做出的决定和他们的感觉相匹配。他们不能预料到，在给予那家金融机构一大笔赔偿金的情况下，给孩子的赔偿金会显得不够。在联合评估中，关于银行的惩罚性赔偿金仍然锚定在损失上，而给烧伤孩子的赔偿金却有所提升，这反映出陪审员对因疏忽而导致孩子受伤的愤怒。

我们可以看到，理性通常会受到更广泛、更综合的框架的限制，而且联合评估显然比单一评估更广泛。当然，当控制你所看到的东西的人对你所选择的东西有既得利益时，你应该在联合评估时谨慎些。售货员很快就意识到改变购物环境能影响顾客的偏好。除了故意的改变，你可以设想在判断时用对比的方法（一定会包括系统 2）会比单一评估更稳定，单一评估常会反映出系统 1 的情绪反应强度。我们希望任何想要得出周全判断的机构都能在评估单个案件时，为所做的判断提供更广泛的背景。我从卡斯·桑斯坦那儿了解到评估惩罚性赔偿的陪审员明显未能考虑到其他案例，这让我很惊讶。法律体系和心理学常识不同，法律判决更倾向于单一评估。

在另一项关于法律体系不一致的研究中，桑斯坦对比了不同美国政府部门实施的行政处罚，包括美国职业安全与健康管理局和环境保护局。他总结道："在分类范围内，惩罚似乎是理智的，至少更严重的伤害会受到更严厉的惩罚。对于违背职业安全与健康的行为，最重的惩罚是对一再违反行为的惩罚，其次是对故意和严重的违反行为的惩罚，最轻的是对未能保持其良好记录的行为的惩罚。"然而，即使不同部门惩罚的力度不一样，你也不会感到惊讶，因为不同部门的惩罚反映了其特有的政治和历史，而不是反映了所有地方都关心的公正。工人“严重违反”安全原则最多罚款 7 000 美元；而违反《野生鸟类保护法》的人可能会被处以高达 2.5 万美元的罚款。每个部门制定的罚款与该部门制定的其他罚款相比都是明智的，但将不同部门的罚款对比就显得很奇怪了。就像本章的其他例子，只有将两个案例放在一个大框架下，你才能看出其中的奇怪之处。同种类的行政处罚系统是具有一致性的，但与其他种类综合起来看，却是不一致的。

示例——逆转

我对英国的热量单位没有什么概念，但在看到空调装置的改变后，我对此就有所了解了。联合评估非常重要。

你认为这个演讲非常成功，那是因为你将这个演讲和她的其他演讲做了对比。要是和其他人对比的话，她仍然不怎么样。

当你将框架放大时，你就会做出更明智的决策，事实往往如此。

当你单独看某件事时，你很容易受系统 1 的情感反应的支配。

第 34 章

框架与现实

2006 年世界杯总决赛是意大利队和法国队之间的较量。“意大利队赢了”，“法国队输了”，两个句子描述了这场比赛的结果，这两句含义相同吗？回答要看怎么理解“含义”这个词了。

从逻辑推理的角度来看，这两个描述比赛结果的句子是可以互换的，因为它们所指的状况相同。正如哲学家说的，它们的真值条件是相同的：如果其中一个句子是正确的，那么另一个也是正确的。这正是经济人理解事情的办法。经济人的观点和偏好都是基于现实的，尤其是他们选择的对象——都是对这个世界的陈述，而且他们不会受到陈述所用字眼的影响。

含义还有另一层观念，在这层观念中“意大利队赢了”和“法国队输了”的意思并不相同。在这层观念中，对某个句子含义的理解发生在你的联想机制中。这两个句子引发了不同的联想。“意大利队赢了”让人们想起了意大利队，以及该队为了赢得比赛所做的努力。“法国队输了”会让人们想起法国队，还有法国队为什么会失败，包括法国队的球星齐达内用头撞了意大利队队员。这两句话引起大脑的联想，即系统 1 如何对此反应，这确实有不同的“含义”。逻辑上相同的陈述引发了不同的反应，这一事实使得人们无法像经济人那样可靠且有理性。

情感的框架效应

阿莫斯和我将框架效应运用到了研究构想对信念和偏好的不公平影响中。以下就是我们曾使用的一个例子：

若某赌注有 10% 的概率赢得 95 美元，有 90% 的概率损失 5 美元，你会接受这个赌注吗？

若某彩票有 10% 的概率赢得 100 美元，有 90% 的概率什么都得不到，你愿意花 5 美元买这张彩票吗？

首先，要花点儿时间弄明白这两个问题是相同的。在这两个问题中，你都要决定是否接受某一不确定的可能，即拿到 95 美元或损失 5 美元。有人做选择会基于理性，他们会给出两个相同的答案，但这样的人是少数。事实上，有一个问题引起了很多正面的答复，这个问题是第二个。一个不好的结果如果被框定为不会赢的彩票的成本，比被简单地描述成输掉一个赌注更易被接受。

我们对以下这个说法不应该感到惊讶：损失能比成本引起更强烈的负面感觉。选择不是基于现实的，因为系统 1 就不是基于现实的。

从理查德·塞勒那儿学到的东西影响了我们构建的问题。塞勒告诉我们，当他还是个研究生时，他就在一块木板上钉了一张卡片，上面写着：成本就是没有损失。他在早期研究消费行为的文章中讲了一次争辩，那次争辩是关于加油站是否可以向用现金或信用卡付款的人收取不同的价钱。用信用卡支付的人强烈坚持，不同的价格是不合法的，但也有可商量的余地：只要价钱上的不同是现金折扣，而不是信用卡附加费。他们的心理信念是合理的：相对于附加费来说，人们更容易放弃折扣。附加费和折扣也许在钱数上来看是相等的，但它们在情感上是不等的。

在某项实验中，伦敦大学的一组神经科学家将框架效应的研究和大脑不同位置的活动记录相联系。为了得到大脑反应的可靠测量值，实验做了很多次尝试。图 14 表明了其中一次尝试的两个阶段。

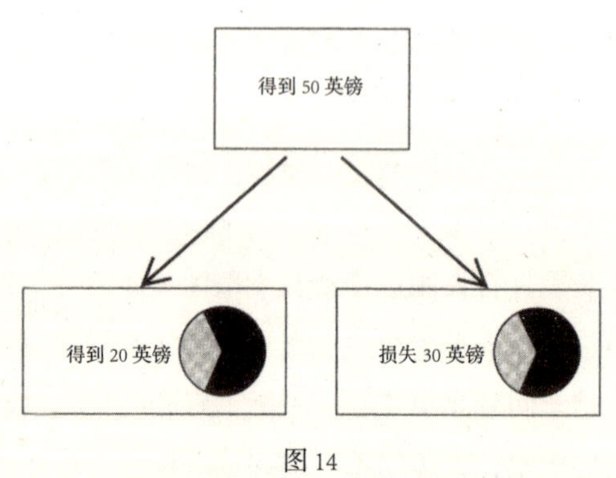

图 14

第一，要求受试者想象自己收到了一笔钱，在此例子中是50英镑。

然后要求受试者在肯定的结果和在轮盘赌中做出选择。如果轮盘指针停在了白色区域，她就会“得到”全部的钱；如果指针停在黑色区域，那么她什么都得不到了。赌博的预期值当然是确定的结果，在这个例子中就是得到20英镑。

正如图14显示的那样，同样的确定结果可以被架构成两种不同的方式，即得到20英镑或损失30英镑。客观的结果在两个框架下完全相同，而且基于现实的经济人会以相同的方式对这两个结果做出反应（不管框架的限制，只是选择确定的事情或赌一把），但我们已经知道，人类大脑不会受限于现实。是接近还是逃避是经由文字引起的，而且当获得是确定的时候，系统1便会偏向于获得；若损失是确定，系统1便会规避损失。

实验人员做了很多尝试，而且每位受试者都需要在获得和损失的框架内解决几个选择问题。正如预期的那样，20位受试者都表现出了框架效应：在获得的框架下，他们更愿意选择确定的事；在损失的框架下，他们更愿意选择赌一把。但是，受试者不都是这个样子的。有些人易受问题框架的影响；而有些人不管框架，但他们做出的选择几乎和基于现实的人做出的选择一样。实验者相应地对20位受试者进行排序，并给这个排序一个惊人的标签：合理指数。

受试者做每个决策时，大脑活动都被记录了下来。然后，他们所做的尝试被分为两组：

1. 受试者的选择遵从框架的尝试。

· 在获得时，偏向确定的事。

· 在损失时，偏向赌一把。

2. 受试者的选择不遵从框架的尝试。

惊人的结果让人们看到了神经经济学这一新兴学科的潜质，即研究在人们做决策时的大脑活动。神经经济学家做了上千种这样的实验，而且他们了解到：大脑特定区域的"活跃"（表明氧气需求量增大，即神经活动加强）取决于任务本身。在个人专心于某一视觉对象、在幻想中踢足球、识别一张脸或者思考一所房子时，大脑的不同区域会变得活跃。当个人有某种情感共鸣、情感冲突或注意力集中于解决某个难题时，大脑的其他区域会变得活跃。尽管神经科学家出于谨慎，没有使用"大脑的这种模式会……"这种说法，但他们对于不同大脑区域的"个性"已经很了解了，而且知道大脑活动对心理解释的分析已经大有进展。对框架的研究产生了三个主要的发现：

- 在受试者的选择和框架相一致时，与情绪激发相联系的大脑区域（杏仁核）会很活跃。如果饱含情感的词语"获得"和"失去"会产生一种接近确定事件（当该确定事件被架构成获得时）或避免确定事件（当该确定事件被架构成损失时）的直接倾向，那么这就会像我们期望的那样。因为情绪刺激词的缘故，杏仁核可被快速访问——这点很可疑，很有可能是因为系统 1 的参与。
- 在受试者没有顺从自己的意识时（即他们在已知确定的事是损失时，依然选择确定的事），和矛盾以及自我控制相联系的大脑区域（前扣带回）会更活跃。拒绝系统 1 参与其中，显然会产生矛盾。

- 最“理性的”受试者，即那些最不易受框架效应影响的人，大脑额叶区的活动会加强，该区域可将情绪和引导做出决策的理性联系起来。我可以从中明显地看出来，“理性的”个体不会都显示出强有力的神经冲突。似乎这些理性的受试者都是（经常，并非总是）基于现实做出决策的，少有冲突。

这项研究通过把对真实选择的观察和神经活动的测量联合起来，对文字如何引起情绪反应，并“泄露”出最后的选择做出了很好的说明。

阿莫斯和他的同事在哈佛医学院做的一项实验是关于情感框架的一个经典的例子。受试者都是医生，实验者给受试者看了两种肺癌治疗结果的数据，分别是手术治疗和放射治疗。手术治疗可保证有5年的存活时间，因此，大家都愿意选择手术，但在短期内，手术要比放射治疗的风险更大。一半的受试者读到了关于存活率的数据，其他人收到了关于死亡率的相关信息。对手术短期结果的两种描述是：

第一个月的存活率是90%。

在第一个月里，有10%的死亡率。

你已经知道了结果：在第一个框架下（84%的医生选择了它），手术治疗要比在第二个框架下（50%的受试者选择放射治疗）更受欢迎。两种描述的逻辑等价很明显，而且基于现实的决策制定者会做出同样的选择，不管她看到的是哪种描述。不过，我们都知道，系统1对于引起情绪的文字很敏感，在第二个描述中，死亡率就是会引起负面情绪的词，而存活率是引发正面情绪的词；90% 的存活率听上去让人心安，而 10% 的死亡率却让人感到恐惧。这项研究的一个重要发现是，医生和对医学涉猎不深的人（比如患者和商学院的研究生）一样，也容易受到框架效应的影响。显然，医学培训也阻挡不了框架效应的出现。

“获得—损失”研究和“存活率—死亡率”的研究没有什么本质的不同。参与脑成像研究的受试者在许多实验中遇到了不同的框架。他们能够认识到框架有分散注意力的作用，而且通过采用一个共同的框架，或者将“损失”转换成等量的“获得”，可使问题变得简单些。聪明的人（和机警的系统 2）也需要学一学，而且有专长的几位受试者也会出现在实验者发现的“理性的”人中。相反，在存活率框架下读到关于两种治疗数据的医生，没理由怀疑自己若在死亡率框架下读到相同的数据会做出不同的选择。重新架构是要付出努力的，而且系统 2 通常很懒惰。除非有明显的理由不这么做，否则，大多数人都会被动地接受在框架下的决策问题，因此很少有机会发现我们的偏好在多大程度上受框架的约束而不是受现实的约束。

空洞的直觉

阿莫斯和我通过一个例子来引入我们对框架问题的讨论，这个例子被认为是“亚洲病害问题”。

> 假设美国正为一场来自亚洲的异常疾病做准备，这场疾病估计会夺取 600 人的性命。为战胜这一疾病，我们提出了两种方案。假设对方案结果准确的科学估测如下：

如果采用了方案 A，200 人会获救。

如果采用了方案 B，有 1/3 的可能会救 600 人，有 2/3 的可能一个人都救不了。

很多受试者都会选择方案 A：他们更愿意选择确定的选项，而不想赌一把。

方案的结果在第二种说法中有了不同的框架：

如果采用了方案 A'，400 人会死。

如果采用了方案 B'，有 1/3 的可能没人会死，有 2/3 的可能 600 人都会死。

请仔细看并对比两种说法：方案 A 和 A' 的结果是相同的，方案 B 和 B' 的结果也是相同的。然而在第二个框架下，很多人都选择赌一把。

在两种框架下，不同的选择都符合前景理论。在前景理论中，根据结果的好坏，我们在打赌还是确定的事之间的选择上也会不同。当结果是正面的时候，决策制定者更愿意选择确定的事（他们是风险规避者）；当结果都是负面的时候，他们更愿意拒绝确定的事，愿意赌一把（他们会冒险）。在涉及钱的领域，这些结论为选择赌一把还是确定的事提供了很好的依据。疾病问题显示出，当结果关乎生命时，同样的原则也适用。在这个情况下，框架实验显示：对风险规避或冒险的偏向都不是基于现实的。相同目标结果之间的偏向会因不同的表述而反转。

阿莫斯曾跟我说过他的某次体验，这次体验使得我们的故事更值得被关注。阿莫斯受邀为一组公共卫生专家做演讲，这些专家要对疫苗和其他项目做出决策。他利用这个机会让这些医生关注“亚洲病害问题”：一半的人看的是“拯救生命”的那个说法，而其他人回答的是关于“失去生命”的说法。如普通人一样，这些专家也易受到框架效应的影响。制定健康决策的专家也会被表面现象左右，这的确让人焦虑，但我们必须适应重要的决策也受系统 1 影响（而不是掌控）的事实。

更让人苦恼的是，人们在面对自身不一致时所发生的事情：“你在一种指定情况下选择肯定能拯救 200 条性命的选项；在另一种情况下，选择赌一把而不是接受丢失 400 条性命的事实。现在，你知道这些选择是不一致的，你要怎么抉择呢？”回答常是让人窘迫的沉默。做出原始选择的直觉来自系统 1，而且并没有比偏爱获得 20 英镑而规避损失 30 英镑存在更多的道德偏见。确定能拯救性命当然是好事，死亡是大家都不愿看到的。大多数人都发现，他们的系统 2 在回答这些问题时没有道德直觉。

我对伟大的经济学家托马斯·谢林心存感激，他为框架效应提供了一个很好的例子，他在《选择与后果》一书中描述了这个例子。在我们开始对框架进行研究前，谢林的书就已出版了，框架效应并不是他主要讨论的问题。他提到了在哈佛大学肯尼迪学院授课的经验，他授课的内容是税法中儿童的免征额问题。谢林告诉他的学生说，每个孩子都应有标准的免征额，而且免征总额和纳税人的收入是不相关的。他问学生对下面这个问题有何看法：

富人的生育免税额是不是应该比穷人的更高？

你的直觉会和谢林的学生的直觉很相似，即认为给富人更大的免税额是不可接受的。谢林之后指出，税法的制定是恣意的。现有税法认定没有孩子的家庭是默认情况，每多生一个孩子，就多享有一些免税额。当然，税法也可以将另一种情况视为默认值，比如设定一个有两个孩子的家庭为默认情况。在这种情况下，有比默认情况中的孩子数量少的家庭就要额外缴纳免税额了。谢林又问他的学生对于另一情况的看法：

> 没有孩子的贫穷家庭是否要和没有孩子的富人家庭缴纳同样多的附加费？

对此问题，你可能还会有和谢林的学生同样的反应，即和对第一个问题的反应一样，持强烈否定态度。但谢林告诉他的学生，从逻辑上讲，他们不应该对这两个问题都持否定态度。综观这两种情况，对第一个问题来说，与没有孩子的家庭相比，有两个孩子的家庭相当于减税。但对于第二个问题来说，与没有孩子相比，有两个孩子相当于增税。如果在第一个问题中，你想要穷人因为多生孩子而享受到与富人多生孩子相同（或更大）的好处，那么你也该认为，穷人必须因为没有孩子而付出至少与没有孩子的富人相同的金钱。

我们能看到，系统 1 在其中发挥了作用。它能对贫富问题产生快速的反应：在不确定的时候，你会倾向于穷人。谢林的问题令人意外的一点是，道德原则在其中没有发挥作用。对于同样的问题，受问题框架影响，道德原则往往会生成相互矛盾的回答。当然，你已经知道下一个问题会是什么了。你已经了解到你对问题的反应受到框架的影响，那么请你回答这个问题：税法应如何对待贫富两种家庭的儿童？

现在，你一定已经瞠目结舌了。对于穷人和富人间的不同，你有道德直觉，但这些直觉依赖于任意的参照点，而且它们并不是真正的问题所在。关于世界上真实情况的问题是每个家庭应该缴纳多少税，以及如何填写免税代码。你没有能指导自己解决这些问题的强有力的道德直觉。你的道德感觉与框架相联系，与对实际情况的描述相联系，而不是实际情况本身。关于框架本质的描述是很刻板的：框架不应该被视为一种掩饰或曲解了潜在偏向的干预。至少在这个例子（以及亚洲病害问题和是手术治疗肺癌还是化疗的问题）中，没有被框架掩饰或曲解的潜在偏向。我们的偏向是关于被架构的问题，且我们的道德直觉是关于描述的，而不是关于其实质的。

好框架

不是所有的框架都是平等的，而且有些框架显然比其他对相同问题的描述（或思考）的框架要好。请看下面这组问题：

一位女士买了两张价格为 80 美元的电影票。当她到了电影院时，打开钱包却发现票不见了。她会再买两张票吗？

一位女士到了电影院，本来想买两张 80 美元的票，但排到时，她打开钱包却发现用来买票的 160 美元不见了。她可以用信用卡买票，但你觉得她会买吗？

基于框架效应，看到此问题不同版本的受试者会得出不同的结论。大多数人都会认为，第一个故事中的那位女士如果丢了票会回家，不看电影了。而且大多数人相信，如果她亏了钱，她将会购票看电影。

其中的解释大家应该已经很熟悉了，这个问题涵盖了心理账户和沉没成本悖论。不同的框架会触发不同的心理账户，且损失的严重性如何要看其指向的账户。若看某场表演的票丢了，人们很自然地会将损失指向“表演”这个账户。损失显然已经翻倍了，且远超其应有的价值。相反，丢掉的钱会被记在“一般收入”的账户上：她会想电影院的常客比自己更穷，而且她会自问，自己可支配财富的减少是否会改变自己买票的决定。多数受试者都认为不会。

丢钱的版本会导致更合理的决策，产生更好的框架，因为损失已经（即使票丢了）“沉没”了，且沉没成本应该被忽略。已发生的事是不相关的，唯一要紧的事是电影院常客现有的选择及其可能的结果。无论她损失什么，相关事实是她在打开钱包前损失了些钱。如果丢票的人要问我的意见，我会说：“如果你丢了同等价值的钱，你还会再买票吗？如果会，就请再去买票吧。”更广泛的框架和更多情况的账户往往会导致更理性的决策。

在下面这个例子中，两种框架引起了不同的数学直觉，其中一个比另一个更好。在2008年《科学》杂志《每加仑[1]汽油所跑英里数的错觉》的文章中，心理学家理查德·拉里克和杰克·索尔提供了一个案例，案例显示，被动地接受错误的框架会产生高昂的成本和严重的政策后果。很多买车的人都列出了每辆车每英里所需的汽油量，并将其视为影响他们决策的一个因素。他们知道高里程车的成本都较低。但美国常用的框架，即每加仑汽油能

1. 1加仑≈4.546升。——编者注

跑的英里数，却将个人和政策制定者引向了一个糟糕的方向。请看下面这两位想要降低其成本的车主：

> 亚当原来的车耗油，每加仑汽油能跑 12 英里，现在他换了一辆更省油的车，每加仑汽油能跑 14 英里。
>
> 贝斯爱护环境，她把原来每加仑汽油跑 30 英里的车换成了每加仑汽油跑 40 英里的车。

假设这两位司机一年的行程是相同的。换了车之后，谁的车更省油？你的直觉可能会和大多数人一样，几乎会肯定地认为贝斯比亚当更省油：她每加仑汽油多跑 10 英里，而不是 2 英里，也就是说，她省了 1/3（从 30 英里提升到 40 英里）而不是 1/6（从 12 英里提升到 14 英里）。现在，请启动你的系统 2 算一算。如果两位车主都行驶了 1 万英里，亚当就是从 833 加仑减至 714 加仑，共省了 119 加仑。贝斯的耗油量就会从 333 加仑降到 250 加仑，只省了 83 加仑。每加仑汽油行驶的英里数的框架是错误的，应该用每英里耗油量框架（或每 100 英里耗油量框架，这在其他国家应用得较广泛）来代替。正如拉里克和索尔提出的，由每加仑行驶路程引起的错误直觉很容易误导政策制定者和买车的人。

卡斯·桑斯坦在奥巴马政府中任信息与监管事务办公室主任。和理查德·塞勒一起合著了《助推》一书，该书是将行为经济学应用于政策的基本手册。恰巧，从 2013 年开始，每辆新车上都会贴上“节约燃料和环保”的标志，而且此标志还包含每英里耗油量，这在美国尚属首次。不过，正确的构想框架都是用小字体排印的，而我们所熟悉的每加仑耗油量的信息却用大字体排印，但无论如何，大致的方向还是正确的。从《每加仑汽油所跑英里数的错觉》的发表到美国实施那个部分正确的改革的5年，也许是心理科学应用于公共政策的重要时期。

很多国家的驾照上都有关于意外死亡后是否愿意捐献器官的标注。这则标注的构想又是另一回事了，在此，一种框架要比另一种框架更优越。很少有人会质疑是否愿意捐献器官的决定是不重要的，但有证据显示，大多数人会草率地做出决定。这个证据来自欧洲各个国家器官捐献率的对比（此对比显示出邻近的且文化相似的国家有着惊人的不同）。2003年发表的一篇文章表示，器官捐献率在奥地利接近100%，在德国有12%，在瑞典有86%，而在丹麦只有4%。

这些巨大的不同就是一种框架效应，是由这个关键问题的模式引发的。高捐献率的国家要填决定不捐献的表格，不想捐献的人一定要填上某一项，如果他们不这么做了，则被认为是自愿的捐献者。低捐献率的国家要填决定捐献的表格，你必须填上某一项，才能成为捐献者，这就足够了。预言人们是否会捐献自己器官的最好且唯一的标志是默认选项的设计，这个设计不用勾选某项内容就可以被采用。

器官捐献效应与系统1控制下的框架效应不同，它可以用系统2的懒惰给出很好的解释。若人们已经决定自己想干什么，会勾选这一项；如果他们还没有想好，则会想想是否要勾选这一项。我认为，人们要填的这张是否愿意捐献的表格与他们的决定相对应。我将器官移植表想象成要求人们解决算术问题：2+2=？另一项又有另一个问题：13×37=？捐献率当然会受到这些数字的影响。

当构想的作用得到认可后，一个政策问题产生了：应该采用哪种构想呢？在这个问题中，回答很明显。如果你相信大量捐献器官对这个社会有好处，你就不会在有 100% 捐献率的情形和有 4% 的司机的捐献率的情形间保持中立立场。

从这些例子中我们能反复看到，某个重要的决定是受该情况下完全无关紧要的特征的控制的。这似乎令人很困窘——这不是我们想要的做出重要决定的办法。而且，这也不是我们想要体验到的大脑的工作方式，但这些认知错觉的实例确实是不容诋毁的。

这是一个反对理性代理理论的观点。一个名副其实的理论可以确定某些事件是不可能的——理论如果是正确的，某些事件就不会发生。当观察到“不可能”的事件发生时，该理论就是被伪造的。当有确切证据证明理论是虚假时，理论也还是会存在很长时间，理性代理理论模式当然也能经受住我们看到的和许多其他证据的检验。

器官捐献的例子表明了人类理性对现实世界有很大的影响。理性代理模式的信从者和怀疑者之间一个重要不同是，信从者只会理所当然地认为，关于选择的构想不能决定人们对重要问题的偏向。即使在探讨这个重要问题时，他们也不会感兴趣，因此我们的决策常会有不好的结果。

对此，对理性持怀疑态度的人不会感到惊讶。他们对无关紧要的因素会成为偏向的决定因素比较敏感，我希望读到本书的人能有这种敏感。

示例——框架和现实

他们如果能对自己会得到多少钱而不是损失多少钱有个

框架，就会对将要发生的事有心理准备。

通过改变参照点来重新架构问题吧，假想我们不曾拥有某个东西，我们会认为它值多少钱呢？

对于损失，你要在大脑中将其引入“一般收入”，这样你就会感觉好一点儿！

他们要求你选中复选框以选择退出他们的邮件列表。他们如果要你勾选以表明加入，他们的邮件列表就会很短。

第五部分

两个自我

第 35 章

体验自我与记忆自我

一直以来，“效用”这个术语有两种不同的含义。杰里米·边沁在他的《道德与立法原理导论》中用了这样一句名言作为开头：“大自然让人类处于‘痛苦’和‘快乐’这两者的主宰下。它们指明了我们应该做什么，并决定了我们应该怎样做。”在这本书的脚注中，边沁为用“效用”来表示这些体验而道歉，说自己找不到更好的词了。为了和边沁对这个术语的解释区分开来，我现将称其为体验效用。

在过去的 100 年里，经济学家总会用同样的词去定义别的东西。经济学家和决策理论家在使用上面那个术语时，想要表达的是“想要能力”（wantability）这层意思，而我对此往往会用“决策效用”（decision utility）来表达。例如，期望效用理论就是控制决策效用的合理性原则，它与快乐体验没有关系。当然，人们如果想要的正巧是自己喜欢的，喜欢的也是自己所选择，“效用”的这两种含义就一致了。在经济主体都是理性的总体思路下，这种关于含义一致性的假设是内隐的。人们希望理性的经济行为人知道人们对现在和未来的看法，还希望他们做出将大众利益最大化的正确决定。

体验与记忆

我研究体验效用和决策效用之间可能存在的差异性已经很长的时间了。当我和阿莫斯致力于前景理论研究的时候，我设计了这样一道测试题：假设某人每天都要接受一次痛苦的注射。原计划注射 20 天，现减至 18 天，请问人们对这种减少的感觉与从 6 天减少到 4 天一样吗？

若不一样，你能说出理由吗？

我没有搜集结果数据，因为结果很明显。你也可以自己验证一下，若能将注射天数减少 1/3（即从 6 天减到 4 天），而不是 1/10（即从 20 天减到 18 天），人们往往愿意付出更多。在第一种情况下避免两次注射的决策效用要比在第二种情况下大，并且相较于第二种情况，人们愿意为第一种情况付出更多。但是，这种区别是荒谬的。如果痛苦每天都是一样的，那么就应该注射的次数而言，为两种减少的注射次数分配不同的效用又是何道理呢？用我们今天的话说，这个测验题告诉我们：体验效用可以用注射次数来衡量。而且，至少在某些情况下，体验效用可作为评估决策的标准。决策者若想得到同等的体验效用（或免于遭受同样的损失）却分配出不同的效用是种错误。你可能会发现这种情况很明显，但是在决策理论中，判断决策是否错误的唯一标准就是看这个决策和决策人的其他偏向是否一致。我和阿莫斯一起讨论了这个问题，但是我们没有深入研究。多年以后，我又开始思考这个问题。

怎样衡量体验效用？怎样回答像“在治疗过程中，海伦承受了多大的痛苦”，或者“她在沙滩上待了 20 分钟有多享受”这样的问题？英国经济学家弗朗西斯·埃奇沃思早在 19 世纪就对此类问题做了推测，并提出发明“快乐测量仪”的想法，这种仪器可衡量出一个人所经历的快乐或痛苦的大小。

体验效用是会变化的，就像每天的温度或气压那样，其结果将被绘制成时间函数。海伦在治疗过程中或在休假期间经受了怎样的痛苦或快乐就像“曲线下的区域”。时间在埃奇沃思的构想中起到了关键的作用。如果海伦在沙滩上待了 40 分钟而不是 20 分钟，并且她很享受，那么此时她的总体体验效用会翻倍。就像注射次数加倍会使治疗时注射的痛苦翻倍一样。这就是埃奇沃思理论，现在我们对于他的理论的构建情景有了更准确的理解。

图 15 是我和唐·雷德梅尔为一项研究而设计的，是关于两名患者经历的痛苦的结肠镜检查数据。雷德梅尔是多伦多大学的医生和研究者，早在 20 世纪 90 年代，他就将这项实验提出来了。现在，做这个手术常会辅用麻醉药物和健忘症药物，但是在我们搜集数据时，这些药物还未被广泛应用。在实验中，每 60 秒我们就要求这些患者说出他们当前的痛苦程度。这些数据用一个范

围的值来表示：0 表示“没有任何痛苦”，10 表示“无法忍受的痛苦”。正如你看到的，在此过程中，每个患者的体验都有很大的改变，患者 A 的体验持续了 8 分钟，患者 B 持续了 24 分钟。（过程结束时记录的数据则为 0）。此实验共有 154 位患者参加，最短的过程持续了 4 分钟，最长的有 69 分钟。

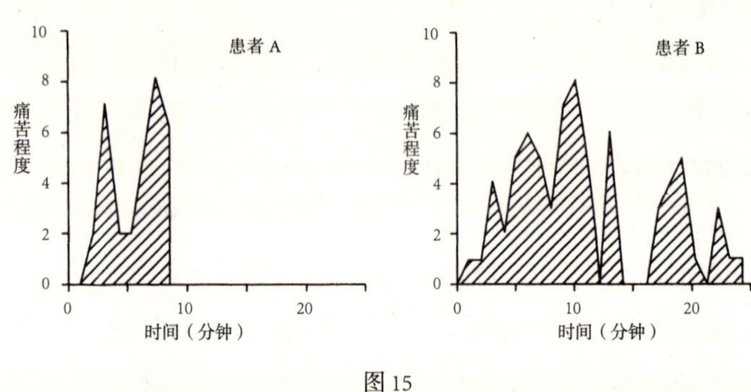

图 15

接下来请思考一个简单的问题：假设研究人员使用相似的疼痛范围值对两位患者的疼痛感进行测量，哪一位患者的疼痛感更强呢？无可争议，人们普遍认同患者 B 会承受更大的痛苦。在痛苦程度相同时，患者 B 不会比患者 A 承受的时间短，对于 B 来说，“曲线下的区域”显然比 A 的要大。当然，关键因素是 B 的痛苦持续时间更长。这些测量数据都来自瞬时疼痛的“快乐测量值”。

当实验结束时，我们要求受试者评估整个过程中感受到的“痛苦”。图中的文字是为了帮助受试者回想他们感受到的全部痛苦，以及进而产生的快乐测量值。令人惊讶的是，患者没参加过类似的实验。统计分析揭示了两个结果，解释了我们在其他实验中观察到的模式：

- 峰终定律：整体的回顾性评级可通过对最糟糕时期和最后时刻的疼痛程度的平均加权评估出来。
- 过程忽视：过程的持续对所有疼痛的评估没有任何影响。

现在，你可以将这些规则应用到患者 A 和患者 B 的情况中。最糟糕的评估（8~10）对这两位患者来说是相同的，但患者 A 在过程结束前的最后评估是 7，而患者 B 只是 1。因此，对于患者 A 来说，峰终的平均值是 7.5，而患者 B 只有 4.5。正如预期的那样，患者 A 在此期间比患者 B 更痛苦。对于患者 A 来说，结束时也是个糟糕的体验，这真的很不幸，他完全没有愉快的记忆。

我们现在陷入了困境：测量体验效用有两种方法，即快乐测量值和回顾性评级，但这两种方法从系统角度而言是不同的。快乐测量值是由观察员从他人不同时刻的体验报告中计算出的数据。我们将这些判断称为过程——加权，因为在计算“曲线下的区域”时，我们对各个时刻都做了相等的加权：在疼痛强度为 9 时，两分钟的疼痛是一分钟的两倍。然而，本实验和其他研究的成果表明，回顾性评级对过程并不敏感，而且，相较于其他时刻，回顾性评级会对两个单一时刻进行加权，即高峰和末端。所以，哪一个更重要呢？医生应该怎样做呢？这种选择对医疗实践有所启示，我们注意到：

- 如果目的是减少患者的痛苦记忆，那么降低最为疼痛时的疼痛感比将疼痛的过程减到最短更为重要。同样的道理，患者如果在过程结束时感到的疼痛相对较轻，他对此过程的记忆就会更好，逐渐减轻疼痛就会比急剧减轻更可取。

· 如果想减少实际体验到的痛苦，迅速完成这个过程或许更合适，即使这样做会让患者更疼痛并给患者留下可怕的记忆。

你认为这两个目标哪一个更好？我没有做过调查，但我认为会有很多人选择痛苦记忆较少的那个。我觉得将这种困境视为两个自我之间的利益冲突会更容易理解一点儿（这与我们所熟悉的两个系统不符合）。经验自我是回答“现在疼吗”这种问题的，而记忆自我则是回答“总体如何”这种问题的。我们只有通过记忆才能保存生活体验，因此，在思考生命时，我们唯一能采取的观点来自记忆自我。

我曾做过一个关于将记忆和体验区分开的困难的演讲。演讲结束后，我听到了一名观众的评论。他说在聚精会神地听唱片中的交响乐时，由于光盘有刮痕，快结束时产生了令人厌恶的声音，糟糕的结尾往往“毁了全部的体验”。但实际上被毁的并非体验，而是对它的记忆。经验自我几乎有了完美的经验，糟糕的结尾并不能将其抹去，因为这种体验已经发生了。这位听众将整个体验定义为失败，就因为它的结尾很糟糕，但他忽略了 40 分钟的音乐带给他的快乐。实际体验真的毫无价值吗？

混乱的体验以及对此体验的记忆是种认知错觉，而对这种体验的替代让我们相信，过去的体验是可以被消除的。经验自我无法表达自己的感受，记忆自我有时又是错的，但记忆自我可以记录体验，并掌控我们从生活中学到的东西，而决策也正是由这个自我做出的。我们从过去的经验中学到的就是储存记忆，这么做未必是为了未来的体验。这就是记忆自我的专制性。

哪个自我的影响更大?

为了证明记忆自我的决策能力，我和我的同事设计了一个实验，用的是温和却有些残忍的方式，我将这种方式称为冰手方式（正式名称为冷升压实验）。我们要求受试者将手浸入冰冷的水中且让冰水没过手腕，一段时间后可以拿出来，并能得到一条温暖的毛巾。受试者可用另一只手控制键盘上的左右键以不断记录自己所承受的痛苦，这种方法可作为与其经验自我的直接交流。我们选择的水温会让人感觉疼痛，但能忍受。当然，受试者在任何时候都可以自由地移动他们的手，但没有人这么做。

每位受试者都做了两次冰手实验：

短期实验情况就是在14摄氏度的水中浸泡60秒，受试者会感到水特别凉，但还能忍受。60秒结束后，实验者让受试者把手从冷水中拿出来，并给他们一条温热的毛巾。

长期实验情况会持续90秒。其最初的60秒和短期实验的情况一样，在60秒结束时，实验者什么都不会说，但是他会打开一个阀门，让温水流入容器中。在后30秒，水温大约会上升1摄氏度，刚好可让受试者觉察到疼痛感略有缓解。

受试者被告知会进行3次实验，但事实上，他们只经历了短期和长期两种情况，分别用不同的手。两次实验间隔7分钟。第二次实验结束7分钟后，受试者可选择是否参加第三次实验。第三次试验是对前面某次实验的重复，而且使用哪只手受试者可自己决定。当然，一半的受试者用左手做短期实验，一半用右手做；一半选择先做短期实验，一半选择先做长期实验，等等。这是一个被严格控制的实验。

该实验的目的是在经验自我和记忆自我间引起冲突，也是在体验效用和决策效用间引起冲突。从经验自我的角度看，长期实验明显更糟糕。我们希望记忆自我会有另一种见解。峰终定律认为，短期实验的记忆要比长期实验的记忆更糟，而过程忽视则认为 90 秒和 60 秒疼痛之间的区别会被忽略。因此，我们预测受试者将对长期实验会有更好的（或更不好的）记忆并且选择重复此实验。他们也确实这样做了。有 80% 的受试者（在做长期实验时认为最后一个阶段的痛苦减轻了）选择在第三次实验时重复长期实验，称自己愿意忍受后 30 秒不必要的痛苦。

那些选长期实验的受试者并不是受虐狂，也不是想使自己置身于更糟糕的体验，他们只是犯了一个错误。如果我们问他们“你是喜欢泡 90 秒，还是只是前 60 秒”，他们肯定会选择短期实验。然而，我们没有这样问，受试者只是选择脑海中自然想到的：他们选择的是记忆中不那么令人厌恶的实验。我在问他们时，他们知道两次所受痛苦哪个时间更长，但他们并没有将这种认识与实际联系起来。他们的决定只是出于一种简单的直觉，即选择你最喜欢的或最不喜欢的。记忆规则决定了他们有多不喜欢这两种选择，反过来，这种不喜欢的程度又决定了他们的选择。冰手实验，就像我之前说的注射测验题，都揭示了决策效用和体验效用之间的差异。

在本实验中，我们观察到的偏向是我们之前讲到的“少即是多”的另一个例子。其他“少即是多”的例子包括奚恺元的实验，即给低于总价值的24个盘子附加上几个盘子，因为附加的盘子有的是坏的。还有一个例子是琳达问题，即激进的妇女会被认为更像主张女权主义的银行出纳，而不是普通的银行出纳。其中的相似性并非偶然。系统1同样的操作特点说明了三种情况：系统1用平均值、标准和原型来表示集合，而不是通过总和。冰手实验就是多个时刻的集合，而记忆自我会将每个时刻作为典型时刻记下来。这又会导致冲突。对于通过经验自我来评估各个时刻的客观观察者来说，最重要的是“曲线下的区域”，因为它表示的正是这段时间内受试者承受的所有痛苦，这本质上属于总结。相比之下，记忆自我保存的记忆是对代表性的时刻的感受，受到高峰和结束时刻的强烈影响。

当然，动物对整体信息的存储记忆可通过进化得到加强，某些情况确实是这样。对于一只松鼠来说，“知道”已储存的食物总量是很重要的，只知道存储坚果的平均量不足以让它安心。然而，一段时间里的痛苦和快乐的总量对身体来讲并不是那么重要。例如，老鼠对快乐和痛苦都会表现出过程忽视。在某项实验中，老鼠会先看到一束光，之后会遭电击，老鼠很快就会对光产生恐惧感。恐惧的程度可以通过一些生理反应来测量。实验的主要结论是，电击的持续时间对恐惧没有任何影响，有影响的是电击产生的痛苦程度。

其他的经典研究表明，对老鼠大脑内的特殊区域（老鼠的大脑和人类的大脑相似）进行电刺激会产生强烈的快乐感，这种快乐感很强烈，以至在某些情况下，那些可以通过按压杠杆来刺激大脑的老鼠会兴奋到无法停下来进食，直至最终被饿死。实验者可以选择以不同电流强度和持续的电刺激作用于能使大脑产生快乐的区域。需要再次强调的是，只有电流强度会起作用。在一定程度上，增加电刺激的持续时间并不会使动物感受到更多的快感。支配人类记忆自我的规则有一个漫长的发展史。

生理 vs 合理

几年前就一直困扰我的注射难题最有用的一个想法就是，多次使人同样痛苦的注射，其体验效用可用计算注射次数的方法进行测量。如果所有的注射都令人厌恶，那么其中 20 次注射的痛苦程度会是 10 次注射的 2 倍，并且从 20 次注射减少至 18 次与从 6 次减少到 4 次给人们带来的减少痛苦感受的程度是相同的。如果决策效用与体验效用不相符，那么肯定是决策出错了。冰手实验也体现了这样的逻辑：持续 90 秒浸在冷水里比前 60 秒在冷水里更痛苦。如果人们愿意选择忍受较长时间的浸泡，说明他们的决定是错的。在我之前遇到的难题中，决策和体验之间的差异源于越来越小的敏感度：18 次和 20 次之间的差异并不是很明显，似乎还没有 6 次和 4 次注射之间的差异明显。在冰手实验中，这种错误则反映出了记忆的两个原则：过程忽视和峰终定律。这些机制虽然不同，但结果是一样的：决策与体验不协调。

决策不会产生最有可能的体验，对未来感觉的预测也会是错的，这对于相信选择中是有理性的人来说不是好消息。冰手实验的研究表明，我们不能完全相信我们的偏向会反映出我们自身的爱好，即使这种偏向是基于个人经验的，甚至那些经验的记忆是刚刚才建立的！品位和决策受记忆影响，但记忆可能是错的。因此，像“人们的偏向不会改变，且人们知道如何让偏向达到最大值（这是理性代理人模式的基础）”这种说法会受到质疑。我们的大脑在运作时，常会出现不一致的情况。我们对痛苦和快乐体验的持续时间有着强烈的偏向。我们希望痛苦的时间缩短，而愉快的时间能够延长。然而，我们的记忆（系统 1 的作用）已变成痛苦和快乐的最强烈感受（高峰时）以及感受结束时的自身感觉。忽视过程的记忆不会为我们的偏向带来长期的愉快和短暂的痛苦。

示例——体验效用

你完全是从记忆自我的角度思考你失败的婚姻的。离婚就像以刺耳的音符结束的交响乐。事实上，它虽然结束时很糟糕，但这并不意味着整首交响乐都那么糟。

这是关于过程忽视的一个负面例子。尽管好的体验的时间要比不好的体验时间多 10 倍，但你还是将好的体验和不好的体验等同并进行了加权处理。

第 36 章

人生如戏

在我研究的早期，我看了威尔第的歌剧《茶花女》。这部歌剧以华丽的音乐著称，讲述了一位年轻贵族与出身风尘的薇奥莱塔之间动人的爱情故事。这个年轻人的父亲因为想要保护家族声誉，不希望薇奥莱塔的出身妨碍到自己女儿的婚姻，便找到薇奥莱塔并劝她离开自己的儿子。于是，薇奥莱塔假装不爱自己的心上人了，拒绝了他。后来，她的肺结核复发。在最后一幕中，薇奥莱塔即将死去，她躺在床上，周围有几个朋友。薇奥莱塔的爱人知道了她病危的消息，匆匆赶往巴黎。而她在听到这个消息后，也仿佛看到了希望，感受到了喜悦，尽管她的病情还是在快速恶化。

无论你看了多少次这部歌剧，还是会为这个紧张而危险的时刻揪心：这位年轻的爱人会及时赶到吗？对他来说，在薇奥莱塔死之前与她团聚有着重要的意义。当然，他做到了，美妙的爱情二重唱响起，但薇奥莱塔也在这 10 分钟美妙的音乐过后死去了。

看完歌剧后，在回家的路上我想，我们为什么会那么在意最后的 10 分钟呢？我很快意识到，我忽然感到自己完全没有注意薇奥莱塔活了多长时间。如果我知道她是 27 岁死去的，而不是我认为的 28 岁，就算她错过了一年的快乐生活也丝毫不会令我动容，但是，错过了这最后的 10 分钟却关系重大。另外，就算我知道他们重聚后在一起的时间是一周而不是 10 分钟，我的情绪也不会有什么改变。然而，如果她的爱人来得太迟，《茶花女》就会是一个完全不同的故事了。故事所关注的应该是其中有意义的事件和值得珍藏的时刻，而不是时间的流逝。过程忽视常出现在故事中，故事的结局也总能将故事的角色定型。同样的主要特征也出现在叙述规则和结肠镜检查、假期、电影的记忆中。这也是记忆自我的工作机制：编故事，并将其作为将来的参考保存在记忆中。

我们并非只在歌剧院才会感受到人生如同故事，并希望它会有个好结局。当听说一位和女儿疏远多年的妇人逝世时，我们也想知道她在死前是否已经与女儿冰释前嫌。我们所关心的不只是女儿的心情，还希望这位母亲的故事更为圆满。关怀某个人通常体现为关心这个人的故事的完整性，而不是他的感觉。一些事情还会改变已经去世的人的故事，这些事情也可能使我们深深动容。例如，一个男人到死都深信自己的妻子很爱他。所以，当我们听说他的妻子多年前就有了情夫，与这个男人在一起只是为了他的钱时，就会为这个男人感到悲哀。尽管这个丈夫一生都很快乐，我们还是会同情他。若某位科学家的某项重要发现在她死后被证实是错误的，我们也会为她感到耻辱，尽管她自己并没有体验过这种耻辱。当然，更重要的是，我们都极度关注自己的人生故事，并希望故事的主角正派，结局完美。

心理学家埃德·迪耶内及他的学生对过程忽视和峰终定律是否会主宰我们整个人生中所做的评估感到好奇。迪耶内简要地描述了简的一生（简是虚构出来的人物）：简从未结婚生子，一场车祸让她丧命，但死的时候她并不痛苦。对于简的故事有这么一个版本：她一生都非常幸福（这种幸福可能持续了 30 年或 60 年），她将工作视为享受，喜爱度假，花了很多时间与朋友聚会，培养自己的爱好。在故事的第二个版本中，简的寿命被延长了 5 年，她于 35 岁或 65 岁逝世。迪耶内描述说，简生命的最后 5 年很快乐，但不及从前那样快乐。每位受试者在读过其中一份为简设计好的“传记”以后，都需要回答两个问题，“纵观简的一生，你认为她的人生有多圆满”，以及“你认为简的一生经历了多大的幸福或不幸”。

研究的结果进一步证实了过程忽视和峰终定律。在被试间设计实验中（不同受试者看到的实验情景不同），简的寿命延长一倍不会使受试者对她人生的圆满度或整体的幸福度改变看法。显然，她的一生是由一个典型的时间段代表的，与总体的时间无关。因此，她的“总体幸福”是生命中一段典型时期体验到的幸福，而不是整个生命过程中体验到的幸福。

由这个观点可以得知，迪耶内和他的学生也发现了“少即是多”的效应。这个效应清楚地表明，平均（典型）可替代总体。若给原本一直都非常幸福的生命增加 5 年“还算幸福”的日子，会导致人们对这个生命总体幸福度的评估大幅降低。

在我的鼓励下，他们还搜集了一些被试间设计实验数据，数据是关于增加 5 年寿命的影响，每一名受试者都必须在实验过后迅速做出判断。尽管我长期研究判断错误，我也不相信理性的人会做出增加 5 年还算幸福的日子会使生命更加糟糕的判断，然而我错了，增加那令人失望的 5 年会使整个生命显得很糟糕。

这种判断模式似乎极为荒谬，所以一开始，迪耶内和他的学生还认为，是这些年轻受试者的问题。然而，当这些受试者的父母和较为年长的朋友回答相同的问题时，他们的判断模式也没有发生改变。在评估整个生命以及一些有趣的事时，高潮与结尾很重要，过程通常会被忽略。

人们经常会用工作的劳累和假期的舒适来反驳过程忽视的观点：我们都有直觉，工作 24 小时肯定会比工作 6 小时累，工作 6 小时比工作 3 小时更累。过程在这些情况中似乎很重要，但实际上，故事的结尾让整个事件过程的长度发生了改变。对于前面提到的那位母亲，等 24 小时会比等待 6 小时更为痛苦和绝望；旅游者休息 6 小时也会比休息 4 小时感到更为放松。当我们用直觉来评估这些事件时，真正起作用的是现有体验的不断恶化或改善，以及这个人的最终感受。

被遗忘的假期

请思考度假时的选择。你是希望在去年去过且很熟悉的海滩度过愉快的周末，还是想充实新的记忆？为了满足这些不同的选择，两种截然不同的行业随之出现：度假村提供了恢复元气的休闲方式；旅游业则帮助人们构建故事、搜集记忆。许多旅行者会近乎疯狂地拍照，这说明储存记忆是人们旅游的重要目的，这个目的会影响我们旅游的计划和体验。照相的人并不认为当时的景色只能供自己欣赏片刻，他们将景色当作未来的记忆来收藏。照片对于记忆自我来说很有用，尽管我们很少会长时间或多次观看这些照片，有的照片我们甚至没再看过，但是拍照并不一定就是旅行者的经验自我欣赏风景的最佳方式。

很多时候，我们都通过自己想要储存的故事或记忆来评估旅行。“难忘”这个词通常被用来描述旅行中的亮点，明确地阐述旅行的目的。在其他情况下，我们会想到“喜爱”这个词，这是对此刻永生难忘的宣言，尽管这并不总是准确，会随着时间的变化而变化。有自我意识的记忆体验会得到重视、被赋予意义，这是其他体验无法实现的。

埃德·迪耶内及其团队提供的证据表明，是记忆自我选择了旅行方式。他们要求一些学生记日记，记录下春假期间他们对自己经历的评估。学生在假期结束之时，还需提供自己对整个假期的整体评估。最后，他们还需说明自己是否愿意再次这样度假。统计分析说明，他们是否想要重复假期的意愿完全取决于最后的评估，即使最后的评分不能代表他们在日记中描述的经历，他们也会这样选择。就像冰手实验一样，无论对错，当人们在做是否重复某个经历的决定时，他们都会让记忆做出选择。

有关你下次旅行的思考性实验，能使你察觉到你对自己的经验自我的态度。

在假期结束之时，你拍的照片和录像将被全部销毁。

另外，你会服下一剂药，这剂药会消除你关于这次旅行的所有记忆。

以上情况对你的假期计划有多大影响？与普通的旅行相比，你会花多少钱在这次旅行上？

在我还没有正式研究人们对这种情境的反应之前，我曾与他人讨论过，得出的结论是，记忆的消除会大大降低这次体验的价值。有时候，人们对待自己就如对待其他失忆的人一样，他们通过回到曾令自己愉快的地方以增强自己的愉悦感。然而，许多人说他们完全不想去那些地方，这表明他们只关注自己的记忆自我，而且相对于失去记忆的陌生人来说，他们更少关注失去记忆的经验自我。许多人指出，他们不会让自己或失忆的人去爬山或者穿越丛林，因为这些体验在当时大都是痛苦的，只有靠提醒自己达成目标的痛苦与快乐都是值得的，才能让自己坚持下去。

另一个思考性实验需要你想象自己正面临一场痛苦的手术，整个手术过程你都是清醒的，别人告诉你你会痛苦地叫出来，还会请求医生停止手术。然而，你事后肯定能得到一棵“忘忧草”，彻底忘掉这件事。你对此有何看法？我无心的观察再次得出这样的结论：大多数人对于他们经验自我遭受的痛苦都是漠然的。许多人说他们毫不在乎。另一些人和我有一样的看法，我为我的经验自我感到遗憾，但遗憾的程度不会比我对痛苦的陌生人的遗憾感受强。我就是自己的记忆自我，也是自己的经验自我，两者主宰我的生活，但它们对我来说就像陌生人，这种感觉很奇怪。

示例——谈到人生如戏

他一生正直磊落，但生命的最后一段却不得人心，为此，他要竭力维护自己的一生。

为了能有一晚的相处时间，等多久都愿意的现象就是过程忽视的例子。

你似乎将整个假期都用在了构建记忆上。也许你应该放下相机，享受这一刻，即使这一刻并不令你感到难忘。

她是阿尔茨海默病患者。没有了人生故事，但是她的经验自我对于美与高贵依然敏感。

第 37 章

体验幸福

15 年前，在我刚开始对幸福的研究感兴趣时，我发现我们对幸福的认识都是通过让无数人回答一些差别不大的问卷调查得到的，这是被普遍接受的测量幸福的方法。这些问题是为记忆自我而设计的，会使你思考自己的生活：

从各方面考虑，你对自己目前生活的满意程度如何？

在从结肠镜检查以及冰手实验的错误记忆的研究谈到幸福这个话题时，我自然而然地对生活满意度是衡量幸福程度的标准这一观点产生了怀疑。由于记忆自我对实验没有什么帮助，我将注意力集中在了经验自我的幸福感上。我提出这样的说法："海伦在 3 月很快乐。"我认为这种说法是合理的，其前提是：

> 她将大多数时间用在了她愿意继续、不想停止的活动上，很少将时间用在不想做的事情上。更重要的是，人生苦短，所以她也没将时间花在自己不在乎的事情上。

有许多事是我们愿意继续、不想停止的，包括心理和生理上的愉悦。我想到的海伦想要继续做下去的事情是全身心投入某项工作，这种全身心投入的状态被米哈里称为心流。心流是艺术家在创作时、人们在被电影和书籍或填字游戏深深吸引时的一种状态。人们处于这些情境时，往往不愿被打扰。我也有过类似的记忆，小时候，当母亲从我手中把玩具拿走，要带我去公园时，我总会哭。在公园里，当她将我从秋千上抱走，带我去玩滑梯时，我也会哭。抗拒中断当前的事情表明：无论是玩玩具还是荡秋千，我当时都玩得正愉快。

我建议测量海伦的客观幸福感要和评估两位做结肠镜手术的病人的方法一样，通过海伦对其生活中连续时刻的幸福感来评估。我采用了埃奇沃思在一个世纪以前就提出的快乐测量仪的方法。最初采用这个方法时，我认为海伦的记忆自我对实际的幸福与其经验自我体会到的真实幸福相比会更容易犯错误，因而，对其不予考虑。我怀疑自己的这个观点过于极端，后来证实这果然是极端的，却是个很好的开始。

体验幸福

我召集了一个“梦之队”，包括除我在内的三个不同领域的心理学家以及一位经济学家。我们一起提出了一套测量经验自我的方法。不幸的是，对经验的持续记录难以实现，因为一个人不可能一边不停地报告自己的体验，一边像平常那样生活。最接近真实情况的选择是使用经验取样法，这是由米哈里发明的方法。自首次使用以后，这个方法已经有了一定的改进。现在，我们可以通过手机来采集经验样本。具体方法是，将某个人的手机设置为在每天任意的时间响铃或振动，随后，手机会在打断这个受试者后，显示一些关于她正在做什么以及和谁在一起的问题。手机还会显示评定量表，以供受试者报告她的各种感受的强度，这些感受有快乐、紧张、愤怒、担心、投入程度、身体上的疼痛等。

经验取样法成本高且烦琐（尽管没有大多数人一开始觉得的那样令人烦扰，回答这些问题只需很少的时间）。因此，我们需要一个更为实际的方法，所以，我们开始采取昨日重现法（DRM）。我们希望这个方法可以得到接近使用经验取样法的结果，并提供关于人们如何利用他们的时间的额外信息。我们邀请受试者（研究早期都为女性）参与一个两小时的会议。首先，我们请他们将昨天的生活分为如同电影一样的多个片段，然后详细叙述出来。然后，他们还需回答关于每个片段的一些选择题，这些问题是基于经验取样法而提出的。他们从一个列表中选择了参与的活动，并说明哪一个活动吸引了自己最多的注意力。还列出了与他们在一起的人，并为自己的几种感觉的强度划分了等级，等级范围为0~6，其中0=没感觉，6=感觉最强烈。这种方法证明，能够详细回忆过去情境的人也能重新感受到过去事情发生时的感受，甚至可以体验到他们先前对这些情绪的生理反应。

我们假设受试者能够非常准确地还原某个场景的典型时刻。几个与经验取样法进行的比对证实了昨日重现法的有效性。由于受试者还说出了各个场景开始与结束的时间，我们还可以计算出他们清醒时感受到的过程权重。在对我们每天受到的影响的综合测量中，持续时间较长的场景比稍短的更有价值。我们的调查问卷还包括估测生活满意度，我们将此时的满意度理解为记忆自我的满意度。我们采取了昨日重现法研究决定情绪上的幸福感和生活中满足感的因素，受试者是几千位来自美国、法国和丹麦的女士。

单一的幸福价值很难代表某一时刻或场景的经历。积极感受有很多种，包括喜爱、快乐、投入、希望、乐趣等。消极情绪也有许多种，包括生气、羞愧、忧郁和孤独。尽管积极和消极的情绪可能同时存在，但将生活中大多数时刻区分为完全积极和完全消极还是有可能的。通过比较积极与消极的形容词的等级，我们可以辨别出令人不悦的场景。如若在某个场景中，某种消极感受比所有积极感受都要强烈，我们就认定这个场景是令人不悦的。我们发现，美国女性有 19% 的时间都处于不愉快的状态，比法国女性（16%）或丹麦女性（14%）都要高。

我们将个人处于不愉快状态的时间比称为 U 指数。例如，某个人在 16 个小时醒着的时间内，有 4 小时处于不愉快状态，其 U 指数就是 25%。U 指数并不是基于评定量表，而是基于对时间的客观测评。

各种活动的 U 指数也可以被测量。例如，我们可以测量出人们在交谈、工作，或者与父母、爱人、孩子交流时处于消极情绪的时间占总时间的比例。对于美国中西部城市的 1 000 位女士来说，晨间交流的 U 指数是 29%，工作时交流的 U 指数是 27%，照顾小孩时是 24%，做家务时是 18%，社交时是 12%，看电视时是 12%，做爱时是 5%。工作日的 U 指数会比休息日高 6% 左右，主要是因为人们在周末会更少将时间花在他们不喜欢的事情上，也不用承受与工作相关的紧张和压力。最令我们惊讶的是人们与孩子相处时的情绪经历，美国女性与孩子相处的时候感到比做家务还要无趣一些。法国女性和美国女性的 U 指数有少许不同，下面是其中一点：法国女性比美国女性与孩子相处的时间更少，但是更享受与孩子在一起的时间，可能是因为她们有更多使孩子受到照顾的方法，而且也不用在中午花太多时间接送孩子去参加各种活动。

人在任何时刻的心情都由他的性情和整体的幸福感决定，但情绪上的幸福也会在一天或一周之内出现巨大的波动。人在某个时刻的心情主要取决于当时的情境。例如，工作时的心情主要不会受大体上的工作满意度（包括待遇和职位的满意度）的影响。更重要的是情境因素，例如与同事交流的机会、被噪声烦扰、时间压力（这是消极影响的重要来源），以及突然看到老板（在我们的第一项研究中，这一点是唯一一个比孤独更糟糕的因素）。注意力是关键。我们的情绪状态绝大部分取决于我们关注的事情，我们通常都会关注正在进行的活动以及直接环境。也有例外的时候，那时，主观经验的质量是由再现的想法来主导的，而不是由当时发生的事件主导的。处于恋爱中的人即使在堵车的情况下也会感到快乐，而处于哀悼中的人就算是看搞笑电影也会继续悲伤。

然而，在正常情况下，我们只因此刻正在发生的事或喜或悲，但前提是我们必须关注这件事。例如，从吃中得到快乐，你必须注意到你正在吃东西。我们发现法国女性和美国女性花在吃东西上的时间大致相同，但对于法国女性来说，她们对吃的关注是美国女性的一倍。美国人更有可能在吃的同时兼顾其他事情，所以，她们从吃中得到的快乐也相应减少。

这些观察对于个人和社会而言都是有意义的。对时间的利用是生活的一部分，是人们可以掌控的。少数人可以用意志使自己更开朗、乐观，但是许多人可能会安排他们的生活，使自己少花些时间交谈，多花些时间做喜欢的事、见喜欢的人。由不同活动产生的感受表明，人们可以用另一种方法提高经验的质量：将消极休闲的时间用在其他事情上，例如将看电视转换为更为积极的休闲方式，包括社交和锻炼。以社会的角度看，为劳动工人提供更好的交通条件，为职业女性提供照顾儿童的渠道，以及为老人提供社交的机会都是降低社会 U 指数的有效方法。即使是 1% 的降低也是显著的成就，因为这可以使人们避免成千上万个受苦的小时。将利用时间的全国性调查和经验自我的幸福感相结合可为社会政策提供多种参考。我们团队的经济学家艾伦·克鲁格带头努力将这种方法引入国家统计。

测量经验自我的幸福感已被普遍应用于美国、加拿大、欧洲等国的全国性测试，盖洛普世界民意调查还将这种测试应用到美国及 150 多个国家数以百万计的受试者身上。这些民意调查让受试者回想起前一天所经历的情绪变化，尽管不像昨日重现法那样详细。这个巨大的样本使得我们可以进行全面的分析，并证实了情境因素、生理健康以及社会接触等对经验自我幸福感的重要性。

当然，头痛也会使人痛苦，而某人某天感受的第二个最佳参照点就是这个人是否与朋友和亲人接触。说快乐就是将时间用在你爱的人和爱你的人身上，这的确有点儿夸张。

盖洛普获得的数据使我们能对幸福的两个方面进行对比：

· 人们在生活中经历的幸福。

· 当人们评估自己的生活时所做的判断。

盖洛普的生活总体评价是通过名为坎特里尔自我定位奋斗量尺问题来实现的，具体如下：

> 请想象有一架梯子，每个梯级都标有数字，最低一级是0，最高一级是10。最高的梯级代表你最美好的生活，最低的梯级代表你最糟糕的生活。此时此刻，你认为自己站在哪一梯级上？

比起生活经历，生活中的某些方面会对某个人对生活的估测产生更大的影响。教育程度就是一个例子。若某个人接受过更高的教育，那么他对自己生活的评估也会更高，但这并不意味他的经验自我更幸福。的确，至少在美国，教育程度越高的人压力也会越大。另一方面，身体不健康对经验自我幸福的不利影响会比对生活方面的评估大很多。与孩子生活在一起也会给日常感受带来坏的影响——有报告表明，父母普遍感到压力与愤怒，但是这对生活评估的不利影响却不大。参与宗教活动对于积极情绪与压力都有有利影响，对生活评估的影响很大。然而，令人惊奇的是，宗教并不会让人们沮丧或担心的感受有所减少。

钱可以买到快乐吗？这是人们最常问的关于幸福的问题。对

45 万名受试者回应的盖洛普—健康之路公司幸福指数分析以及对 1 000 名美国人的每日调查，为我们提供了惊人而又明确的答案。结论是，贫穷使人痛苦，富有可能会提升某个人的生活满意度，但总体来说却不能提高经验自我的幸福感。

极度的贫穷会增强经验对生活中其他不幸经验的感受。这尤其体现在生病上，生病对于贫穷的人来说会比家道小康的人有更糟糕的感受。位于收入分配前 2/3 的人，因为头痛，原本 19% 说自己忧郁和担忧的个人会增长到 38%。而处于收入分配最后 10% 的穷人，他们中忧郁和担心的人会从 38% 增加到 70%，其基线水平越高，增加得越多。穷人与其他人的重大区别还体现在离婚和孤独的影响方面。另外，对穷人来说，周末对于经验自我的幸福的有利影响会比其他大多数人小得多。

当某位住在高消费地区的人的家庭收入约为 7.5 万美元时（此收入标准在低消费地区相应减少），他的经验自我的幸福的满足水平就不会再提升。经验自我的幸福感会随着收入增加，但超过那个标准后，就不会再提升了。这令人惊奇，因为更高的收入无疑能使人们获得更多快乐，包括可以在有趣的地方度假、听歌剧、改善生活环境等。为什么这些增加的快乐没有在情绪经验的报告中显示出来呢？其合理的解释为，更高的收入会削弱人们享受生活中小乐趣的能力。有证据支持这个观点：向学生过早地灌输金钱观会影响他们在吃巧克力时的快乐感受！

收入对经验自我的幸福感的影响和对生活满意度的影响有着明显的区别。我们得出的关于幸福的一般结论与结肠镜那个实验的结论一样清晰明了：人们对自己生活的评估与他们的真实体验可能有关，但也有不同。正如我几年前的想法一样，用生活满意度来衡量经验自我的幸福感并没有错。这完全是另外一回事。

示例——幸福感

客观的政策可以减少人们的痛苦。我们以降低社会的U指数为目标，解决沮丧和极端贫穷是首要问题。

增加幸福感的最简单方法是分配好你的时间。你能抽出更多时间做自己喜欢做的事情吗?

如果你的收入超过了满意水平，你能够拥有更多使人愉快的经历，但你会丧失一些享受小乐趣的能力。

第 38 章

思考生活

德国社会经济小组成员安德鲁·克拉克、埃德·迪耶内和扬尼斯·基尔格里斯每年都会询问同一群受试者有关生活满意度的问题，以及他们在前一年经历了什么大变动。小组成员对受试者的回答进行了分析，图 16 就是分析的一部分，是这些受试者在每一年回答对自己结婚期间的满意度情况。

图 16 肯定会使读者紧张地淡然一笑，这种紧张感也很容易理解：毕竟决定结婚的人不是希望婚姻能使他们更快乐，就是希望建立稳定长久的关系以维持自己目前的幸福状态。丹尼尔·吉尔伯特和蒂莫西·威尔逊引入了情感预测这个有用的名词。而对

许多人来说，做出结婚的决定就反映出了因情感预测而引起的重大错误。即使在结婚当天，新娘和新郎都知道离婚率很高，对婚姻失望的例子更是数不胜数，他们也不相信自己会这样。

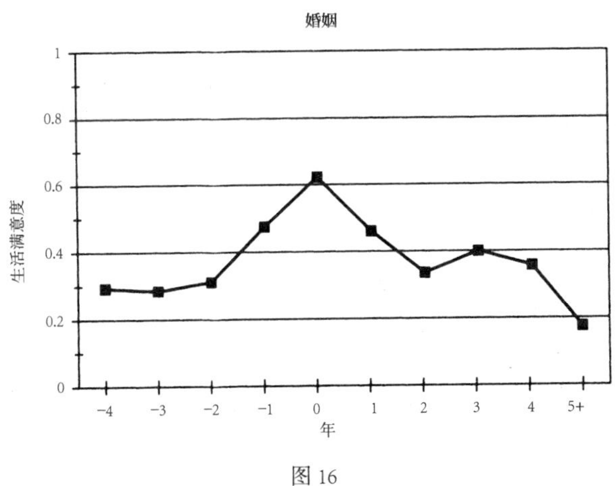

图 16

图 16 最令人惊讶的是人们在结婚后的生活满意度陡然下降。这个图被普遍认为是对人们适应过程的追踪记录，在这个适应过程中，由于婚姻生活的反复，人们起初感到的婚姻带来的快乐会很快消逝。然而，以另一种强调直观判断法的方法来追踪适应过程同样可行。我们想知道，当人们正在评估自己的生活时，他们的大脑有什么样的活动。“你对自己生活的整体满意度如何”以及“最近你有多快乐”等问题，并不像“你的电话号码是多少”这个问题那样简单。所有的受试者是怎样在短短几秒内回答这样的问题的呢？结论是：将此问题想成另一个判断有助于回答这一问题。对于其他问题来说也是如此，有些人可能已经有了现成的

答案，这个答案是他们在另一种情况下评估自己的生活时得出的。还有些人，也可能是大多数人，在不能很快想到某个问题的确切答案时，会自动地将答案替换为更为简单的问题的答案。系统 1 参与了这个过程。当我们以这个观点来看图 16 时，其意义就会有所不同。

许多简单问题的答案都能由对生活的总体评估替换。你一定还记得那项研究，刚回答过在前一个月有多少次约会的学生在回答他们“最近的快乐程度”时，就会将约会当作他们生活中唯一重要的因素。在另一个基于同样目的的著名实验里，诺伯特·施瓦茨和他的同事邀请了一些受试者来到实验室，并请他们完成一份关于生活满意度的问卷调查。然而，在他们开始调查之前，施瓦茨请受试者为他复印了一张纸。其中，有一半的受试者会发现复印机上有一个一角的硬币（是实验者预先放在那儿的）。即使是这样小小的幸运也能极大地提高受试者对他们生活整体满意度的评估。心情启发式是回答生活满意度的一种方式。

与约会有关的调查和机器上有硬币的实验表明，我们应该对关于总体幸福度问题的回答持保留态度。当然，当别人要求你评估自己的生活时，你的大脑并不是只有当前这一种情绪。你很可能会想到最近刚发生或即将要发生的重要事件；会想到反复担心的问题，比如爱人的健康或者经常与你儿子在一起的那些坏伙伴；还会想到重大的成就和使你痛苦的失败。你可能会想到几个与总体幸福度这个问题相关的观点，但多数其他观点你还是想不到。即使你快速得到的关于自己生活幸福感的评分不会受与之完全无关的事情（例如机器上的硬币）的影响，此评分也会取决于少数极易想到的观点，而并非取决于你对生活中所有领域的仔细衡量。

刚结婚或马上要结婚的人当被问到对生活的整体评价时，很有可能会联想到结婚这件事。在美国，绝大部分婚姻都是出于自愿的，几乎所有人在想到自己的婚姻或即将开始的婚姻时都会感到高兴。所以这个问题的关键就是注意力。我们可以从图 16 中看出，当人们被问到自己的生活时，他们想到最近或即将到来的婚姻生活的可能性。这个想法肯定会随着时间的流逝而越来越不受重视，因为其新鲜感会有所消退。

图 16 显示，人们在结婚前后一两年的生活满意度都非常高。然而，如果这种明显的涨幅反映了回答问题时启发式的时间过程，我们从中得到的关于幸福或是对婚姻适应过程的信息就会很少。我们不能由此推断出为何幸福感会在几年内提升但又逐渐下降。即使是那些在被问到关于他们生活的问题时一想到婚姻就会快乐的人，在其他时候也未必会感到很快乐。除非他们常想到自己幸福的婚姻，否则婚姻的幸福与否并不能直接影响他们整体上的幸福感。即使是那些足够幸运，能完全处于享受幸福婚姻状态的新婚夫妇最终也会回归现实，他们体验到的幸福感也会像其他人一样，再次依赖于当前自己身处的环境和参与的事情。

在昨日重现法的研究过程中，有伴侣的女性和无伴侣女性的经验自我的幸福感大体上并没有不同。这两类女性对时间的分配可以解释这一发现。有伴侣的女性很少独自一人，和朋友在一起的时间也很少。她们会花更多的时间在美妙的性生活上，也会花很多时间做家务或照顾孩子，这些事当然是人们不想做的。当然，对于一部分已婚女性来说，长时间和丈夫在一起会更快乐，而另一部分女性却不这么认为。平均来说，经验自我的幸福感不受婚姻的影响，原因并不是婚姻不能影响幸福感，而是其对生活某些方面的影响对一些人来说是积极的，而对另一些人来说却是消极的。

经验自我的幸福感和生活满意度在总体上取决于性情的遗传，这也是个人生活环境与其生活满意度相关性低的原因之一。体验幸福的性情像身高和智力那样，是可遗传的，对出生之后就分开的双胞胎进行的实验就证明了这一点。那些似乎同样幸运的人却对幸福感的体验有很大差别。在某些情况下，例如，由于平衡效应的影响，婚姻与幸福感的相关性低。这是因为，同样的情况对一些人来说是好事，对另一些人来说却是坏事，新的环境对人的影响也是有利有弊。在其他情况下，比如高收入对生活满意度的影响普遍都是积极的，但某些人可能会更在意钱，事情也会因此而变得复杂。

有人出于另一个目的，对高等教育的影响进行了大规模的研究，研究结果显示了年轻人设定目标对其终身的影响。这些数据是由 1995—1997 年对近 1.2 万人做的调查问卷得来的，这些受试者都在 1976 年进入名牌大学读书，在十七八岁时填写了一份关于过上“富裕”生活重要性的调查问卷，从“不重要”到“必不可少”共有 4 个等级供选择。他们在 20 年后又填写了一份调查问卷，其中涉及了他们在 1995 年的收入水平和对自己生活满意度的总体评价。

目标不同，结果也会有很大的不同。在写下抱负的 19 年后，许多希望能有高收入的人都实现了这个愿望。例如，在 597 位心理学家和其他医学专家的样本中，他们对金钱重要性的观点每升高一个层次，工资收入就都会增加 1.4 万美元（1995 年时的美元价值）！不工作的已婚女性也有可能实现她们对金钱的渴望。对于这些女性来说，她们对金钱的渴望每升高一个级别，就会增加1.2 万美元的家庭收入，这些钱显然是由她们的丈夫赚的。

人们在 18 岁时对钱看重的程度同样预示着他们成年以后对自己收入的满意程度。我们比较了高收入人群（收入超过 20 万美元）和低收入人群（少于 5 万美元）的生活满意度。对于那些认为有钱很重要的人来说，收入对生活满意度的影响更大（总分为 5，其影响为 0.57 分）；而对那些认为钱不重要的人来说，收入对其生活满意度的影响只有 0.12 分。相对于普通人来说，想要且能得到钱的人对生活明显更为满意；想要却没有钱的人则对生活更为不满。同样的原则也适用于其他目标——对生活不满的成年人，解决这个问题的一个方法就是设定非常难以实现的目标。在 20 年后对这些受试者生活满意度的调查表明，年轻人最难以实现的目标是“在表演艺术方面功成名就”。年轻人的目标会影响他们将要经历的事、他们的未来，以及他们对生活的满意程度。

在一定程度上，这些发现改变了我对幸福的看法。人们为自己设定的目标对他们所做的事情和他们对它的感觉是如此重要，以至只关注体验过的幸福是站不住脚的。幸福不是忽略人们想要得到的。此外，说幸福是忽略自己活着的真实感受而只关注自己对生活的想法也是不成立的。我们必须接受幸福是各个方面的综合体的观点，必须把记忆自我和经验自我的感受都考虑在内。

被放大了的幸福错觉

受试者在评估自己的生活时，并没有仔细思考。这个看法是由受试者回答问题的速度以及他们受当前情绪的影响程度推测出来的。他们肯定会使用启发法（替换和眼见即为事实的例子）。尽管受试者关于生活的看法会受到有关约会的问题或放在复印机上的硬币的影响，但他们并没有忘记生活不仅仅是约会或走运。幸福的概念并不会随着突然发现一枚硬币而发生改变，但是系统1常会作为生活的一部分替代整个生活。人们所关注的生活的任意方面会在整体评估中被放大。这就是聚焦错觉的实质，下面的这个句子可以描述这一点：

在你思索某件事时，这件事就不会像你想的那样重要了。

这个概念源自一场关于从加州搬到普林斯顿的家庭辩论。在这场辩论中，我妻子说加州的人比东海岸的人幸福。我反驳道，气候肯定不是决定幸福的重要因素，斯堪的纳维亚人可能是世界上最幸福的人。我还注意到永久的生活环境对幸福的影响也很小，但是我还是没能说服我妻子，她依然相信加州人更幸福，这是一种情感预测的错误。

不久之后，我参与了一个关于全球变暖的社会科学的研讨会，而那个家庭辩论的话题依然在我的脑海中徘徊。在研讨会上，一个同事根据他对下个世纪地球人口幸福度的观点提出了自己的看法。我反驳道，预测在一个更温暖的行星生活是何种情形是荒谬的，因为我们甚至不知道住在加州的感觉如何。交流会之后不久，我和我的同事戴维·施卡德得到了一笔研究资金，主要研究两个问题：住在加州的人比其他地方的人更快乐吗？人们普遍认为加州人相对快乐的程度如何？

我们召集了许多来自加州、俄亥俄州和密歇根州的学生，组成了一个大的样本。在其中一些学生的帮助下，我们得到了关于他们生活各个方面满意程度的详细报告。通过另一些学生，我们得到了关于某个“与你有同样兴趣和价值观”却住在别处的人会怎样完成同样的调查问卷的预测。

分析了数据以后，我显然赢得了那场家庭辩论。正如预期的那样，两个地区的学生对天气的态度是不同的：加州人很享受当地的气候，而中西部人却厌恶当地的气候。然而，气候并不是决定幸福感的重要因素，甚至加州学生与中西部学生的生活满意度也根本没有任何不同。我们还发现，我妻子并不是唯一一个认为加州人更幸福的人。两个地区的学生都犯了和我妻子同样的错误，我们还能追溯到此错误的根源，即他们都夸大了气候的重要性。我们将这种错误称为聚焦错觉。

聚焦错觉的本质是眼见即为事实，就上面例子来看，即对气候给予过多的权重，却忽略了其他影响幸福的因素。为了理解这种错觉强大的影响力，请花几秒钟思考下面的问题：

你从自己的车上能得到多大快乐？

你能立刻得到答案，因为你知道自己有多喜爱和欣赏自己的车。你将其替换成另一个不同的问题：“你在什么时候能从车中得到快乐？”这个问题的答案可能会令你惊奇，但也是简单直接的：当你考虑到自己的车时，你就能从车中得到快乐（或不快）。当然，你也不会常想到自己的车。在正常情况下，你平时开车时是不会花很多时间思考自己的车的，你会想一些其他的事情，而你的心情也由你所想的事决定。当你尝试评估自己有多喜爱车时，你实际上回答的是另一个更为具体的问题：“当你考虑自己的车时，你能从车中得到多少快乐？”这个替换导致你忽略了自己很少想起车的事实，这是过程忽视的一种形式。其结果就是聚焦忽略。你如果喜欢自己的车，你就有可能夸大从中得到的快乐，这会使你在想到当前这辆车的优点或者考虑是否要买辆新车时出现错觉。

类似的偏见使得人们对加州人幸福感的判断发生了偏差。当被问到加州人的幸福感时，你可能会想到加州比较特别的活动，例如夏天可以爬山，或者羡慕那里冬天气候温和。但事实上，加州人很少参与那些活动。不仅如此，加州的常驻居民在对自己的生活进行总体评估时，根本没怎么想到气候这个问题。如果你一生都住在加州，而且不怎么去旅游，那么加州就像自己的 10 根脚趾一样，你会觉得它们很重要，却不会时常想到它们。如果生活中任意一方面的想法有很强的可替代性的话，此方面更有可能被凸显出来。

而搬到加州的人则会有不同的回应。假设某个企业的核心人员搬到了加州，想从这宜人的气候中得到快乐。搬家后的几年内，当问他对自己生活的满意度时，他可能会想到这次搬家，进而会对比搬家前后两州的气候。对比的结果肯定是加州更胜一筹，而对于生活中气候这方面的关注就会使他对自己真实经验的权重发生偏差。无论这个人在搬家后是否真的更快乐，他都会说自己感到更快乐了，因为关于气候的想法导致他相信自己更快乐。聚焦错觉能使人们对自己当前的幸福状态、他人的幸福感以及自己未来的幸福感判断失误。

半身瘫痪的人一天中有多长时间情绪低落？

这个问题肯定会让你想到某位半身瘫痪的人正在思考自己的身体状况。在这个瘫痪者发生事故后的前几天里，你的这个猜想很可能还是正确的。但是随着时间的流逝，瘫痪者会慢慢习惯，对自己身体状况的注意力就会转移到其他新的情况上去（只有少数例子除外），最主要的例外情况包括长时间的疼痛、持续处于吵闹声中以及严重的抑郁。疼痛和吵闹声是吸引注意力的生理信号，抑郁则会使难受的想法不断被强化。因此，对于类似情况，人们是不可能完全适应的。半身瘫痪者也不例外：观测表明，半身瘫痪者在事故发生的一个月内心情大都是相当好的。尽管当他们想到自己的境况时，也肯定会感到悲伤。然而，在大多数时候，这些半身瘫痪者工作、阅读、看笑话、交朋友，在报纸上读到政治新闻时同样会生气。当他们参与任意一项活动时，与其他人并没有多大的差别，我们也可以说，半身瘫痪者的幸福感在大多数时候都是接近正常水平的。想要适应一个新的环境，无论这个环境是好还是坏，在很大程度上都取决于慢慢地不去想这个环境。从这个意义上来看，生活的长期状况（包括半身瘫痪和婚姻）只在部分时间会对人们的状态产生影响，即当人们关注这些状况的时候。

在普林斯顿大学教书有个好处，即能带聪明的学生完成研究论文。其中，指导波特鲁利亚·科恩的论文就给我留下了深刻的印象。她的论文数据来自某家调查公司，这家公司请受试者估测了半身瘫痪者处于坏心情的时间比例，科恩搜集并分析了得来的数据。她将受试者分成两组：第一组被告之导致患者瘫痪的事故发生在一个月前，另一组被告知事故发生在一年前。另外，每个受试者都需要说明自己是否认识半身瘫痪的人。从这一点出发，她又将受试者分成两个组。这两个组对半身瘫痪不久的人的判断非常接近：认识瘫痪者的受试者估测他们有 75% 的时间处于负面情绪中；需要靠想象才知道瘫痪者是何状况的受试者的估测值是 70%。相较而言，这两组受试者对事故一年后瘫痪者情绪的估测则大不相同：认识瘫痪者的人认为他们有 41% 的时间处于负面情绪中；在现实生活中不认识半身瘫痪者的受试者的平均估测值则为 68%。很明显，那些认识瘫痪者的人观察到瘫痪者对自己境况的注意力会逐渐转移，而那些不认识瘫痪者的人就不能预测到这种适应性的发生。判断某人赢得彩票一个月后和一年后的心情也是这样的模式。

我们能够预测出，对于那些半身瘫痪者以及有慢性病且难以负荷身体状况折磨的人来说，他们的生活满意度与幸福感关系并不大，因为在要求他们评估自己的生活时，他们不可避免地会想到其他人的生活以及自己曾经的生活状态。最近关于结肠造口术病人的研究结果也与这个看法一致。此研究结果表明，病人的幸福感与他们对自己生活的评估有着极大的不同。在经验样本中，并没有发现这些病人的幸福感与健康人有何不同。但做了结肠造口术的病人却想要以自己几年的生命换取健康的身体。而结肠造口术失败的人会认为自己的情况很糟糕，因此他们宁愿失去几年的寿命也不愿再次做这个手术。这个时候，记忆自我似乎是受到了聚焦错觉的支配，而聚焦错觉将焦点放在了经验自我忍受的痛苦上。

丹尼尔·吉尔伯特和蒂莫西·威尔逊引入了错误想法这个术语来描述因情感预测的错误而导致不佳决策的这种情况。这个术语理应成为我们的日常用语。聚焦错觉（丹尼尔·吉尔伯特和蒂莫西·威尔逊称过度聚焦）是产生错误想法的主要原因。值得注意的是，错误想法会导致我们易于夸大购买大件商品或变换环境对我们未来幸福感的影响力。

请比较两个会使你在生活某些方面发生改变的决定：买一辆舒适的新车和加入每周都有聚会的小组，有可能是扑克小组或读书小组。这两种经历在开始时都是新鲜且令人兴奋的体验。其主要的不同在于，买了车后，你对它会越来越不关注；但加入小组却能让你常参加社交活动，当然前提是你愿意常去。由于眼见即为事实的关系，你可能会夸大汽车的价值，但不太可能在社交活动或其他需要注意力的活动方面犯同样的错误，这样的活动有打网球或学习拉大提琴等。聚焦错觉会产生一种偏见，这种偏见会导致人们更看好本身就能令人兴奋的事物或经历，即使这些事物或经历最终也会失去吸引力。人们忽视了时间，致使维持人们长久的注意力价值的经验很少受到关注，至少比这种经验应得到的关注要少。

千万不要忽略时间的作用

本书不断重复时间的重要性。将经验自我的生活描述为一系列有价值的时刻是符合逻辑的。某个生活阶段的价值（我曾称其为快乐总量）就是这一阶段所有价值的总和。不过，这不是大脑呈现各个阶段的方法。我曾提道，记忆自我同样也会讲故事和做出选择，而且它讲的故事和做出的选择都不能恰当地表示时间。在讲故事时，一些关键的时刻，特别是开始、高潮和结尾，代表了整个生活阶段，过程因此被忽略掉了。在冰手实验和薇奥莱塔的故事中，我们可以看到将注意力完全集中在某一特定时刻的情形。

我们在前景理论中看到了另一种不同形式的过程忽视，在这种过程忽视中，状态由其过渡状态所代表。彩票中奖会创造一种新的财富状态，此状态能持续一段时间，但决策效用会随着对彩票中奖这则消息的反应强度的改变而改变。人们忽略了对注意力的减退以及对新状态的适应，只注意到了短暂的时间片段。对慢性病反应的预测以及聚焦错觉，都存在同样的对过渡到新状态的关注、时间忽略和适应性。人们在聚焦错觉中犯的错误包括关注选定的时刻，忽略其他片段发生的事。大脑善于处理故事，却似乎不能很好地处理时间。

在过去的10年里，我们了解了许多关于幸福的新发现的事实。我们也明白了，幸福这个词并不只有一个简单的含义，我们也不该将其简单地随意使用。有时，科学的进步会使我们更加困惑。

示例——生活的思考

她认为买一辆豪车会使自己更快乐，但这其实是个情感预测错误。

今天早上，他的车在上班途中坏掉了，因此，他的心情非常糟糕。今天并不适合问他关于工作满意度的问题。

她平时看起来都很开心，但当我们问她是否快乐时，她说自己并不快乐。这个问题肯定使她想到了自己最近离婚这件事。

买一座更大的房子可能不会使我们永远感到快乐。我们可能会因为犯聚焦错觉的错误而遭殃。

他选择在两座城市之间奔波往返。这可能是一个错误想法的典型例子。

结语

我在本书的开头引入了两个虚拟的人物，随后讨论了人类的两种存在形式，最后又介绍了两种自我。两个虚拟人物分别是运用直觉、进行快速思考的系统 1 和需付出努力、运行更慢的系统 2。系统 2 进行的是慢思考，能监督系统 1 的运作，并在其自身有限的能力下尽可能地占据控制地位。两个物种分别是活在理论世界的虚拟经济人以及活在现实世界的人类。两个自我指的是感受当下的经验自我以及记录并做出选择的记忆自我。最后一章是对这三组概念的某些应用，我将逆序进行讲解。

两个自我

记忆自我与经验自我相抗争的可能性问题比我最初想象的更复杂。在早期的冰手实验中，过程忽视和峰终定律的结合会使人们做出明显荒谬的选择。为什么人们愿意承受没有必要的痛苦呢？这是受试者的记忆自我做出的选择，记忆自我更愿意去回忆那些给他们留下更好记忆的体验，尽管这些选择会使自己承受更多的痛苦。或许在一些极端例子中，以记忆的质量为标准进行选择是恰当的。例如，创伤后产生压力是有可能的，但手冰凉的体验并不是一种创伤。客观的旁观者在为别人做选择时，肯定会选择受创期短的那一个，会更加考虑别人经验自我的感受。但人们为自己做的选择，有一半都被认为是错误的。在像歌剧《茶花女》和对简的生活判断的故事中，过程忽视和峰终定律都经不起推敲。以某个生命的最后时刻来评估整个生命，或者在判断哪种生命更为理想时，完全忽略其过程都是没有道理的。

记忆自我是系统 2 的一部分。系统 2 评估生活中某些情节及生活本身的方法有着显著的特点，这些特点也是我们记忆的特征。由系统 1 产生的过程忽视和峰终定律并不一定与系统 2 的评判标准相符。我们相信过程是重要的，但记忆告诉我们，过程并不一定重要。规定评估过去事件的原则对决策制定不能起到很好的导向作用，因为时间在其中也起了重要作用。人类的存在有一个核心的事实，即时间最终还是有限的资源，但人类的记忆自我却忽略了这个事实。比起细水长流的幸福，人们更偏好享受短暂却强烈的快乐。这种偏见是由结合了峰终定律的过程忽视造成的。与这种偏见相反，另一种偏见使我们更为害怕短期、强烈的疼痛，而对于长时间但较轻微的疼痛却更容易接受。过程忽视还使我们容易接受长期但轻微的不愉快，因为其结局会更好；若某件事的结局不好，即使其过程是长期且快乐的，我们也会忽略掉。以同样的观点来看待不适，请考虑这个普遍的警告，“不要这样做，否则你会后悔的”，这个建议听起来很明智，因为其所能预见的后悔出自记忆自我的判断，我们也倾向于将这个判断视为最终结论。然而，我们不应该忘记，记忆自我的观点并不总是正确的。一个测量快乐的客观观察者会更注重经验自我，会提供不同的建议。记忆自我对过程的忽略、对峰终和结局的重要性的夸大，以及对后见之明的怀疑共同作用，歪曲地反映着我们真实的体验。

相反，对过程加权的幸福观使我们将生活中的所有时刻都看成相似的，它将生命中所有时刻都分为值得纪念或不值得纪念两种。有些时刻最终会比其他时刻得到更多的权重，并不是因为它们值得纪念或者很重要。人们花在思考某个值得纪念的时刻的时间应被考虑在内，增加这个时刻的权重。通过改变某个时刻之后时刻的经验也能增强这个时刻的重要性。例如，练习拉一个小时的小提琴可能会增强多个小时的演奏经验，或者几年后听音乐的鉴赏能力。同样，引起创伤后应激障碍的短暂且可怕的事件应该以其引起的长时间的痛苦来加权。从过程加权的角度来看，我们只能在事情发生后才能决定某个时刻是值得纪念的还是毫无意义的。“我会一直记得……”或“这是一个意义非凡的时刻”的说法可以被视为承诺或预测，但即使我们在说这些话时是百分之百真诚的，我们也常常无法实现这些承诺或者正确进行预测。我敢打赌，10 年后，许多我们说过一直记住的事最终都会被忘记。

对过程加权的逻辑具有强迫性，但我们并不能将其视为关于幸福的完整理论，因为人们只认同记忆自我，而且只关心自己的故事。忽略了人们想要的关于幸福的理论是站不住脚的。另外，忽略了真实发生的事并只关注人们对自己生活的想法的理论同样站不住脚。我们必须将记忆自我和经验自我都考虑在内，因为它们对生活的诠释并不总是一致的。哲学家可能会长时间在这些问题上纠结。

对于这两个自我哪一个更重要的问题，并不是只有哲学家才需要考虑。这个问题对于某些领域的政策问题也有一定的影响，特别是医药和福利领域。请考虑对治疗不同的病应该做的投资，包括失明、耳聋和肾衰竭。这些投资应该由人们对这些疾病的恐惧程度的影响来决定吗？这些投资应该以病人真实的痛苦体验为导向吗？或者它们应该遵循病人想要恢复健康的愿望的强烈程度，并通过病人为了健康而愿意付出代价的大小做出决定？关于失明和耳聋，或结肠造口术和透析的投资意愿强度，可能会因为对痛苦严重程度评估方法的不同而有所不同。当前对此问题还没有简单的解决办法，但这个问题非常重要，不容忽视。

最近，对使用幸福衡量标准作为指导政府决策的指标的可能性得到了包括学者和欧洲几个政府机构的关注。将来，社会痛苦总量指数可能会和失业、残疾和收入指数一起被包含在国家统计数据中。与几年前相比，这个想法现在看来还是有可能实现的。这个项目已经取得了一定的进展。

经济人和人类

如果我们能与某个人进行理性讨论，此人的信念能顺应现实，而且他的倾向也与其兴趣和价值观相符合，我们就可以说这个人是通情达理的。在说到理性这个词时，人们往往会想到审慎、深思熟虑且缺少热情的人物形象，但在日常用语中，一个理性的人肯定是通情达理的。但对于经济学家和决策理论家来说，“理性”这个形容词有着完全不同的意义。判断某个人是否理性的唯一标准并非看这个人的信念或偏好是否合理，而是看它们是否一致。一个理性的人可以相信鬼，只要他的其他信念与世界上有鬼存在这个信念相一致。一个理性的人可以有好恶，但他的偏好要前后一致。理性指的是逻辑上的一致，即合理与否。根据这个定义，经济人就是理性的，但有很多证据表明，人类并不理性。经济人不会受启发式、眼见即为事实、窄框架、内部意见或偏好逆转的影响，但人类无法避免这些影响。

将理性定义为一致性是会受到限制的。理性要求人们遵守逻辑原则，但我们有限的大脑却不能实现这一点。从这个定义来看，通情达理的人并不一定就是理性的人，但也不能因此就被认为是非理性的。“非理性”是一个较重的词，包含了冲动、感情用事以及对合理辩护的顽强抵抗等含义。当我与阿莫斯的研究成果被认为证明了人类的选择是非理性的时候，我总想退缩。因为事实上，我们的研究仅仅表明了人类不应该被描述为处于理性代理模式中。

尽管人类不是非理性的，但是人类仍然时常需要帮助才能做出更准确的判断和更好的决策。有时，相应的政策和机构就能提供这种帮助。这样说虽然没什么不对，但实际上却颇具争议。正如比较权威的芝加哥经济学派解读的那样，对人类理性的信心和防止人们做出错误选择是没必要甚至不道德的这一观念联系紧密。理性的人应该是自由的，他们应该为自己的选择负责。米尔顿·弗里德曼是芝加哥经济学派的主要代表人物，其主要观点在他的一本畅销书的书名中得到了体现——《自由选择》。

经济人是理性的这一设想为用自由主义的方法制定公共政策的观点提供了思想基础：不要干涉个人选择的权利，除非这些选择对他人有害。将物品分配给愿意付钱最多的人是市场效率的体现，对市场效率的赞叹是对自由主义政策的支持。有一篇《理性上瘾理论》支持芝加哥经济学派的这一观点，它解释了对强烈且即时满足有极度偏好的理性代理人会做出理性的决策，把对未来的沉迷当作一个结果。加里·贝克尔是这篇文章的作者之一，也是芝加哥经济学派中的一个诺贝尔奖获得者。他以轻松但不失严肃的口吻说过，我们应该考虑通过某种信念，即人们能很快找到治愈糖尿病的方法，来解释所谓的肥胖流行病的病因。他提出一个有价值的观点：当观察那些行为看似怪异的人时，我们应该考虑到一种可能——他们这样做有合理的理由。只有当理由变得不合理时，才会引发心理学上的解释。其中，贝克尔对肥胖症的解释可能就是不合理的。

在经济人的国度里，政府应该让经济人在对他人不造成危害的前提下自己做选择，不横加干涉。如果骑摩托车的人选择不戴头盔，那么自由主义者就会认为这是他的权利，并支持他这么做。无论是决定不存养老金还是选择吸食毒品，公民都知道自己正在做什么。不过，往往难以界定这种情况：没有存够养老金的老年人并不会比在餐厅吃完大餐后抱怨价格太高的人得到更多怜悯。因此，在芝加哥经济学派与行为经济学家的辩论中，有许多理论都是相互矛盾的。行为经济学家抵制极端的理性代理人模式。辩论的所有参与者都认为自由不是一种有争议的价值。但是相较于人类理性的真正信徒，生活对于行为经济学家来说更复杂。没有行为经济学家会赞同强迫市民均衡膳食，以及只看有益电视节目的规定。然而，对于行为经济学家来说，自由是需要付出代价的，做了不明智决策的个人以及认为有义务帮助这些人的社会都需要付出代价。因此，该不该帮助个人避免错误的决策就成了行为经济学家的两难。芝加哥经济学派的经济学家不存在这个问题，因为理性代理人不会犯错。对于这个学派的人来说，自由是免费的。

在 2008 年，经济学家理查德·塞勒和法学家卡斯·桑斯坦合著了《助推》。这本书很快成为全球畅销书，还被视为行为经济学的《圣经》。书中引入了几个新的词语，包括经济人和人类，还提出一系列方案来解决在不剥夺人们自由的前提下帮助人们做出良策的难题。塞勒和桑斯坦主张自由家长制的做法，即允许国家和其他机构“推动”人们做决策，并使这些决策服务于该国或该机构的长远利益。将参与养老金计划指定为默认选项就是助推的一个例子。不可否认，人们会因为不自觉地加入这个计划而觉得自己的自由少了，因为他们在当初填表时，只需确认一个复选框，就可以退出这个计划。在之前已经提过，个人决策的框架（塞勒和桑斯坦将其称为选择架构）对结果有着巨大的影响。助推基于坚实的心理学，我在之前已阐述过。默认选项自然而然地被认为是普通选项。而偏离普通选项是一种委任的行为，需要考虑更多，承担更多的责任，比什么都不做更有可能让人后悔。某个人如果不确定该怎么做，就会有强大的助推力来引导这个人做出决策。

与经济人相比，人类同样需要保护，以免受那些蓄意利用他们弱点的人的危害——特别是系统 1 的怪异模式以及系统 2 懒惰的弱点。理性代理人被认为能谨慎地做重要的决定，并能充分利用已有信息。经济人会在签署一份合约之前，阅读并理解所有条文，但是人类通常不那样做。某家不道德的公司设计出的合约在显而易见的地方隐藏着重要的信息，这些信息能使公司在法律范围内有回旋的余地，但人们不经阅读就签下了合约。对理性代理人模式有害的极端解读是：除了确保相关信息公开，顾客被假定为不需要保护，合约中字体的大小和语言的复杂程度不被认为是相关信息，但是一个经济人知道如何处理小字体的信息。《助推》这本书给出的建议是，公司要提供足够简单的合约以供人类客户阅读和理解。因为顾客得到了更详细的信息，这可能会使一些公司的利益受到损害，因此，一些建议遭到了这些公司的强烈反对，但这是一个好的迹象。公司通过提供更好的产品来提高竞争力要比公司独自赢利更为可取。因此，通过提供好产品来提高竞争力的公司更受人们的青睐，也就是说，更受青睐的公司往往是提供的信息不明确的公司。

自由家长制的显著特点是其在广泛的政治方面的吸引力。行为政策的绝佳例子是“为明天储蓄更多”计划，它是由国会中的极端保守主义者和自由主义者联合提出的议案，而这两者的联合并不常见。“为明天储蓄更多”是公司为其员工提供的养老金计划。签了这份合约的员工在加薪时增加一定的存储比率，这样，员工就能为储蓄计划贡献得更多。储蓄率随工资的上涨而自动上升，直至员工注意到存得太多，进而选择退出该计划。现在，这个由塞勒和桑斯坦于2003年提出的伟大革新使储蓄率有了一定的提高，也使成千上万员工的前景更加光明。这个计划有坚实的心理学理论作为基础，本书的读者对这些理论知识肯定都有所了解了。它不需要立即改变，从而避免了对立即损失的抵抗；通过将增加的储蓄与加薪挂钩，它将损失转化为未得收益，这更容易让人接受。另外，其自动性的特点还将系统2的懒惰与员工的长远利益结合在一起。当然，所有这些特点都没有强迫任何人做任何他们不想做的事，也不含任何误导或欺诈。

自由家长制在许多国家都得到了认可，包括英国、韩国，还得到了很多政党的认可，包括英国托利党、美国的奥巴马政府等。的确，英国政府成立了一个新的小部门，这个部门的任务就是将行为科学原则用于帮助政府实现目标。这个部门的正式名称叫“行为研究小组”，但是，无论是政府内部的人还是政府外部的人，都将这个小组简单地称为“助推小组”。塞勒是这个小组的顾问之一。

在《助推》一书出版之后，奥巴马总统邀请桑斯坦在信息与监管事务办公室任职。这个职位为桑斯坦提供了很多将心理学和行为经济学的课程应用于政府机构的机会。这个任务在管理与政府预算办公室在 2010 年所做的报告中有所描述。本书的读者应该可以理解一些特定提议背后的逻辑，包括鼓励“清晰、简单、显著及有意义的披露”。读者还需读懂背景陈述“描述非常重要，例如，如果某个可能的结果被架构成一种损失，这种结果会比架构成收益有更大的影响”。

关于助推的例子有很多，比如之前已经提过的关于耗油量公开信息的框架规则，而其他方面的应用还包括自动参加健康保险，用新的膳食指南代替令人费解的膳食宝塔（新的膳食指南由一个盛满营养均衡的食物的盘子表示），以及美国农业部所指定的规则，即允许在肉制品标签上写上类似“90% 无脂肪”等信息，前提是“10% 的脂肪”的说明同时“以与瘦肉百分比说明相同的颜色、大小、字体和颜色背景连续显示”。与经济人不同的是，人类需要帮助才能做出好的决定，且这种帮助可以通过告知或不介入的方式得以实现。

两个系统

本书将大脑的运作描述成两个虚拟人物不稳定的相互作用，这两个虚拟人物就是自动的系统 1 以及需要付出努力的系统 2。现在，你对这两个系统的个性已经相当熟悉了，也能够预测他们在不同情境下可能的回应方式。当然，你也知道这两个系统并不是真正存在于大脑或其他地方。“系统 1 做了某事”是“某事自主发生”的简略说法。“系统 2 被动完成了 Y”是“更兴奋，瞳孔扩散，注意力集中，Y 活动开始进行”的简略说法。我希望你能和我一样，在交谈时使用关于两个系统的语言，这样的话，交谈就会更方便，还能在不知两个系统存在与否时凭直觉判断系统的运作方式。做出这些简要说明后，在后面的内容中，我会继续使用两个系统的说法。

我们对自己的看法就是对系统 2 的看法。系统 2 会进行判断和选择，但它会认可系统 1 形成的观点和感觉，或者将这些观点和感觉合理化。你可能没有意识到你对某个项目持乐观态度，只是因为此项目的领导使你想到了自己亲爱的姐姐。或者，你或许会厌恶和你的牙医长得像的人。如果你想寻求一个解释，就要搜寻记忆，寻找一些像样的理由，你最后肯定能找到一些。另外，你还会相信自己编造的故事。系统 2 不仅是系统 1 的辩护者，它也能避免许多愚蠢的想法和不当表达引起的冲动。投入注意力能提升众多活动的表现（试想在思想混乱时在狭窄的路上开车的风险），对于一些任务来说，注意力的集中还是必要的，例如在进行比较、选择和推理时。然而，系统 2 并不是理性的模范，其能力以及能够掌握的信息都是有限的。我们在推理时，头脑不会总是很清醒，我们犯错也不全是因为突然想到的不恰当的直觉。通常，我们犯错是因为我们（系统 2）无法再了解更多的信息。

我花了更多的时间来描述系统 1，也用了很大篇幅描述我源于直觉判断和选择的错误。然而，相对的篇幅并不是评判直觉思考优劣的好指标。系统 1 是我们犯许多错误的原因，但也是我们许多正确做法的原因，而且我们也常做正确的事。我们的想法和行动通常由系统 1 指导，是当机立断的。系统 1 的一个优点就是储存在我们联想记忆中丰富而详细的世界：在这个世界里，人们能在不到一秒的时间内，从普通事件中区分出令人惊奇的事件；立即对自己所期望的事生成想法，并对令人惊奇之事和正在发生的事自动搜寻有因果关系的解释。

记忆能记录我们一生中习得的技能，因而也会自主产生解决方法来应对不断出现的挑战（比如绕过路上的一块大石头走，避免让顾客挑出错误）。技能的习得要求有固定的环境、练习的机会，以及对自己想法和做法快速且明确的反馈。当这些条件都满足时，我们就能掌握技能，且此后快速闪现在大脑中的直觉性判断和选择都会是正确的。这些都是系统 1 完成的，也就是说，这些是快速且自主发生的。有技能的行为是能快速有效地处理大量信息的能力。

若一个挑战碰上了一个有技能的反应，这个反应就会被激发。如果没有技能，又会发生什么呢？此时，系统 2 显然要介入，就如同回答“17 × 24= ？”这个问题，其结果肯定是确定的。但想要系统 1 对系统 2 的能力表现出吃惊，不介入进来却不太可能。系统 1 不会受能力的限制，在计算时不要求确切数值。在搜寻某问题的答案时，它能自动生成对相关问题的回答，还可能将所问问题的答案替换成很容易出现在头脑中的回答。在启发式的概念中，启发式的回答并不一定比原来的问题更简单或需要更少的努力，启发式的回答只是更容易想到，能更快、更容易被发现。启发式的回答不是随意想出来的，它们“似乎”是正确的答案。不过，有时也错得离谱。

系统 1 在处理信息时，可能会产生认知放松。当信息不可信时，系统 1 也不会生成警告信号。人们会快速且自信地进行直觉性回答，不管这些回答是否源于技能或启发式。系统 2 没有简单的方式来区分有技能的和启发式的回答。唯一的方式是放慢速度、自身构建出一个答案，这个答案可能不会被轻易接受，因为系统 2 比较懒惰。系统 1 的很多建议常常没有通过最基本的检验就得到了人们的支持，就像球拍和球的问题。这就是系统 1 得到“错误和偏见的起源”这个负面称号的原因。系统 1 的运行特征，包括眼见即为事实、强度匹配和联想一致性等，会产生可预测的偏见和认知错觉，比如锚定效应、回归平均值的预测、过度自信，以及许多其他错觉。

对于偏见我们能做什么呢？我们要如何提升判断和决策（这些判断和决策来自我们自身和那些我们为之服务也服务于我们的机构）的质量？从自身经验来谈，系统 1 的运行方式是不能教给别人的。我认为除了年龄会有些影响，我们的直觉思考就像我之前对这些问题做的研究那样，还包括过度自信、极端预测和计划失误的倾向。我只是提升了对易犯错误的情境的识别能力，“这个数字会成为一种锚定……”“如果问题被重新架构，决策会改变……”，而我在识别别人错误的过程中，也取得了更多的进步。

避免系统 1 出错的方法从原则上讲很简单：认识到你所处的认知领域，放缓并要求系统 2 来加以强化。当再次碰到米勒-莱尔错觉图时，你会怎么做？当你看到有箭头的线段指向不同的方向时，你会意识到现在你不能相信自己对长度的直觉。不过，这种明智的过程在最需要的时候不会被应用到生活中。我们都希望在自己要犯错时能有个铃声提醒自己，但这是不可能的，认知错觉比感知错觉更难以识别。理性的声音也许比错误的直觉那响亮又清晰的声音更微弱。当你面临重大决策的压力时，质疑自己的直觉会让你感到不愉快。当处于麻烦中时，你最不愿意看到的就是有更多的质疑。这样的结果就是，相较于自己要犯错，你在观察别人是否要犯错时，更容易辨认出雷区。观察者会比实施者在认知上更放松，更愿意接收信息。我写本书的一个原因就是指导批评家和传闲言碎语的人，而不是指导决策制定者。

机构要比个人更容易犯规避错误，因为机构的人多，自然思考得很慢，也更有能力按规则行事。机构可以制定和有效使用检查表，还可以进行更复杂的练习，比如参考类预测以及“事前验尸”分析。机构能够鼓励其成员形成一种在靠近雷区时互相提醒的文化，而这种文化的形成，部分是通过为其成员提供独特的词汇。无论机构是干什么的，都涉及判断和制定决策，就像工厂生产产品，每个工厂都必须有一套在最初设计、装配及最后检查时确保其产品质量的方法。决策产生的相关阶段包括解决框架问题、搜集引导决策的相关信息、反馈以及检查。想要提高决策质量的机构，应该经常在每个阶段搜寻可提高效率的环节。这个运作的概念是有规律的。持续的质量控制通常是在危机产生后机构采取的对过程的全面回顾。其中一个例子就是，在有效召开会议的基本技能方面，人们明显缺乏系统的培训。

最终，更丰富的语言对于建设性批评的技能来说是必不可少的。与医疗相似，辨别判断性错误就像诊断病人，需要精确的词汇。从某种疾病的名字中，我们希望得到所有关于这一疾病的信息，包括其易感染性、环境因素、症状、预后及护理等。与其相似的是，“锚定效应”“窄框架”“过度一致性”也能使我们想到关于某个偏见的所有信息，包括原因、影响以及我们能对其做些什么。

在办公室饮水机旁的闲谈与决策有直接的联系：闲谈越多，人们所做的决策可能越好。有时，决策制定者能听到大家当时传的闲言碎语和批评，这比听自己内心的疑虑更容易。当他们相信批评自己决策的人经验丰富且公平正直，或者当他们希望自己的决策能通过制定的方式而不是结果来评判时，他们就会做出更好的选择。

附录 A
不确定性下的判断[1]

丹尼尔·卡内曼

阿莫斯·特沃斯基

我们所做的许多决策都基于对不确定事件概率的信念，这些不确定事件包括选举结果、被告的内疚感或美元的未来价值。这些信念通常被表述为“我想……”“概率是……”“它是不可能的……”等等。对于不肯定事件的信念有时还能以概率或主观概率等数字形式表现出来。那么，是什么决定了人们的信念？人们又是怎样评估不确定事件的概率和不确定数量的价值的？本文将会告知你们，人们依赖于数量有限的启发式原则，而这些原则能将测量概率以及预测价值的任务简化，使其成为更为简单的判断过程。总的来说，这些启发法相当有用，但有时也会导致严重的、系统性的错误。

对概率的主观评估与对距离或大小等物理量的主观测量相类似。这些判断都依赖于效度有限的数据，是根据启发式的规则进行的。例如，某物体的距离取决于其清晰程度。物体看上去越清

1. 本文首次刊登在 1974 年的《科学》杂志第 185 卷上。美国国防部高级研究计划局为此项研究提供了支持，海军研究办公室也与位于尤金的俄勒冈研究院签订了合约，监督该研究。另外，该研究还得到了位于以色列耶路撒冷的希伯来大学研究与开发部门的支持。

楚，其距离显得越近。这条规则有一定的效度，因为在任何给定的情境中，距离较远的物体都会比距离较近的物体更不清楚。然而，对这条规则的信赖会导致我们在测量距离的过程中产生系统性错误。特别是在能见度较低时，物体轮廓就会模糊，而其距离常常会被高估。另一方面，在能见度较高时，物体轮廓就会清晰，其距离也会被低估。因此，如果依赖于清晰度，将清晰度作为测量距离远近的标尺，就会导致普遍的偏见。这样的偏见在对概率直觉性的判断中也会出现。本文将描述三种应用于判断概率和预测价值的启发式，列出由这些启发式引起的偏见，并讨论这些偏见的实际应用和理论内涵。

代表性

人们考虑的许多概率问题都包含在以下某个类型当中：物体 A 属于类别 B 的概率是多少？事件 A 起源于过程 B 的概率是多少？过程 B 引起事件 A 的概率是多少？人们在回答这些问题时，会典型地依赖于代表性启发法，即通过用 A 来代表 B，也就是通过比较 B 与 A 的相似度来对概率进行评估。例如，如果 A 能高度代表 B，人们就会认为 A 源自 B 的概率高。但如果 A 与 B 并不相似，人们就会认为 A 源自 B 的概率低。

若想通过代表性对判断进行阐述，请考虑下面这个情况，若某个人被他原来的邻居描述为："史蒂夫非常腼腆，少言寡语，很乐于助人，却对他人或这个现实世界没多大兴趣。他谦恭有礼，做事井井有条，中规中矩，关注细节。"人们如何从一个可能的职业列表中（例如农民、售货员、飞行员、图书管理员或医生）

评估他从事某个特定职业的概率？又如何根据可能性的大小来将这些职业进行排序？在代表性启发法中，例如，史蒂夫是个图书管理员的概率是通过其与典型的图书管理员形象的代表性或相似性进行评估的。事实上，对于这类问题的研究已经表明，人们对职业概率的排序与对职业相似性的排序方法完全是相同的。而这种关于概率的判断方法会导致严重的错误，因为相似性或代表性不会受到某些因素的影响，而这些因素却能影响对概率的判断。

对结果的先验概率不敏感。对代表性没有任何影响而对概率有重要影响的其中一个因素是结果的先验概率，或基础比率。例如，在史蒂夫的那个例子中，在我们做出史蒂夫是个图书管理员而不是农民的理性评估时，我们是应该将农民比图书管理员人数更多的事实考虑在内的。然而，对基础比率的考虑并不会影响史蒂夫与图书管理员以及农民的典型形象的相似性。因此，如果人们通过代表性来评估概率，先验概率就会被忽视。我们在运用了先验概率的实验中检验了这个假设。在实验中，我们向受试者简要概述了几个人的性格，这几个人是从100位工程师及律师的样本中随意抽取出来的。而受试者需要通过对每个人的描述来评估其是工程师还是律师。在某个实验情境中，受试者被告知，这100个人有70位工程师、30位律师。而在另一个实验情境中，受试者被告知，这100人有30位工程师、70位律师。在第一种情境下，受试者判断任意一个描述是关于工程师的而不是关于律师的概率都应该高于第二种实验情境。因为第一种情境工程师更多，第二种情境律师更多。值得注意的是，我们通过贝叶斯定理还能知道每个描述的概率比率应该是（0.7/0.3）2，或是5.44。然而，这些受试者在这两个实验情境中都得出了同样的概率判断，这严重违反了贝叶斯定理。很明显，受试者认为某个特定的描述是在说工程师而非律师，是通过描述对这两个典型职业的代表程度得出的，而很少或根本就不考虑其所属类别的先验概率。

当这些受试者没有其他信息来源时，他们会正确地利用先验概率。在没有人物描述的情况下，受试者判断某个人是工程师或律师的概率分别是 0.7 和 0.3，这与基础比率正好符合。然而，当某个描述存在时，就算这个描述没有任何信息，先验概率还是会被彻底忽略。对于以下描述的回应就阐明了这个现象：

> 迪克是位 30 岁的男性，已婚，但无子女。他能力强，干劲足，承诺一定要在自己的领域功成名就。他很受同事的欢迎。

这个描述所传达的信息与迪克是工程师还是律师的问题完全没有关系。因此，迪克是工程师的概率应该与工程师占样本总人数的比率相同，就如同我们没有得到任何有关迪克的描述时一样。然而，受试者却将迪克是工程师的概率判断为 0.5，并不关注工程师占总人数的比率是 0.7 还是 0.3。很明显，在没有任何证据和得到了一些无用的证据之后，人们的回应是不同的。在没有任何特定证据的情况下，先验概率能够被合理地应用；而在得知一些无用证据的情况下，先验概率就会被忽略。

对样本大小的不敏感。在某个指定大小的样本中，评估获得某个特定结果的概率时，人们总会应用代表性启发法。即他们会通过某个样本结果与相关参数的相似性来评估这个结果的概率。例如，人们会认为随机抽取的 10 个男性的平均身高是 6 英尺，而这个结果就是由与相应参数（这个参数即男性人口的平均身高）的相似性得来的。某个样本的统计数据与人口参数的相似性并不是由样本的大小决定的。其结果就是，如果我们通过代表性来评估概率，判断出的某个样本的统计数据实质上就是独立于样本大小的。的确，当受试者评估大小不同样本的平均身高分布时，他们得出的分布是相同的。例如，人们在评估平均高度高于6英尺的概率时，无论样本大小是1 000、100还是10个，其得出的分布都是相同的。另外，即使样本大小的重要性在问题形成之时就被强调过，受试者也不能体会其所起的作用。请考虑下面的问题：

> 某个城镇有两家医院。在较大的那家医院里，每天大约有45个婴儿降生，而在较小的医院里，每天有15个婴儿降生。如你所知，其中50%的婴儿应该是男婴。然而，男婴实际的百分比每天都会变化，有时会高于50%，有时会低于50%。在一年的时间里，每家医院都记录了新生婴儿中男婴概率大于60%的天数。你认为，哪一家医院记录的天数更多？
>
> 更大的医院（21）。
>
> 更小的医院（21）。
>
> 大致相同（其天数的不同在5%的范围内，53）。

括号中的数值表示的是选择该答案的大学生人数。

无论是大医院还是小医院，多数受试者判断出的60%以上新生儿是男婴的概率都是相同的。这可能是因为这些事件都来自同样的统计资料提供的描述，因此，关于总体情况的代表性相同。相反，以样本理论进行分析的话，在小医院里，超过60%的婴儿是男婴的天数肯定应该比大医院的多，因为大样本的男女比率不太可能偏离50%。很明显，这个统计学的基本概念与人类的直觉不相符。

在对后验概率（即从一个整体而不是另一个整体中抽取样本的概率）的判断中，人们对样本大小的问题也不是很敏感。

请考虑下面这个例子：

> 想象有个装满球的罐子，其中有2/3的球是一种颜色，1/3的球是另一种颜色。某个人从罐子里取出了5个球，发现有4个是红色的，1个是白色的。另一个人取出了20个球，其中有12个是红色的，8个是白色的。这两个人中，谁更有可能认为罐子里2/3的球是红色的，1/3的球是白色的？每个人给出的概率各是多少？

在这个问题中，假设两次抽取的先验概率相同，那对于4∶1的那个样本来说，其正确的后验概率应为8∶1；而对于12∶8的样本来说，其后验概率为16∶1。然而，大多数人却认为第一个样本为罐子里主要是红球的这个假设提供了更有力的证据，因为第一个样本的红球比例要比第二个样本的高。这再次证明了，直觉性判断由样本比例主导，本质上并不受样本大小的影响。然而，样本大小却对实际的后验概率起着至关重要的作用。此外，对后验概率的直觉性评估比起正确的值来说并没有那么极端。在这类对概率的评估中，低估证据的影响反复出现。这种情况被称为“保守主义”。

误解机会。人们期望由随机过程产生的事件序列能够代表这个过程的基本特征，即使这个序列很短。例如，人们在考虑抛硬币看正反面的问题时，总会觉得其顺序更可能是正—反—正—反—反—正，而不是正—正—正—反—反—反，因为后者并不能体现抛硬币的公正性。因此，人们期望过程的基本特征不仅表现在整个序列中，还表现在局部的序列中。然而，局部代表的序列系统地脱离了概率的期望：因为局部代表的序列选择很多，但可供选择的项却很少。抱有局部代表性这个想法的另一个后果就是有名的赌徒谬误。例如，在看到轮盘赌的指针长时间连续指向红色以后，大多数人就会错误地认为现在该是指向黑色的时候了。这是因为，相较于再次出现红色，出现黑色会使序列更具代表性。人们普遍将概率视为可进行自我纠正的过程。在这个过程中，某个方向的偏离能引起其相反方向的偏离，以达到恢复平衡的目的。事实上，在概率的结果揭晓之时，偏离并不是被“纠正”了，只是融为一体了。

不仅仅是天真的受试者才会误解概率。一项关于统计直觉的研究以有经验的心理学家为受试者，揭示了人们长期抱有的“小数法则”这一信念。这些受试者认为，他们抽取的样本即使很小，也具有很强的代表性。他们这样的回应反映了一个有效的假设：某个具有统计意义的样本结果可以代表样本所属的整个群体的性质，这与样本大小并无关联。因此，研究人员过于信任小样本的结果，高估了这些结果的可复制性。在实际的研究中，这些偏见会导致研究人员选择的样本不够大，并对仅有的发现做过多的阐释。

对可预测性的不敏感。有时，人们需要做一些数值上的预测，例如，预测某只股票的走势、某种商品的需求量或某场球赛的最后比分。这样的预测经常是通过代表性做出的。例如，假设有个人在听了关于某家公司的描述之后，需要预测这家公司的未来收益。如果这个人听到的描述是正面的，那么他会预测这家公司将有非常高的收益，因为高收益最能代表那个描述；如果描述是普通的，这个人就会觉得公司的表现也会很普通。描述的好坏程度并不受该描述的可信程度以及精确程度的影响。因此，如果人们仅仅依靠描述的好坏来预测，那么他们的预测会对证据的可靠性和预测的预期精确度不敏感。

这种判断模式违反了标准的统计理论。在标准的统计理论中，出于对可预测性的考虑，极端和预测范围受到了控制。当某件事的可预测性为零时，该预测的结果在任何情况下都应该是相同的。例如，如果在一些公司的描述中，人们没有听到有关其收益的信息，那么对所有这些公司未来收益的预测都应该是相同的。当然，如果某件事的可预测性非常高，那么预测值会符合实际值，预测的范围也会等同于实际结果的范围。总之，可预测性越高，预测值的范围越广。

一些关于数值预测的研究表明：直觉性预测违反了这条规则，因为受试者很少甚至没有考虑过可预测性的问题。在其中一项研究中，受试者看了几段文字，每段文字都描述了一位实习老师在特定实习课上的表现。一些受试者需要根据那几段文字描述以百分制来评价特定总体的课堂质量，其他受试者则需要预测这些实习老师在 5 年以后的成就，同样要以百分制来打分。受试者在这两种情况下做的判断是相同的，即预测某一未来事件（老师在 5 年以后的成就）与评估当前事件所依据的信息（实习课的课堂质量）是相同的。做这些预测的人肯定也意识到了用某位老师 5 年以前的实习课来预测她的教学能力过于局限。不过，他们的预测与评估一样极端。

效度错觉。前面已经介绍过，人们常会挑选输入信息（例如对某个人的描述）中最具代表性的特点（例如职业）来进行预测。他们在预测时的自信程度主要取决于相关信息代表性的高低（即所选特点与输入信息的吻合程度），与限制预测准确性的因素关系不大。因此，人们在听到与图书管理员的典型形象相符合的性格描述后，就会极有自信地做出所描述的人就是一个图书管理员的预测，即使这个描述是片面的、不可靠的或过时的。由于预测特点与输入信息非常吻合而产生的没有保证的自信就被称为效度错觉。即使判断者意识到限制其预测准确性的因素，这种错觉也会存在。许多文献已经证实，甄选面谈的出错率很高，但即使心理学家知道这一点，在甄选面谈时，他们也常会在预测中表现出很大的自信。尽管不断有证据表明甄选面谈是不恰当的，但临床上仍然持续依赖这种访谈方式，这也充分说明了效度错觉强大的影响力。

预测依靠输入，而输入模式的内部一致性是决定人们在预测时自信程度的主要因素。例如，相较于某个在一年级得了许多 A 但也得了许多 C 的学生，人们在预测一年级得了许多 B 的学生的平均绩点时会更有自信。高度一致的模式最常出现在输入变量高度冗余或相关时。然而，相关性统计的一个结果证实，给定有效的输入变量，当它们相互独立时，基于几个这种输入的预测会比当它们相互冗余或相关时能达到更高的准确性。因此，输入之间的冗余虽然可以增加自信度，却会降低预测的准确性。而人们在预测时所抱持的信心常会超出他们的能力范围。

误解回归性。假设让一群儿童做两套等效的能力测试题。如果你挑选出了在其中一套能力测试题中表现最好的 10 个人，那么他们在另一套测试中的表现通常会让你失望。相反，你如果挑选的是在其中一套能力测试中表现最差的 10 个人，你就会发现，他们在下一次测试中平均都比前一次测试表现得好。一般来说，假设变量 X 和 Y 有相同的分布。如果你挑选的 X 的平均分数偏离了 X 的均值 K 个单位，那么，Y 的平均分通常偏离 Y 的均值的程度就会少于 K 个单位。这些观察表明了一个普遍现象，即回归平均值现象。这个现象是高尔顿在 100 年前首次证明的。

在正常的生命过程中，你会遇到许多回归平均值的例子。例如，在比较父亲与儿子的身高，丈夫与妻子的智力水平或者某个人连续测试的不同表现时。不过，人们没能对此现象产生正确的直觉。首先，人们不能预料一些肯定会发生回归平均值的情境。其次，当辨别出回归平均值发生时，他们总会捏造出虚假的因果解释。有这样一个信念：预测结果应该最大限度代表输入信息，因此，结果变量的值也应与输入变量的值一样极端。我们提出，回归平均值的现象之所以难以掌握，就是因为与上述信念不相容。

未能意识到回归平均值的重要性将会带来严重的后果。下面这个例子就说明了这一点：在一次关于飞行训练的讨论中，有经验的指导员注意到，若赞扬某位飞行员着陆非常平稳，该飞行员下一次着陆就会表现得很糟糕；若某位飞行员着陆较差，该飞行员下一次着陆就会有很大进步。这些指导员总结道，口头表扬对学习是有害的，而口头批评却大有益处，这与广为接受的心理学定律相左。由于回归平均值的存在，这个结论是没有根据的。就像其他重复的测试一样，每次表现糟糕以后总会有进步，而表现优异以后又总会变得糟糕，即使指导员没有对学员的第一次表现给予任何回应。指导员形成了惩罚比奖赏更有效这个错误且有潜在危害的结论，因为他们正好在着陆表现优异后表扬了这些学员，在着陆表现糟糕后批评了这些学员。

因此，未能理解回归效应会导致人们高估惩罚的有效性，低估奖赏的有效性。无论是在社会交往中，还是在训练中，表现得好都会有奖赏，表现得差都会有惩罚。因此，行为最有可能在惩罚之后得到改进，在奖赏之后变得更坏，这其实就是一种回归现象。其结果就是，人们碰巧因为惩罚他人得到了奖赏，因为奖赏他人受到了惩罚。然而，人们通常不会意识到这种偶然性。事实上，难以掌握回归性主要是因为奖赏与惩罚带来的结果非常明显，因此，这个领域的学者也没有注意到它。

可得性

有时候，人们会通过能想到例子或事件的容易程度来评估这类事的频率或概率。例如，你可能会通过回忆自己认识的人中有多少位是心脏病患者来估测中年人患心脏病的风险。同样，你也可能会通过想象某个企业可能会遇到的各种难题来估测其倒闭的概率。这种判断启发式被称为可得性。可得性对于评估频率或概率来说，是个很有用的线索，因为相比频率较低的类别的例子来说，我们可以更好、更快地得到频率较高的类别的例子。然而，可得性并不受频率和概率的影响。因此，依赖于可得性会导致预测的偏见。接下来我将说明其中的一些偏见。

因例子的可提取性导致的偏见。当用某个类别的例子的可得性来判断该类别的大小时，例子很容易提取的类别会比频率相同但例子较难想到的类别显得更大。在证明此效应的基本研究中，受试者听到了一串知名人士的名字，男女均有。接着，他们需要判断这串名字中男性是否比女性多。不同组的受试者听到的名字并不相同。在一些名单中，男性更有名；而在另外一些名单中，女性更有名。受试者都错误地判断了所有名单的类别（性别）。他们的判断显示，名人更多的类别，其数目也更大。

除了熟悉度，显著程度也会影响例子的可提取性。例如，看见房子失火对这类事件主观概率的影响可能会比在报纸上读到失火这件事的影响要大。另外，最近发生的事有可能会比之前发生的事更容易获得。对于交通事故的主观概率会在见到一辆翻倒在路边的车后暂时升高，这很平常。

因搜索集合的有效性导致的偏见。假设从某个英文文本中随机抽取一个词（含有 3 个或更多字母的词）。这个词更有可能是以 r 开头还是以 r 作为第三个字母？人们在回答这个问题时，会回忆首字母为 r 的单词（例如 road）以及第三个字母为 r 的单词（例如 car），然后通过想到这两个词的容易程度来评估相对频率。因为从记忆中搜寻单词的首字母要比搜寻其第三个字母更为容易，所以大多数人都判断以，某个辅音开头的单词要比第三个字母为该辅音的单词多。但实际上，例如 r 或 k 的辅音字母，出现在第三个字母上的频率要比出现在开头的频率高。

不同的任务会引发不同的搜索集合。例如，假设你被要求评估抽象词（比如想法、爱）和具体词（比如门、水）出现在书面英语中的频率。回答这个问题自然而然的方法就是搜寻这些词可能出现的情境。联想起提到抽象概念（爱情故事中的爱情）的情境似乎要比联想起提到具体词（例如门）的情境更为容易。如果用单词出现情境的可得性来判断这些单词的频率，抽象词就会多于具体词。这一偏见在最近的研究中已被发现，此研究表明，人们判断抽象词的出现频率比具体词的出现频率高很多，与客观频率相等。相较于具体词，抽象词还会出现在更多的语境中。

想象力的偏见。有时，你需要评估某类事件发生的频率，这类事件的实例没有储存在你的大脑中，但你可以通过一定的规则构建一些实例。在这样的情况下，你通常会构建几个实例，并以构建这些实例的难易程度来评估其频率或概率。然而，构建实例的难易程度并不总能反映出真实的频率，这种评估模式很容易导致偏见。下面这个例子将说明这一点：请考虑一个 10 个人的团体，他们想组成一个有 *K* 个成员的委员会（$2 \leqslant k \leqslant 8$）。他们可以组成多少个不同的且有 *K* 个成员的委员会？这个问题的正确答案是二项式系数（10/ *k*），当 *K*=5 时，达到其最大值 252。这明确表明，*K* 个成员的委员会数量等于（$10-k$）个成员的委员会数量，因为任何有 *K* 个成员的委员会界定了一个独有的（$10-k$）个非成员的团体。

若想不通过计算就回答这个问题，就需要在心里构建有 *K* 个成员的委员会，然后以构建这些委员会的难易程度来评估它们的数量。人数较少的委员会（比如只有两人的委员会）会比人数较多的委员会（比如有 8 人的委员会）更容易构建。因此，如果通过想象力或构建的可得性来评估频率，规模小的委员会似乎会比规模大的委员会的数量更多，这与对称的钟形函数正好相反。事实上，在要求天真的受试者评估规模不同的委员会的数目时，他们的估计是委员会规模的单调递减函数。例如，他们评估的有两个成员的委员会的中值是 70，有 8 个成员的委员会的中值是 20（正确答案应该是两种情况下都是 45）。

在真实的情景中，想象力对概率的评估起着重要的作用。例如，通过想象某次探险中无法应对的意外事件来评估这次探险的风险。如果能想到许多这样生动的意外事件，这次探险就会显得尤其危险，尽管想到这些灾难的难易程度并不能反映它们实际发生的可能性。相反，如果没能想到某些可能的危险，那么人们将要承担的风险会被低估。

相关性错觉。L.J. 查普曼与 J.P. 查普曼描述过一种有趣的偏见，这种偏见是在判断两个同时发生的事件的频率时产生的。他们向受试者提供了几个假设的精神病患者的信息。信息包括每位病人的临床诊断数据和一幅由病人画的人像。然后，受试者需评估每个诊断（例如妄想症或疑心病）以及人像中不同特征（例如奇怪的眼睛）的频率。受试者明显高估了自然的联想物同时发生的频率，例如疑心病和奇怪的眼睛的频率。这种效应被称为相关性错觉。受试者错误地判断了得到的数据，"重新发现"了许多普遍但毫无根据的临床知识，这些临床知识就涉及人像测试的相关解释。相关性错觉效应极度抗拒相互矛盾的数据。即使在症状与诊断呈负相关的情况下，相关性错觉也会存在，它使受试者不能察觉到真正存在的关系。

可得性为相关性错觉效应提供了自然的解释。根据两个事件相互关联的强度，人们可以判断出它们同时发生的频率。当两个事件关联性强的时候，你可能会认为它们经常同时发生。因此，强关联常被判断为经常同时发生。根据这个观点，疑心病与奇怪的眼睛的关联性错觉就是由疑心病常会与奇怪的眼睛相联系而引起的，而不是因与人体其他部位相联系而引起的。

从我们的人生经历可知，总的来说，相较于发生频率低的例子，我们能又好又快地回忆起发生频率高的例子，更容易想到可能发生的事，而不是发生概率不高的事。当事件频繁地同时发生时，这两个事件之间的关联性会得到增强。所以，人们可以自由使用可得性启发式的程序，具体是通过提取、构建和联想等相关大脑运作的容易程度来估测类别的数量、事件的可能性或者事件同时发生的频率。然而，前面的例子已经说明，这个有价值的估测过程会导致系统性错误。

判断与锚定

在许多情况下，人们会通过初始值来确定最后的答案。初始值或起始点，可能是从问题形成之时得到的提示，也可能是在稍微计算之后得到的结果。但无论是前者还是后者，其调整都不会太过充分。不同的起始点会产生不同的估测，都会偏向于初始值。我们将这个现象称为锚定。

不充分的判断。在某个证明锚定效应的实验中，受试者需要估测不同的数值，并以百分比来进行评定（例如非洲国家在所有联合国成员国中所占席位的百分比）。在猜测每一个数值的时候，受试者面前一个范围为0~100的幸运转盘都会旋转一次。受试者首先需要说明，转盘指针指向的数值比起实际值来说是高了还是低了，然后，将转盘的指针拨向自己估计的值。不同的小组面对的是不同的初始数字，而这些随机的数值对估计有着巨大的影响。以非洲国家占联合国成员国的百分比为例，转盘指针指向10的小组估测的中值是25，而指针指向65的小组估测的中值是45，其中，10和65就被受试者视为起始点。对于估计要精确的要求并没能削弱锚定效应的影响。

锚定不只是在受试者被给予相关起始点的情况下会发生，当受试者依赖于未完成的计算结果进行估测时，这种情形也会发生。关于直觉性数值估计的研究就说明了这一效应：在黑板上写出一些算式，让两组高中生在5秒内估计结果。其中一组学生估计下面这个算式的结果：

8×7×6×5×4×3×2×1

另一组学生估计以下算式的结果：

1×2×3×4×5×6×7×8

想要快速回答这样的问题，人们可能会先计算几步，然后通过外推或调整得出结果。由于判断的根据并不充分，这样的过程就会导致低估。另外，就前几步的计算结果而言（从左到右进行计算），降序序列得到的结果肯定会比升序序列的结果大。那么，你会认为第一个序列的结果大于第二个序列的结果。这两种判断都得到了证实。对升序序列中值的估计为512，对降序序列中值的估测是2 250，但正确的答案应该是40 320。

评估连续事件与非连续事件的偏差。在巴希勒最近的一次研究中，受试者需要选两个事件中的一个来打赌。该研究应用了三种类型的事件：（1）简单事件，例如从一半是红球一半是白球的口袋中取出一个红球；（2）连续事件，例如从90%是红球、10%是白球的口袋中连续7次抽取红球；（3）非连续事件，例如从10%是红球、90%是白球的口袋中连续取球7次，至少取出一个白球。在这个问题中，相较于简单事件的那个赌（概率是0.50），绝大多数受试者更愿意打连续事件的那个赌（概率是 0.48）。而相比不连续事件（概率是 0.52），受试者又更愿意打简单事件的赌。因此，在这番比较中，大多数受试者倾向于打的赌都是相对不太可能发生的事件。这样的选择模式证明了一个普遍的发现。对赌的选择以及对概率的判断的研究表明：人们易于高估连续事件的概率，低估非连续事件的概率。这样的偏见是由锚定效应引起的。基本事件的概率（即任意某个阶段的成功）提供了估测连续事件以及非连续事件概率的自然起始点。由于从出发点进行调整通常是不够的，因此，在上述两种情况下，最后的估测都会与基本事件的概率相接近。请注意，某个连续事件的整体概率会比其中每个基本事件的概率低，而非连续事件的整体概率会比其中每个基本事件的概率高。由于锚定的影响，在连续的问题中，整体概率会被高估；在非连续问题中，整体概率会被低估。

评估复合事件的偏见在计划的情境中尤其明显。成功完成某个任务（例如推广一个新产品）具有连续的特征：要想某个任务成功，该任务包含的每个事件都必须发生。如果需要发生的事件数量众多，即使每个事件都很有可能发生，其整体成功的概率也可能很低。高估连续事件概率这个普遍的倾向会使人们在评估某个计划成功的可能性或能否按时完成时过度乐观，却缺乏根据。相反，非连续结构总会遭遇风险性的评估。一个复杂的体系，例如核反应或人的身体，如果其中的某个部分出现问题，整个体系就会出现故障。即使每个部分失败的可能性都很小，但若包含很多部分，那么整体失败的概率也可能很高。因为锚定效应，人们会倾向于低估复杂系统失败的概率。因此，我们有时可以从事件的结构中推测出锚定偏见的方向。连续事件的链式结构会导致高估，非连续事件的漏斗式结构会导致低估。

在评估主观概率分布时的锚定。在决策分析中，专家时常需要以概率分布的形式来表示他们对某个数值（例如某一天的道琼斯指数）的信念。这样的分布通常是通过要求专家在其主观概率分布的特定百分位数中选择相应的值来构建的。例如，判断者可能会被要求挑选出一个数字 X_{90}。这样的话，他认为这个数字将会超过道琼斯指数的主观概率就是 0.90。也就是说，他选择数字 X_{90}，所以愿意接受道琼斯指数不会超过这个数值的比率是 9∶1。通过几个这样对应于不同百分位数的判断，我们可以构建出道琼斯平均指数的主观概率分布。

通过搜集多个不同数值的主观概率分布，还有可能测试出判断者的度量或校准是否合适。如果待估量值的真实值有 II% 分布在某位受试者规定的 X_{II} 值之下，那么这个受试者在一系列问题中进行了恰当的（或外部）校准。例如 1% 的量值，其真实值应该分布在 X_{01} 之下，即 X_{99} 之上。因此，98% 的问题，真实值应该在 X_{01} 到 X_{99} 的置信区间内。

几位研究人员已从大量的判断中观察到许多量值的概率分布。这些分布表明了其与恰当的校准之间巨大且系统的偏差。在多数研究中，30% 的问题，其待评估量的真实值或小于 X_{01}，或大于 X_{99}。也就是说，受试者设定的置信区间过于狭窄，这反映出比他们对评估数量的了解所证明的确定性更高的确定性。经验不足与经验老到的受试者都存在这种偏差，而引入合适的积分规则虽能为外部校准提供刺激，但也不能彻底消除偏差。这种效应至少部分是因锚定引起的。

例如，为了选择 X_{90} 作为道琼斯指数，人们首先会想到自己对道琼斯指数最佳的估测，然后将这个数值上调。如果这个调整和大多数其他调整一样是不充足的，那么 X_{90} 就不会是极端的。同样的锚定效应在选择 X_{10} 时也会发生，这时，人们就会将最佳估测向下调整。所以，X_{10} 到 X_{90} 的置信区间将会太小，而待估量的概率分布会更紧密。一种程序能够系统地改变主观概率的分布，使最佳估测值不作为一个锚定，这也支持了这种解释。

某个给定的量（比如道琼斯指数）的主观概率分布可以通过两种不同的方法得以实现：（1）要求受试者选择与自己的概率分布的特定百分位数相符合的道琼斯指数；（2）要求受试者估测出的真实值超过特定数值的概率。这两种方法在形式上是等同的，因此应该产生相同的分布。然而，这两种方法体现出的是不同锚定下不同的判断模式。在方法（1）中，自然的起始点是人们对变量的最佳估测。此外，在方法（2）中，受试者可能将锚定点定在了问题中给定的数值上。或者，他可能将锚定定位在相等的概率上，即 50–50 的概率，因为这是估测可能性通常的起始点。无论哪种情况，方法（2）得到的概率应该不会像方法（1）那样极端。

为了对比这两种方法，研究人员给一组受试者 24 个量值（如从新德里到北京的空中距离），并要求他们在每一个问题上估计 X_{10} 或 X_{90}。另外一组受试者得到的是第一组受试者对 24 个数值中每个评估结果的中值。他们被要求评估每个给定的数值超过相应量值的真实值的概率。在没有任何偏见的干扰下，第二组受试者应该提取出和第一组相同的概率，即 9∶1。然而，如果使用 50% 的概率或给出的数值作为锚定，第二组的概率也应该不那么极端，即接近 1∶1。事实上，第二组给出的所有问题的概率中值都是 3∶1。当对两组受试者的判断进行外部校准时，研究人员发现第一组的受试者太过极端，这与早前的研究结果相符。他们估测的发生概率为 0.10 的事件实际上有 24% 发生了。相反，第二组受试者太过保守。他们认为平均概率为 0.34 的事件实际发生的概率只有 26%。这些结果说明了校准的程度取决于引导的程序。

讨论

本附录关注的是依赖于判断启发式的认知偏见。我们不能把这些偏见归因于激励效应，比如一厢情愿的想法或者因为报酬和罚款而扭曲的判断。实际上，尽管受试者被鼓励应尽量准确，而且答案正确的话还能得到奖赏，但他们还是会犯前面提到的严重的判断性错误。

对启发式的依赖和普遍的偏见，并不仅限于外行。有经验的研究人员在凭直觉进行思考时，同样易于犯偏见的错误。例如，受过广泛训练的人在进行直觉判断时，也会有在没能充分考虑先验概率的情况下预测最能代表数据的结果这一倾向。尽管这些研究人员在统计学方面的经验可以使其避免类似于赌徒谬误的基本错误，但他们的直觉性判断还是容易在更为复杂的问题中犯类似的谬误。

类似于代表性和可得性等有用的启发式可以得以保留，即使它们有时会导致预测或估测的错误。这一点并不会使我们惊奇，而可能会使我们惊奇的是，人们不能从其人生经历中推断出基本的统计学规则，例如回归平均值或者样本大小对样本可变性的影响。尽管在人的生命历程中，每个人都会遇到许多这样的例子，很少有人能独自发现样本和回归性的原则。我们不能从每天的经历中学习到统计学的规则，因为相关的例子不能被恰当地解释。例如，人们不会发现，某文本中连续几行单词的平均长度比连续几页中单词的平均长度变化更大，因为无论是几行还是几页，人们都不会注意到单词平均长度的问题。所以，人们不能了解到样本大小和样本可变性的关系，尽管相关数据比比皆是。

缺少恰当的编码也能解释为什么人们在判断概率时通常不能察觉到偏见。可以想象，一个人可以通过记录在实际发生的事件中他赋予相同概率的事件的比例，来了解他的判断是否受到了外部的校准。但是，用判断所得的概率来给事件分组并不合适。那么，在缺乏分组的情况下，某个人就不可能知道他分配的 0.9 或更高的概率的预测，有 50% 会真的发生。

认知偏差的实证分析对判断概率的理论和应用具有启示意义。现代决策理论将主观概率视为某个理想化的人的量化观点。具体来说，某个给定事件的主观概率可被定义为某个人是否愿意接受有关这个事件的赌注。如果这个人在不同赌注之间的选择满足于特定的规则，比如概率论的公理，那么内在一致或连贯的主观概率就可以被引申出来。引申出的概率是主观的，原因是不同的人可以对同样的事件做出不同的概率评估。这种方法最主要的贡献是提供了对概率严格主观的解释，这个解释能够应用于独特的事件，也能应用于理性决策的普遍理论。

也许应该注意一点，我们有时能从对赌注的偏好中推断出主观概率，但主观概率通常并不是由此形成的。某个人愿意给 A 队下赌注而不是 B 队，是因为他相信 A 队更有可能会赢，他并不是从自己对赌注的偏好中推断出这个想法的。因此，在现实中，主观概率会决定我们对赌注的偏好，但我们并不是从这些偏好中推断出主观概率的，就如理性决策中不证自明的理论一样。

概率内在的主观本质使许多学生相信一致性或内在一致性是判断概率唯一有效的准则。从主观概率的形式理论来看，任何内在一致的可能性判断和其他判断都是一样的。这个准则并不完全令人满意，因为内在一致的主观概率可能和人们抱有的其他信念相抵触。例如，某个人对抛硬币游戏所有可能结果的主观概率就反映了赌徒谬误。即他推测硬币更可能是反面，因为已经连续出现了多次正面。这样的判断可能有内在一致性，因此，根据形式理论，这是一个恰当的主观概率。然而，这样的概率与硬币是没有记忆的这一人们普遍持有的信念不符，因此不能产生序列依存。若对判断的概率进行充分和理性的考虑，你就会发觉对内在一致性的解释并不充分。判断必须与人们持有的所有信念相容。但不幸的是，还没有一个简单且正式的方法能够测评一系列概率的判断与判断者整体信念系统的相容性。不过，理性判断者会努力争取这种相容性，即使利用内在一致性能更容易完成判断和评估。特别是，理性判断者会尝试使自己对概率的判断与自己相关的知识、概率的规则以及个人的判断启发式和偏见相容。

结语

本文描述了在不确定的情况下进行判断的三种启发式：（1）代表性，人们通常在需要判断物体 A 是否属于类别 B 或者事件 A 是否属于过程 B 时，会使用代表性；（2）事件的可得性，当人们需要估测某类事件发生的频率或者某个特定进展的合理性时，就会使用可得性；（3）通过锚定进行调整，当相关数值可得时，许多预测都会用到锚定。使用这些启发式不仅能节约很多时间，大多数时候它们也很有效，但它们也会导致一些系统性的错误。更好地理解这些启发式和它们带来的偏见，能够让我们在不确定的情境下提高判断和决策的质量。

附录 B
选择、价值以及框架[1]

丹尼尔·卡尼曼

阿莫斯·特沃斯基

摘要：我们已经讨论了在风险状况以及无风险状况下，做选择时认知和心理的决定因素。价值的心理物理学会使人们在获利概率大时选择规避风险，在损失概率大时选择冒险。概率中体现的心理物理学使得人们过于重视确定的事情和不可能发生的事（与一般的概率性事件相对）。决策问题可用多种关于不同偏好的方式来进行描述或建构，这与理性选择的不变性准则相矛盾。心理账户过程（人们在此过程中会组织交易的结果）可以解释一些消费行为中的反常现象。是否采取某个选择，取决于这个选择可能的负面结果是被评估为一种成本还是无法补偿的损失。我们将讨论决策价值和体验价值之间的关系。

人们总是在做决策，人们做决策时可能是有意识的，也可能是无意识的，就像在念散文。如此看来，决策制定也自然会涉及众多学科，包括数学和统计学、经济学和政治科学，以及社会学和心理学。对决策的研究不但解决了规范性问题，也解决了描述

1. 1983 年 8 月，我在美国心理学会大会上发言时用的就是这篇文章，后来也因这篇文章被授予卓越科学贡献奖。这篇文章最初发表在《美国心理学家》杂志上。

性问题。规范性分析涉及理性的本质和决策制定中的逻辑。而描述性分析涉及的却是人们真实的观念和偏好，而不是人们应有的观念和偏好。规范性和描述性考虑问题间的对峙，就是判断和决策研究的主要内容。

在分析决策制定时，人们通常会将有风险的决策和无风险的决策区分开来。是否会去赌钱（赢的概率确定）是具有风险的决策的典型例子，而是否会接受将某件商品或某项服务换成钱或劳力则是没有风险的决策的典型例子。本文第一部分分析了有风险前景价值的认知和心理物理学的决定因素。第二部分介绍的是这种分析在交易和贸易中的运用。

风险性选择

做出类似是否带雨伞或是否参战这种有风险的决策时，人们是不会知道结果的。因为还有很多不确定因素在里面，比如天气好坏或敌人的强弱。是否会做出某项决策可以被看成是否会打某种赌，当然，是赌就会产生不同的结果，且不同的结果会有不同的概率。因此，对于在一定风险下的决策制定的研究，关注的就是在简单的赌钱和确定的概率间的决策，并希望这些简单的问题能对风险和价值的研究有所启示。

我们在研究风险决策问题时提出了一套方案，此方案的许多假设都是从人们对金钱和概率反应的心理物理学分析中得来的。对于决策制定的心理物理学分析最早出现在丹尼尔·伯努利于 1738 年发表的一篇有重大影响的文章中。伯努利在这篇文章里试图解释为什么人们总是会选择风险规避，而随着财富增长选择风险规避的意愿却降低了。为了更明白地说明风险规避和伯努利的分析，请思考这样一个问题：我们现在面临两种选择，一种是有 85% 的概率赢得 1 000 美元（15% 的概率什么都得不到），一种是肯定会得到 800 美元。虽然从数学的角度来看，选择冒险会得到更多的好处，但大多数人还是更愿意选择确定的事。赌钱的结果是经加权后的平均值，这种平均值在计算时会把每种可能的结果进行加权。在刚提到的问题中，赌一把的结果可表示为 0.85 × 1 000+0.15 × 0 =850（美元），这比选择确定的事（肯定会得到 800 美元）所得到的钱要多。选择确定的事就是风险规避。大体来看，选择确定的事而不是赌一把（所得结果更多或同等）被称为风险规避；不选择确定的事，而愿意赌一把（可能性更小或相等）被称为风险追求。

伯努利建议不要通过收益结果来评估前景，而是要通过这些结果的主观价值来评估。某次赌的主观价值也是一种经过加权后的平均值，但在这里，每种结果的主观价值是通过其发生的可能性来加权的。为了在这个框架下解释风险规避，伯努利提出，主观价值或效用可用收益的凹函数来表示。例如，在这种函数下，200 美元和 100 美元间效用的不同比 1 200 美元和 1 100 美元间效用的差异更明显。从函数凹处可以看出，得到 800 美元的主观价值比得到 1 000 美元的价值的 80% 要大。因此，效用函数的凹处也就意味着风险规避，人们会选择肯定能得到 800 美元，而不是有 80% 的概率得到 1 000 美元，尽管这两种可能最终得到的钱数一样。

决策分析常用总财富状态来描述决策的结果。例如，一个下 20 美元赌注的抛硬币游戏，就可以表示成在个人当前的财富状态 W 和等概率的可能变成 W+20 美元或 W−20 美元的财富状态间的选择。这种表示方法在心理学上是不现实的，因为人们通常不会从财富状态出发来考虑概率相对较小的结果，人们常会从收益、损失和中立的结果（比如维持现状）的角度来考虑。如果主观价值的表示方式如我们提出的那样，是财富的变化而不是最终的财富状态，那么对于结果的心理物理学分析应该应用到获得和损失上，而不是应用于总财产。这种假设在对待有风险的选择时能发挥重要作用，我们称其为前景理论。无论是反省还是心理物理学的测量，都表明主观价值是个关于获得多少的凹函数。同样的归纳也适用于描述损失。损失 200 美元和 100 美元的主观价值的区别要比损失 1 200 美元和 1 100 美元的主观价值的区别大。当把获得和损失的价值函数结合到一起时，我们就得到了一个 S 形的函数，如图 B−1 所示。

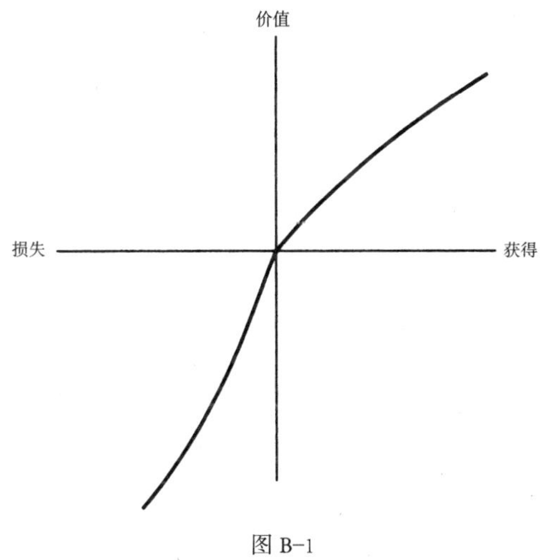

图 B−1

图中显示的价值函数是由获得和损失来定义的，而不是通过总财富值来定义的。在获得的情况下是凹面，在损失的情况下是凸面，损失情况下的曲线比获得情况下的曲线更陡。该图表示的情况就是损失厌恶，它表明了获得某笔钱的吸引力要弱于人们想要规避某笔损失的意愿。损失厌恶解释了为什么人们不愿在抛硬币的游戏中选择有同等概率的赌注：可能的收益的吸引力并不足以抵消可能的损失带来的厌恶。例如，在以大学生为样本的抛硬币实验中，如果赢得的收益不到 30 美元，那么大多数受试者会拒绝冒 10 美元的风险。

对风险决策的假设在经济理论中占有核心地位。然而，正像收益曲线的凹面表示的是风险规避一样，损失曲线的凸面表示风险追求。确实如此，在损失的情况下选择风险追求作用很大，尤其是在损失的概率很大时。例如，人们在有 85% 的概率损失 1 000 美元（15% 的可能性什么都不损失）和肯定会损失 800 美元间做出选择时，大多数人都愿意选择赌一把而不是选择确定的损失。这就是风险追求。因为赌一把的期望值（−850 美元）比确定事件的期望值（−800 美元）要低。在损失情况下的风险追求已经得到了一些研究员的证实。即使在结果不涉及钱时，这种结论也得到了证实，比如疼痛时间和生命的损失。在获益的情况下选择风险规避和在损失的情况下选择风险追求是错的吗？这些偏向与对得失的主观价值的强烈直觉相符，其前提是人们可以自由选择对获得和损失的自我价值。然而，我们会看到这条 S 形价值函数曲线所显示的含义，从规范的角度来看，它是不被接受的。

为了解决规范的问题，我们从心理学转向决策理论。现代的决策理论最早可追溯到冯 · 诺依曼和摩根斯坦的研究。他们创建了几条定性原则或公理，而且这些原则和公理能左右理性的决策制定者的偏向。其中的公理包括有传递性（如果 A 比 B 更受青睐，B 比 C 更受青睐，那么 A 就比 C 更受青睐）、替代性（如果 A 比 B 更受青睐，那么赢得 A 或 C 的青睐的可能性就比赢得 B 或 C 的青睐的可能性更大），以及其他一些技术性公理。针对理性决策公理的规范化和描述化状态已经有了广泛的讨论。特别是有证据显示，人们并不总是遵从替代性公理，而且对于这个公理的规范性优点还有很多反对意见。然而，所有关于理性决策的分析都包含了两条原则：主导性和不变性。主导性要求如果前景 A 在各方面和前景 B 都一样好，但 A 至少在一方面强于 B，那么 A 应比 B 更受青睐。不变性要求在众多前景中的偏向不应依从于描述的方式。特别是，如果两种表达方式不同的问题同时出现，能被界定为实质是相同的，那么这两种表达方式不在同一时间出现时，人们也应该对它们持有同样的偏向。现在，我们给出了不变性的要求，这种要求看上去虽然很基础且无关紧要，但人们并不总是能做到。

结果的框架

风险前景的特点表现在它们可能的结果以及产生这些结果的概率方面。然而，同样的选择会以不同的方式来架构或描述。例如，一次赌的可能结果可以被架构成现状的获得或损失，或者包含最初财富的资产状态。不变性要求不能因为对结果描述的不同而改变自己的偏向。下面这两个问题违反了这个要求。*N* 表示每个问题的受试者总数，括号里是选择每个选项的人数的比例。

问题 1（N=152）：设想美国可能暴发一种异常的亚洲疾病，这种疾病可能导致 600 人死亡。有两种方案来应对疫情，假设下面是对每种方案结果准确的科学预测：

如果采取方案 A，可救治 200 人。（72%）

如果采取方案 B，有 1/3 的概率救治 600 人，2/3 的概率无人获救。（28%）

你会选择哪种方案？

问题 1 的表达模式可作为此事件的一个参考状态，即该疾病会夺去 600 条生命。两种方案的结果包括这种参考状态以及通过被救者的数量而量化得来的收益情况。就像期待的那样，偏好是一种风险规避：绝大多数受试者更愿意选择能保证有 200 人获救的方案，而不是有 1/3 的可能性救 600 人的方案。现在来考虑另一个问题，还是同样的情况，但两种方案用的是另一种表述方式：

问题 2（N=155）：

如果采取方案 C，400 人死亡。（22%）

如果采取方案 D，1/3 的概率没有人死，有 2/3 的概率 600 人全部死亡。（78%）

我们很容易看出，问题 2 中的方案 C 和 D 与问题 1 中的方案 A 和 B 在本质上没有差别。然而，问题 2 中假设的参考点是没有人会因为该疾病而死亡。最好的结果是维持该参考状态，其相对的情况是以该疾病致死的人数来量化的损失。用这些参考状态来评估做出的选择可表明，人们会偏向于赌一把（方案 D）的风险追求，而不是肯定会丧失 400 条性命的风险追求。实际上，第二个问题的风险追求比第一个问题的风险规避代价更大。

没能遵守不变性这一现象非常普遍，且难以克服。这在经验丰富的受试者和初级受试者中都很常见，即使相同的受试者在几分钟内回答这两种问题，也无法消除这一现象。面对两种相互矛盾的回答，受试者也时常会感到不解。但即使再读一遍该问题的陈述，他们也会在“生命拯救”的说法中选择风险规避，在“生命死亡”的说法中选择风险追求。而且他们在两种说法中都希望遵守不变性，且给出一致的回答。他们的不断迎合使得框架效应更像感觉错觉而不是计算上的错误。

下列问题引出了违反理性决策的主要要求的偏向。

问题 3（*N*=86）：请在下列选项中做出选择：

E：25% 的概率赢得 240 美元，75% 的概率失去 760 美元。（0）

F：25%的概率赢得250美元，75%的概率失去750美元。（100%）

我们很容易看出，F 比 E 更占优势。实际上，所有的受试者也都是这样选择的。

问题 4（*N*=150）：设想你需要同时对下面两个问题做出决策。先看一下两个决策，之后选出你偏爱的那一项。

决策（1）在下列两者中选择：

A. 肯定会得到 240 美元。（84%）

B. 25% 的概率得到 1 000 美元，75% 的概率什么都得不到。（16%）

决策（2）在以下两者中选择：

C. 肯定会损失 750 美元。（13%）

D. 75% 的概率损失 1 000 美元，25% 的概率什么都不损失。（87%）

从前面的分析中我们可以看出，在第一个决策中，大多数受试者会对确定的事选择风险规避；更多的受试者在第二个决策中选择风险追求，而不是确定的事。事实上，73% 的受试者选择 A 和 D，而只有 3% 的受试者选择了 B 和 C。同样的结果模式也出现在问题的另一种说法中，在这种说法中，大学生们选择了他们能够真正参与的赌一把。

受试者会同时考虑问题 4 中的两个问题，因此，相对于 B 和 C，他们会偏向于 A 和 D。然而，受试者的偏向（A 和 D）往往受放弃的选择的控制。若把肯定会得到的收益（选项 A）增加到 D 选项上，会产生 25% 的概率赢得 240 美元和 75% 的概率失去 760 美元的结果。这正是问题 3 中的选项 E。同样，把 750 美元确保的损失（选项 C）增加到 B 选项上，会产生 25% 的概率得到 250 美元和 75% 的概率失去 750 美元的结果，这也正是问题 3 中的 F 选项。因此，框架的敏感性以及 S 形的价值函数在一些需要同时做出决策的事件中与主导因素相违背。

能运用这些结果的地方并不理想：不变性从规范上来看是至关重要的，直觉是很吸引人的，但从心理学角度看却无法实现。我们只设想了保证不变性的两种方式。第一种就是采取可将任何问题、实质等同的表达方式转化成完全一样的常规表述。我在给经济系的学生上课时，常会将这点作为最基本的原理告诫他们，他们应该在思考每一个决策问题时，从总值的角度考虑，而非仅从收益和损失上考虑。这样的表述可避免违背在先前问题中提到的不变性，但执行起来很难。除了特殊情况，也就是从获得和损失的角度考虑钱财结果比从当前的财富状态考虑更普遍。此外，风险前景的常规表述需要计算同时出现的决策（例如问题 4）的所有结果，而计算这些同时出现的决策的难度超过了对简单问题直觉上的计算。在其他条件下用常规表述更困难，这些条件包括安全性、健康性或生活质量。我们是否应该建议人们，通过计算因某种疾病致死的总数，或者因研究中某种特殊疾病而致死的人数，去评估公共卫生政策（例如问题 1 和 2）?

另一种可以保证不变性的方法是通过保险精算的结果去评估某项选择，而非通过心理学的结果去评估。在人们的生活中，保险精算的准则有一定的吸引力，但对于涉及钱的决策，这样的准则明显不够。应该说，该准则在伯努利时期就被意识到了，而且对于缺少客观量度标准的结果完全不适用。总之，框架的不变性很难被预测，而且人们在某个特殊选择中的自信不能确保其在另一个框架下还会做出同样的决策。因此，通过有意识地尝试用多种方法架构决策问题来测试偏向的稳定性是个不错的方法。

概率的心理物理学

到目前为止，我们假设伯努利的期望原则所依据的是某种不确定前景的价值或效用，该原则是通过增加每种可能结果的效用得来的，每个结果的效用又都是通过概率来加权的。为了测试这个假设，我们再从心理物理学角度出发。将当前的状态价值设为 0，想象有份价值 300 美元的收益，我们将这份收益的价值设为 1。现在假设你只有一张彩票，且该彩票的单次奖励是 300 美元。这张彩票的价值会怎样随着赢得奖励的可能性函数而改变？除了赌一把的效用，这种前景的价值一定会在 0（当赢得的概率为 0 时）和 1（确定赢得 300 美元）之间变化。

按照直觉，彩票的价值并不是获胜概率的线性函数，正如期望原则推导出的那样。从零到 5% 的增长比从 30% 到 35% 的增长有更大的影响力，而相对于从 95% 到 100% 的增长，影响就显得小了。综合考虑各方面可得出类别边际效应，即从不可能到可能或从可能到确定的变化，比变化范围内的变化有更大的影响力。这种假设体现在图 B-2 的曲线上，该曲线以函数的形式标出了对某事件众多可能性的权重。该图最大的特点是关于规定的可能性，决策权重会成回归状态。除了终点附近，获胜的概率每增加 0.05，赢得奖励的价值就会增长不到 5%。接下来我们要研究这些心理物理学假说对风险偏好的影响。

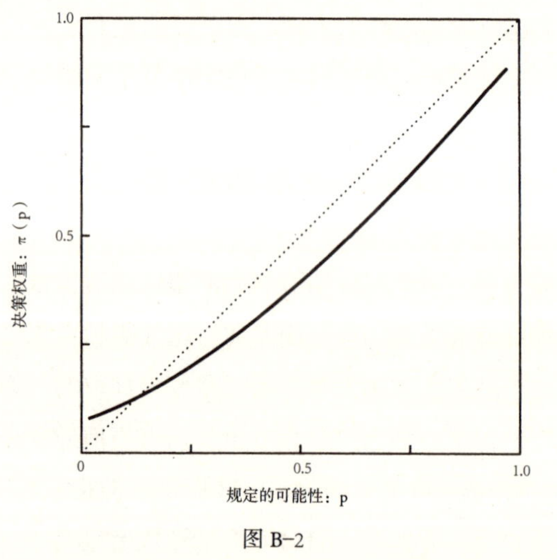

图 B-2

在该图中，决策权重在很大范围内要低于相应的概率。过低加权确定事件的中等或高概率会降低能得到奖励的赌局的吸引力，从而在可能有所得的选择中使人们选择风险规避。同样，在损失的情况下，它也会通过减弱对赌局中的损失厌恶让人们选择风险追求。然而，小概率事件会被过度加权，而非常小的概率会被非常严重地过度加权或被完全忽视，这使得这个区域内的决策权重很不稳定。对低概率过度加权推翻了前面描述的规律模式：它提高了风险大的赌注的价值，提高了对于小概率的严重损失的厌恶值。最终，人们通常在未必有收益的情况下选择风险追求，在未必有损失的情况下选择风险规避。因此，决策权重的特点解释了彩票和保险政策吸引人的原因。

决策权重的非线性必然会违背不变性，下列两个问题就说明了这一点：

问题 5（N=85）：假想有如下两个阶段的游戏。在第一个阶段，有 75% 的概率在游戏最后你什么都得不到，有 25% 的概率会进入第二个阶段。如果你进入第二个阶段，就可以在下面两个选项中做出选择：

A. 肯定会获得 30 美元。（74%）

B. 80% 的概率获得 45 美元。（26%）

你必须在游戏开始前做出选择，也就是说，要在第一个阶段的结果出来前选择。

问题 6（N=81）：请在下面两个选项中做选择：

C. 25% 的概率获得 30 美元。（42%）

D. 20% 的概率获得 45 美元。（58%）

由于在问题 5 中有 25% 的概率进入第二个阶段，选项 A 有 25% 的概率获得 30 美元，选项 B 有 20%（$0.25 \times 0.80 = 0.20$）的概率获得 45 美元。因此，问题 5 和问题 6 在概率和结果方面是相同的。不过，这两种说法的偏向不同：在问题 5 中，绝大多数人更喜欢获得小数目钱的高概率选择；而在问题 6 中，情况正相反。现实和假设的收益（当前，其结果用钱来表示），生命的拯救和丧失，以及概率过程的非连续表示都已经证实了这种对不变性的违背。

我们认为，不变性之所以被证实不成立，是由于两种因素的相互作用，即概率的架构和决策权重的非线性。具体说，我们认为，人们会忽略问题 5 中的第一个阶段（不管是否已经做出决策，都会产生相同的结果），且只专注于进入第二个阶段后会发生什么。当然，在这种情况下，如果人们选择 A，肯定会有所收获；但如果人们更愿意赌一把，就会有 80% 的概率获得收益。的确，在需要做出连续选择的问题中，人们的选择会和在肯定会获得 30 美元且有 85% 的概率获得 45 美元之间的选择相同。因为相较于有一般或较高概率的事件来说，确定事件会被过度加权，肯定会获得 30 美元的选项就比需要连续做出决策的问题选项更具吸引力。我们将这种现象称为虚假确定性效应，因为实际上不确定的事件在被加权时会被认为是确定的。

概率范围的低端也出现了类似的现象。假设你嫌保险费太高而不确定要不要买地震保险。就在你犹豫不决的时候，保险代理说你可以有另一个选择："你可以选择支付一半的保险费，若地震发生的日子是奇数，你就能获得全额的保险金。"但为什么很多人会认为这种保险没有吸引力呢？图 B–2 给出了答案。在低概率范围内任意处（设为 P 点）开始，概率从 P 降低到 $P/2$ 的决策权重的影响会比从 $P/2$ 减小到零的影响小得多。因此，风险降低一半不会使得只需一半的保险费更具吸引力。

人们厌恶概率保险主要有三个原因。第一，传统上对保险的解释是从凹线效用函数的角度出发的，而概率保险显然违背了这一点。按照期望效用函数理论，当普通的保险可被接受时，概率保险应该比普通保险更受欢迎。第二，概率保险有多种形式的防御措施，比如做医疗检查、购置新轮胎或安装防盗系统。这些措施没有完全排除所有的危害，却有效地降低了某些危害的可能性。第三，意外事件的架构也会影响人们是否购买保险。例如，火灾保险不包含洪水造成的灾难，这种保险政策就会被评估为是对某种特定危险（比如火灾）的完全防护，或总财产损失的可能性的降低。从图 B-2 我们可以发现，相对于完全消除危险，人们过低估计了降低发生危险的可能性。因此，当保险被描述成可以消除危险而不只是降低危险时，保险会更具吸引力。的确，正如斯洛维奇、费斯科霍夫和利希滕斯坦说的那样，假设某种疫苗可将发病率从 20% 降低到 10%，若这种疫苗被描述成可治愈一半的病人，则比将其描述成对相同症状的两种排他性疾病中的一种完全有效并可能产生相同症状的病毒株的吸引力更小。

公式化效应

我们已经谈到，架构效应可表明不变性也有不成立的时候。现在，我们将目光转移到控制结果和事件框架的过程上。公共卫生问题就体现了公式化效应，若把“生命拯救”的说法换为“生命丧失”，其偏向会从风险规避转为风险追求。很显然，受试者采用了问题里面给出的关于结果的描述，并将结果评估为收益和损失。麦克尼尔、鲍克、萨班斯和特沃斯基提出了另一个关于公式化效应的例子。他们发现，当用死亡和存活来描述肺癌可能出现的结果时，医生和病人对治疗方法的偏向差异非常大。外科手术不像放射性治疗那样，在治疗期间会有一定的死亡风险。因此，用死亡率来描述外科手术的结果比用存活率来描述的吸引力更小。

医生或总统顾问，可以不用歪曲或隐藏事实，只架构事件发生的结果和可能性就能左右病人或总统的决策。公式化效应可能会偶然发生，人们可能会意识不到框架效应对最终决策的影响。公式化效应也可以被利用起来控制选项的相对吸引力。塞勒指出，信用卡行业的说客总是说，信用卡和现金在购买力上的区别可被表示为现金可打折，而不是信用卡的附加费。这两种表述通过分配比平常价钱更少或更多的钱，将不同的价钱用获得或损失来架构。由于损失给人们带来的感受比收益带来的感受强烈，相对于放弃折扣，消费者更不愿意额外付费。正如人们预期的那样，在商界和政界，试图影响框架架构的尝试经常发生。

由于价值函数的非线性，以及人们有从问题的陈述所给出或隐含的参考点去评估某种选择的倾向，因此，对结果的评估易受公式化效应的影响。值得注意的是，在其他情况下，人们会自主地将同样的信息用同样的表达方式加以转换。对语言理解力的研究指出，人们会将听到的东西迅速地转化为抽象的表述，这种表述不能再区分该想法是用主动还是被动的形式来表达的，且不能再辨别实际所说的和暗指的、假定的或包含的意思。不幸的是，自主地进行这些运作的大脑机制，不能完成将公共健康问题或死亡率、存活率的统计数据的两个版本重新编码成一个通用的抽象形式的任务。

交易与贸易

我们可将对框架架构以及价值的分析应用到多属性选择中，比如，是否接受某项交易或贸易。为了评估多属性选择，我们做出了这样的假设，人们会建立一个心理账户，并用此说明某个选项的优点和缺点，这与多属性的参考状态相关联。某项选择的总体价值是通过相对于其参考状态的优缺点的平衡状态得以实现的。因此，当某个选项的优点多于其缺点时，这个选项就会被采纳。在做这种分析时，人们会从心理学上（而非从实际角度）将优缺点分开来考虑。该模式没有规定要把不同的特点综合起来，从而形成对优缺点的整体考虑，但在这种模式下考虑问题需要做出凹面曲线和损失厌恶的假设。

我们对于心理账户的分析得益于理查德·塞勒的研究，他揭示了心理账户的过程和消费者行为之间的相关性。下面的问题来自萨维奇和塞勒举过的例子，他们通过这个例子引入了控制心理账户的原则，并表明了从价值曲线到是否接受交易的过渡。

> 问题7：设想你要买一件125美元的夹克和一个15美元的计算器。去买计算器时，那家商店的销售员告诉你，另一家分店正在搞促销，10美元就可以买到你想要的那款计算器，开车20分钟就能到那家店。你愿意去那家店吗？

这个问题的重点在于，你是否接受销售员的提议，这个提议将路程的不便捷和价格上的优惠相结合，可被架构成一个最小限度的涉及主题或全面综合的理论。最小限度的理论只包括两种选项的不同，并忽视这两种选项共有的特点。在最小限度理论中，驱车到另一家店可被架构成有 5 美元的收益。涉及主题的理论将可能的选择同参考水平联系起来，且参考水平是通过引起决策的情境来确定的。在先前的问题中，相应的主题是购买计算器，因此，去另一家店的意义就被架构成价格降低（从 15 美元降低到 10 美元）。由于价格的节省只与计算器有关，夹克的价格就没有包含在涉及主题的理论中。夹克的价格以及其他的花销可以包含在更加全面综合的理论中，在这个理论中，节约与每月消费相联系。

前面的问题模式在最小账户、局部账户或综合账户中处于中立地位。我们却表示，人们会自然而然地用局部账户来架构决策，在制定决策时，该账户的作用在感觉上和"好的形式"发挥的作用相似；在认知上，和基本层次范畴相似。局部事件和价值曲线使得为了节省 5 美元去另一家店买计算器的意愿与计算器的价格相反，与夹克的价格无关。为了验证这个预测，我们用另一种说法来表达这个问题，其中两种商品的价格是可以互换的。某家商店的计算器卖 125 美元，分店里卖 120 美元，夹克的售价为 15 美元。和预期一样，在这个问题的两种说法中，愿意去分店的人数比例大相径庭。结果显示，68% 的受试者（N=88）会为了节省 5 美元（原价 15 美元的计算器）愿意去分店，但在 93 名受试者中，只有 29% 的人愿意为了节省 5 美元（原价 125 美元的计算器）跑去分店。这个问题的两种说法在最小账户和综合账户中是相同的，因此，这个发现证明了局部账户的概念。观察发现，一个城市不同商店中同种商品报价的标准偏差与平均值大致成比例，通过这个观察我们得出，在消费者行为中，局部账户有着重要作用。消费者肯定希望买到物美价廉的商品，这就必然会影响到价格的差别，这些结果表明，相较于为50美元的商品节省5美元来说，消费者对于为150美元的商品节省15美元没有太大的兴趣。

局部账户使得人们从相关而不是单独的角度来评估收益和损失，这导致金钱交换率有很大变动，比如，为买到好商品而打电话的次数，或驾车行驶较长距离的意愿。大多数消费者认为，相对于买一辆汽车或一幢房子而言，买车载音响或波斯地毯较为容易。当然，这些现象和消费者行为的标准理论背道而驰，消费者行为理论对不变性做出假设，并且意识不到心理账户的影响。

下面的问题是关于心理账户的例子，在这个例子中，某笔账目中的花费受局部账户左右：

问题8（N=200）：设想你想看一场电影，每张票的价格是10美元。入场时，你发现票丢了。座位没有标记，而且票又找不到。

你愿意花10美元再买一张票吗？

愿意。（46%）

不愿意。（54%）

问题9（N=183）：设想你打算看一场电影，每张票的价格是10美元。入场时，你发现丢了10美元。

你现在还愿意花10美元买一张票吗？

愿意。（88%）

不愿意。（12%）

对这两个问题的不同回答很能引起人们的兴趣。为什么很多人在丢了票以后不愿意再花 10 美元，而丢了与票价相当的钱后却愿意再花 10 美元？我们将这点不同归因于局部账户。去电影院被视为一种交易，其中买票的钱被交换成看电影。再买一张票提升了看电影的成本，以至很多受试者认为这难以接受。相反，丢的钱没有被纳入电影的成本，这只会使得个人感觉自己的财富减少了一点儿，从而影响了买票的决定。

当将问题的两种说法呈现给同样的受试者时，有趣的事情发生了。若丢钱的说法紧随着丢票的说法出现，人们会更愿意再买张票。相反，丢钱后再买票的意愿没有因为此前另一个问题的出现而受到影响。两个问题的同时出现显然使受试者将丢票视为丢钱是有理可依的，但反过来却不是这样。

心理账户作用的规范化状态会被质疑。之前列出的问题，比如公共卫生问题的两种说法只是形式不同，而计算器和电影票问题的两种说法则是本质上的不同。尤其是在购买 15 美元的商品时，节省 5 美元很具吸引力；而在较大花销的商品上可以节省 5 美元时，吸引力就没有这么大了。同时，相较于丢了 10 美元，一张电影票花双倍的钱更令人懊恼。后悔、沮丧以及自我满足感都会受到框架效应的左右。如果这样的从属结果被认为是合理的，那么我们观察到的受试者的偏向也就没有和不变性原则相矛盾，也就不会被视为不一致或因错误而被排除。从另一个角度说，从属结果也会在反思之后发生改变。当人们在购买 200 美元的商品而无法节省 10 美元时，从 15 美元的商品上节省 5 美元的满足感就会被破坏。我们不建议用相同的方式来解决任何有相同首要结果且有两种解决方案的问题，但我们建议可以将另一种框架效应的系统检测作为一种有效的反思方法，帮助决策制定者评估其决策的首要或次要结果的价值。

损失和成本

许多决策问题都是在维持现状和接受另一种选择之间进行选择，这在某些方面是有利的，而在其他方面又是不利的。早期用于线性风险前景的价值分析可运用到这种决策中来，其方法是通过假设现状定义了所有因素的参考水平。替代选项的有利点会被评估成收益，而其不利点会被评估为损失。因为损失比收益的影响更大，决策制定者会偏向于维持当前现状。

塞勒用“禀赋效应”这个词来描述人们不愿意分隔属于自己的资产。当放弃资产的痛苦大于获得收益的愉悦时，购买价格会远低于出售价格。也就是说，人们为了获得某物而付出的最高价钱，会低于使他们放弃已有资产的最低补偿价。塞勒列举了消费者与企业家的行为中一些关于禀赋效应的例子。一些研究发现，在假设和现实交易中，买入价格和出售价格都会有本质的不同。这些结果是对标准经济理论的质疑。在标准经济理论中，除了交易成本和财富效应，买价和售价应保持一致。我们还发现，在假设的周薪（S）不同和工作地点的温度（T）不同的工作中做出选择时，受试者也会迟疑。我们让受试者想象他们的工作有特定的周薪和温度（S_1，T_1），并且他们可以换另一份工作（S_2，T_2）（这份工作在周薪和温度两者中有一点优于前一份工作，而另一点不如前一份工作）。我们发现，大多数处在（S_1，T_1）的受试者不愿意换到（S_2，T_2），而处于（S_2，T_2）的受试者也不愿换到

（S_1，T_1）。很显然，在薪水或工作环境差异相同的情况下，不利点显得比有利点更突出。

总的来说，损失厌恶偏向于稳定而非改变。假设有一对儿兴趣相同的双胞胎，他们认为某两种环境对自己的吸引力相同。出于某种原因，两人被迫分开，并分别置身于这两种环境。他们很快会将自己的环境设为参考点，并据此评价对方环境的优缺点。两人对两种环境都不再漠视了，并且都更愿意待在自己所在的环境中。因此，偏向的不稳定产生了对稳定的偏向。除了偏向稳定而不是变化，适应性和损失厌恶的结合通过降低已排除的选项以及他人“禀赋”的吸引力，对悔恨和忌妒产生了有限的保护。

损失厌恶及其禀赋效应在传统的经济交易中发挥的作用不是很大。例如，商店老板不会认为付给供货商的钱是损失，也不会将从顾客那里得到的钱视为收益。而是将一段时期的成本和收益累加起来，仅就平衡状态进行评估。在评估前，相匹配的借款和贷款会被有效地取消。消费者支付的钱不会被评估为损失，而是种购买。在标准经济理论的分析下，我们很自然地认为可以用金钱购买到的商品和服务来代表金钱本身。当某人的头脑中有特定的选择时，如“我能买个新相机或新帐篷”，该评估模式会被明确制定。在这种分析下，如果相机的主观价值超过了保留买相机的钱的价值，人们往往选择买相机。

在某些情况下，不利点可被架构为成本或损失，尤其是当买保险也能被架构为是在肯定的损失和可能的更大损失间的选择时。在这些情况下，成本—损失间的差异会导致违背不变性的情况发生。例如，请在肯定损失 50 美元和有 25% 的概率损失 200 美元间做出选择。斯洛维奇、费斯科霍夫和利希滕斯坦指出，80% 的受试者选择风险追求，即想赌一把而不是接受确定的损失。不过，只有 35% 的受试者拒绝花 50 美元为 25% 的概率损失 200 美元上保险。休梅克和昆鲁斯（1979）以及赫尔希和休梅克（1980）也得出类似的结论。我们认为，同样多的钱在第一个问题中被架构为无法补偿的损失，在第二个问题中被架构为预防损失的花费。对于消费而言，损失更让人厌恶，因此，两个问题中的模式偏好发生了逆转。

在获利的情境下，我们也观察到了相似的结果，如下列问题所示：

问题 10：你会接受一个有 10% 的概率获得 95 美元、90% 的概率损失 5 美元的赌注吗？

问题 11：有种抽奖有 10% 的概率赢得 100 美元、90% 的机会什么都得不到，你愿意花 5 美元参加这种抽奖吗？

有 132 个大学生回答了这两个问题，且两个问题之间有个简短的填充问题。有一半的受试者看到的问题顺序是调换的。虽然很容易看出这两个问题的选项从客观上看是一致的，但有 55 名受试者给出了不同的偏向。有 42 位受试者在问题 10 中不愿意赌一把，却在与问题 10 有着相同结果的问题 11 中选择了参加抽奖。这种看上去似乎无关紧要的研究说明了消费—损失矛盾和框架效应的力量。相较于将 5 美元看成损失，将这 5 美元当作支付的钱，使得冒这个险更容易令人接受。

之前的分析表明，通过将损失的结果架构成消费而不是损失，人们的主观状态会被提升。我们可以将这种心理改变解释为废弃—损失效用的矛盾行为。塞勒提到一个例子，在这个例子中，某个人交了网球俱乐部的会费，其技能很快就变得非常棒，即使生病了也坚持去俱乐部，为的是不浪费已交的会费。此人如果没有交会费就不会去练习，那么问题出现了：伤病期练习怎么能提高其水平？我们认为，带病训练是将会费评估成一种消费。如果停止练习，则此人就会被迫将会费视为完全的损失，这可能比带病练习更让人厌恶。

结语

效用和价值的概念一般会被用在两个完全不同的意义中：（1）体验价值，高兴或悲伤的程度、对结果真实体验的满足感或痛苦；（2）决策价值，预期结果对某个选项总的吸引力或厌恶的影响。由于体验价值和决策价值常被假设成是一致的，所以两者的区别在决策理论中并不明显。这个假设是理想化的决策者持有的概念的一部分，理想化的决策制定者能准确地预测未来的事情，并以此来评估自己的决策。但对于普通的决策制定者而言，其体验价值与决策价值的一致性不会太完美。影响体验的某些因素是很难预测的，而且一些影响决策的因素对结果的体验并没有产生与其相当的影响力。

相对于决策制定的大量研究，对于这种将享乐体验与主观状态相联系的心理物理学的研究还不是很系统化。享乐的心理物理学最基本的问题就是，测定能从消极结果中区分出对积极结果的认可或渴望。享乐的参考点在很大程度上是由客观现状决定的，但其也会受期望值和社会比较的影响。例如，在某位员工升职比办公室里其他人慢时，客观进步就会被认为是一种损失。随处境变化而体验到的愉悦或痛苦也依靠于享乐适应的动态变化。布里克曼和坎贝尔就享乐跑步机的概念提出了激进假说，即快速的适应性会使任何客观进步的影响都很短暂。享乐体验的复杂与微妙使决策制定者很难预测结果的真实体验。很多人选择在非常饿的时候去点菜是很不明智的，当第五道菜端上桌时，他们就会承认这是个错误的做法。决策价值和体验价值的不匹配引发了很多决策问题中额外的不确定因素。

框架效应的普遍性以及对不变性的违背，使决策价值和体验价值之间的关系变得更加复杂了。结果框架时常引出在实际体验中与之无法对应的决策价值。例如，分别用死亡和生存来架构肺癌治疗方法似乎不会影响到体验，尽管这种方法对决策有很大的影响。然而在其他情况下，决策框架不仅影响了决策，还影响了体验。例如，如果某笔花费被架构为无法补偿的损失或保险费，很可能会影响到人们对结果的体验。在这些情况下，在制定决策时，对结果的评估不仅能预期体验，还能架构模式。

致谢

我很幸运能有这么多朋友为我答疑解惑。我拜访了他们每一位，向他们征询信息和建议，其中一些朋友我还拜访过不止一次。本书没能将他们全部列出，我深表歉意。有几位朋友在这期间给了我莫大的帮助，正是有了他们，本书才得以完成。首先，我要感谢杰森·茨威格，他鼓励我积极投入本书的写作，他和我一起奋战，直到不能再共事时才退出。一直以来，他总会给予我批评和建议，他博学多识，善于遣词造句，因此本书才更有亮点。罗杰·卢因把多篇授课记录整理成各章节的草稿。玛丽·希姆尔斯坦总是为我提供有价值的帮助。约翰·布罗克曼刚开始只是我的经纪人，后来我们成了很好的朋友。拉恩·侯赛因在我最需要帮助的时候给了我意见和鼓励。在写作本书的最后阶段，埃里克·钦斯基也给我提供了很大的帮助，他是法勒、斯特劳斯和吉鲁出版社的编辑。他对本书的了解比我更深刻，而且我们合作得很愉快，能做到埃里克那样的编辑真是少有。我的女儿勒诺·肖海姆在最后的紧张阶段也来帮助我，她睿智，有远见，为书中的“示例”部分做了很大的贡献。我的妻子安妮·特丽斯曼也付出了很多，要是没有她的支持、智慧和耐心，我也不可能取得今天的成就。

图书在版编目（CIP）数据

思考，快与慢 /（美）丹尼尔·卡尼曼著；胡晓姣，李爱民，何梦莹译 . -- 北京：中信出版社，2021.4
（中信经典丛书 . 004）
书名原文：Thinking, Fast and Slow
ISBN 978-7-5217-2890-3

Ⅰ . ①思… Ⅱ . ①丹… ②胡… ③李… ④何… Ⅲ . ①行为经济学－普及读物 Ⅳ . ① F069.9-49

中国版本图书馆 CIP 数据核字（2021）第 048341 号

思考，快与慢
（中信经典丛书 · 004）

著　　者：[美] 丹尼尔 · 卡尼曼
译　　者：胡晓姣　李爱民　何梦莹
责任编辑：许艳辉
出版发行：中信出版集团股份有限公司
（北京市朝阳区惠新东街甲 4 号富盛大厦 2 座　邮编　100029）
承 印 者：北京盛通印刷股份有限公司

开　　本：880mm × 1230mm　1/32　　印　　张：102　　字　　数：2315 千字
版　　次：2021 年 4 月第 1 版　　印　　次：2021 年 4 月第 1 次印刷
京权图字：01-2011-6340
书　　号：ISBN 978-7-5217-2890-3
定　　价：880.00 元（全 8 册）

扫码免费收听图书音频解读

服务热线：400-600-8099
投稿邮箱：author@citicpub.com